经典重读

*Patterns of Enterprise Application Architecture*

# 企业应用架构模式

（英） **Martin Fowler** 著
王怀民 周斌 译
**UMLChina** 审校

机械工业出版社
China Machine Press

本书作者是当今面向对象软件开发的权威，他在一组专家级合作者的帮助下，将40多种经常出现的解决方案转化成模式，最终写成这本能够应用于任何一种企业应用平台的、关于解决方案的、不可或缺的手册。本书获得了2003年度美国软件开发杂志图书类的生产效率奖和读者选择奖。本书分为两大部分。第一部分是关于如何开发企业应用的简单介绍。第二部分是本书的主体，是关于模式的详细参考手册，每个模式都给出使用方法和实现信息，并配以详细的Java代码或C#代码示例。此外，整本书中还用了大量UML图来进一步阐明有关概念。

本书是为致力于设计和构建企业应用的软件架构师、设计人员和编程人员而写的，同时也可作为高等院校计算机专业及软件学院相关课程的参考教材。

Simplified Chinese edition copyright © 2010 by Pearson Education Asia Limited and China Machine Press.

Original English language title: *Patterns of Enterprise Application Architecture* (ISBN 978-0-321-12742-6) by Martin Fowler, Copyright © 2003.

All rights reserved.

Published by arrangement with the original publisher, Pearson Education, Inc., publishing as Addison-Wesley.

本书封面贴有Pearson Education（培生教育出版集团）激光防伪标签，无标签者不得销售。

封底无防伪标均为盗版
版权所有，侵权必究

北京市版权局著作权合同登记　图字：01-2010-2049号。

图书在版编目（CIP）数据

企业应用架构模式 /（英）福勒（Fowler, M.）著；王怀民，周斌译. —北京：机械工业出版社，2010.4
(2022.3重印)

（经典重读）

书名原文：Patterns of Enterprise Application Architecture

ISBN 978-7-111-30393-0

Ⅰ.企… Ⅱ.①福… ②王… ③周… Ⅲ.软件工具-程序设计-应用-企业管理 Ⅳ.F270.7

中国版本图书馆CIP数据核字（2010）第064108号

机械工业出版社（北京市西城区百万庄大街22号　邮政编码　100037）
责任编辑：迟振春
北京铭成印刷有限公司印刷
2022年3月第1版第18次印刷
186mm×240mm · 23.75印张
标准书号：ISBN 978-7-111-30393-0
定　价：79.00元

客服电话：(010) 88361066；88379833；68326294
投稿热线：(010) 88379604
华章网站：www.hzbook.com
读者信箱：hzjsj@hzbook.com

# 译者序

"每一个模式描述了一个在我们周围不断重复发生的问题,以及该问题的解决方案的核心。这样,你就能一次又一次地使用该方案而不必做重复劳动。"

——Christopher Alexander

本书是面向对象大师Martin Fowler继《Analysis Patterns》、《UML Distilled》、《Planning Extreme Programming》、《Refactoring》之后的又一力作。

"温故而知新"。Fowler在本书中再次向我们证明了《礼记》中这句古训的震撼力——他在回头审视自己及同仁多年来从事企业应用开发的经验和教训后,归纳总结了40多种企业应用架构的设计模式。这些模式从不同层次、不同侧面向我们展示了什么是好的企业应用架构?如何设计好的企业应用?

正如作者自己所言,企业应用在某些方面比其他软件(如电信通信软件)复杂得多:纷繁复杂的企业数据、"不合逻辑"的业务规则、变化莫测的用户需求,等等。环顾四周——CORBA、J2EE、.NET——企业应用开发技术可谓"前仆后继、层出不穷",开发平台的种类之多就更不必说。

招式套路可以千变万化,扎实深厚的"内功"却是始终如一!虽然企业应用涉及的软件技术不断翻新,但是基本的架构及设计思想却没有太多变化。将以前行之有效的设计思路和方法加以适当调整,并应用到当前的问题上,是最高效的做法。在一组专家级合作者的帮助下,Martin将40多种经常出现的解决方案转化成模式,最终融会成这本"内功心法"。在仔细研读、用心揣摩本书之后,希望它能够帮助你应对任何一种企业应用平台,驾驭任何一种企业应用技术——无论是现在的技术还是未来的技术。

熟悉Fowler的读者都知道,这位大师的写作风格可谓是"深入浅出,娓娓道来"。本书也是一样。前8章是关于企业应用的背景知识,如分层架构、Web表现、业务逻辑、数据库映射、并发、会话、分布策略,等等。在此基础上,随后的各章分别对与这些背景知识相关的设计模式进行了详细的介绍。与其他设计模式的书一样,本书从模式的使用场景、解决方案、UML表示等方面予以介绍,详略有致。就连示例的编程语言的选取——Java和C#——也是与他的写作风格一脉相承的。

夜已深,窗外依旧是绵绵不断的早春小雨。让我们酌一杯清茶,一起来品味大师的话,一起来品味"源于实践、指导实践"的苦涩与甘甜——

"模式的关键点是它们源于实践。必须观察人们的工作过程,发现其中好的设计,并找出'这些解决方案的核心'。这不是一个简单的过程,但是一旦发现了某个模式,它将是非常有价值的。对于我来说,价值之一是能够撰写这样一本参考书。你不必通读本书的全部内容,也不必通读任何一本有关模式的书。只需要了解到这些模式都是干什么的、它们解决什么问题、它们是如何解决问题的,就足够了。这样,一旦你碰到类似问题,就可以从书中找出相应的模式。

那时，你再深入了解相应的模式也为时不晚。"

> 不闻不若闻之
> 闻之不若见之
> 见之不若知之
> 知之不若行之
>
> ——荀子

　　本书翻译初稿的过程中得到了丁博、王树凤、朱锐、林繁、托明福的大力帮助。王怀民、周斌分别统审了全书。非常感谢UMLChina潘加宇、蒋芳在校对过程中的宝贵意见和建议。

译 者

2004年3月27日于长沙

# 前言

1999年春天，我飞抵芝加哥为ThoughtWorks公司正在开发的一个项目担任顾问。ThoughtWorks是一个规模虽小但正在快速成长的应用开发公司。这个项目属于那种极富挑战性的企业级应用，它是一个后端租赁系统。简单说，它处理的是租户签字认可后所有与租赁有关的事务，包括发送账单、处理某些人对所租房屋资产的改造、追踪那些未按时缴纳账单的租户、指出如果某人提前归还资产应当如何处理等。在你意识到租赁合同极度复杂并且总在不断变化之前，这听起来好像并不太难实现。它的业务"逻辑"几乎不能套用任何已有的逻辑模式，因为那些"逻辑"归根到底是商人们为争夺生意而制定的，一些古怪的小改动都可能对赢得某笔交易起关键作用。因此，每次生意上的一点点胜利就意味着系统复杂性的又一次增加。

我对此类问题情有独钟：如何捕获这些复杂性，并设计一个面向对象的系统来处理它们。事实上，我一直坚信面向对象的最大优点在于它能够使复杂逻辑易于处理。为复杂业务逻辑开发一个良好的领域模型很困难，但在此问题中却是恰得其所。

当然，单纯的领域模型也并非灵丹妙药。我们的领域模型必须持久化到数据库中，但是与许多项目一样，我们当时使用的是关系数据库。我们还必须将该模型与用户界面关联起来，还要能支持远程应用程序对本软件的使用，同时还必须将我们的软件与第三方的软件包整合。这些工作都基于一种被称为J2EE的新技术，当时全世界没有人在这一方面有实战经验。

虽然J2EE是一项崭新的技术，但我们仍能从以往的经验中得到帮助。本人曾经长期使用C++、Smalltalk和CORBA来开发类似系统。ThoughtWorkers公司中许多人则有Forte方面的经验。可以说当时我们对关键架构已经有了思路，所要解决的仅是如何将之转化为J2EE实现。现在回过头来看三年前的设计，虽然它并不尽善尽美，但无疑经受住了时间的考验。

上述情况正是我撰写这本书的出发点。多年来，我曾看到过许多企业级应用项目。这些项目通常都包含相似的设计思路，这些设计思路已经被证明可以有效地处理企业应用中不可避免的复杂性。本书就是将这些设计思路升华为模式的一个起点。

本书分为两个部分，第一部分是一些叙述性的章节，它们主要讨论企业级应用程序设计中的一些重要议题。这些章节介绍了企业级应用程序架构的各种问题，并给出了大体的解决方案。而解决方案的细节则在本书的第二部分以模式的方式组织成文。这些模式仅仅是一些参考，我并不希望读者一页页地去细读。我的想法是：从头到尾将第一部分的叙述性章节读完，然后再根据兴趣和需求翻阅第二部分的有关章节。因此，本书是将简短的叙述和详尽的参考合二为一。

本书讨论的是企业级应用程序的设计。企业级应用程序涉及大量复杂数据的显示、操纵和存储以及对这些数据进行处理的业务流程的自动化。典型的例子有预订系统、金融系统、物流补给系统以及其他种种驱动现代商业运作的系统。企业级应用和嵌入式系统、控制系统、电信系统或者桌面应用程序不同，它们有自己特有的挑战和解决方案。因此，如果你在上述那些非企业领域工作，本书对你并没有益处（除非想体会一下企业级应用程序是怎么一回事）。如果需要一本关于软件架构的通用性的书籍,我推荐[POSA]⊖。

在构建企业级应用时有许多架构方面的问题。我想本书恐怕很难一一详细列举。在软件开发方面,本人是迭代开发方法的忠实信徒。迭代开发的核心在于只要软件对用户有用,就应当交付,即使这个软件当时并没有完成。虽然著书与编写软件之间存在诸多差异,但我认为在这一点上异曲同工。也就是说,虽然本书尚不全面,但已初具雏形,可以为读者提供有关企业级应用程序架构方面的有益建议(至少我认为如此)。本书讨论的主要议题是:

- 企业级应用程序的分层
- 构建领域(业务)逻辑
- 构建基于Web的用户界面
- 将内存模块(尤其是对象)关联到关系数据库
- 在无状态环境下处理会话状态
- 分布原则

可能本书未涉及的议题更多。我很想撰写关于组织确认、合并消息和异步通信、安全、错误处理、集群、应用集成、架构重构、构建胖客户的用户界面等方面的书籍或文章。但是,由于时空限制以及思路尚未成熟,本书将不涉及上述内容。我只能希望在不久的将来能看到一些与这些工作相关的模式。也许我会撰写本书的第2卷并加入这些内容,或者是由其他人来补遗。

当然,基于消息的通信是相当重要的问题。在进行多应用程序集成时,人们正越来越多地用到异步的、基于消息的通信方法。即便是在同一应用程序内部,基于消息的通信也值得费上一些笔墨。

本书并非针对某一特定的软件平台。从20世纪80年代末到90年代初,我开始在基于Smalltalk、C++和CORBA的项目中使用这些模式。而20世纪90年代后期我在Java方面做了大量的工作,我发现这些模式可以很好地应用于较早的Java/CORBA系统和其后基于J2EE的工作中。近来,我开始在微软的.NET平台方面做一些探索,我发现这些模式同样有效。ThoughtWorkers公司的同事也介绍了他们的经验,尤其是在Forte方面。我不敢说这些模式能够通用于所有已经和即将被用于企业级应用的开发平台,但至少到目前为止,它们已经表现出足够的可重用性。

对于大多数模式,本书提供了相应的代码示例。这些例子所用的程序设计语言是我认为大多数读者都能够阅读和理解的语言。Java就是一个很好的选择。只要熟悉C或C++就可以读懂Java代码,Java远没有C++那么复杂。基本上,大多数C++程序员都能够理解Java,但反过来却并非如此。我是面向对象的信徒,也就自然更偏爱面向对象的语言。因此,大多数代码示例使用的是Java语言。写这本书时,微软的.NET环境正逐渐成熟,它的C#语言与Java有许多相同之处。所以某些代码示例也使用了C#语言,虽然这样做会多少有一些风险,因为.NET尚未得到大量应用,使用的术语可能尚未形成惯例。这两种语言都是基于C的语言,只要能读懂其中一种,即使对另一种语言或平台并不熟悉,要读懂它也并非难事。我的目的是使用一种能够让最多的软件开发者读懂的语言,即使这种语言并非他们所擅长或偏爱的。(谨向那些喜欢Smalltalk、Delphi、Visual Basic、Perl、Python、Ruby、COBOL或其他语言的读者致歉。我知道你们认为

---

⊖ 本书的中文版(中译名为"面向模式的软件体系结构")已由机械工业出版社出版。——编辑注

有比Java或C#更好的语言，我也认为如此！）

示例是用来阐述和解释模式思想的。它们并非可以直接使用的解决方案，任何情况下都需要做一些工作才能将它们用于你的应用程序之中。模式只是一个有益的起点，而非最终的解决之道。

## 本书的读者

本书面向的是正在构建企业级应用、希望增进对架构相关问题的理解和沟通的编程人员、设计人员和软件架构师。

我假定本书的大多数读者可以归为两类：一些人所面对的需求并非大规模的，因此准备自己从零开始构建软件；另一些人则有大规模的需求，将使用某些工具。对于前者，我认为本书中提及的模式将有助于工作的启动。尽管在许多领域，所需的知识远超出本书中模式所给予的内容，但本书提供了一个比我当初进入该领域时更高的起点。对于那些工具的使用者，我希望本书能揭开工具的一些内幕，帮助他们决策如何选择工具所支持的模式中的哪一种。例如，使用对象-关系映射工具同时意味着你必须决定如何映射某些特定情况。本书所提供的模式将有助于你做出这样的决策。

当然，还可能有第三类读者，他们有大规模的需求，同时又希望亲自构建软件。在此，我首先要忠告他们的是：请先考虑使用已有的工具。我已经见过不止一个项目花费了大量时间来建造框架，而这些框架并非该项目所真正要解决的问题。如果你仍固执己见，那也只能听天由命。但要记住，本书中代码示例为提高可理解性都被有意简化过，在实际使用时，往往需要对它们大动干戈才能满足要求。

由于模式是可复现问题的通用解决方案，因此可能有的读者对这些模式已经有所接触。如果你从事企业级应用开发已有一段时间，可能会很熟悉其中大部分模式。本书中并不包含任何新的东西，正相反：这是一本关于（我们这一行业的）已有知识的书。如果你是这一领域的新手，我希望本书将帮助你学习这些技术。如果你熟悉这些技术，我希望本书有助于你与其他人沟通。模式的重要作用就在于其创建了一个通用的词汇表，例如，你称某个类是远程外观，其他设计人员就都知道你指的是什么。

## 致谢

与其他书籍一样，本节将涉及多年来以不同方式与我一起工作的很多人。他们以许多方式对本书提供过帮助。本书中一些重要内容是由他人提供的，其中某些人我可能已经无法回忆起他们的名字。在这里，我所能做的是对那些仍铭记在心的人表示感谢。

首先要感谢的是我的合作者，David Rice，他是我在ThoughtWorks公司的同事，他为本书做出了巨大的贡献：撰写了本书的1/10。当我们一起努力以保证本书能如期交付时（他当时还要从事客户支持的工作），我们曾在若干个深夜通过即时消息进行协商，交谈中他坦承他总算明白了为何写一本书是如此困难却又如此吸引人。

Matt Foemmel是ThoughtWorks公司的另一个同事。尽管他文笔犀利冷峻，是本书的一个十分中肯的批评家，但他为代码示例做出了很大的贡献。Randy Stafford为本书贡献了服务层模式，他一直是此模式的极力倡导者。我还要感谢Edward Hieatt和Rob Mee所做的贡献,特别是Rob在复审本书时所发现的缺失。Rob是我的最佳审阅者:他不仅发现少了某些内容,而且他还帮我写了一节来弥补这个缺失!

同样,对本书一流的正式审阅者,我的言辞远不能表达我的感激之情:

| | |
|---|---|
| John Brewer | Rob Mee |
| Kyle Brown | Gerard Meszarios |
| Jens Coldewey | Dirk Riehle |
| John Crupi | Randy Stafford |
| Leonard Fenster | David Siegel |
| Alan Knight | Kai Yu |

我几乎要把ThoughtWorks公司的电话号码簿列在此处了,因为太多同事与我讨论过他们的设计和经验,在这一项目上帮助过我。许多模式在我脑中成型,是因为我有机会与众多天才设计师讨论,因此我只好对整个公司表示感谢。

Kyle Brown、Rachel Reinitz和Bobby Woolf在百忙之中抽出时间与我一道在北卡罗来纳对本书进行了长期而细致的审阅。他们在本书中注入了他们睿智的光芒。尤其是与Kyle的几次长时间的电话交谈令我获益匪浅。

2000年初我与Alan Knight和Kai Yu一起为Java One大会准备了一个演讲,这是本书最初的雏形。在对他们所提供的帮助致谢的同时,我还要感谢Josh Mackenzie、Rebecca Parsons和Dave Rice,他们其后协助我提炼了这些演讲及其思想。Jim Newkrik付出了很大努力协助我熟悉.NET平台。

我与这个领域的许多专家有过令人惬意的交谈或合作,从而在他们身上学到了不少东西。尤其想对Colleen Roe、David Muirhead和Randy Stafford表示感谢,他们将自己在Gemstone的Foodsmart示例系统上的工作成果与我共享。我在Bruce Eckel所主持的Crested Butte讨论会上也参与过一些重要的会谈,因此应当向近年来这一会议的与会者致谢。Joshua Kerievsky虽然没有时间对本书做一次全面的审阅,但他是模式方面的一个优秀顾问。

我还从UIUC阅读组那里获得了相当大的帮助,他们作为读者对本书提出了坦诚的批评。我要感谢:Ariel Gertzenstein、Bosko Zivaljevic、Brad Jones、Brian Foote、Brian Marick、Federico Balaguer、Joseph Yoder、John Brant、Mike Hewner、Ralph Johnson和Weerasak Witthawaskul。

前UIUC成员Dragos Manolescu及其小组给了我一些反馈。感谢Muhammad Anan、Brian Doyle、Emad Ghosheh、Glenn Graessle、Daniel Hein、Prabhaharan Kumarakulasingam、Joe Quint、John Reinke、Kevin Reynolds、Sripriya Srinivasan和Tirumala Vaddiraju。

Kent Back为我提供了许多思路,尤其是他为特殊情况模式所起的名字。Jim Odell将我领入了顾问咨询、教学和写作的世界,我由衷地感谢他。

当我写这本书时,曾将草稿放在Web上。期间许多人通过电子邮件向我指出问题、提出疑问或者讨论其他替代方案。他们中有Michael Banks、Mark Bernstein、Graham Berrisford、Bjorn Beskow、Bryan Boreham、Sean Broadley、Peris Brodsky、Paul Campbell、Chester Chen、John Coakley、Bob Corrick、Pascal Costanza、Andy Czerwonka、Martin Diehl、Daniel Drasin、Juan

Gomez Duaso、Don Dwiggins、Peter Foreman、Russell Freeman、Peter Gassmann、Jason Gorman、Dan Green、Lars Gregori、Rick Hansen、Tobin Harris、Russel Healey、Christian Heller、Richard Henderson、Kyle Hermenean、Carsten Heyl、Akira Hirasawa、Eric Kaun、Kirk Knoernschild、Jesper Ladegaard、Chris Lopez、Paolo Marino、Jeremy Miller、Ivan Mitrovic、Thomas Neumann、Judy Obee、Paolo Parovel、Trevor Pinkney、Tomas Restrepo、Joel Rieder、Matthew Roberts、Stefan Roock、Ken Rosha、Andy Schneider、Alexandre Semenov、Stan Silvert、Geoff Soutter、Volker Termath、Christopher Thames、Volker Turau、Knut Wannheden、Marc Wallace、Stefan Wenig、Brad Wiemerslage、Mark Windholtz、Michael Yoon。

此外，还有许多我不认识或已经遗忘了的人，在此要向他们表达同样真诚的谢意。

最诚挚的谢意依旧要献给我的妻子Cindy，她与我同历风雨，我将永远铭刻在心。

# 模式列表

  Active Record（活动记录）：包装数据库表或视图中的行、封装数据库访问、并将业务逻辑加到该数据上的对象。

  Application Controller（应用控制器）：处理屏幕导航和应用流程的集中控制点。

  Association Table Mapping（关联表映射）：将关联存储为表形式，并通过外键将与之相关的表连接起来。

  Class Table Inheritance（类表继承）：表示了类的继承层次，每个类都对应一个表。

  Client Session State（客户会话状态）：将会话状态存储于客户端。

  Coarse-Grained Lock（粗粒度锁）：用一个锁将一组相关对象都锁起来。

  Concrete Table Inheritance（具体表继承）：表示了类的继承层次，层次中的每一个具体类对应一个表。

  Data Mapper（数据映射器）：由映射器组成的一个层次，它在对象和数据库之间移动数据，并保证它们之间相互独立、映射器间相互独立。

  Data Transfer Object（数据传输对象）：在进程间进行数据传递的对象，目的是减少进程间方法调用的次数。

  Database Session State（数据库会话状态）：将会话状态作为提交的数据存储于数据库中。

  Dependent Mapping（依赖映射）：让一个类为一个子类进行数据库映射。

  Domain Model（领域模型）：既包含行为，又包含数据的领域的对象模型。

  Embedded Value（嵌入值）：将一个对象映射到另一个对象的表的多个域中。

  Foreign Key Mapping（外键映射）：将对象间的一个关联映射成表间一个外键引用。

  Front Controller（前端控制器）：处理Web站点中所有请求的控制器。

  Gateway（入口）：封装对外部系统或资源进行访问的对象。

  Identity Field（标识域）：将数据库ID域保存到对象中，用来维护一个内存对象与一个数据库行之间的对应关系。

  Identity Map（标识映射）：通过将每个被加载对象放入一个映射中，确保每个对象都被加载且仅加载一次。当引用对象时使用映射来查找对象。

  Implicit Lock（隐含锁）：允许框架或层超类型申请离线锁。

  Inheritance Mappers（继承映射器）：组织数据库映射器的一种结构，能处理继承层次。

  Layer Supertype（层超类型）：某一层中充当所有类型的超类型的类型。

  Lazy Load（延迟加载）：对象中并不包含所有想要的数据，但是知道如何获取这些数据。

  Mapper（映射器）：在两个独立对象间建立起通信的对象。

  Metadata Mapping（元数据映射）：在元数据中保存对象－关系映射的细节。

  Model View Controller（模型－视图－控制器）：将用户界面交互分割成三个不同的角色。

Money（货币）：表示货币值。
Optimistic Offline Lock（乐观离线锁）：通过检测冲突并回滚事务来防止并发业务事务间的冲突。
Page Controller（页控制器）：处理Web站点中特定页面请求或动作的对象。
Pessimistic Offline Lock（悲观离线锁）：通过每次只允许一个业务事务访问数据来防止并发业务事务间的冲突。
Plugin（插件）：在配置阶段而不是在编译阶段连接类。
Query Object（查询对象）：表示数据库查询的对象。
Record Set（记录集）：列表数据的内存表示。
Registry（注册表）：其他对象可以通过其找到公共对象或服务的一个知名对象。
Remote Façade（远程外观）：在细粒度对象上提供粗粒度的外观，以改进跨网络的有效性。
Repository（资源库）：通过用来访问领域对象的一个类似集合的接口，在领域与数据映射层之间进行协调。
Row Data Gateway（行数据入口）：在一个数据源中充当到一条记录的入口的对象。每条记录（数据库行）对应一个对象实例。
Separated Interface（分离接口）：在一个与其实现分离的包中定义一个接口。
Serialized LOB（序列化LOB）：通过序列化方法将一张对象图保存在一个大对象（LOB）中，然后将大对象存储在数据库的域中。
Server Session State（服务器会话状态）：将会话状态以序列化方式保存在一个服务器系统上。
Service Layer（服务层）：通过一个服务层来定义应用的边界，这个服务层建立了一组可用操作并协调应用程序对每个操作请求的响应。
Service Stub（服务桩）：在测试过程中去除对有问题服务的依赖。
Single Table Inheritance（单表继承）：通过一个表来表示类的一个继承层次，表中各列对应不同类中的所有域。
Special Case（特殊情况）：为特定情况提供特殊行为的一个子类。
Table Data Gateway（表数据入口）：充当到数据库表的入口的对象。一个实例处理表中的所有行。
Table Module（表模块）：通过一个实例处理数据库表或视图中所有行的业务逻辑。
Template View（模板视图）：通过在HTML页面中嵌入标记来将有关信息融入HTML。
Transaction Script（事务脚本）：通过过程来组织业务逻辑。其中，每个过程处理来自表现层的一个请求。
Transform View（转换视图）：逐条处理领域数据并将它们转换成HTML的一个视图。
Two Step View（两步视图）：通过两步将领域数据转换成HTML：首先形成某种逻辑页面，然后将逻辑页面转换成HTML。
Unit of Work（工作单元）：维护由业务事务所影响的对象列表，并协调更改的写出以及并发问题的解决。
Value Object（值对象）：类似于金钱或数据范围的、小而简单的对象，其相等性不是基于ID的。

# 目 录

译者序
前言
模式列表

## 引言 ·········································· 1
### 0.1 架构 ········································ 1
### 0.2 企业应用 ···································· 2
### 0.3 企业应用的种类 ······························ 3
### 0.4 关于性能的考虑 ······························ 4
### 0.5 模式 ········································ 6
#### 0.5.1 模式的结构 ···························· 7
#### 0.5.2 模式的局限性 ·························· 9

## 第一部分 表 述

## 第1章 分层 ······································ 12
### 1.1 企业应用中层次的演化 ····················· 13
### 1.2 三个基本层次 ······························ 14
### 1.3 为各层选择运行环境 ······················· 15

## 第2章 组织领域逻辑 ···························· 19
### 2.1 抉择 ······································· 22
### 2.2 服务层 ····································· 23

## 第3章 映射到关系数据库 ······················· 25
### 3.1 架构模式 ··································· 25
### 3.2 行为问题 ··································· 28
### 3.3 读取数据 ··································· 29
### 3.4 结构映射模式 ······························ 30
#### 3.4.1 关系的映射 ···························· 30
#### 3.4.2 继承 ···································· 33
### 3.5 建立映射 ··································· 34
### 3.6 使用元数据 ································· 35
### 3.7 数据库连接 ································· 36
### 3.8 其他问题 ··································· 38
### 3.9 进一步阅读 ································· 38

## 第4章 Web表现层 ······························ 39
### 4.1 视图模式 ··································· 41
### 4.2 输入控制器模式 ···························· 43
### 4.3 进一步阅读 ································· 43

## 第5章 并发 ······································ 45
### 5.1 并发问题 ··································· 45
### 5.2 执行语境 ··································· 46
### 5.3 隔离与不变性 ······························ 47
### 5.4 乐观并发控制和悲观并发控制 ············· 48
#### 5.4.1 避免不一致读 ·························· 49
#### 5.4.2 死锁 ···································· 49
### 5.5 事务 ······································· 50
#### 5.5.1 ACID ·································· 51
#### 5.5.2 事务资源 ······························ 51
#### 5.5.3 减少事务隔离以提高灵活性 ·········· 52
#### 5.5.4 业务事务和系统事务 ················· 53
### 5.6 离线并发控制的模式 ······················· 54
### 5.7 应用服务器并发 ···························· 55
### 5.8 进一步阅读 ································· 56

## 第6章 会话状态 ·································· 57
### 6.1 无状态的价值 ······························ 57
### 6.2 会话状态 ··································· 58
### 6.3 存储会话状态的方法 ······················· 59

## 第7章 分布策略 ·································· 61
### 7.1 分布对象的诱惑 ···························· 61
### 7.2 远程接口和本地接口 ······················· 62
### 7.3 必须使用分布的情况 ······················· 63
### 7.4 关于分布边界 ······························ 64
### 7.5 分布接口 ··································· 64

## 第8章 通盘考虑 ·································· 67
### 8.1 从领域层开始 ······························ 67
### 8.2 深入到数据源层 ···························· 68

8.2.1 事务脚本的数据源 ············ 68
8.2.2 表模块的数据源 ············· 69
8.2.3 领域模型的数据源 ············ 69
8.3 表现层 ····················· 69
8.4 一些关于具体技术的建议 ········ 70
  8.4.1 Java和J2EE ················ 70
  8.4.2 .NET ······················ 71
  8.4.3 存储过程 ··················· 71
  8.4.4 Web Services ················ 72
8.5 其他分层方式 ················ 72

# 第二部分 模 式

## 第9章 领域逻辑模式 ············· 76
9.1 事务脚本（Transaction Script）····· 76
  9.1.1 运行机制 ··················· 76
  9.1.2 使用时机 ··················· 77
  9.1.3 收入确认问题 ··············· 78
  9.1.4 例：收入确认（Java）········ 78
9.2 领域模型（Domain Model）······· 81
  9.2.1 运行机制 ··················· 81
  9.2.2 使用时机 ··················· 83
  9.2.3 进一步阅读 ················· 83
  9.2.4 例：收入确认（Java）········ 84
9.3 表模块（Table Module）·········· 87
  9.3.1 运行机制 ··················· 88
  9.3.2 使用时机 ··················· 90
  9.3.3 例：基于表模块的收入确认（C#）··90
9.4 服务层（Service Layer）··········· 93
  9.4.1 运行机制 ··················· 94
  9.4.2 使用时机 ··················· 96
  9.4.3 进一步阅读 ················· 96
  9.4.4 例：收入确认（Java）········ 96

## 第10章 数据源架构模式 ············ 101
10.1 表数据入口（Table Data Gateway）······ 101
  10.1.1 运行机制 ·················· 101
  10.1.2 使用时机 ·················· 102
  10.1.3 进一步阅读 ················ 102
  10.1.4 例：人员入口（C#）········ 103

10.1.5 例：使用ADO.NET数据集（C#）···104
10.2 行数据入口（Row Data Gateway）······ 106
  10.2.1 运行机制 ·················· 107
  10.2.2 使用时机 ·················· 108
  10.2.3 例：人员记录（Java）······· 108
  10.2.4 例：领域对象的数据保持器（Java）······111
10.3 活动记录（Active Record）······ 112
  10.3.1 运行机制 ·················· 112
  10.3.2 使用时机 ·················· 113
  10.3.3 例：一个简单的Person类（Java）···113
10.4 数据映射器（Data Mapper）······ 115
  10.4.1 运行机制 ·················· 116
  10.4.2 使用时机 ·················· 119
  10.4.3 例：一个简单的数据映射器（Java）···119
  10.4.4 例：分离查找方法（Java）··· 123
  10.4.5 例：创建一个空对象（Java）···126

## 第11章 对象-关系行为模式 ········· 129
11.1 工作单元（Unit of Work）······· 129
  11.1.1 运行机制 ·················· 129
  11.1.2 使用时机 ·················· 133
  11.1.3 例：使用对象注册的工作单元（Java）······ 134
11.2 标识映射（Identity Map）······· 137
  11.2.1 运行机制 ·················· 137
  11.2.2 使用时机 ·················· 139
  11.2.3 例：标识映射中的方法（Java）······ 139
11.3 延迟加载（Lazy Load）········· 140
  11.3.1 运作机制 ·················· 140
  11.3.2 使用时机 ·················· 142
  11.3.3 例：延迟初始化（Java）····· 142
  11.3.4 例：虚代理（Java）········· 142
  11.3.5 例：使用值保持器（Java）··· 144
  11.3.6 例：使用重影（C#）········ 144

## 第12章 对象-关系结构模式 ········· 151
12.1 标识域（Identity Field）········· 151
  12.1.1 工作机制 ·················· 151
  12.1.2 使用时机 ·················· 154
  12.1.3 进一步阅读 ················ 154

12.1.4 例：整型键（C#） ·············· *154*
12.1.5 例：使用键表（Java） ·············· *155*
12.1.6 例：使用组合键（Java） ·············· *157*
12.2 外键映射（Foreign Key Mapping） ·············· *166*
12.2.1 运行机制 ·············· *167*
12.2.2 使用时机 ·············· *169*
12.2.3 例：单值引用（Java） ·············· *169*
12.2.4 例：多表查询（Java） ·············· *172*
12.2.5 例：引用集合（C#） ·············· *173*
12.3 关联表映射（Association Table Mapping） ·············· *175*
12.3.1 运行机制 ·············· *176*
12.3.2 使用时机 ·············· *176*
12.3.3 例：雇员和技能（C#） ·············· *177*
12.3.4 例：使用直接的SQL（Java） ·············· *179*
12.3.5 例：用一次查询查多个雇员（Java） ·············· *182*
12.4 依赖映射（Dependent Mapping） ·············· *186*
12.4.1 运行机制 ·············· *186*
12.4.2 使用时机 ·············· *187*
12.4.3 例：唱片和曲目（Java） ·············· *188*
12.5 嵌入值（Embedded Value） ·············· *190*
12.5.1 运行机制 ·············· *190*
12.5.2 使用时机 ·············· *190*
12.5.3 进一步阅读 ·············· *191*
12.5.4 例：简单值对象（Java） ·············· *191*
12.6 序列化LOB（Serialized LOB） ·············· *192*
12.6.1 运行机制 ·············· *193*
12.6.2 使用时机 ·············· *194*
12.6.3 例：在XML中序列化一个部门层级（Java） ·············· *194*
12.7 单表继承（Single Table Inheritance） ·············· *196*
12.7.1 运行机制 ·············· *197*
12.7.2 使用时机 ·············· *197*
12.7.3 例：运动员的单表（C#） ·············· *198*
12.7.4 从数据库中加载对象 ·············· *199*
12.8 类表继承（Class Table Inheritance） ·············· *202*
12.8.1 运行机制 ·············· *202*
12.8.2 使用时机 ·············· *203*
12.8.3 进一步阅读 ·············· *203*
12.8.4 例：运动员和他们的家属（C#） ·············· *203*
12.9 具体表继承（Concrete Table Inheritance） ·············· *208*
12.9.1 运行机制 ·············· *209*
12.9.2 使用时机 ·············· *210*
12.9.3 例：具体运动员（C#） ·············· *210*
12.10 继承映射器（Inheritance Mappers） ·············· *214*
12.10.1 运行机制 ·············· *215*
12.10.2 使用时机 ·············· *216*

第13章 对象－关系元数据映射模式 ·············· *217*
13.1 元数据映射（Metadata Mapping） ·············· *217*
13.1.1 运行机制 ·············· *217*
13.1.2 使用时机 ·············· *218*
13.1.3 例：使用元数据和反射（Java） ·············· *219*
13.2 查询对象（Query Object） ·············· *224*
13.2.1 运行机制 ·············· *225*
13.2.2 使用时机 ·············· *225*
13.2.3 进一步阅读 ·············· *226*
13.2.4 例：简单的查询对象（Java） ·············· *226*
13.3 资源库（Repository） ·············· *228*
13.3.1 运行机制 ·············· *229*
13.3.2 使用时机 ·············· *230*
13.3.3 进一步阅读 ·············· *231*
13.3.4 例：查找一个人所在的部门（Java） ·············· *231*
13.3.5 例：资源库交换策略（Java） ·············· *231*

第14章 Web表现模式 ·············· *233*
14.1 模型－视图－控制器（Model View Controller） ·············· *233*
14.1.1 运行机制 ·············· *233*
14.1.2 使用时机 ·············· *234*
14.2 页面控制器（Page Controller） ·············· *235*
14.2.1 运行机制 ·············· *235*
14.2.2 使用时机 ·············· *236*
14.2.3 例：Servlet控制器和JSP视图的简单演示（Java） ·············· *236*
14.2.4 例：使用JSP充当处理程序（Java） ·············· *238*
14.2.5 例：代码隐藏的页面控制器（C#） ·············· *241*
14.3 前端控制器（Front Controller） ·············· *243*

14.3.1 运行机制 …… 244
14.3.2 使用时机 …… 245
14.3.3 进一步阅读 …… 246
14.3.4 例：简单的显示（Java）…… 246
14.4 模板视图（Template View）…… 248
14.4.1 运行机制 …… 249
14.4.2 使用时机 …… 251
14.4.3 例：分离的控制器，使用JSP充当视图（Java）…… 252
14.4.4 例：ASP.NET服务器页面（C#）…… 253
14.5 转换视图（Transform View）…… 256
14.5.1 运行机制 …… 256
14.5.2 使用时机 …… 257
14.5.3 例：简单的转换（Java）…… 257
14.6 两步视图（Two Step View）…… 259
14.6.1 运行机制 …… 259
14.6.2 使用时机 …… 260
14.6.3 例：两阶XSLT（XSLT）…… 264
14.6.4 例：JSP和定制标记（Java）…… 266
14.7 应用控制器（Application Controller）…… 269
14.7.1 运行机制 …… 270
14.7.2 使用时机 …… 271
14.7.3 进一步阅读 …… 271
14.7.4 例：状态模型应用控制器（Java）…… 271

## 第15章 分布模式 …… 275

15.1 远程外观（Remote Facade）…… 275
15.1.1 运行机制 …… 276
15.1.2 使用时机 …… 278
15.1.3 例：使用Java语言的会话bean来作为远程外观（Java）…… 278
15.1.4 例：Web Service（C#）…… 281
15.2 数据传输对象（Data Transfer Object）…… 285
15.2.1 运行机制 …… 285
15.2.2 使用时机 …… 288
15.2.3 进一步阅读 …… 289
15.2.4 例：传输唱片信息（Java）…… 289
15.2.5 例：使用XML实现序列化（Java）…… 293

## 第16章 离线并发模式 …… 295

16.1 乐观离线锁（Optimistic Offline Lock）…… 295
16.1.1 运行机制 …… 296
16.1.2 使用时机 …… 298
16.1.3 例：领域层与数据映射器（Java）…… 298
16.2 悲观离线锁（Pessimistic Offline Lock）…… 302
16.2.1 运行机制 …… 303
16.2.2 使用时机 …… 305
16.2.3 例：简单锁管理对象（Java）…… 305
16.3 粗粒度锁（Coarse-Grained Lock）…… 310
16.3.1 运行机制 …… 310
16.3.2 使用时机 …… 312
16.3.3 例：共享的乐观离线锁（Java）…… 312
16.3.4 例：共享的悲观离线锁（Java）…… 316
16.3.5 例：根对象乐观离线锁（Java）…… 317
16.4 隐含锁（Implicit Lock）…… 318
16.4.1 运行机制 …… 318
16.4.2 使用时机 …… 319
16.4.3 例：隐含的悲观离线锁（Java）…… 319

## 第17章 会话状态模式 …… 321

17.1 客户会话状态（Client Session State）…… 321
17.1.1 运行机制 …… 321
17.1.2 使用时机 …… 322
17.2 服务器会话状态（Server Session State）…… 322
17.2.1 运行机制 …… 322
17.2.2 使用时机 …… 324
17.3 数据库会话状态（Database Session State）…… 324
17.3.1 运行机制 …… 324
17.3.2 使用时机 …… 325

## 第18章 基本模式 …… 327

18.1 入口（Gateway）…… 327
18.1.1 运行机制 …… 327
18.1.2 使用时机 …… 328
18.1.3 例：私有消息服务的入口（Java）…… 329
18.2 映射器（Mapper）…… 331
18.2.1 运行机制 …… 332
18.2.2 使用时机 …… 332
18.3 层超类型（Layer Supertype）…… 332

18.3.1　运行机制 ·················332
18.3.2　使用时机 ·················333
18.3.3　例：领域对象（Java）·········333
18.4　分离接口（Separated Interface）······333
18.4.1　运行机制 ·················334
18.4.2　使用时机 ·················335
18.5　注册表（Registry）··············335
18.5.1　运行机制 ·················336
18.5.2　使用时机 ·················337
18.5.3　例：单子注册表（Java）·······337
18.5.4　例：线程安全的注册表（Java）··338
18.6　值对象（Value Object）···········339
18.6.1　运行机制 ·················339
18.6.2　使用时机 ·················340
18.7　货币（Money）·················340
18.7.1　运行机制 ·················341
18.7.2　使用时机 ·················342
18.7.3　例：货币类（Java）··········343

18.8　特殊情况（Special Case）·········346
18.8.1　运行机制 ·················347
18.8.2　使用时机 ·················347
18.8.3　进一步阅读 ···············347
18.8.4　例：一个简单的空对象（C#）··347
18.9　插件（Plugin）·················348
18.9.1　运行机制 ·················349
18.9.2　使用时机 ·················350
18.9.3　例：ID生成器（Java）········350
18.10　服务桩（Service Stub）···········352
18.10.1　运行机制 ················352
18.10.2　使用时机 ················353
18.10.3　例：销售税服务（Java）·····353
18.11　记录集（Record Set）············355
18.11.1　运行机制 ················355
18.11.2　使用时机 ················356

**参考文献** ························359

# 引 言

构建计算机系统并非易事。随着系统复杂性的增大，构建相应软件的难度将呈指数增大。同其他行业一样，我们只有在不断的学习中进步，从成功经验中学习，从失败教训中学习，才有望克服这些困难。本书中的内容就是这样一些"学习"经验。我希望它们的撰写和编排方式，能够有助于读者更快地学习这些内容，并且，和我在总结出这些模式之前相比，能更有效地与他人进行交流。

在引言中，我想设定本书讨论的范围，并提供一些相关的背景知识与材料。

## 0.1 架构

软件业的人乐于做这样的事——找一些词汇，并把它们引申到大量微妙而又互相矛盾的含义。一个最大的受害者就是"架构"（architecture）这个词。我个人对"架构"的感觉是，它是一个让人印象深刻的词，主要用来表示一些非常重要的东西。当然，我也会小心，不让这些对"系统结构"的"不恭之辞"，影响到读者对本书的兴趣[⊖]。

很多人都试图给"架构"下定义，而这些定义本身却很难统一。能够统一的内容有两点：一点是"最高层次的系统分解"；另一点是"系统中不易改变的决定"。越来越多的人发现：表述一个系统架构的方法不止一种；一个系统中也可能有很多种不同的架构，而且，对于什么在架构上意义重大的看法也会随着系统的生命周期变化。

Ralph Johnson经常在邮件列表上发帖，并提出一些令人关注的见解。就在我完成本书初稿的同时，他又发表了一些关于"架构"的观点。他认为，架构是一种主观上的东西，是专家级项目开发人员对系统设计的一些可共享的理解。一般地，这种可共享的理解表现为系统中主要的组成部分以及这些组成间的交互关系。它还包括一些决定，开发者们希望这些决定能及早做出，因为在开发者看来它们是难以改变的。架构的主观性也来源于此——如果你发现某些决定并不像你想像的那么难以改变，那么它就不再与架构相关。到了最后，架构自然就浓缩成一些重要的东西，不论这些东西是什么。

在本书中，我提出了一些自己的理解，涉及企业应用主要组成部分和我希望能尽早做出的决定。在这些架构模式中，我最欣赏的就是"层次"，将在第1章中进行详细介绍。全书实际上就是关于如何将企业应用组织成不同的层次，以及这些层次之间如何协同工作。大多数重要的企业应用都是按照某种形式的层次分层设计的；当然，在某些情况下，别的设计方式（如管道方式、过滤器方式等）也有它们自己的价值。在本书中我们将不会讨论这些方式，而把注意力

---

⊖ 因为本书也是关于"架构"的。——译者注

集中在层次方式上，因为它是应用最广的设计方式。

本书中的一些模式毫无疑问是关于架构的，它们表示了企业应用各主要组成部分间的重要决定，另外一些模式是关于设计的，有助于架构的实现。我没有刻意区分这两类模式，因为正如我们前面讨论的，是否与架构相关往往带有主观性。

## 0.2 企业应用

编写计算机软件的人很多，我们通常把这些活动都称为软件开发。但是软件的种类是不同的，每种软件都有自身的挑战性和复杂性。我是在与几个从事电信软件开发的朋友交谈后，意识到这个问题的。企业应用在某些方面要比电信软件简单得多——多线程问题没有那么困难，无需关注硬件设备与软件的集成。但是，在某些方面，企业应用又比电信软件复杂得多——企业应用一般都涉及大量复杂数据，而且必须处理很多"不合逻辑"的业务规则。虽然有些模式是适合于所有软件的，但是大多数模式都还只适合某些特定的领域和分支。

我的工作主要是关于企业应用的，因此，这里所谈及的模式也都是关于企业应用的。（企业应用还有一些其他的说法，如"信息系统"或更早期的"数据处理"。）那么，这里的"企业应用"具体指的是什么呢？我无法给出一个精确的定义，但是我可以罗列一些个人的理解。

先举几个例子。企业应用包括工资单、患者记录、发货跟踪、成本分析、信誉评估、保险、供应链、记账、客户服务以及外币交易等。企业应用不包括车辆加油、文字处理、电梯控制、化工厂控制器、电话交换机、操作系统、编译器以及电子游戏等。

企业应用一般都涉及**持久化数据**。数据必须持久化是因为程序的多次运行都需要用到它们——实际上，有些数据需要持久化若干年。在此期间，操作这些数据的程序往往会有很多变化。这些数据的生命周期往往比最初生成它们的那些硬件、操作系统和编译器还要长。在此期间，数据本身的结构一般也会被扩展，使得它在不影响已有信息的基础上，还能表示更多新信息。即使是有根本性的变化发生，或公司安装了一套全新的软件，这些数据也必须被"迁移"到这些全新的应用上。

企业应用一般都涉及**大量数据**——一个中等规模的系统往往都包含1GB以上的数据，这些数据是以数百万条记录的方式存在的。巨大的数据量导致数据的管理成为系统的主要工作。早期的系统使用的是索引文件系统，如IBM的VSAM和ISAM。现代的系统往往采用数据库，绝大多数是关系型数据库。数据库的设计和演化已使其本身成为新的技术领域。

企业应用一般还涉及**很多人同时访问数据**。对于很多系统来说，人数可能在100人以下，但是对于一些基于Web的系统，人数则会呈指数级增长。要确保这些人都能够正确地访问数据，就一定会存在这样或那样的问题。即使人数没有那么多，要确保两个人在同时操作同一数据项时不出现错误，也是存在问题的。事务管理工具可以处理这个问题，但是它通常无法做到对应用开发者透明。

企业应用还涉及**大量操作数据的用户界面屏幕**。有几百个用户界面屏幕是不足为奇的。用户使用频率的差异很大，他们也经常没什么技术背景。因此，为了不同的使用目的，数据需要很多种表现形式。系统一般都有很多批处理过程，当专注于强调用户交互的用例时，这些批处理过程很容易被忽视。

企业应用很少独立存在，通常需要**与散布在企业周围的其他企业应用集成**。这些各式各样的系统是在不同时期，采用不同技术构建的，甚至连协作机制都不同：COBOL数据文件、CORBA系统或是消息系统。企业经常希望能用一种统一的通信技术来集成所有系统。当然，每次这样的集成工作几乎都很难真正实现，所以留下来的就是一个个风格各异的集成环境。当商业用户需要同其业务伙伴进行应用集成时，情况就更糟糕。

即使是某个企业统一了集成技术，它们也还是会遇到业务过程中的差异以及数据中**概念的不一致性**。一个部门可能认为客户是当前签有协议的人；而另外一个部门可能还要将那些以前有合同、但现在已经没有了的人计算在内。再有，一个部门可能只关心产品销售而不关心服务销售。粗看起来，这些问题似乎容易解决，但是，一旦几百个记录中的每个字段都有可能存在着细微差别，问题的规模就会形成不小的挑战——就算唯一知道这些字段之间差别的员工还在公司任职（当然，也许他在你觉察到之前就早已辞职不干了）。这样，数据就必须被不停地读取、合并、然后写成各种不同语法和语义的格式。

再接下来的问题是由"业务逻辑"带来的。我认为"业务逻辑"这个词很滑稽，因为很难再找出什么东西比"业务逻辑"更加没有逻辑。当我们构建一个操作系统时，总是尽可能地使得系统中的各种事物符合逻辑。而业务逻辑生来就是那样的，没有相当的行政努力，不要想改变它，当然，它们都有自己的理由。你必须面对很多奇怪的条件，而且这些条件相互作用的方式也非常怪异。比如，某个销售人员为了签下其客户几百万美元的一张单，可能会在商务谈判中与对方达成协议，将该项目的年度到账时间推迟两天，因为这样才能够与该客户的账务周期相吻合。成千上万的这类"一次性特殊情况"最终导致**复杂的业务"无逻辑"**使得商业软件开发那么困难。在这种情况下，必须尽量将这些业务逻辑组织成有效的方式，因为我们可以确定的是，这些"逻辑"一定会随着时间不断变化。

对于一些人来说，"企业应用"这个词指的是大型系统。但是需要注意的是，并不是所有的企业应用都是大型的，尽管它们可能都为企业提供巨大的价值。很多人认为，由于小型系统的规模不大，可以不用太注意它们，而且在某种程度上，这种观点能够带来一定的成本节约。如果一个小型系统失败了，相对于大型系统的失败，这种失败就不会显得那么起眼了。但是，我认为这种思想没有对小型项目的累积作用给予足够的重视。试想，如果在小型项目上能够进行某些改善措施，那么一旦这些改善措施被成功运用于大型项目，它带来的效果就会非常大。实际上，最好是通过简化架构和过程，将一个大型项目简化成小型项目。

## 0.3 企业应用的种类

在我们讨论如何设计企业应用以及使用哪些模式之前，明确这样一个观点是非常重要的，即企业应用是多种多样的，不同的问题将导致不同的处理方法。如果有人说，"总是这样做"的时候，就应当敲响警钟了。我认为，设计中最具挑战性（也是我最感兴趣）的地方就是了解有哪些候选的设计方法以及各种不同设计方法之间的优劣比较。进行选择的空间很大，但我在这里只选三个方面。

考虑一个B2C（Business to Customer）的网上零售商：人们通过浏览器浏览，通过购物车购买商品。这样一个系统必须能够应付大量的客户，因此，其解决方案不但要考虑到资源利用的有效性，还要考虑到系统的可伸缩性，以便在用户规模增大时能够通过增加硬件的办法加以解决。该系统的业务逻辑可以非常简单：获取订单，进行简单的价格计算和发货计算，给出发货信息。我们希望任何人都能够访问该系统，因此用户界面可以选用通用的Web表现方式，以支持各种不同的浏览器。数据源包括用来存放订单的数据库，还可能包括某种与库存系统的通信交流，以便获得商品的可用性信息和发货信息。

再考虑一个租约合同自动处理系统。在某些方面，这样的系统比起前面介绍的B2C系统要简单，因为它的用户数很少（在特定时间内不会超过100个），但是它的业务逻辑却比较复杂。计算每个租约的月供，处理如提早解约和延迟付款这样的事件，签订合同时验证各种数据，这些都是非常复杂的任务，因为租约领域的许多竞争都是以过去的交易为基础稍加变化而出现的。正是因为规则的随意性很大，才使得像这样一个复杂的业务领域具有挑战性。

这样的系统在用户界面（UI）上也很复杂。这就要求HTML界面要能提供更丰富的功能和更复杂的屏幕，而这些要求往往是HTML界面目前无法达到的，需要更常规的胖客户界面。用户交互的复杂性还会带来事务行为的复杂性：签订租约可能要耗时1~2个小时，这期间用户要处于一个逻辑事务中。一个复杂的数据库设计方案中可能也会涉及200多个表以及一些有关资产评估和计价的软件包。

第三个例子是一家小型公司使用的简单的"开支跟踪系统"。这个系统的用户很少，功能简单，通过HTML表现方式可以很容易实现，涉及的数据源表项也不多。尽管如此，开发这样的系统也不是没有挑战。一方面你必须快速地开发出它，另一方面你又必须为它以后可能的发展考虑：也许以后会为它增加赔偿检验的功能，也许它会被集成到工资系统中，也许还要增加关于税务的功能，也许要为公司的CFO生成汇总报表，也许会被集成到一个航空订票Web Service中，等等。如果在这个系统的开发中，也试图使用前面两个例子中的一些架构，可能会影响开发进度。如果一个系统会带来业务效益（如所有的企业应用应该那样），则系统进度延误同样也是开销。如果现在不做决策又有可能会影响系统未来的发展。但是，如果现在就考虑了这些灵活性但是考虑不得当，额外的复杂性又可能会影响到系统的发展，进一步延误系统部署，减少系统的效益。虽然这类系统很小，但是一个企业中往往有很多这样的系统，这些系统的架构不良性累积起来，后果将会非常可怕。

这三个企业应用的例子都有难点，而且难点各不相同。当然，也不可能有一个适合于三者的通用架构。选择架构时，必须很清楚地了解面临的问题，在理解的基础上再来选择合适的设计。本书中也没有一个通用的解决方案。实际上，很多模式仅仅是一些可选方案罢了。即使你选择了某种模式，也需要进一步根据面临的问题来修改模式。在构建企业应用时，你不思考是不行的。所有书本知识只是给你提供信息，作为你做决定的基础。

模式是这样，工具也同样如此。在系统开发时应该选取尽可能少的工具，同时也要注意，不同的工具擅长处理的方面也不同。切记不要用错了工具，否则只会事倍功半。

## 0.4 关于性能的考虑

很多架构的设计决策和性能有关。对于大多数与性能相关的问题，我的办法是首先建立系统，调试运行，然后通过基于测量的严格的优化过程来提高性能。但是，有一些架构上的决策对性能的影响，可能是后期优化难以弥补的。而且即使这种影响可以在后期很容易地弥补，参与这个项目的人们仍然会从一开始就担心这些决策。

在这样的一本书中讨论性能通常很困难。这是因为"眼见为实"：所有那些关于性能的条条框框，不在你的具体系统中配置运行一下，是很难有说服力的。我也经常看到一些设计方案因为性能方面的考虑而被接受或拒绝，但是一旦有人在真实的设置环境中做一些测量，就会证明这些考虑是错误的。

本书中将提出一些这方面的建议，包括尽量减少远程调用（它在很长时间内都被认为是优先性能的好建议）。尽管如此，还是建议读者在运用这些原则之前，在你的应用中具体试一试。同样，本书中的样例代码也有一些地方为了提高可读性而牺牲了效率。在你的系统中，需要自行决定是否进行优化。在做性能优化后，一定要与优化前进行测量对比，以确定真的得到了优化，否则，你可能只是破坏了代码的可读性。

还有一个很重要的推论：配置上的重大变化会使得某些性能优化失效。因此，在升级虚拟机、硬件、数据库或其他东西到新的版本时，必须重新确认性能优化工作的有效性。很多情况下，配置变更都会对性能优化有影响，有时候你真的会发现，以前为了提升性能做的优化，在新环境下居然影响性能。

关于性能的另一个问题是很多术语的使用不一致。最明显的例子就是"可伸缩性"（scalability），它可能有6~7种含义。下面我使用其中一些术语。

**响应时间**是系统完成一次外部请求处理所需的时间。这些外部请求可能是用户交互行为，例如按下一个按钮，或是服务器API的调用。

**响应性**不同于请求处理，它是系统响应请求的速度有多快。这个指标在许多系统里非常重要，因为对于一些系统而言，如果其响应性太慢，用户将难以忍受——尽管其响应时间可能不慢。如果在请求处理期间，系统一直处于等待状态，则系统的响应性和响应时间是相同的。然而，如果能够在处理真正完成之前就给用户一些信息表明系统已经接到请求，则响应性就会好一些。例如，在文件拷贝过程中，为用户提供一个"进展条"，将会提高用户界面的响应性，但并不会提高响应时间。

**等待时间**是获得系统任何形式响应的最小时间，即使应该做的工作并不存在。通常它是远程系统中的大问题。假设我们让程序什么都不做，只是调用返回即可，则如果在本机上运行程序，一般都会立即得到响应。但是，如果在远程计算机上运行程序，情况就不一样，往往需要数秒的时间才能得到响应，因为从发出请求到得到响应的数秒时间主要用于排除困难使信息在线路上的传输。作为应用开发者，我经常对等待时间无能为力。这也是为什么要尽量避免远程调用的原因。

**吞吐率**是给定时间内能够处理多大的请求量。如果考察的是文件拷贝，则吞吐率可以用每秒字节量来表示。对于企业应用来说，吞吐率通常用每秒事务数（tps）来度量。这种方法的一个问题是指标依赖于事务的复杂程度。对于特定系统的测试，应该选取普通的事务集合。

在这里，**性能**或者指吞吐率，或者指响应时间，由用户自己决定。当通过某种优化技术后，使得系统的吞吐率提高了，但是响应时间下降了，这时就不好说系统的性能提高了，最好用更准确的术语表示。从用户角度而言，响应性往往比响应时间更重要，因此，为了提高响应性而损失一些响应时间或者吞吐率是值得的。

**负载**是关于系统当前负荷的表述，也许可以用当前有多少用户与系统相连来表示。负载有时也作为其他指标（如响应时间）的背景。因此，我们可以说：在10个用户的情况下，请求响应时间是0.5秒，在20个用户的情况下，请求响应时间是2秒。

**负载敏感度**是指响应时间随负载变化的程度。假设：系统A在10~20个用户的情况下，请求响应时间都是0.5秒；系统B在10个用户的情况下，请求响应时间是0.2秒，在20个用户的情况下，请求响应时间上升到2秒。此时，系统A的负载敏感度比系统B低；我们还可以使用术语**衰减**（degradation），称系统B衰减得比系统A快。

**效率**是性能除以资源。如果一个双CPU系统的性能是30tps，另一个系统有4个同样的CPU，性能是40tps，则前者效率高于后者。

系统的**容量**是指最大有效负载或吞吐率的指标。它可以是一个绝对最大值或性能衰减至低于一个可接受的阈值之前的临界点。

**可伸缩性**度量的是向系统中增加资源（通常是硬件）对系统性能的影响。一个可伸缩的系统允许在增加了硬件后，能够有性能上的合理提高。例如，为了使吞吐率提高一倍，要增加多少服务器等。**垂直可伸缩性**或称**垂直延展**，通常指提高单个服务器的性能，例如增加内存。**水平可伸缩性**或称**水平延展**，通常指增加服务器数目。

问题是，设计决策对所有性能指标的作用并不相同。比如，在某个服务器上运行着两个软件系统：Swordfish的容量是20tps，而Camel的容量是40tps。哪一个的性能更高？哪一个的可伸缩性好？仅凭这些数据，我们无法回答关于可伸缩性的问题，我们只能说Camel系统在单机上的效率更高。假设又增加了一台服务器后，我们发现：Swordfish的容量是35tps，Camel的容量是50tps。尽管Camel的容量仍然大于Swordfish，但是后者在可伸缩性上却显得比前者更好。假设我们继续增加服务器数目后发现：Swordfish每增加一台服务器提高15tps，Camel每增加一台服务器提高10tps。在获得了这些数据后，我们才可以说，Swordfish的水平可伸缩性比Camel好，尽管Camel在5个服务器以下会有更好的效率。

当构建企业应用系统时，关注硬件的可伸缩性往往比关注容量或效率更重要。如果需要，可伸缩性可以给予你获得更好性能的选择，可伸缩性也可以更容易实现。有时，设计人员费了九牛二虎之力才提高了少许容量，其开销还不如多买一些硬件。换句话说，假设Camel的费用比Swordfish高，高出的部分正好可以买几台服务器，那么选择Swordfish可能更合算，尽管你目前只需要40tps。现在人们经常抱怨软件对硬件的依赖性越来越大，有时为了运行某些软件就不得不对硬件进行升级，就像我一样，为了用最新版本的Word，就必须不断地升级笔记本电脑。但是总的来说，购买新硬件还是比修改旧软件来得便宜。同样，增加更多的服务器也比增加更多的程序员来得便宜——只要你的系统有足够的可伸缩性。

## 0.5 模式

模式的概念早就有了。我在这里不想把这段历史重新演绎一遍。只是想简单谈谈我对模式和它们为什么是描述设计的重要手段的一些看法。

模式没有统一的定义，可能最好的起点是Christopher Alexander给出的定义（这也是许多模式狂热者的灵感来源）："每一个模式描述了一个在我们周围不断重复发生的问题以及该问题解决方案的核心。这样，你就能一次又一次地使用该方案而不必做重复劳动"[Alexander et al.]。尽管Alexander是建筑家，他谈论的是建筑模式，但其定义也能很好地适用于软件业。模式的核心就是特定的解决方案，它有效而且有足够的通用性，能解决重复出现的问题。模式的另一种视角是把它看成一组建议，而创造模式的艺术则是将很多建议分解开来，形成相互独立的组，在此基础上可以相对独立地讨论它们。

模式的关键点是它们源于实践。必须观察人们的工作过程，发现其中好的设计，并找出"这些解决方案的核心"。这并不是一个简单的过程，但是一旦发现了某个模式，它将是非常有价值的。对于我来说，价值之一是能够撰写这样一本参考书。你不必通读本书的全部内容，也不必通读所有关于模式的书。你只需要了解到这些模式都是干什么的、它们解决什么问题、它们是如何解决问题的，就足够了。这样，一旦碰到类似问题，就可以从书中找出相应的模式。那时，再深入了解相应的模式也不迟。

一旦需要使用模式，就必须知道如何将它运用于当前的问题。使用模式的关键之一是不能盲目使用，这也是模式工具为什么都那么惨的原因。我认为模式是一种"半生不熟品"，为了用好它，还必须在自己的项目中把剩下的那一半"火候"补上。我本人每次在使用模式时，都会东改一点西改一点。因此你会多次看到同一个解决方案，但没有一次是完全相同的。

每个模式相对独立，但又不彼此孤立。有时候它们相互影响、如影随形。例如，如果在设计中使用了领域模型，那么经常还会用到类表继承。模式的边界本来也是模糊的，我在本书中也尽量让它们各自独立。如果有人说"使用工作单元"，你就可以直接去看工作单元这个模式如何使用，而不必阅读全书。

如果你是一个有经验的企业应用设计师，也许会对大多数模式都很熟悉。希望本书不会给你带来太大的失望。（实际上我在前言里面已经提醒过了。）模式不是什么新鲜概念。因此，撰写模式书籍的作者们也不会声称我们"发明"了某某模式，而是说我们"发现"了某某模式。我们的职责是记录通用的解决方案，找出其核心，并把最终的模式记录下来。对于一个高级设计师，模式的价值并不在于它给予你一些新东西，而在于它能帮助你更好地交流。如果你和你的同事都明白什么是远程外观，你就可以这样非常简捷地交流大量信息："这个类是一个远程外观模式。"也可以对新人说："用数据传输对象模式来解决这个问题。"他们就可以查找本书来搞清楚如何做。模式为设计提供了一套词汇，这也是为什么模式的名字这么重要的原因。

本书的大多数模式是用来解决企业应用的，基本模式一章（见第18章）则更通用一些。我把它们包含进来的原因是：在前面的讨论中，我引用了这些通用的模式。

### 0.5.1 模式的结构

每个作者都必须选择表达模式的形式。一些人采用的表达方式基于模式的一些经典教材如[Alexander et al.]、[Gang of Four]或[POSA]。另一些人用他们自己的方式。我在这个问题上也斟酌了很久。一方面我不想像GOF一样太精练，另一方面我还要引用他们的东西。这就形成了本书的模式结构。

第一部分是模式的名字。模式名非常重要，因为模式的目的之一就是为设计者们交流提供一组词汇。因此，如果我告诉你Web服务器是用前端控制器和转换视图构建的，而你又了解这些模式，那么你对我的Web服务器的架构就会非常清楚了。

接下来的两部分是相关的：意图和概要。意图用一两句话总结模式；概要是模式的一种可视化表示，通常是（但不总是）一个UML图。这主要是想给模式一个简单的概括，以帮助记忆。如果你对该模式已经"心知肚明"，只是不知道它的名字，那么模式的意图和概要这两部分就能为你提供足够的信息。

接下来的部分描述了模式的动机。这可能不是该模式所能解决的唯一问题，但却是我认为最具代表性的问题。

"运行机制"部分描述了解决方案。在这一部分，我会讨论一些实现问题以及我遇到的变化情况。我会尽可能独立于平台来讨论——也有一个部分是针对平台来讨论的，如果不感兴趣可以跳过这部分。为了便于解释，我用了一些UML图来辅助说明。

"使用时机"部分描述了模式何时被使用。这部分讨论促使我选择该模式而不是其他模式的权衡考虑。本书中很多模式都可以相互替代，例如页面控制器和前端控制器就可以相互替代。很少有什么模式是非它不可的。因此，每当我选择了一种模式之后，我总是问自己"你什么时候能不用它？"这个问题也经常驱使我选择其他方案。

"进一步阅读"部分给出了与该模式相关的其他读物。它并不完善。我只选择我认为有助于理解模式的参考文献，所以我去掉了对本书内容没有价值的任何讨论，当然其中也可能会遗漏一些我不知道的模式。我也没有提到一些我认为可能读者无法找到的参考文献，再就是一些不太稳定的Web链接。

我喜欢为模式增加一个或几个例子。每个例子都非常简单，它们是用Java语言或C#语言编写的。我之所以选择这两种语言，是因为它们可能是目前绝大多数专业程序员都能懂的语言。必须注意，例子本身并不是模式。当你使用模式时，不要想当然地认为它会和例子一样，也不要把例子看成某种形式的宏替换。我把例子编得尽量简单以突出其中模式相关的部分。当然，省略的部分并不是不重要，只是它们一般都特定于具体环境，这也是为什么模式在使用时一般都必须做适当调整的原因。

为了尽量使例子简单但是又能够突出核心意思，我主要选择那些简单而又明确的例子，而不是那些来自于生产系统中的复杂例子。当然，在简单和过分简单之间掌握平衡是不容易的，但是我们必须记住：过分强调具体应用环境反而会增加模式的复杂性，使得模式的核心内容不易理解。

这就是为什么我在选择例子时选取的是一些相互独立的例子而不是相互关联的例子的原因。独立的例子有助于对模式的理解，但是在如何将这些模式联合在一起使用上却支持不多。相互关联的例子则相反，它体现了模式间是如何相互作用的，但是对其中每个模式的理解却依赖于对其他所有模式的理解。理论上，是可以构造出既相互关联又相互独立的例子，但这是一项非常艰巨的工作——至少对于我来说是这样。因此，我选择了相互独立的例子。

例子中的代码本身也主要用来增强对思想的理解。因此，在其他一些方面考虑得可能不够——特别是错误处理，在这方面，我没有花费很多笔墨，因为到目前为止，我还没有得出错误处理方面的模式。在此，那些代码纯粹用来说明模式，而并不是用来显示如何对任何特定的业务问题进行建模。

正是由于这些原因,我没有把这些代码放到我的网站上供大家下载。为了让那些基本的思想在应用设置下有所意义,本书的每个样例代码都充满着太多的"脚手架"来简化它们。

并不是每个模式中都包含上面所述的各个部分。如果我不能想出很好的例子或动机等内容,我就会把相应部分省略。

### 0.5.2 模式的局限性

正如我在前言中所述,对于企业应用开发而言,本书中介绍的模式并不全面。我对本书的要求,不在于它是否全面,而在于它是否有用。模式这个领域太大了,单凭一个人的头脑是无法做到面面俱到的,更不用说是一本书了。

本书中所列的模式都是我在具体领域中遇到的,但这并不表明我已经理解了每一个模式以及它们之间的关系。本书的内容只是反映了我在写书时的理解,在编写本书的过程中,我对相关内容的理解也不断发展和加深。当然,在本书发表之后,我仍然希望本人对模式的理解还能够继续发展。对于软件开发而言,有一点是可以肯定的,那就是软件开发永远不会停止。

当你使用模式时请记住:它们只是开始,而不是结束。任何作者去囊括项目开发中的所有变化和技术是不可能的。我编写本书的目的也只是作为一个开始,希望它能够把我自己的和我所了解的经验和教训传递给读者,你们可以在此基础上继续努力。请大家记住:所有模式都是不完备的,你们都有责任在自己的系统中完善它们,你们也会在这个过程中得到乐趣。

# 第一部分

## 表 述

# 第 1 章
# 分　　层

在分解复杂的软件系统时，软件设计者用得最多的技术之一就是分层。在计算机本身的架构中，可以看到：到处都有分层的例子：不同的层从包含了操作系统调用的程序设计语言，到设备驱动程序和CPU指令集，再到芯片内部的各种逻辑门。网络互联中，FTP层架构在TCP之上，TCP架构在IP之上，IP又架构在以太网之上。

当用分层的观点来考虑系统时，可以将各个子系统想像成按照"多层蛋糕"的形式来组织，每一层都依托在其下层之上。在这种组织方式下，上层使用了下层定义的各种服务，而下层对上层一无所知。另外，每一层对自己的上层隐藏其下层的细节。因此，第4层使用第3层的服务，第3层使用第2层的服务，第4层无需知道第2层的细节。（当然，并非所有的分层架构都这么隔绝，但绝大多数是不透明的，或至少是几乎不透明的。）

将系统按照层次分解有很多重要的好处：

- 在无需过多了解其他层次的基础上，可以将某一层作为一个有机整体来理解。例如，无需知道以太网的工作细节，你照样可以在TCP上构建FTP服务。
- 可以替换某层的具体实现，只要前后提供的服务相同即可。例如，FTP服务无论是在以太网、PPP上、还是网络运营商使用的任何网络上都无需改变，而且与提供传输电缆的网络运营商无关。
- 可以将层次间的依赖性减到最低。假设网络运营商改变了物理传输系统，但只要IP层不变，FTP服务就可以不改变。
- 分层有利于标准化工作。TCP和IP就是关于它们各自层次如何工作的标准。
- 一旦构建好了某一层次，就可以用它为很多上层服务提供支持。因此，TCP/IP同时被FTP、telnet、SSH和HTTP使用。否则，所有这些高层协议都必须编写它们各自的底层协议。

分层是一种重要的技术，但也有缺陷：

- 层次并不能封装所有东西。有时它会为我们带来级联修改。最经典的例子就是在一个分层设计的企业应用中，如果要增加一个在用户界面上显示的数据域，就必须在数据库中增加相应的字段，还必须在用户界面和数据库之间的每一层做相应的修改。
- 过多的层次会影响性能。在每一层，一般都会从一种表现形式转换到另一种。不过底层功能的封装通常带来比代价更大的效率提升。例如，可以优化事务控制层，提高其他各层的效率。

然而，分层架构中最困难的问题是决定建立哪些层次以及每一层的职责是什么。

## 1.1 企业应用中层次的演化

我虽然没有从事过早期批处理系统时期的任何工作,但我认为当时的软件工作人员不会太关注层次的概念,只要编写操作某些文件(ISAM、VSAM等)格式的程序,这就是当时的应用。它不需要层次。

20世纪90年代,随着**客户/服务器**系统的出现,分层的概念更明显了。这样的系统是一种两个层次的系统:客户端包括用户界面和其他应用代码,服务器端通常是关系型数据库。常见的客户端工具如VB、PowerBuilder和Delphi。这些工具使得构建数据密集型应用非常容易。因为它们的用户界面控件通常都是SQL感知的。因此,可以通过将控件拖拽到"设计区域"来建立界面,然后再使用属性表单把控件连接到后台数据库。

如果应用仅仅包括关系数据的简单显示和修改,那么这种客户/服务器系统的工作方式非常合适。问题来自领域逻辑:如业务规则、验证、计算等。通常,人们会把它们写在客户端,但是这样很笨拙,并且往往把领域逻辑直接嵌入到用户界面。随着领域逻辑的不断复杂化,这些代码将越来越难以使用。而且,这样做很容易产生冗余代码,这意味着简单的变化都会导致要在很多界面中寻找相似代码。

另外一种办法是把这些领域逻辑放到数据库端,作为存储过程。但是,存储过程只提供有限的结构化机制,这将再次导致笨拙的代码。而且,很多人喜欢关系型数据库的原因之一是SQL是一个标准,允许他们更换数据库厂商。尽管真正更换数据库厂商的用户寥寥无几,但还是有很多人希望拥有这种选择,并且没有太大的附加代价。由于存储过程都是数据库厂商私有的,因此普通用户被剥夺了这种选择权。

在客户/服务器方式逐渐大众化的同时,面向对象方式开始崛起。面向对象为领域逻辑的问题找到了答案:转到三层架构的系统。在这种方式下,在表现层实现用户界面,在领域层实现领域逻辑,在数据源层存取数据。这种方式使你可以将复杂的领域逻辑从界面代码中抽取出来,单独放到中间层,用对象加以建模和组织。

尽管有这些优势,但一开始面向对象的进展并不大。当时的实际情况是:大多数系统并不特别复杂,或者至少在构建之初没有那么复杂。因此,当系统比较简单时,相对于三层架构的优势,强有力的客户/服务器工具的竞争力非常大。但客户/服务器工具很难甚至无法应用于三层架构系统的配置。

我认为真正巨大的冲击来自Web的兴起。人们忽然想在Web浏览器上部署这些客户/服务器应用。然而,如果所有的领域逻辑都是写在"胖"客户中,则所有这些都必须在Web界面中重写。对于设计良好的三层系统来说,只需要增加一个新的表现层,就可以了。另外,Java的出现使得面向对象语言无所顾忌地向当时的主流技术发起冲击。用于构建Web页面的工具对SQL的绑定也没有那么紧密了,这也使得它们比较容易适应三层结构。

当人们讨论分层时,常常不容易区分 *layer* 和 *tier*。这两个词汇经常被用作同义词,但是很多人还是认为 *tier* 意味着物理上的分离。客户/服务器系统常常被称为"two-tier system",其分离是物理上的分离:客户端是一台台式机,而服务器端是一台服务器。我使用 *layer*,旨在强调无需把不同的层次放在不同的计算机上运行。独立出来的领域逻辑层,既可以运行在台式计算机上,也可以运行在数据库服务器上。在这种情形下,有两个节点,但是有三个层次。如果数据库也在本地,还可以在一台笔记本电脑上运行三层软件,当然,仍旧存在三个截然不同的层次。

## 1.2 三个基本层次

本书主要就三个基本层次的架构展开讨论:表现层、领域层和数据源层(这里的命名取自文献[Brown et al.])。表1-1总结了这些层次。

表1-1 三个基本层次

| 层 次 | 职 责 |
| --- | --- |
| 表现层 | 提供服务,显示信息(例如在Windows或HTML页面中,处理用户请求(鼠标点击,键盘敲击等),HTTP请求,命令行调用,批处理API) |
| 领域层 | 逻辑,系统中真正的核心 |
| 数据源层 | 与数据库、消息系统、事务管理器及其他软件包通信 |

**表现**逻辑处理用户与软件间的交互。可能简单到只是命令行或基于文本的菜单系统,但是当前的客户界面往往是功能完善的胖客户图形界面,或者是基于HTML的浏览器界面(本书中的"**胖客户**"是指Windows/Swing/fat-client用户界面,不包括HTML浏览器)。表现层的主要职责是向用户显示信息并把从用户那里获取的信息解释成领域层或数据源层上的各种动作。

**数据源**逻辑主要关注与其他系统的交互,这些系统将代表应用完成相关的任务。它们可以是事务监控器、其他应用、消息系统等。对于大多数企业应用来说,最主要的数据源逻辑就是数据库,它的主要责任是存储持久数据。

最后一部分就是**领域逻辑**,也称为业务逻辑。它就是应用必须做的所有领域相关工作:包括根据输入数据或已有数据进行计算,对从表现层输入的数据进行验证,以及根据从表现层接收的命令来确定应该调度哪些数据源逻辑。

有时,层次组织成领域层对表现层完全隐藏了数据源层。但更多的时候,是表现层直接对数据存储进行操作。虽然这样做并不纯粹,但是在实践中往往运行良好。表现层可能解释来自用户的命令,通过数据源层将相关数据从数据库中提取出来,然后让领域逻辑层在向用户显示相关数据之前先处理这些相关数据。

一个单独的企业应用,可能在上述的三个层次上都包含多个软件包。如果某个应用不仅要支持用户通过胖客户机界面访问,还要支持用户通过命令行形式访问,则它需要两个表现层:一个支持胖客户机界面,另一个支持命令行。对于不同的数据库,通常也需要多个数据源组件,特别是在与已有的软件包通信时。即便是领域逻辑,也有可能被分割成相互独立的不同部分,特定的数据源包只能由特定的领域包使用。

到目前为止,我们一直都在讨论用户。这很自然地会引出一个问题:如果驱动软件的不是人,情况又怎么样呢?比如说驱动者可能是时髦的Web Service或是一个老土但实用的批处理程序。对于后者,用户将是一个客户程序。这样,很明显,表现层就有可能与数据源层出现某些相似之处,因为它们都是系统与外界的接口。这就是Alistair Cockburn的*Hexagonal Architecture*模式[wiki]背后的逻辑,它将任何系统都视为由到外部系统的接口所围绕的一个核心。在

*Hexagonal Architecture*中，所有外部的东西都被视为外部接口。因此，从这种意义上说，它是一种对称视图，而不是本书中的非对称分层视图。

然而，我认为这种非对称性是有益的。因为，为别人提供服务的接口与使用别人服务的接口存在较大的差别，需要明确区分。这就是表现层和数据源层相对于核心的本质差别。表现层是系统对外提供服务的外部接口，不管外面是复杂的人类还是一个简单的远端程序。数据源层是系统使用外部服务的接口。这样区分的好处是：客户的不同将改变你对服务的看法。

对每个企业应用，尽管我们能够区分出其中的主要的表现层、领域层和数据源层，但是具体如何分离要取决于应用的复杂程度。从数据库中读取数据并把它显示在Web页面上的简单脚本，可能全部在一个过程中。我将仍然尽量保持三层架构的风格，不过在这里可能只是把每个层的行为放到三个不同的子程序中。一旦系统再复杂一点，就可以将三个层次的工作分解成不同的类。如果复杂度继续增加，则把类分配到不同的包中。我的总体建议就是根据不同的问题，选择一种适合的分离方式，但是切记一定要进行某种形式的分离——至少在子程序级别。

伴随着分离，还有一条关于依赖性的普遍原则：领域层和数据源层绝对不要依赖于表现层。也就是说，在领域层和数据源层的代码中，不要出现调用表现层代码的情况。这条规则将简化在相同的基础上替换表现层的代价，也使得表现层的修改所带来的连锁反应尽可能小。领域层与数据源层的关系更复杂，其取决于数据源层的架构模式。

使用领域逻辑时，其中一个最困难的部分就是区分什么是领域逻辑，什么是其他逻辑。一种不太正规的测试办法就是：假想向系统中增加一个完全不同的新层，例如为Web应用增加一个命令行界面层。如果在这个过程中，发现需要重复实现某些功能，则说明可能有一些本应该在领域层实现的逻辑，现在在表现层实现了。类似地，你也可以假想一下，将后台数据库更换成XML文件格式，看看情况又会如何？

举一个例子。我所知道的一个系统有一张产品列表，其中，当月销售量比上月销售量大10%的产品需要用红色显示。为实现这个功能，开发者在表现层逻辑中比较当月和上月的销售量，然后将差别大于10%的产品显示为红色。

这样做的麻烦就是将领域逻辑放到了表现层中。为了进行适当的分离，需要在领域层中定义一个方法，用来指示该产品的销售量是否较上月有较大提高。该方法完成销售量的比较，返回一个布尔值。表现层则只需要简单地调用一下这个布尔方法，如果返回值为真，则用红色突出显示这个产品。这样，该过程就分解成两部分：确定需不需要突出显示，选择如何突出显示。

当然，我担心这样也许有些太教条主义了。Alan Knight在审阅本书时评论说：他自己"很头大，将部分领域逻辑混入表现层到底是滑向地狱的第一步呢，还是只有少数纯粹主义者才会抱怨的小问题？"我们之所以担心，正是因为这种做法两者兼备。

## 1.3 为各层选择运行环境

本书绝大多数篇幅讨论的都是逻辑层次——将系统中各部分分离，以降低不同部分之间的耦合程度。即使是都运行在同一台计算机上，不同层次间的分离也是非常重要的。当然，系统物理结构的不同会有所影响。

对于大多数信息系统来说，主要的决定就是在哪里运行处理工作，是在客户机上，还是在台式机上，又或是在服务器上？

通常，最简单的情况是将所有东西都运行在服务器上。在这种情况下，一个使用Web浏览器的HTML前端是一个好方法。这样做最大的好处是所有的东西都在有限的环境内，很容易修改维护。无需考虑将它们分发到不同的客户端并维护与服务器的同步等问题。也不必考虑与客户机上其他软件的兼容性问题。

在客户机上运行应用程序的好处是系统的响应性好，或者在网络断开的情况下也能正常工作。任何运行在服务器上的逻辑在响应客户请求时，都需要一个来回的通信开销。如果用户仅仅是为了试试系统的即时反馈，这个通信来回也无法避免。它还需要在网络连接保持的状态下运行。当然，网络的分布可能会无所不在，但是至少在我写本书的时候，31000英尺高的地方还没有。也许在不久的将来，就会到处都有了，但有不少人需要立即工作，不必等待网络连接。断接操作带来特别的挑战性，我不想在本书中过多讨论。

有了这些约束，我们就可以逐层分析了。数据源层一般都是运行在服务器上。例外情况是：当需要断接操作时，可以将服务器的功能复制到一台功能强大的客户机上。在这种情况下，在离线的客户机上对数据源的任何修改，都需要同步到服务器上。正如我前面提到的那样，关于这方面的讨论，我想留到以后某个时候或留给另一位作者。

在何处运行表现层主要取决于用户界面的种类。如果运行的是一个胖客户，则意味着表现层运行在客户端。如果运行的是一个Web界面，则意味着表现层运行在服务器端。当然，也有例外——例如，客户软件（如Unix中的X servers）的远程操作在台式机上运行了一个Web服务器——当然，这是极少数情况。

如果要建立一个B2C系统，就没什么选择了。无论是谁都可能访问你的服务器，你也不想因为客户用的是TRS-80系统，就把他拒之门外。在这种情况下，可以在服务器上完成所有工作，并提供一个HTML界面给浏览器。这样做的缺点就是每个操作都必须要一个来回的通信开销，可能会影响响应时间。可以通过可下载的applet或浏览器脚本来缓解问题，但是它们同时会带来浏览器兼容性等其他问题。使用的HTML越纯粹，事情就会变得越简单。

即使你们的每一台台式机都是由你们公司的信息系统部门手工精心搭建的，这种简单性仍然非常诱人。因为即使是非常简单的胖客户系统，也会遇到维护客户端一致性以及避免各种软件不兼容等问题。

人们希望有胖客户表现层的主要原因是：有些任务对于用户而言太复杂了，为了有一个可用的应用系统，它们的需要超出了Web GUI的能力。当然，人们已经在逐渐习惯于采用使Web前端更可用的各种方法，这些方法减少了对胖客户方式的需求。因此，我非常赞同只要有可能就用Web表现方式，只有在必需的情况下才使用胖客户方式。

剩下来的就是领域逻辑了。领域逻辑可以全都运行于服务器端，也可以全都运行于客户端，也可以一分为二。再有，全部运行在服务器端有助于系统维护，向客户端转移是为了响应时间及断接使用的需要。

如果你必须在客户端运行某种逻辑，可以考虑将所有逻辑都运行在客户端——这样至少保证了相关的东西都在一起。这样，胖客户端和Web服务器联合部署在客户机上，对响应性的改善不会太大，但是它可以作为一种处理断接操作的办法。在这种情况下，可以通过不同的模块将领域逻辑与表现层分开，可以使用事务脚本或领域模型。将所有的领域逻辑放在客户端的问题是升级和维护代价高。

将领域逻辑分割在客户端和服务器端，应该是最差的选择，因为这样做无法确定任意一块逻辑到底在哪。采用这种方式的主要原因是：只有一小部分领域逻辑需要在客户端完成。其中的诀窍就是将这一小部分独立出来成为自包含的模块，使得它不依赖于系统的任意其他部分。这样，就可以在客户端或服务器端运行它了。这将需要采用一些烦人的小技巧，但它的确是一个解决问题的好办法。

一旦选择了处理节点，接下来就应该尽可能使所有代码保持在单一进程内完成（可能是在同一个节点上，也可能拷贝在集群中的多个节点上）。除非不得已，否则不要把层次放在多个进程中完成。因为那样做不但损失性能，而且增加复杂性，因为必须增加类似下面的模式，如远程外观和数据传输对象。

以下因素被Jens Coldewey称为**复杂性增压器**（complexity booster）：分布、显式多线程、范型差异（例如对象/关系）、多平台开发以及极限性能要求（如每秒100个事务以上）。所有这些因素都会带来很大的代价。当然，有时我们无法回避它们，但是要切记：这里罗列的每一项都会为开发和运行维护阶段带来开销。

# 第 2 章
# 组织领域逻辑

领域逻辑的组织可以分为三种主要的模式：事务脚本、领域模型以及表模块。

保存领域逻辑最简单的方法是使用事务脚本。简单地说，事务脚本是这样一个过程：从表示层获得输入、进行校验和计算处理、将数据存储到数据库中以及调用其他系统的操作等。然后，该过程将更多的数据返回给表示层，中间可能要进行大量的计算来组织和整理返回值。基本的组织方式是让每个过程对应用户可能做的一个动作。所以，我们可以将这一模式想像成一个动作或业务事务的脚本。该脚本不必一定是单个的内嵌过程，还可以分离成不同的子例程，这些子例程可以在不同的事务脚本之间共享。但是，每一个动作还是由一个过程来驱动。例如，一个零售系统可能会有结账、将商品放到购物车、显示交货状态以及其他一些事务脚本。

事务脚本具有如下几个优点：

- 它是一个大多数开发者都能理解的简单过程模型。
- 它能够与一个使用行数据入口或表数据入口的简单数据源层很好地协作。
- 设定事务边界的方法显而易见：一个事务始于其脚本的打开，终于其脚本的关闭。很容易用工具在幕后设定事务边界。

但是，事务脚本也存在许多缺点，当领域逻辑的复杂性增加时这些缺点就会凸现。当若干个事务需要做相似的动作时，通常使多个脚本中包含某些相同的代码。通过将这些代码提取出来组织成公共的子例程可以部分消除这种情况，但在许多时候，消除副本仍比较棘手，而检测副本则更为困难。这使得应用程序没有清晰的结构，变成了一张由许多程序组成的极度杂乱无章的网。

当然，复杂逻辑情况的处理必然要引入对象，解决前述问题的面向对象方法就是使用领域模型。我们建立一个应用领域的模型，至少在开始的时候主要围绕领域中的名词来组织。例如一个租赁系统会有租约、资产等类。进行校验和计算的逻辑会置于领域模型中，因此发货对象可能会包含计算一次运输费用的逻辑。可能还有其他例程也完成计算账单的功能，但它实际上是调用领域模型中的已有方法来实现的。

用领域模型而不是事务脚本正是面向对象的程序员所极力鼓吹的"理论体系转换"的精髓。在领域模型中，不再是由一个过程来控制用户某一动作的逻辑，而是由每一个对象都承担一部分相关逻辑。如果不习惯领域模型，开始学习使用它时会充满挫折感，为了找到行为在哪里，你会从一个对象冲到另一个对象。

用一个简单的例子来说明这两种模式的区别比较困难，但是在关于模式的讨论中，我还是选择了一个简单的领域逻辑片断，试图通过用这两种方法建模来说明它们的不同之处。最易体现出区别的是这两种方法的顺序图（见图2-1和图2-2）。核心的问题是：对于同一给定的合同，不同种类的产品有不同的收入确认算法（关于应用背景，请参见第9章）。计算收入确认的方法中必须先确定给定合同中产品的种类，然后应用正确的算法，之后再创建相应的收入确认对象来保存计算结果。（为简单起见，我省略了与数据库的交互问题。）

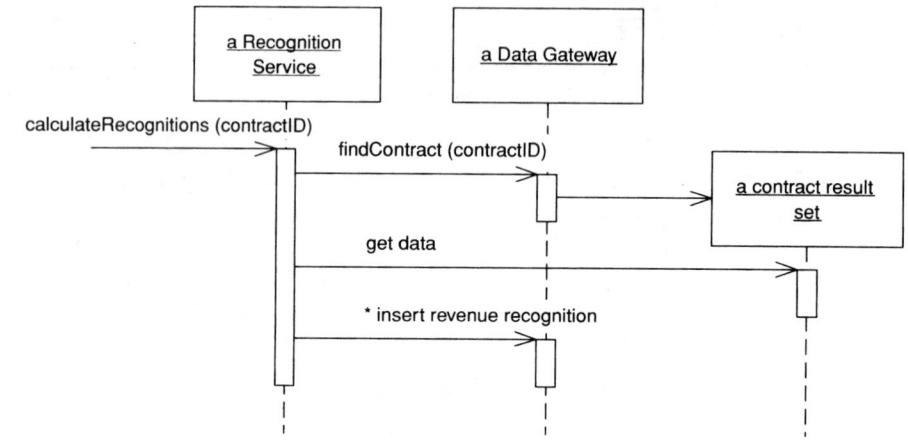

图2-1 使用事务脚本计算收入确认

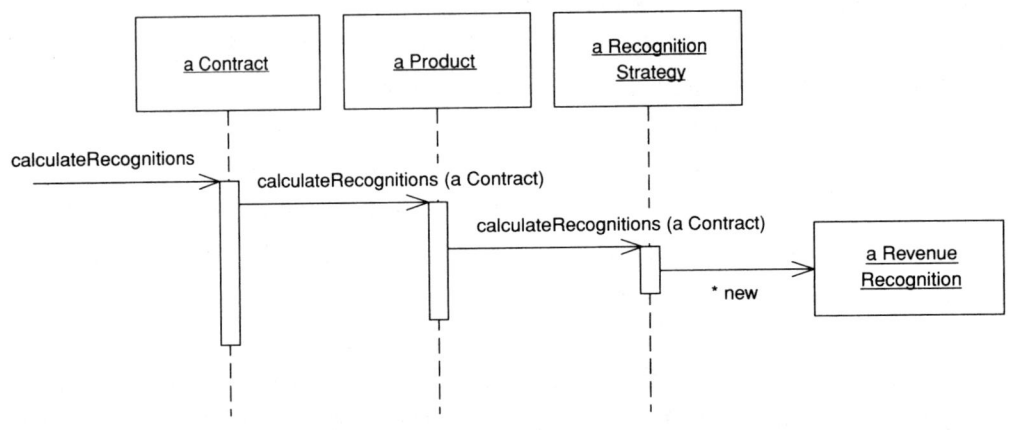

图2-2 使用领域模型计算收入确认

在图2-1中，事务脚本中的calculateRecognitions方法完成了所有的工作。底层对象只有一些表数据入口，它们仅仅完成将数据传送给事务脚本的任务。

反之，图2-2中有多个对象，它们每个都向前传递一部分行为给另一个对象，直至策略对象创建了结果。

领域模型的价值在于你一旦掌握了它，就可运用许多现成的技术来较好地组织日趋复杂的领域逻辑。例如，当增加新的收入确认算法时，只需增加相应的新策略对象即可。而使用事务脚本则需要在脚本的判断逻辑中增加许多新的条件。如果你也成为了像我一样坚定的面向对象信徒，你甚至会在相当简单的案例中也宁愿采用领域模型。

领域模型的开销来自使用上的复杂性和数据源层的复杂性。刚接触复杂对象模型的人需要时间来适应复杂的领域模型。通常，开发者要在采用这一模式的项目上工作数月后才能转变他们的思维方式。但是，一旦习惯了领域模型，一般就可以在将来很好地运用它，从而受益终生。当然，的确存在不少开发者，他们似乎总也无法适应这种转变。

即使成功地完成了这一转变，还需要面对将领域模型映射到数据库的问题。运用领域模型越充分，当你将它映射到关系数据库时就越复杂（通常使用数据映射器）。复杂的数据源层就好似一笔固定资产投资——你需要付出相当多的钱（如果你想买）或时间（如果你想自己建造）才能得到一个良好的数据源层，但一旦拥有了它，就可以利用它完成许多工作。

第三种组织领域逻辑的模式是表模块。这一模式乍看起来与领域模型很相似，它们都有合同、产品和收入确认类。关键的区别在于领域模型对数据库中每一个合同都有一个相应合同类的实例，而表模块只有一个公共的合同类实例。表模块设计成与记录集一起工作，因此，在一个用来处理合同的表模块中，客户需要首先对数据库进行查询以生成一个记录集，然后以记录集为参数创建一个合同对象。客户可以调用合同对象的方法来完成各种操作（见图2-3）。如果客户要对某个指定的合同进行操作，它就必须在调用方法时附加该合同的ID。

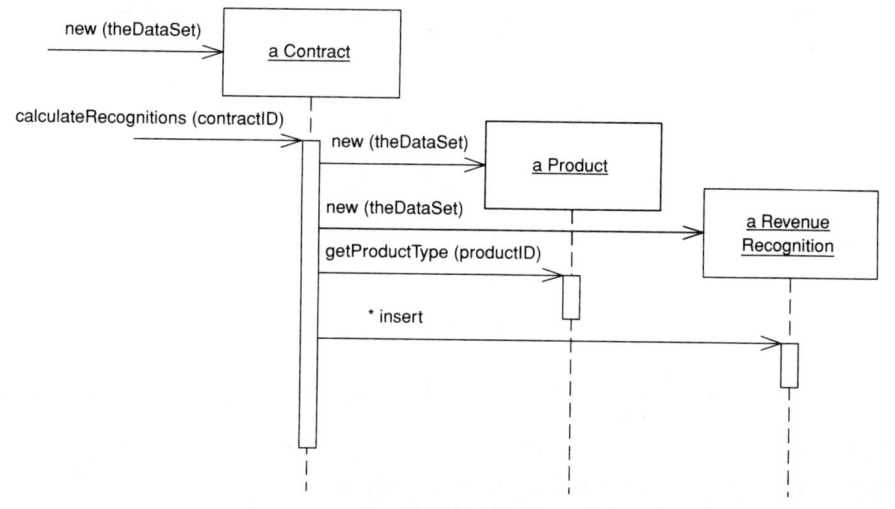

图2-3 使用表模块计算收入确认

在许多方面，表模块是事务脚本和领域模型的一个中间地带。它围绕表而非直接围绕过程来组织领域逻辑，提供了更多的结构，而且更容易发现和移除冗余代码。但是，你无法应用许多在领域模型中可以使用的组织细粒度逻辑结构的技术，例如继承、策略和其他面向对象的设计模式。

表模块最大的优点在于其与软件架构中已有部分的衔接。许多GUI环境在设计时都假定其将与SQL查询的返回结果协同工作，这些结果是以记录集的方式组织的。表模块也工作在记录集之上，因此你可以很容易对数据库进行一次查询，然后在表模块内对返回结果进行操作，再把操作完成后的数据传给GUI显示。你也可以在将用户界面中修改的数据回传到数据库时，使用表模块来完成计算和校验。许多平台都使用这种开发风格,尤其是微软的COM和.NET。

## 2.1 抉择

那么,这三种模式应该怎样选择呢?要做出抉择并不容易,在很大程度上取决于领域逻辑的复杂度。图2-4是一个用PowerPoint示意的不精确图表,它能指导你进行选择。虽然我并不欣赏这种非量化的表示方法,但它有助于可视化我对这三种模式区别的理解。当领域逻辑很简单时,领域模型并不合适,因为要透彻理解这一模式需要很大代价,而且数据源层的复杂性也会在开发中增加许多工作量,这些努力此时不会得到回报。然而,当领域逻辑的复杂度增加时,除领域模型以外的其他方法就都不再适用,因为它们增加新功能的困难程度会随系统复杂度的增加而呈指数增长。

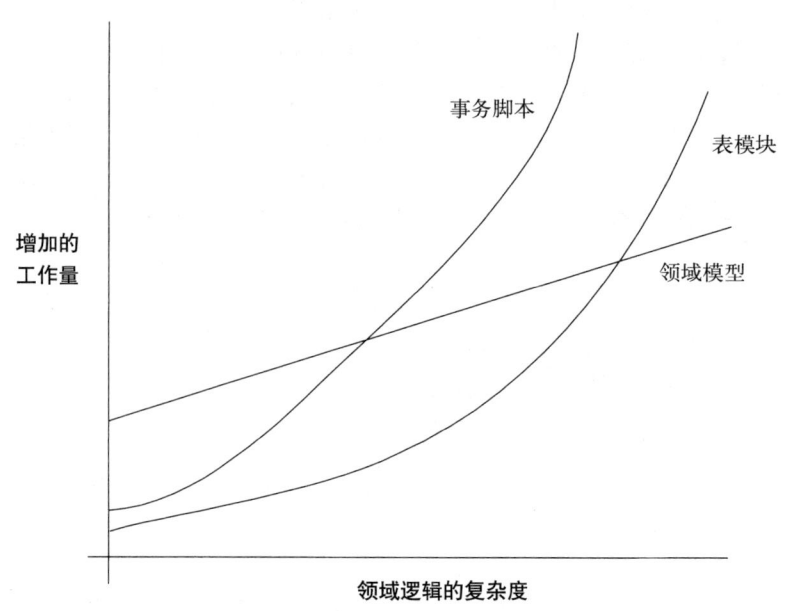

图2-4 对不同的领域逻辑组织方式,领域逻辑的复杂度和工作量之间的关系示意

当然,你的问题是要确定应用在$x$轴的哪个位置。好消息是只要你的领域逻辑复杂度大于7.42,你就应当使用领域模型。坏消息是没有人知道如何测定领域逻辑的复杂度。因此,事实上你所能做的只是向那些有经验的开发者请教,他们能对需求进行早期分析并做出正确的判断。

某些因素会对图中的曲线做一些修正。一个熟悉领域模型的开发小组能降低使用这一模式的固有开销,但由于数据源层的复杂性,它不会降低到与其他模式相同的起点。但是,开发小组的经验越丰富,我越倾向于使用领域模型。

是否应用表模块很大程度上取决于环境对通用记录集结构的支持。如果开发环境拥有大量基于记录集的工具(如.NET或Visual Studio),则表模块就很有吸引力。事实上,我找不出在.NET环境下使用事务脚本的理由。当然,如果没有特定的基于记录集的工具,我就不会纠缠于表模块。

一旦你做出了抉择，虽然你的决定不是绝对不可更改的，但中途的改变也会很棘手。因此，事先花费一些时间来进行思考和选择是值得的。如果在开发过程中才发现你的选择是错误的，且你原来的选择是事务脚本，那么不要犹豫，你应立即改用领域模型。而如果你原来的模式是领域模型，中途转而采用事务脚本，这通常不太值得，除非能简化你的数据源层。

这三种模式并不互相排斥。事实上，使用事务脚本来处理一部分领域逻辑，同时使用表模块或领域模型来处理剩下的部分，这也是很常见的。

## 2.2 服务层

处理领域逻辑的常见方法是将领域层再细分成两层。服务层独立出来，置于底层的领域模型或表模块之上。通常只有使用领域模型或表模块时才会这样细分，因为仅使用事务脚本的领域层并不复杂，没有必要再单独设服务层。表现逻辑与领域层的交互完全通过服务层，就好像应用程序的API一样。

在提供一个清晰的API的同时，服务层也是放置事务控制和安全等功能的好场所。这样做可以使你获得一个简单的、包含了服务层所有方法并描述了其事务和安全特征的模型。通常，通过一个独立的特性文件来描述这一模型，但.NET中的属性值提供了一个直接在代码中进行描述的好方法。

如果设立了服务层，在其中置入行为的多少是一个至关重要的决定。最小化情况下，服务层只是一个外观，所有实际的行为都在下层的对象中，服务层所做的只是将上层调用传递到更低层。在这种情况下，服务层提供一个更易于使用的API，因为它的方法通常根据用例来组织。此时，它也提供一个很方便的切入点，用来增加事务封装和安全检查等功能。

另一个极端则是将大多数业务逻辑都以事务脚本的形式置于服务层中。下层的领域对象变得极为简单。如果下层是领域模型，则其中的对象与数据库——对应，因而此时你就可以使用诸如活动记录等较简单的数据源层。

以上二者的折中是一个行为的混合体：**控制器－实体风格**（controller-entity style）。这一术语来源受到了 [Jacobson et al.] 的强烈影响。此处要点在于：将单个事务或用例所特有的逻辑置于事务脚本之中，它们通常被称为控制器或服务。有许多不同的控制器，如模型－视图－控制器中的输入控制器和我们稍后将会接触到的应用控制器。所以在此处我使用术语"**用例控制器**"（use-case controller）。可供多个用例调用的行为访问那些被称为实体的领域对象。

虽然控制器－实体方法很常用，但我一直不是很欣赏它。与事务脚本一样，用例控制器容易产生代码副本。我认为，如果你确实决定完全选用领域模型，就应当彻底贯彻这一模式，使它在应用程序中占主导地位。一个例外是你已经从采用了行数据入口的事务脚本开始了，那么可以将冗余行为移到行数据入口中，这样就将它转变成一个使用活动记录的简单领域模型。但是我不会一开始就这样做。我只会用这种办法来改进已有的存在缺陷的设计。

我并不是说绝不应设计包含了业务逻辑的服务层对象，而是说未必一定要将它们组成一个固定的层。过程化的服务层对象有时对细分逻辑是很有用的，但我偏向于只在必要时才使用这种对象，而不是将它们组织成一个架构中的层来使用。

因此，我的建议是：如果你确实需要，尽可能使用最小化的服务层。我通常首先假定并不需要这么一层，然后当发现应用确实需要时才增加。但是，我也知道许多优秀的软件设计者总是使用一个包含了合理数量逻辑的服务层，因此读者也不要拘束于我的观点。Randy Stafford在复杂服务层的应用方面有许多成功的案例，这也是我为什么请他执笔本书的服务层模式部分的原因。

# 第3章
# 映射到关系数据库

数据源层的作用是与应用需要的基础设施的不同部分进行通信。问题主要是和数据库的会话，换句话说，是和现今系统中广泛使用的关系数据库进行会话。当然，现在仍然有大量的数据采用比较老的存储格式，比如ISAM和VSAM文件系统。但是，现在大多数构建系统的人更担心关系数据库问题。

关系数据库之所以取得成功，最重要的原因之一就是SQL的存在，它是数据库通信标准语言。尽管不同厂商各自增强的细节给SQL带来了复杂性，但它的核心语法还是非常通俗易懂的。

## 3.1 架构模式

首先介绍的一组模式是架构模式，它要解决的问题是驱动领域逻辑访问数据库的方式。此时的选择对于设计影响深远而且难以重构，因此这个问题需要注意。同样，如何设计领域逻辑也会对这个选择产生重大影响。

尽管SQL已经在商业软件中广泛应用，但它在使用中还是存在一些缺陷。许多应用程序开发者并不能充分理解SQL，因此，不能很好地构造有效的查询语句和命令。尽管现在有很多技术可以把SQL语句嵌入到程序设计语言中，但它们多少都有点笨拙，可能使用适合程序开发语言的机制来访问数据会更好。数据库管理员（DBA）也希望能得到访问数据表的SQL语句，这样他们就能理解怎样才能最好地调整和组织索引。

基于这些原因，把SQL访问从领域逻辑中分离出来，并把它放到独立的类中，实在是明智之举。有一种方法能很好地组织这些类：让它们以数据库中的表结构为基础，这样，每一个数据库表对应一个类。这些类为数据表建立了一个入口。应用程序的其他部分根本不需要了解任何与SQL有关的事情，而且很容易就能找到所有访问数据库的SQL。这样就使专攻数据库的开发者有了一个清晰的目标。

使用入口的方法主要有两种。最显而易见的是为查询语句返回的每一行产生一个它的实例（见图3-1）。这种行数据入口就像是用面向对象的方式来看待数据。

许多环境提供记录集，这是表和数据行的一种通用数据结构，用来模拟数据库的表格式属性。因为记录集是一种通用数据结构，环境可以在应用程序的很多地方使用它。GUI工具常

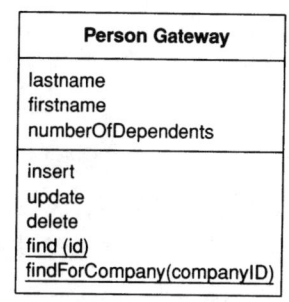

图3-1　行数据入口对于一次查询逐行返回一个实例

用记录集来进行控制。如果使用记录集，对数据库中的每个表，仅仅需要一个对象[⊖]来管理。这种表数据入口（见图3-2）提供了查询数据库的方法，返回一个记录集。

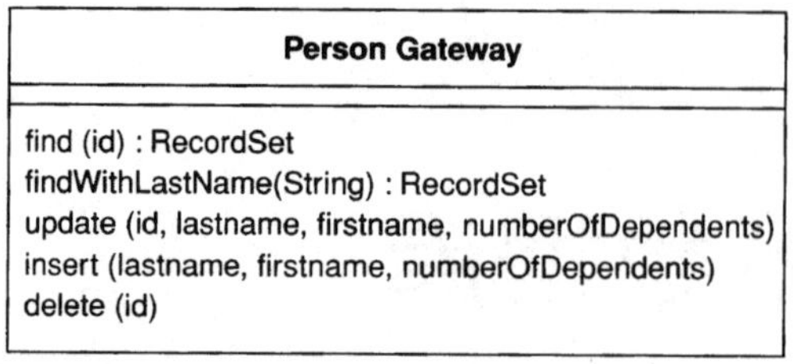

Person Gateway
find (id) : RecordSet
findWithLastName(String) : RecordSet
update (id, lastname, firstname, numberOfDependents)
insert (lastname, firstname, numberOfDependents)
delete (id)

图3-2 表数据入口对每个表有一个实例

即使对于简单的应用程序，我也倾向于使用一种入口模式，浏览一下我的Ruby和Python脚本就可以看到这一点。清晰的SQL和领域逻辑分离是相当有益的。

表数据入口与记录集非常匹配，这使得它们成为使用表模块的当然选择。它也是一个组织存储过程的模式。许多设计者都喜欢通过存储过程来完成所有的数据库访问，而不是直接使用SQL语句。在这种情况下，可以考虑把存储过程的集合看成是为一个表定义的表数据入口。可能还有一个内存中的表数据入口来包装对存储过程的调用，这样就可以把存储过程的调用机制封装起来。

如果使用领域模型，还会有更多的选择。当然可以将一个行数据入口或者表数据入口与领域模型一起使用。不过，就我看来，这样要么过于间接，要么又不够间接。

在简单应用中，领域模型是一种和数据库结构相当一致的简单结构，对应每个数据库表都有一个领域类。这种领域对象的业务逻辑复杂度通常适中。在这种情况下，有必要让每个领域对象负责数据库的存取过程，这也就是活动记录（见图3-3）。从另一个角度来考虑活动记录，就是从行数据入口开始，然后把领域逻辑加入到类中，特别是在从多个事务脚本中发现了重复代码的时候。

Customer
load(ResultSet)
delete
insert
update
checkCredit
sendBills
Customer 表

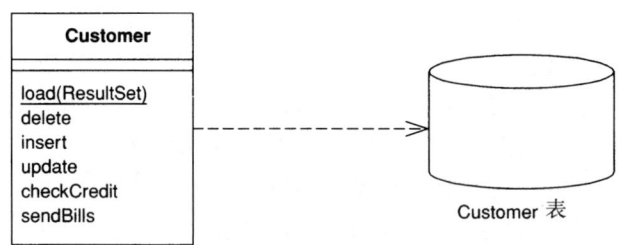

图3-3 在活动记录中，一个顾客领域对象知道如何与数据库表交互

在这种情况下，入口增加的间接性提供的价值不大。随着领域逻辑变得更加复杂，它就慢慢转变成一个大的领域模型，简单的活动记录开始不能满足要求了。领域类和表的一对一匹配也开始随着把领域逻辑放入更小的类而失效。关系数据库无法处理继承，因此使用策略模式

⊖ 原书这里是“类”，根据作者在个人网站（www.martinfowler.com）上公布的勘误表，改为“对象”。——编辑注

[Gang of Four]和其他轻巧的面向对象模式非常困难。随着领域逻辑日益活跃，你会希望不用访问数据库就能随时测试它。

所有这些都迫使你随着领域模型的增大而采用间接的方式。在这种情况下，入口可以解决一些问题，但它仍然将数据库方案和领域模型耦合在一起。结果就会有一些从入口域到领域对象域的转换，这种转换会使领域对象变得复杂。

一种更好的办法是把领域模型和数据库完全独立，可以让间接层完成领域对象和数据库表之间的映射。这个数据映射器（见图3-4）处理数据库和领域模型之间所有的存取操作，并且允许双方都能独立变化。这是数据库映射架构中最复杂的架构，但它的好处是把两个层完全独立了。

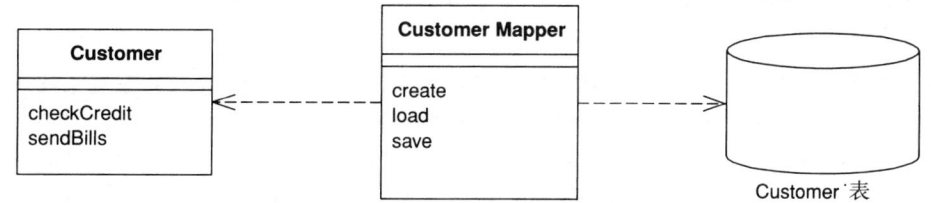

图3-4　数据映射器使领域对象和数据库彼此完全独立

我不推荐把入口用作领域模型的首选持久化机制。如果领域逻辑非常简单并且类和表十分一致，使用活动记录就足够了。如果领域逻辑比较复杂，数据映射器才是需要的。

这些模式并不是完全不能兼容的。在很多讨论中，我们关心的是首选持久化机制，通过它可以确定如何将某种内存数据模型保存到数据库中。因此，有必要从这些模式中选择一个，而不要把它们混合在一起，凌乱不堪。即使用数据映射器作为首选持久化机制，还是可以使用数据入口来封装被视为外部接口的表或者服务。

在对这些思想的讨论中，无论是这里还是后面关于模式本身的讨论，我都倾向于使用"表"这个词。因为本书谈到的大多数技术对于视图、由存储过程封装的查询，甚至动态查询等都是大同小异的。但是，对于表/视图/查询/存储过程没有广泛使用的术语，所以我使用"表"这个词，仅仅因为它表达出了表型的数据结构。我通常把视图看作虚表，这也是从SQL的角度上看到的结果。查询视图时也使用和查询数据表同样的语法。

对于视图和查询语句来说，更新容易带来麻烦，因为不能直接对一个视图进行更新，必须去更新这个视图所对应的基础数据表。在这种情况下，实现更新逻辑的首选方法是把视图/查询用一个合适的模式来进行封装，它将使视图的使用变得更加简单可靠。

这样使用视图和查询的问题之一是：对于那些不知道视图如何组成的开发人员来说，可能会带来一些意想不到的不一致性。这些开发人员可能会对两个不同的结构执行更新，而这两个更新操作可能更新同一个基础表，这样，第二次操作就会重写第一次的操作结果。当然，如果更新逻辑做了必要的确认工作，就不会出现这样的不一致，但是这样做还是会让开发人员不好理解。

下面介绍用最简单的方法来持久化哪怕是最复杂的领域模型。在对象技术出现的早期，许多人意识到在对象和关系之间有一个"阻抗不匹配"的问题，因此随之掀起了一股面向对象数据库的研究热潮，从本质上来说，面向对象数据库是将面向对象的理论体系带到了磁盘存储领域。使用面向对象数据库时，无需担心映射的问题。你可以使用由许多相互关联的对象组成的巨大结构，用数据库来决定何时存取对象。你还可以通过事务将更新操作分组，或支持数据存储的共享。对于程序员来说，这就好像是一个由磁盘存储器支持的无限事务性内存。

  面向对象数据库的主要好处在于它们能够提高生产率。尽管我没听说过什么受控测试，但根据不严格的观察，关系数据库的映射开销大概是程序开发总开销的1/3左右，而且还会一直持续到维护阶段。

  然而，大多数项目并不使用面向对象数据库。主要原因是风险。关系数据库是一种非常容易理解、并且有很多成熟的大型供应商提供长期支持的技术。SQL为所有的工具提供相关的标准接口。（如果关心性能的话，我只能说我没有看见过任何面向对象数据库与关系数据库性能比较的结论性数据。）

  就算不能使用面向对象数据库，但假如有领域模型，也应该认真考虑是否购买O/R映射工具。虽然本书中的模式花了不少笔墨介绍如何构建数据映射器，但是这样做仍然很复杂。工具提供商花了多年的时间来研究这个问题，而且商业O/R映射工具能比任何相当的手工产物都要经得起检验。当然，这种工具往往也价格不菲，因此有必要权衡一下自行开发及维护数据映射层的开销与购买工具的开销，再来决定如何做。

  当前，现在也有一种趋势是提供面向对象数据库风格的逻辑层，与关系数据库一同工作。JDO就是Java世界中的一个例子。但是这一技术趋势究竟能否解决问题，现在还很难说。在这方面，我没有足够的经验，不能在本书中做出任何结论性判断。

  即使购买了映射工具，弄懂这些模式仍然很有用处。优秀的O/R工具会在映射到数据库的时候提供大量选项，这些模式将有助于理解何时采用不同的选择。不要认为有了工具就可以一劳永逸。工具是一个好的开始，但是，你仍然会发现，使用和调节O/R工具是很小但很有意义的一部分工作。

## 3.2 行为问题

  谈到O/R映射，人们通常会关注结构方面如何把表和对象联系起来。然而，我发现：实践中最难的部分在于架构和行为方面。我已经介绍过主要的架构相关内容，接下来考虑一下行为问题。

  所谓行为问题，就是如何让各种对象从数据库中读取出来以及存到数据库中。乍一看，这似乎不成问题。一个客户对象可以拥有加载和保存方法来进行这项工作。确实，用活动记录，这是一种显而易见的路线。

  如果加载了一些对象到内存并且进行了修改，就必须跟踪每个修改过的对象，并保证把它们写回到数据库中。如果仅仅加载了两条记录，这是很容易的。一旦加载的对象越来越多，这就不再是一件容易的事情，尤其是在创建了某些行的同时、还修改了其他的行的时候，这是由于在修改引用它们的行之前要获得这些新建行的主键。而且这个问题虽然小，但不容易解决。

  因为要读取对象并修改它们，所以就必须保证正在使用的数据库状态的一致性。如果读取了某些对象，重要的是要保证读取必须是独占的，也就是说，没有其他进程在读取的同时修改这些对象。否则，就可能在对象中得到不一致或无效的数据。这就是同步问题，一个非常棘手的问题；我们将在第5章中详细讨论这个问题。

有一种专门解决上述问题的模式就是工作单元。工作单元会跟踪所有从数据库中读取的对象以及所有以任何形式修改过的对象。它同样负责将更新提交到数据库。应用程序的编程人员将工作交托给工作单元，而不是直接调用明确的保存方法。工作单元排列好对数据库的操作顺序，把所有复杂的提交处理放在一起。当与数据库的交互动作比较复杂的时候，工作单元是一个必要的模式。

可以这样理解工作单元，它是一个对象，充当数据库映射的控制器。在没有工作单元的情况下，一般都是由领域层充当控制器，决定何时读写数据库。工作单元就是来源于把数据库映射控制器的行为分解到它自己的对象中。

加载对象时，必须小心避免把同一个对象加载两次，否则，在内存中就有两个对象和同一个数据库行对应。对它们都进行更新就会乱套了。为了解决这个问题，可以在标识映射里记录读取的每一行。每次读入数据时，必须到标识映射里去检查一下是不是已经存在了。如果该数据已经加载，可以返回一个对它的引用。这样，所有更新操作就可以正确地组织好。还可以得到一些好处，比如可能避免一些数据库调用，因为标识映射就像一个数据库高速缓存。不过不要忘了，标识映射的主要目的是保持一致性，而不是提高性能。

如果使用了领域模型，就必须合理安排，使得关联的对象一起加载，例如，在读取一个订单对象的同时，把与之相关联的客户对象也一同加载进来。然而，如果许多对象都是连接在一起的，则读取任何对象都会从数据库中带出大批的对象。为了避免这种低效，必须设法减少带出来的东西，当然，还需要保持接口以便在以后需要的时候再来取。延迟加载的主要思想是拥有一个对象引用的占位符。可以采用几种方法，但它们的共同点都是拥有被修改对象的对象引用，它指向的是一个占位符而不是实际的对象。当且仅当想要通过链接访问的时候，才会真的去数据库中读取实际的对象。适当使用延迟加载能使每次数据库调用取得刚好够用的数据。

## 3.3 读取数据

读取数据的时候，可以把读取数据的方法看作一个**查找器**，它通过一个方法结构的接口来隐藏SQL查询语句。因此，可以使用诸如find(id)或者findForCustomer(customer)这样的方法。当然，如果查询语句有23个不同的子句，那么这些方法会非常低效，不过谢天谢地，这种情况非常少见。

在什么地方放置查找器方法是由使用的接口模式决定的。如果数据库交互类是基于表的，也就是说对于数据库中的每个表都有一个类的实例与之对应，那么就能把插入和更新操作也捆绑在查找器方法中。如果交互类是基于数据行的，也就是说对于数据库中的每一行都有一个类的实例与之对应，这种情况就不行了。

用基于行的类可以使查找变成静态操作，但是这样就会使数据库操作不可替代。这也就意味着不能通过服务桩在测试的时候调换数据库。为了避免这个问题，最好是创建独立的查找器对象。每一个查找器类都有很多封装了SQL语句的方法。当执行查询操作的时候，查找器对象返回一个适当的基于行的对象集合。

使用查找器方法时要注意的是：这些查找器方法工作在数据库状态下而不是对象状态下。

如果发出一个对数据库的查询语句找到一个俱乐部内所有的人，那么任何你在内存中加入到俱乐部的人都不会返回。解决这类问题的办法是在一开始就进行查询。

读取数据的时候，性能问题可能会变得比较突出。这就导致了几条经验法则。

尽量一次读回多行。实际上，最好不要为了得到多行而在同一个表上重复查询。得到的数据多往往比得到的数据少好（尽管你必须要注意通过悲观并发控制一次锁定了太多的行）。因此，考虑这种情况，需要得到50个人，这50个人可以通过领域模型中的主键确定，但是你只能构造一个查询得到200个人，在这200人当中必须使用更多的逻辑判断来取得想要的50个人。不过，通过一次查询得到一些冗余的行要比进行50次独立的查询好。

另一个避免多次进入数据库的方法是使用联接（Join），这样就可以通过一次查询返回多个表。得到的记录集可能看起来比较奇怪，但是确实能加快查询速度。在这种情况下，可以建立一个入口来得到相互联接的表数据，或者通过一个数据映射器用一次调用加载多个领域对象。

然而，如果正在使用联接操作，记住数据库必须优化到在一次查询中处理3~4个联接。一旦超出这个范围，将会带来性能损失，尽管可以通过缓存视图来重新装入大部分数据。

数据库中可以进行很多优化。这些优化包括把相互关联的数据组织到一起，小心地使用索引，以及数据库的缓存功能。这些内容超过了本书的范围，但是作为一个好的DBA，需要好好掌握这些内容。

在所有的情况下，应该根据你具体的数据库和数据来对应用程序进行分析。一些通用的规则可以作为指导，但是你的特定环境往往有它们自己的变化。数据库系统和应用服务器经常有复杂的缓冲机制，很难预测具体的应用程序会发生什么情况。对于每个我用过的经验法则，我都听说过令人惊讶的异常情况，所以要用些额外的时间进行性能剖析和调整。

## 3.4 结构映射模式

当人们谈到对象－关系映射的时候，他们多半说的是结构映射模式，在内存对象与数据库表的映射中会用到它们。这些模式通常与表数据入口并不相关，但是可以在使用行数据入口或者活动记录的时候使用其中一些模式。在使用数据映射器的时候，所有模式可能都会需要。

### 3.4.1 关系的映射

这里的关键问题在于对象和关系处理连接的方法不同，这会带来两个问题。首先，表现方法不同。对象是通过在运行时（内存管理环境或内存地址）中保存引用的方式来处理连接的。关系数据库则通过创建到另外一个表的键值来处理连接。其次，对象可以很容易通过集合来表示多个引用，而规范化则要求所有的关系连接都必须是单值的。这就导致对象和表之间的数据结构颠倒了。一个订单对象自然拥有一个订单项的集合，而这些订单项不需要持有订单对象的引用。然而，表结构中的各订单项必须包含一个到订单的外键，因为订单不能有一个多值域。

解决这种表现问题的方法是：通过对象中的一个标识域来保持每个对象的关系特性，并且通过查找这些值来保持对象引用和关系键之间的相互映射。这是一个乏味的过程，但是一旦理解了基本原理后却并不困难。从硬盘中读取数据的时候，使用标识映射作为从关系键到对象的查找表。每次使用表中的外键，都用外键映射（见图3-5）来得到合适的对象间引用。如果标识映射中没有该键值,就需要到数据库中读取它或者使用延迟加载。每次存储对象时,就可以用正确的键值把它存到行中,用目标对象的ID域替换任意的对象间引用。

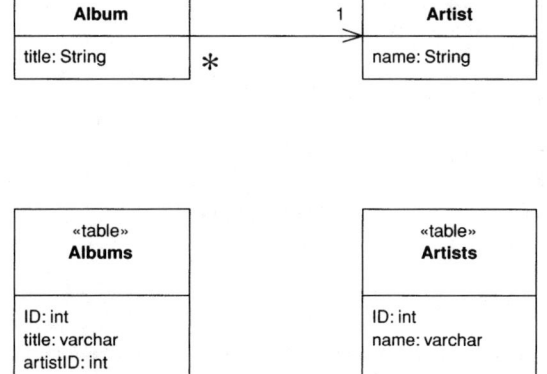

图3-5 使用外键映射来映射一个单值域

在这个基础上,集合的处理需要更复杂的外键映射版本(见图3-6)。如果对象包含一个集合,则必须构造一个新的查询来找到所有与源对象的ID相关的行(也可以通过延迟加载来避免查询)。创建每个返回的对象并加入到集合中。对这个集合的保存包括:保存其中每一个对象,并且保证它拥有一个到源对象的外键。这样非常混乱,尤其是当要检测对象加入或者移出这个集合的时候。当你熟悉了之后,就会发现这是重复性问题,这也是为什么某些基于元数据的方法会明显导致系统规模更大的原因(下文中还会详细叙述)。如果集合中的对象不在集合拥有者范围之外使用,就可以使用依赖映射来简化映射。

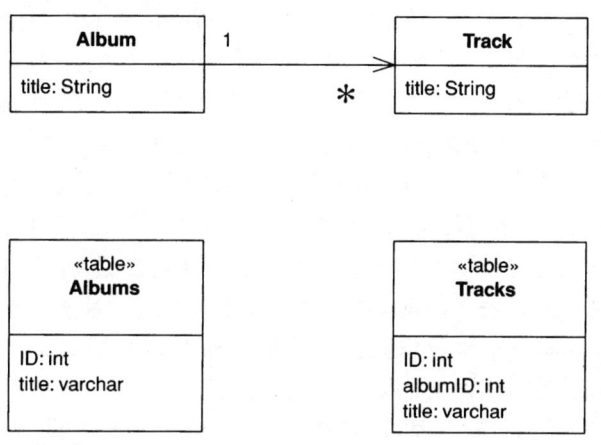

图3-6 使用外键映射来映射一个集合域

多对多的关系情况不同,这时在两边都存在集合。例如,一个人有很多种技能,并且对每种技能都要知道哪些人在使用它。关系数据库不能直接解决这种问题,因此需要使用关联表映射(见图3-7)来创建一个新的关系表,仅仅是为了解决多对多的关联问题。

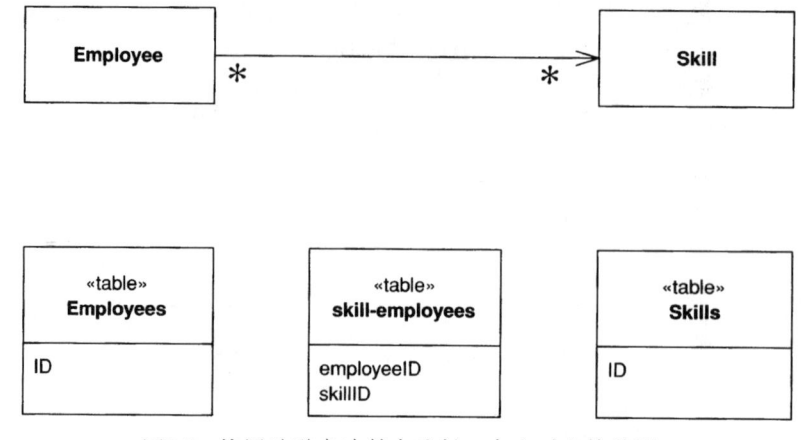

图3-7 使用关联表映射来映射一个多对多的关联

使用集合的时候，通常需要依赖集合中的排序。在面向对象语言中，通常使用数组或者列表这样的有序集合——实际上，这还可以简化测试的难度。然而，在保存到关系数据库中的时候想要维持一个绝对有序的集合是非常困难的。因此，有必要考虑使用无序集来存储集合。另一种方法是无论何时进行集合查询都要按照某种分类顺序，尽管有时候这样做代价很高。

在某些情况下，引用完整性会使得更新更加复杂。现代的系统允许把引用完整性检查延迟到交互结束的时候进行。如果有这个能力，没有道理不使用它。否则，数据库会在每次写操作的时候进行检查。在这种情况下，将不得不注意按照正确的顺序进行更新操作。具体如何操作不是本书讲述的范围，不过有一种技术是把更新操作进行拓扑分类。另一种就是确定好哪个表要按照哪种顺序写。这样有时能减少数据库中会导致事务过于频繁回滚的死锁问题。

标识域用来把对象间引用变为外键，但并不是所有的对象关系都需要用这种方法持久化。一些小的值对象（比如日期范围和钱）显然不应该描述成数据库中它们自己的表。取而代之的是，取出值对象中所有的域，并以嵌入值方式把它们嵌入到关联对象中。由于值对象含有值的语义，可以在每次执行读操作的时候创建它们，而无需担心标识映射的问题。把它们写到外面也非常容易，仅仅需要解除对象引用，并且把它的域写到它自己的表中即可。

还可以在更大规模上做类似工作，此时，可以通过序列化LOB将一组对象存储为表中的单个列。LOB代表"大对象"（Large OBject），它可以是二进制（BLOB）的，也可以是文本（CLOB，字符大对象）的。将一组对象序列化为XML文档，对于层次化对象结构是显然可以采取的方法。这样就可以通过一次读取获得一整串互相关联的小对象。通常，数据库对于小的高度互连对象执行起来很低效，因为需要花费大量时间来进行许多很小的数据库调用。层次结构（诸如组织结构图表和材料账单），都能通过序列化LOB节省大量的数据库开销。

问题是SQL并不知道发生了什么事，这样就不能对应数据结构来建立可移植的查询。在这里，XML将再次发挥功效，它允许在SQL调用之中嵌入XPath查询表达式，尽管嵌入方法现在还远没有标准化。因此，在不想对存储结构的内部进行查询的时候，最好使用序列化LOB。

通常，序列化LOB对于用来组成应用程序部分的相对独立对象群而言是最好的。但如果过多使用它，最终会把数据库弄得和事务文件系统差不多。

### 3.4.2 继承

前文中所述的"层次",大多是"组合层次",比如传统的关系系统难以处理的部件树。还有另外一种也会使得关系系统头疼的层次:通过继承关系相互连接的类层次。因为在SQL里面没有用于继承的标准方法,所以我们就必须再用到一个映射。对于任何继承结构,一般都有三种选择。可以为一个层次中的所有类建立一个表,即单表继承(见图3-8);也可以为每个具体类建立一个表,即具体表继承(见图3-9);或者为这个层次中每一个类建立一个表:类表继承(见图3-10)。

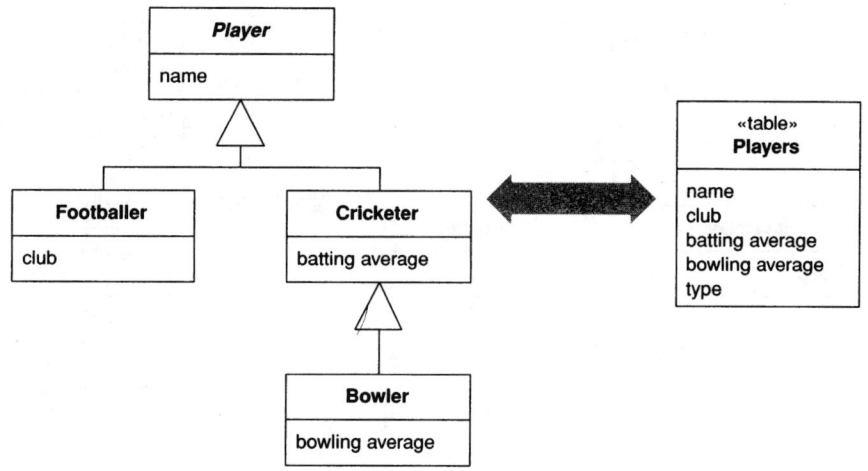

图3-8 单表继承为一个层次中的所有类建立一个表

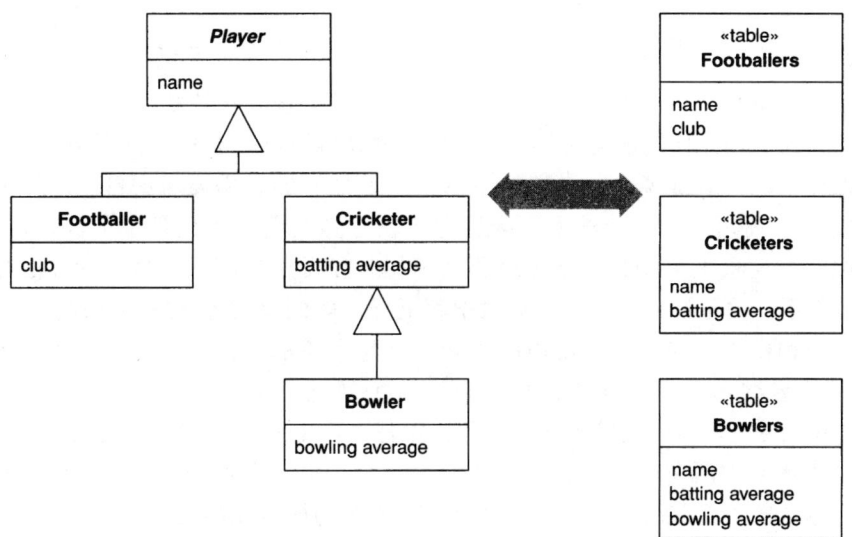

图3-9 具体表继承为一个层次中每个具体类建立一个表

在数据结构复制和访问速度之间必须进行权衡。类表继承是类和表之间最简单的关系,但是它需要多个连接（join）操作来载入一个对象，这样通常损失了性能。具体表继承避免了连接操作，允许从一个表中取得一个对象，但是改变起来比较困难。对超类的任何改变都不得不改变所有的表（还有映射代码）。改变层次结构自身会带来更大的改变。缺乏超类表也能使主键管理十分可怕，引用完整性也有问题，尽管它能减少超类表中的锁争夺。而在某些数据库中，单表继承最大的弊端是浪费了空间，因为每一行都必须为每种可能的子类保留一些列，这就导致很多空列。然而，许多数据库都能很好地压缩浪费的表空间。单表继承的另一个问题在于它的大小将成为访问的瓶颈。它最大的好处是把所有的内容都放到一起，这样修改起来很容易并且避免了连接操作。

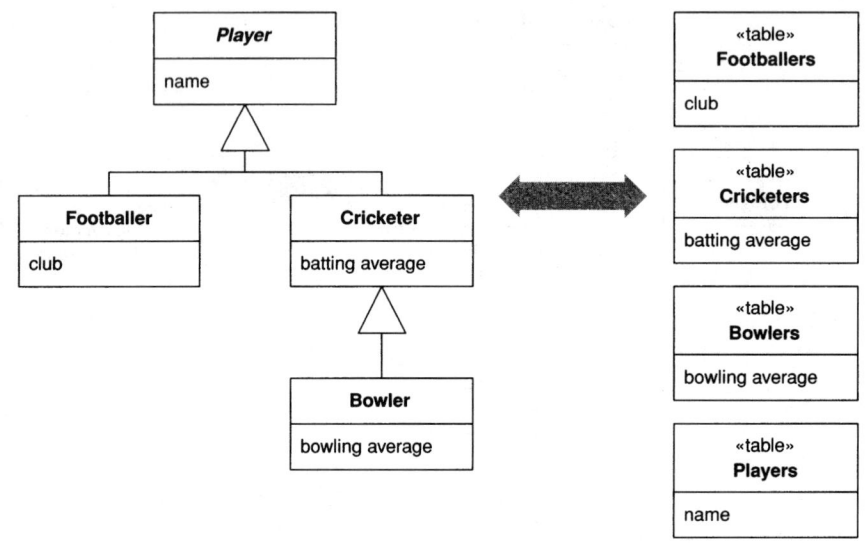

图3-10　类表继承为一个层次中每一个类建立一个表

这三个选择并不是相互排斥的，在一个层次中可以混合几个模式。举个例子，可以用单表继承把几个类放到一起并且使用类表继承来处理一些特殊情况。当然，混合模式会增加复杂性。

在此，我并不能明确地说这三个选择中哪一个是最好的。需要考虑自己的环境和偏好，以及其他几个模式。我倾向于单表继承，因为它比较容易实现，并且易于重构。在需要的时候，我喜欢用其他两个模式来帮助解决不可避免的不相关和无用列问题。最好的办法往往是直接和数据库管理员联系；关于哪种访问方式对数据库更好，他们通常都有好的建议。

上面的例子和模式中的例子都使用单继承。尽管多继承现在已经不那么时髦了，大多数语言也越来越避免多继承，但是使用接口的时候这个问题仍然在O/R映射中出现，例如在Java和.Net中。这里，模式并不特别描述这个主题，但是本质上处理多继承时使用的是这三种继承模式的变种。单表继承把所有的超类和接口放到一个大表中，类表继承为每个接口和超类建立一个独立的表，具体表继承在每一个具体表中包含了所有的接口和超类。

## 3.5　建立映射

映射到关系数据库的时候，一般会遇到三种情况：

- 自己选择数据库方案。
- 不得不映射到一个现有数据库方案,这个方案不能改变。
- 不得不映射到一个现有数据库方案,但这个方案是可以考虑改变的。

最简单的情况是自己选择数据库方案,并且不用迁就领域逻辑的复杂性,最终得到的结果是一个事务脚本或者表模块设计。在这种情况下,可以使用经典的数据库设计技术围绕数据来设计表。使用行数据入口或者表数据入口来把SQL从领域逻辑中剔除。

如果在使用领域模型,应该小心那种看上去像数据库设计的设计。在这种情况下,建立领域模型时不用理会数据库,这样可以简化领域逻辑。把数据库设计看作一种持久化对象数据的方法。数据映射器非常灵活,当然也带来了复杂性。如果数据库设计和领域模型同构有意义,可以考虑使用活动记录来代替。

尽管首先建立模型是一种合理的方法,但这个建议仅仅适用于短的迭代周期内。花费6个月的时间建立一个没有数据库的领域模型,并且决定一旦完成就持久化它,这是一件非常冒险的事情。危险在于,设计结果会因为迫切的性能问题而需要进行很多重构来修复。相反,应该为每一次迭代建造数据库,时间上不要超过6周并且适当地更短一些。这样就能更快和更持续地得到关于数据库交互实际上如何工作的反馈。针对特定任务,都应该首先考虑领域模型,但是这样做的时候,需要在数据库中集成领域模型的每一部分。

当已经存在一个数据库方案的时候,选择很相似,但过程却有点不同。对于简单的领域逻辑,可以建造行数据入口或者表数据入口类来模拟数据库,并在此之上构建领域逻辑。如果领域逻辑更复杂一些,将需要一个领域模型,而这个模型很可能和数据库设计不匹配。因此,应该逐步建立领域模型并包括数据映射器,把数据保存到现有的数据库中。

**双向映射**

有时,我会遇到这种情况:同样的一种数据却需要从不止一个数据源上取出来。可能有多个数据库保存相同的数据,只是由于某种复制和粘贴的重用会导致在数据库方案上的一些细微区别。(在这种情况下,头痛的数量与区别的数量成反比。)另一种可能是使用不同的存储机制,有时是数据库,有时是消息。也可能希望把类似的数据同时从XML消息、CICS事务和关系表中抽取出来。

最简单的选择是建立多个映射层,每个数据源一个。然而,如果数据非常类似的话,就会导致过多的复制。在这种情况下,可以考虑两步映射策略。第一步把数据从内存方案中转化到逻辑数据存储方案。设计逻辑数据存储方案是用来最大化数据源格式中的相似之处。第二步映射从逻辑数据存储方案到实际物理存储方案。第二步包含区别。

当有许多共同点时,额外的步骤仅仅补偿它们自身,因此你应该在有相似但又十分头疼的不同的物理数据存储时使用它。把从逻辑数据存储到物理数据存储的映射看成是一个入口,并且使用任何映射技术从应用程序逻辑映射到逻辑数据存储。

## 3.6 使用元数据

在本书中,我绝大部分的例子都采用手写的代码。利用简单和重复性映射,这样会导致代码简单和重复，而重复代码是设计上有问题的一个标志。可以通过委托和继承分解出通用行为，但还有一种更成熟的方法是使用元数据映射。

元数据映射基于把映射浓缩到元数据文件的方法。元数据文件详细描述数据库中的列如何映射到对象的域。这里的关键在于：一旦有了元数据，就可以通过代码生成或者反射编程来避免重复性代码。

使用元数据使我们可以用少量元数据表达很多含义。一行元数据可以像这样传递某些信息：

```
<field name ="customer"targetClass = "Customer", dbColumn = "custID", targetTable = "customers"
lowerBound = "1" upperBound = "1" setter = "loadCustomer"/>
```

从这些信息可以定义读写代码，自动产生特别的连接操作，完成所有的SQL，加强关系的多样性，甚至可以做许多奇特的事情，比如在引用完整性存在的情况下计算写顺序等。这也就是为什么商业O/R映射工具倾向于使用元数据的原因。

当使用元数据映射的时候，有必要构造对内存对象的查询。一个查询对象允许根据内存对象和数据来构造查询，在这种方式下，开发者不需要知道SQL或关系数据库方案的细节。查询对象可以使用元数据映射把基于对象域的表达式翻译到对应的SQL。

一直使用这种方法就可以建立一个资源库，它能在很大程度上从视图隐藏数据库。任何到数据库的查询都可以做成资源库基础上的查询对象，并且开发者不用分辨对象是从内存还是从数据库中找回。资源库在有丰富领域模型的系统下工作良好。

尽管元数据有许多优点，我在本书里仍一直专注于手写的例子，因为我觉得它们首先比较容易理解。你一旦熟悉了这些模式，并且能用它们手写出自己的应用，就能领会到如何使用元数据来使问题更简单。

## 3.7 数据库连接

大多数数据库接口依赖于某些数据库连接对象，它们就好像应用程序代码和数据库之间的连接桥梁。通常，一个连接必须在能执行针对数据库的命令之前就打开。实际上，经常需要一个显式连接来建立和执行命令。在命令的整个执行过程中，该连接必须是打开的。查询的结果将返回一个记录集。某些接口提供无连接的记录集，这些记录集在连接关闭之后还能继续使用。其他的接口只提供连接的记录集，这意味着当记录集正在使用的时候连接必须一直打开。如果正在一个事务中运行，经常会把事务绑定在特定的连接上，当它运行的时候这个连接也必须一直打开。

在很多环境中，建立连接的开销相当大，这就需要建立一个连接池。在这种情况下，开发者向连接池请求一个连接并在完成以后释放，而无需即时创建和关闭。现在多数平台都会提供连接池，所以很少需要自己来实现连接池。如果必须自己实现连接池，首先就要检查连接池是不是真的能提高性能。越来越多的环境使我们可以更快地创建新的连接，因此不需要缓冲池。

提供连接池的环境经常把连接池放在一个类似创建新连接的接口后面。用这种方法，无需知道得到的是一个新创建连接还是从连接池里面分配的。那样很好，因为是否选择连接池被很好地封装起来。类似地，关闭一个连接可能并没有真关闭它，而只是把它交还给连接池以便别人可以使用。在这里，我说的打开和关闭，也可以替换为从连接池获取和释放。

无论创建连接的代价是高还是低，连接都必须好好管理。因为它们是珍贵的资源，必须在使用完毕时立刻关闭。还有，如果正在进行一次事务，通常需要保证：在这次特定的事务中，每一个命令都是从同一个连接发出的。

最常见的建议就是用一个到连接池或者连接管理器的调用，显式得到一个连接，并且通过它来执行数据库命令。一旦执行完了，立刻把它关闭。这个建议带来两个问题：首先，保证在任何需要的地方都能得到一个连接；其次，保证不会在最后忘记关闭它。

为了保证在任何需要的地方都能得到一个连接，有两种选择。一是把这个连接作为一个直接的参数传递出去。这样做的问题在于这个连接会加入到各种各样的方法调用中去，而它的目的可能仅仅是要传递到某个在调用栈中第五层下的方法。当然，这种情况就带出了注册表。因为不希望多个线程使用同一个连接，所以将需要一个线程范围内的注册表。

如果你有我一半那么健忘，显式关闭就不是一个好主意。需要关闭的时候可能很容易就忘了。也不能通过每个命令来关闭连接，因为可能正在一次事务中运行，如果关闭了通常会导致事务回滚。

和连接差不多，内存也是一种在不用的时候需要释放的资源。现代环境提供了自动的内存管理和垃圾回收机制，因此保证连接关闭的一种方法就是使用垃圾回收器。在这种方式下，连接自身或者引用这个连接的对象会在垃圾回收期间关闭连接。这样做的好处是：它使用了和内存管理相同的机制，同样方便，也不陌生。这样做的问题是：连接的关闭只有当垃圾回收器实际收内存的时候才发生，可能离这个连接失去它最后一次引用的时间已经很久了。结果是，未被引用的连接可能会隔一段时间才被关闭。这究竟是不是一个问题要取决于特定的环境。

总的来说，我不喜欢依赖垃圾回收机制。其他的机制，甚至是显式关闭都会好一些。当然，垃圾回收机制在其他机制失败的情况下还是一种很好的后备。毕竟，让连接最终关闭总比让它们一直运行着强。

由于连接对于事务来说如此密不可分，因此管理它们的好方法就是把它们捆绑到事务中去。当开始一个事务的时候打开一个连接，当提交或者回滚的时候就关闭它。让事务知道它在使用什么样的连接，这样就可以完全不管连接而仅仅处理事务就可以了。因为事务的完成有一种可见的效果，所以即使是忘了提交，也很容易把它标识出来。工作单元很自然地适用于管理事务和连接。

如果要在事务之外处理一些事情，比如读取不可变数据，可以为每个命令使用一个新建连接。缓冲池可以处理任何创建短周期连接的问题。

如果你正在使用一个断接的记录集，可以打开一个连接，把数据放到记录集中并且在操纵记录集数据的时候关闭它。这样，数据使用结束以后，就可以打开一个新的连接和事务，把数据写出去。如果这样做，需要防止记录集正在使用的时候数据被修改。这个主题将会在同步控制中讨论。

连接管理细节描述的往往是数据库交互软件的特征，因此所使用的策略通常是由环境来决定的。

## 3.8 其他问题

细心的读者会注意到，一些代码例子用到了select * from的格式，而其他的查询语句使用了已命名的列。对于某些数据库驱动使用select *会带来一些严重的问题，如果加入了新的列或者某个列被重新排序就会失败。尽管更多的现代环境已经没有这个问题，但如果使用位置索引来从列中得到信息，那么选择select *也是不明智的，因为一个列的重新排序同样会导致代码失效。对列名索引使用select *是可以的，并且列名索引更容易读取；然而，列名索引可能会比较慢，尽管这也许并不会比SQL调用需要的时间有很大的不同。通常最好是测量一下比较保险。

如果使用列序号索引，需要保证对结果集的访问与SQL语句的定义十分接近，这样它们在列重新排序的时候就不会失去同步。因此，如果使用表数据入口，应该使用列名索引作为结果集，它们将被在入口上运行查找操作的每一段代码使用。通常为每一个使用的数据库映射结构提供简单的创建/读取/更新/删除的测试用例是值得的。这将有助于找到SQL与代码不同步的情况。

尽量使用已预先编译好的静态SQL，而不是每次都编译动态SQL。大多数平台都会提供SQL的预编译机制。一个重要的规则是避免使用字符串串联起多个SQL查询。

许多环境都提供把多个SQL查询打包到一次数据库调用的能力。对这些例子，我没有这么试过，不过这当然也是产品代码中可以使用的策略。如何做取决于平台。

对这些例子中的连接，我祈求它们可以跟在一个对"DB"对象的调用后，那就是一个注册表。如何得到一个连接将依赖于环境，因此你将用需要做的事情来代替它。我在除了关于并发之外的任何模式中都没有涉及事务。再次提醒，需要时刻考虑到环境的需要。

## 3.9 进一步阅读

对象-关系映射对多数人来说是必须面对的，因此不要介意在这个主题上花费如此多的篇幅。令人奇怪的是，关于这个话题，还没有一本连贯、完整、能跟得上时代的书，这就是为什么我如此致力于研究这么一个有趣主题的原因。

好消息是关于数据库映射有许多很好的思想可以参考。重要的参考书有：[Brown and Whitenack]、[Ambler]、[Yoder]和[Keller and Coldewey]。希望读者能将这些资料作为本书模式的补充读物。

# 第4章
# Web表现层

在最近几年中，对企业级应用来说，最大的变化莫过于基于Web浏览器的用户界面的兴起。它带来如下许多好处：不需要安装客户端软件、通用的UI以及简易统一的接入方法。同样，在许多环境下很容易建立Web应用。

准备开发一个Web应用，从服务器端软件开始。通常，它有许多配置文件来指明哪些程序将处理哪些URL。通常，一个单独的Web服务器能够处理很多种类的程序。这些应用程序可以是动态的，把它们放置到适当的目录下就可以加载到服务器。Web服务器的工作是：解释请求方的URL并调用服务器端应用程序来处理这些请求消息。构建Web服务器上应用程序的方法主要有两种：一种是使用脚本，另一种是使用服务器页面。

脚本形式是一个程序，通常，调用函数或方法来处理HTTP的请求调用。这样的例子包括CGI脚本和Java servlet。程序文本可以很好地完成一个程序可以做的任何事情，并且脚本可以分解成多个子程序，还可以创建和使用其他服务。通过检查HTTP请求对象，可以从Web网页中获得数据，这里的HTTP请求对象是一个字符串。在一些环境中，可以通过对请求字符串进行正则表达式搜索来获得数据。正因为这样，使得Perl语言成为CGI脚本中很受欢迎的选择。在另外一些平台（如java servlet），通过为开发人员解析来获得数据，它允许开发人员通过关键字接口从请求中获得信息。这至少意味着开发人员可以处理不太规范的表达式。Web服务器方的输出是另一个字符串——响应，脚本通过程序语言中常用的write stream操作输出这个字符串。

通过流命令来编写HTML的响应对程序员来说不太舒服，对那些非程序员来说几乎不可能，他们宁愿编写HTML网页。这就产生了服务器页面的思想，在服务器页面中，我们把程序和返回的文本页组合在一起。可以在HTML中编写返回页面，并且把脚本代码插入其中，使它在某个地方执行。以这种方式执行的语言包括：PHP、ASP和JSP。

在仅需要对响应进行少量的处理时，服务器页面可以工作得很好，例如："给出1234号相册的详细内容"。但是，就像古典和爵士唱片需要不同的显示格式一样，当需要基于输入来做决定时，事情会变得一团糟。

因为脚本方式非常适合于解释请求消息，服务器页面非常适合于格式化应答消息，所以，应该用脚本语言来解释请求消息，用服务器页面来格式化应答消息。这种用法的分离事实上是一个老观点，它首次出现在使用模型-视图-控制器模式的用户界面中。当然，如果结合我们曾经提到过的重要观点之一，即"把非表现层逻辑剥离出来"，就会对这一模式有新的诠释。

模型-视图-控制器（见图4-1）是一个广为引用的模式，但是它常常会被错误理解。事实上，在Web应用程序出现之前，几乎所有关于模型-视图-控制器的表现层都弄错了。一个让人容易混淆的主要原因是"控制器"这个词的使用。"控制器"被用在许多不同的上下文中，并且我发现在模型-视图-控制器中这个词也有许多不同的用法。正是因为这个原因，我更喜欢使用术语**"输入控制器"**（input controller）来代替模型-视图-控制器中的控制器。

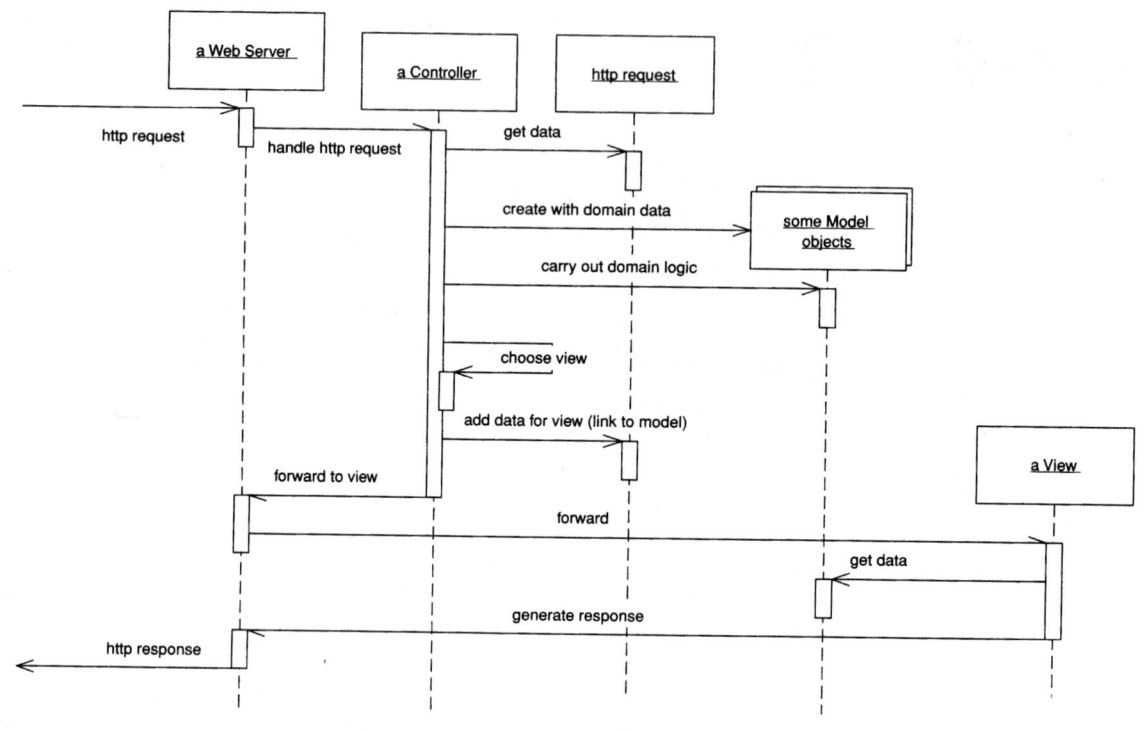

图4-1 一张展示Web服务器中模型、视图和输入控制器怎样协同工作的示意图。
这里控制器处理请求消息，模型负责领域逻辑，视图基于模型创建应答消息

一条请求消息进入输入控制器，输入控制器从中取得信息。它随后把业务逻辑传递给一个合适的模型对象。这个模型对象和数据源交互，并且按照请求消息的要求进行处理，应答并收集信息。当做完这些后，它再把控制权交给输入控制器，输入控制器察看结果并且决定采用什么样的视图来显示应答消息。输入控制器不是直接传递给视图，通常，这是一个包括把数据放在某种HTTP会话对象中合适位置的过程，这个HTTP会话对象在输入控制器和视图之间共享。

首先也是最重要的使用模型-视图-控制器的理由是要保证模型和Web表现层的完全分离。这使得修改表现层以及加入其他的表现层都会很容易。同样，把处理过程放到分离的事务脚本或分离的领域模型对象中也会使得它们容易测试。如果你正在用服务器页面作为视图，这一点尤其重要。

在这里我们来看看"控制器"这个词的第二种用法。许多用户界面设计通过应用控制器对

象的中间过渡层来分离表现层对象和领域对象。应用控制器的目的是处理应用程序流，决定视图应该按什么次序出现。它可能表现为表现层的一部分，或者也可以把它当成一个在表现层和领域层之间作为中介的隔离层。应用控制器可能独立于任何特定的表现层，在这种情况下，它们能在表现层之间重复使用。如果不同的表现层共用相同的基本流和导航，通常没什么问题，不过最好给每个不同的表现层一个不同的流。

并不是所有的系统都需要应用控制器。如果你的系统在屏幕的次序和屏幕之间的导航上有丰富的逻辑关系，那么这些应用控制器非常有用。如果你的网页与领域上的行为没有一个简单映射，则这个应用控制器也很有用。但是，如果有人可以很好地以任何次序观看任何屏幕，你也许就不需要应用控制器了。可以进行这样的测试：如果机器处在屏幕流的控制下，那么你就需要应用控制器；如果这台机器是在用户的控制下，你就不需要应用控制器。

## 4.1 视图模式

在视图方面，可以考虑三种模式：转换视图、模板视图和两步视图。这就带来了两种选择：第一，使用转换视图还是模板视图；第二，无论使用哪一种，使用一个阶段，还是两步视图。转换视图和模板视图的基本模式是单阶段的，但也可以把两步视图应用于它们其中任何一个。

首先，在转换视图和模板视图之间进行选择。模板视图允许你在网页的结构中编写表现层，并允许在网页中嵌入标签，用以指明网页中的动态内容需要导向到哪里。不少流行的平台都基于这种模式，这些平台中的许多都是应用服务器页面技术（如ASP、JSP、PHP），它们允许你在网页中输入程序语言代码。这种方式提供了强大的功能和灵活性；但是，这也将导致代码的混乱以至于难以维护。一种解决办法是：在使用服务器页面技术时，必须非常小心使程序的逻辑独立于网页的结构（通常使用一个辅助对象）。

转换视图使用程序的一种转换风格。常见的例子如XSLT。如果领域数据是以XML格式存在的，或者很容易转换成这种格式，那么使用转换视图将是非常有效的。一个输入控制器挑选合适的XSLT样式表单，然后把它应用在由模型收集的XML上。

如果使用程序脚本作为视图，可以在转换视图、模板视图或者两者的结合方式中编写代码。我注意到：大部分脚本选择这两种模式中的一种作为主要框架。

其次，要决定是选择单阶视图（见图4-2）还是选择两步视图。第一种方式通常在应用程序中为每一个屏幕都准备一个视图组件。视图提取领域数据并把它返回到HTML网页中。这里，"通常"是指类似的逻辑屏幕还是可以共享同一个视图的。虽然如此，大多数情况下，还是可以把它想像成一个"一个屏幕对应一个视图"。

两阶视图（见图4-3）把这一过程分解成两个阶段：由领域数据产生一个逻辑屏幕，然后把它发送到HTML网页中。其中，每一个屏幕都有一个第一阶段的视图，而整个程序中只有一个第二阶段的视图。

两步视图的优点是它可以决定把什么样的HTML网页用在一个地方。这使得全局改变HTML网页变得很容易，因为如果要改变每个屏幕的内容，只需对一个目标对象进行修改。当然，如果逻辑表现层是一样的，它仅仅能带给你这些好处，因此当不同位置的屏幕使用相同的基本设计时，它可以很好地工作。当站点设计得过分精细时，通常不容易提取出很好的逻辑屏幕结构。

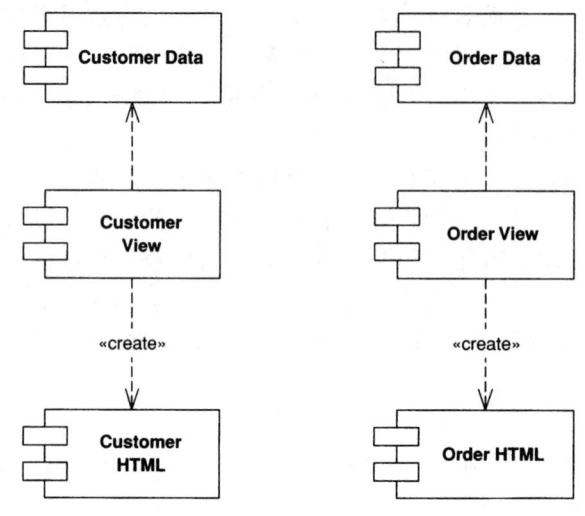

图4-2 单阶视图

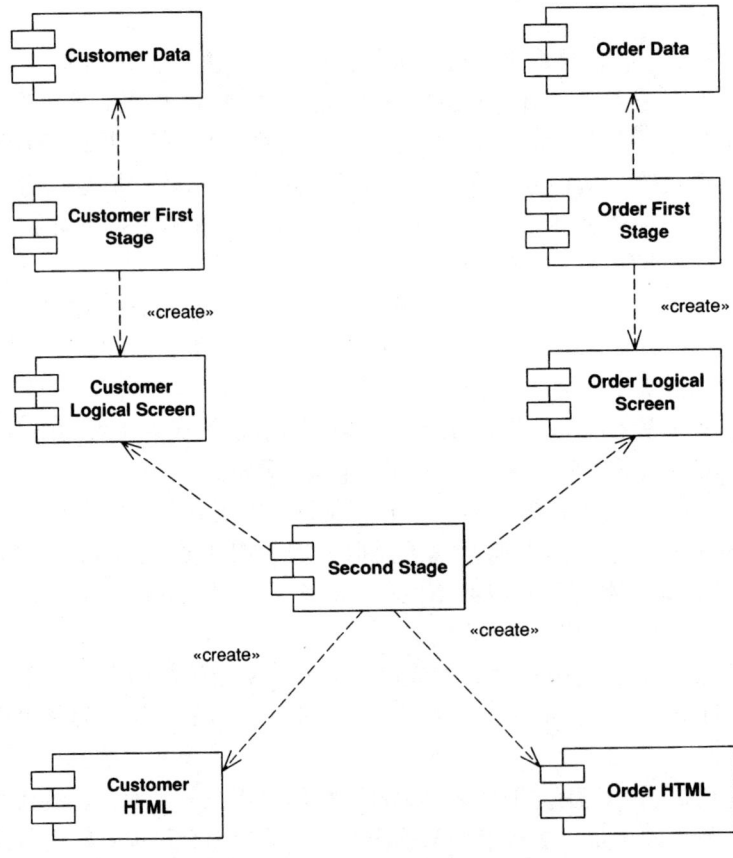

图4-3 两阶视图

如果Web应用程序提供的服务是由多种前端用户来使用，那么运用两步视图将更加得心应手。例如，多家航空公司后台使用的是相同的基本订票系统。在逻辑屏幕的限制下，每个前端由于使用不同的第二阶段，可以得到不同的外观视图。类似地，还可以使用两步视图来处理不同的输出设备，例如，可以用不同的第二阶段区分Web浏览器或掌上电脑。再有，在两个用户界面之间共享公共的逻辑屏幕也是有限制的，当这两个用户界面差异非常大时，比如在浏览器界面和手机屏幕之间，这种共享基本上不可能。

## 4.2 输入控制器模式

输入控制器有两种模式。为Web站点上的每一个页面都准备一个输入控制器是一种最常用的模式。在最简单的情况下，这个页面控制器可能就是一个包含视图功能和输入控制器功能的服务器页面本身。在许多实现中，将输入控制器分离成单独的对象，通常很容易。输入控制器再创建适当的对象来完成处理，并实例化适当的视图来返回结果。通常情况下，在页面控制器和视图之间并没有完全的一一对应关系。更为准确的观点是：为每一个动作准备一个页面控制器，这个动作可能是一个按钮动作或者是一个链接。在大部分的时间中，动作和显示的页面相对应，但偶尔也不是——例如，根据某个条件，同一个链接可能会链接到不同的页面上。

任何输入控制器都有两个责任——处理HTTP的请求消息，根据请求的消息来决定下一步做什么——把它们分开是很有意义的。一个服务器页面可以处理请求消息，使用一个分离的辅助对象来决定下一步做什么。前端控制器则把这种分离的思想贯彻得更彻底一些，它通过单个对象处理所有的请求消息。这个单一的处理程序解释URL来计算出它正在处理哪种类型的请求消息，然后创建一个分离的对象来处理它。通过这种方法，可以用一个单一的对象处理所有的HTTP页面，这样，当站点的行为结构有所改变的时候，就可以避免重新配置Web服务器了。

## 4.3 进一步阅读

尽管容易被其他技术细节所掩盖，但大部分关于Web服务器技术的书籍都会用1~2章来介绍如何设计好的Web服务器。[Brown et al.]的第9章讨论了关于Java Web设计的有关内容。关于深入讨论模式的最好资源可以在[Alur et al.]中找到；这其中大部分的模式可以应用在非Java的环境中。此外，我还借用了[Knight and Dai]中关于输入和应用控制器的部分术语。

# 第5章
# 并　发

——由Martin Fowler和David Rice撰写

　　并发是软件开发中最棘手的问题之一。无论什么时候用多进程或多线程操作同一数据，都会遇到并发问题。并发问题很难想像，因为列举可能产生并发的场景都很困难。不管做什么，都会觉得好像忘了什么似的。此外，并发也很难测试。我们热衷于把大量的自动化测试作为软件开发的基础，但是却很难保证能进行并发安全性的测试。

　　企业应用开发当中有一大讽刺，即几乎没有软件开发领域能高枕无忧地使用并发。企业开发者们能够简单地避开它的原因是有了事务管理程序。事务提供了一个框架，用以在企业应用中帮助避免并发产生的许多棘手问题。只要所有的数据都在事务中进行操作，真正严重的问题就不会发生。

　　遗憾的是，这并不意味着可以完全忽略并发问题，最主要的原因是：系统的许多交互并不是在一个数据库事务中就能完成的。这就要求在跨事务的数据处理中管理好并发问题。有关的术语称为**离线并发**（offline concurrency），其含义是多数据库事务中数据操作的并发控制。

　　并发对企业开发有严重影响的第二个地方是：应用服务器系统中支持多线程的各种应用服务器。由于这个问题的处理已经简单多了，所以不必多说。实际上，可以使用服务器平台来帮助解决这方面的问题。

　　要理解这两个问题，至少需要先理解一些有关并发的一般概念。因此，本章的讲述将会从这里开始。我们并不打算把本章当作并发对软件开发影响的总体介绍，因为那至少需要整整一本书。因此，这一章介绍企业应用开发的并发问题，之后，我们将会介绍有关处理离线并发的模式，并简要讲述应用服务器的并发问题。

　　在本章的大部分篇幅里，将通过很多例子来详细说明我们的思想。这些例子来自大家可能都熟悉的一个领域——团队开发中用于协调代码级修改的源代码控制系统。之所以这样选择，是因为它相对常见而又易于理解。毕竟，如果不熟悉源代码控制系统，那么实在不是在开发企业级应用程序。

## 5.1　并发问题

　　首先讨论并发的本质问题。之所以称之为本质，是因为它们是并发控制系统所要防止发生的基本问题。然而，它们并不是并发唯一的问题，因为控制机制常常又会产生一套新的问题。

不管怎样，它们确实是并发控制的本质问题关注的焦点。

**更新丢失**（Lost updates）最容易理解。例如：Martin编辑了一个文件，对其中的`checkConcurrency`方法进行了一些修改，这个操作需要花几分钟的时间。与此同时，David对相同文件中的`updateImportantParameter`方法也进行了修改。David很快开始并完成了他的修改，虽然他是在Martin之后开始，但是却在Martin之前完成。很不幸，Martin读的文件并没有包括David的更新，因此当Martin写入文件时，就会覆盖David更新过的那个版本，David的更新就永远丢失了。

**不一致读**（inconsistent read）发生在读取两份各自正确的数据而它们却在同一时间互相矛盾时。例如：Martin希望知道并发包中有多少个类，而该并发包有两个子包，一个是加锁的，一个是多步提交的。Martin查了一下加锁包，有7个类。这时，Martin接到Roy打来的电话，他们关于一些深奥的问题谈了很长时间。当Martin接电话的时候，David修正了四步锁代码（four-phase lock code）中那个恼人的错误，并在加锁包里加了两个类，在本来只有5个类的多步提交包里多加了3个类。等到Martin接完电话再去查多步提交包里有多少个类的时候，他看到有8个类，总的加起来就是15个类。

遗憾的是，15个类并不是正确的答案。正确的答案应该是David更新前的12个类或者是David更新后的17个类。这两个答案可能都是正确的，即使不是现在的答案，然而15个类永远都不会是正确的。这个问题称为不一致读，因为Martin读取的数据是不一致的。

上述两个问题都会导致**正确性**（或安全性）的失败，从而产生错误的行为。如果没有两个人同时对相同的数据进行操作，则这种错误的行为不会发生。然而，如果只需要考虑正确性，情况还不会很严重。可以安排在同一时刻只有一个人可以对数据进行操作。这样做可以保证正确性，但却削弱了并发处理的灵活性。对任何并发程序的本质来说，仅仅考虑正确性是不够的，还必须考虑灵活性（即有多少并发活动可以同时进行）。人们常常需要牺牲一些正确性以获取更多的灵活性，这取决于失败的严重性和可能性以及人们对并发处理数据的需求。

这些并不是并发问题的全部，但却是其中最基本的。为了解决它们，我们可以使用各种各样的控制机制。但是天下没有免费的午餐，这些解决方案也会带来它们自己的问题，虽然没有原来的问题那么严重。这就提出了一个重要的观点：如果可以忍受原来那些基本问题，那么就可以避免任何形式的并发控制。虽然这种情况比较稀少，但偶尔有一些环境还是允许这样。

## 5.2 执行语境

处理无论什么时候在系统中发生，总是发生在某个语境中，而且往往发生在不止一个语境中。关于执行语境（Execution Context）并没有什么标准术语，因此这里将定义一些概念，以便在本书中使用。

从与外界交互的角度看，有两个重要的执行语境：请求和会话。一个**请求**对应于软件工作的外部环境发出的单个调用，针对这个调用，处理请求的软件会决定是否返回一个应答。在一个请求到来的时候，处理过程大部分是在服务器端进行的，而客户端则假设为在等待应答。有些协议允许客户端在得到应答之前中断请求，但这种情况相当少见。更常见的情况是，客户端发送另一个请求去中断刚才发出去的那个请求。因此，客户端可以先下一个订单，然后发送另外一个请求去取消这个订单。从客户端看，这两个请求明显是连在一起的，但服务器端是否知道则依赖于所使用的协议。

一次**会话**是客户端和服务器端之间一次长时间的交互。它可以只是一个单独的请求，但通常是由一系列用户认为逻辑上有关联的请求构成的。一次会话一般从用户登录开始，然后用户进行各种操作，包括提交查询和完成一个或多个业务事务（下文将很快讨论到）。在会话结束的时候，用户退出；或者用户可以直接离开，并且假设系统会将用户的离开解释为退出。

企业应用中的服务器软件从两个角度来看待请求和会话：一是作为客户端的服务器，二是作为其他系统的客户端。因此，可以经常看到多个会话：从客户端过来的HTTP会话和各种数据库之间的数据库会话。

有两个来自操作系统的重要术语：进程和线程。一个**进程**（process）通常是一个重量级的执行语境，将其正在处理的内部数据与外部隔离开。一个**线程**（thread）则是一个轻量级的活跃执行单元，一个单独的进程里面可以存在多个线程。人们喜欢线程，是因为它们能够在单个进程里支持多个请求，充分利用资源。然而，线程通常是共享内存的，这样就会导致并发问题。有的环境允许你去控制哪些数据是线程可以访问的，允许存在不需要共享内存的孤立**线程**。

当执行语境没有按原来希望的顺序进行时，就会产生问题。理论上讲，每一次会话在自己的整个生命周期中都可以独占一个进程。因为进程间是有效隔离的，所以这样就有助于减少并发冲突。但是当前还没有什么服务器工具可以允许你这样做。一种类似的替代方法是为每一个请求都创建一个进程，早期的Perl Web系统普遍使用的就是这种模式。现在人们不希望这样做，因为创建新进程需要消耗很多资源。但是系统使用一个进程、一次只处理一个请求的情况还是很普遍的，这样做可以避免许多并发的困扰。

在处理数据库的时候将有另一个重要的语境——**事务**。事务可以像客户端所希望的那样，将多个请求当作单个请求来看待。它们可以发生在应用程序到数据库之间（系统事务），或者在用户到应用程序之间（业务事务）。后面我们将更详细地讨论这些术语。

## 5.3 隔离与不变性

并发问题由来已久，人们提出了各种不同的解决方案。对于企业应用来说，有两个非常重要的解决方案：一个是隔离（isolation），一个是不变性（immutability）。

并发问题发生在多个执行单元（例如进程或线程）同时访问同一片数据的时候。一个解决的办法就是隔离：划分数据，使得每一片数据都只能被一个执行单元访问。操作系统为每个进程单独分配一片内存，并且只有这个进程可以对这片内存进行读或写操作。同样地，你可以发现在很多流行的高效应用软件中都有文件锁。假设Martin打开了一个文件，那么其他人就无法再打开这个文件；或者可以打开这个文件的一个只读拷贝，内容跟Martin最初打开的文件一样，但是不能修改，也看不到Martin对这个文件的修改。

隔离是一种减少错误发生几率的有效技术。经常可以看到人们因为使用那些迫使每个人都必须时刻小心并发问题的技术而陷入困境。可以使用隔离方法来安排资源，以便程序进入的是隔离区而无需考虑并发问题。好的并发设计应该是：找到各种创建隔离区的办法，并且保证在每个隔离区里能够完成尽可能多的任务。

只有在共享数据可以修改的情况下，并发问题才会出现。所以，一个避免并发冲突的方法是识别哪些是**不变**的数据。显然，使所有数据都不变是不可能的，因为许多系统本来就要对数据进行修改。但是通过定义某些数据为不变的，或者至少是几乎总不变的，就可以不用总考虑这些数据的并发问题而广泛地共享它们。另一个观点是把那些只读取数据的程序分开来，让它们只使用拷贝的数据源，这样就可以放松所有的并发控制。

## 5.4 乐观并发控制和悲观并发控制

当有一些可变数据无法隔离的时候，会发生什么样的情况呢？总的来说，我们可以使用两种形式的并发控制策略：乐观并发控制和悲观并发控制。

假设Martin和David同时都要编辑Customer文件。如果使用**乐观锁**策略，他们两个人都能得到一份文件的拷贝，并且可以自由编辑文件。假设David第一个完成了工作，那么他可以毫无困难地更新他的修改。但是，当Martin想要提交他的修改时，并发控制策略就会开始起作用。源代码控制系统会检测到在Martin的修改与David的修改之间存在着冲突，因而拒绝Martin的提交，并由Martin负责指出怎样处理这种情况。如果使用悲观锁策略，只要有人先取出文件，其他人就不能对该文件进行编辑。因此，假如是Martin先取出了文件，那么David就只能在Martin完成任务并提交之后才能对该文件进行操作。

如果把乐观锁看作是关于冲突检测的，那么悲观锁就是关于冲突避免的。在实际应用的源代码控制系统中，这两种策略都可以被使用，但是现在大多数源代码开发者更倾向于使用乐观锁策略。(有一种很有道理的说法：乐观锁并不是真正的锁定，但是这种叫法很方便并且广泛流传，以至于不容忽略。)

这两种策略各有优缺点。悲观锁的问题是减少了并发的程度。当Martin正在对一个被他加锁的文件进行编辑的时候，其他人只能等着。使用过悲观的源代码控制机制的人都知道这是一种多么令人丧气的事情。对于企业数据，情况经常会变得更加糟糕，只要有人在编辑，其他人就无法进行读取，更别说进行编辑了。

乐观锁策略则允许人们更自由一些，因为只有在提交的时候才有可能遇到阻碍。该策略的问题在于当冲突的时候会发生什么样的事情呢？事实上，David之后的所有人在提交的时候都必须读取David修改过的那个版本，并指出怎样合并自己和David的修改，然后再提交一个重新修改过的最新版本。有了源代码控制系统，这样做并不会有什么麻烦。在许多场合下，源代码控制系统确实能够自动进行合并操作，甚至在无法自动合并的时候，也能让使用者很容易看出不同文件版本之间的差别。但是，业务数据通常都是很难被自动合并的，所以经常只能扔掉原来的东西，然后从头开始。

在乐观锁和悲观锁之间进行选择的标准是：冲突的频率与严重性。如果冲突很少，或者冲突的后果不会很严重，那么通常情况下应该选择乐观锁，因为它能得到更好的并发性，而且更容易实现。但是，如果冲突的结果对于用户来说是痛苦的，那么就需要使用悲观锁策略。

但是这两种策略都存在问题。使用的时候确实很容易引入其他问题，而且可能产生的麻烦和原先想要解决的并发问题一样多。我们将会在另外一本关于并发的书中详细讨论这些分歧，这里只是稍微强调一下，以便大家头脑中先留有一个印象。

### 5.4.1 避免不一致读

考虑一下这种情况：Martin在编辑Customer类，并增加一些对Order类的调用。然而，David编辑了Order类，并修改了这个类的接口。David把这个类编译完后提交；然后，Martin把Customer类编译完后提交。现在这份共享代码被破坏了，因为Martin不知道Order类已经在他不知情的情况下被David修改了。一些源代码控制系统能够识别这种不一致读，但其他的控制系统需要进行手工操作以保证数据的一致性，比如说在提交之前先比较一下文件。

本质上这是一个不一致读问题，而且这个问题很容易被忽略，因为大多数人往往只把更新丢失（lost updates）当作并发的本质问题。悲观锁策略可以通过读加锁和写加锁来处理这个问题。读数据时需要一个读锁（read lock）（或者叫共享锁）；写数据的时候，需要一个写锁（write lock）（或者叫排他锁）。对于读锁，可以一次多个人对同一份数据加锁，但是只要有人得到了一个读锁，其他人就都无法再得到写锁。另一种情况是，一旦有人得到了一个写锁，其他人就都不能再得到这两种锁中的任何一种。在这类系统里可以使用悲观锁策略来避免不一致读问题。

乐观锁策略通常将冲突检测建立在数据的某种版本标记上，可能是时间戳，也可能是顺序计数器。为了检测到更新丢失，系统核对将要更新数据的版本标记和共享数据的版本标记。如果两者一样，系统允许更新数据并更新共享数据的版本标记。

检测不一致读本质上是类似的：所有读取的数据都需要跟共享数据进行版本标记比较，任何不同都意味着冲突的发生。

如果对所有读取的数据都进行访问控制，则经常会因为实际上并不严重的冲突或者因为等待数据而导致不必要的问题。可以通过分离使用过的数据和仅仅读过的数据来减轻这种负担。如果在开始修改之后有一个新产品出现在产品列表里，不会有什么重要的影响。但如果是已经汇总的费用清单，问题就会严重得多。困难在于这需要仔细分析哪些数据是干什么用的。在客户的地址中邮编看起来也许并不那么重要，但是假设税款是基于某人的居住地进行计算，那么对地址的并发控制就非常必要。不管使用哪种形式的并发控制，指出哪些需要控制，哪些不需要控制，实在是一件很棘手的事。

另一种处理不一致读问题的方法是使用**时序读**（Temporal read）。在每次读取数据的时候都使用某种时间戳或其他不变的标签作为约束条件，数据库根据时间或者标签返回数据。很少有数据库具有这样的功能，但是开发者们经常在源代码控制系统里遇到它。问题是数据源需要提供修改历史的完整时序列表，而这需要时间与空间来处理。对源代码来说，这是可以做到的，但是对于数据库来说，不但困难更大而且代价更加昂贵。某些领域逻辑的具体区域也许需要这种功能：参见[Snodgrass]和[Fowler TP]了解怎样实现这种功能。

### 5.4.2 死锁

对于悲观锁技术有一个很特别的问题就是**死锁**。假设Martin开始编辑Customer文件，而David开始编辑Order文件。当David意识到如果要完成任务的话也需要编辑Customer文件，但是这时Martin已经对这个Customer文件加了锁，所以David只好等待。然后Martin也意识到自己必须编辑Order文件，同样David也已经对这个Order文件加了锁。现在他们之间出现了死锁——除非有一个完成了，否则谁也无法继续。如上所述，死锁听起来好像很容易避免，但是它们可能会发生在一条包含很多人的复杂链上，从而使问题变得更加棘手。

有许多不同的技术可以用来处理死锁。一种是使用软件来检测死锁的发生。在这种情况下，需要选择一个**牺牲者**，放弃他的工作和他所加的锁，以便其他人可以继续工作。然而，死锁检测是非常困难的，而且对于牺牲者来说也是痛苦的。另一种类似的方法是给每一个锁都加上时间限制。一旦到达时间限制，所加的锁就会失效，工作就会丢失——实际上就变成了一个牺牲者。超时控制实现起来要比死锁检测机制容易一些，但是会出现一个问题：在实际上没有死锁的情况下，有人会因为持锁时间过长而成为牺牲者。

超时控制和检测机制处理已经出现的死锁，而其他的方法则尽力防止死锁的发生。死锁出现的原因是人们在已经得到锁的情况下还希望得到更多的锁（或者是想从读锁升级到写锁）。因此，防止死锁的方法就是强制人们在开始工作的时候就获得所有可能需要的锁，在此之后就不允许再得到更多的锁。

可以硬性规定每个人获取锁的顺序。例如可以规定按字母顺序。在这种顺序下，一旦David得到了Order文件的锁，他就不能再得到Customer文件的锁，因为按字母顺序，Customer文件排在Order文件之前。从这个角度看，David成为了牺牲者。

也可以这样规定：如果Martin想要获得一个锁，而David已经有了一个，Martin就会自动成为牺牲者。这是一种苛刻的技术，但是实现起来比较简单，在很多情况下也工作得很好。

如果比较保守的话，可以使用多种方案。例如，可以强制所有人都在开始的时候就获取全部可能需要的锁，再加上时间限制，以防出现什么意外。这就好像同时使用腰带和吊带一样，但是这种保守策略对死锁来说通常是有效的，因为死锁如此令人头疼，而且又这么容易出错。

我们很容易想到：就算有了一个预防死锁的模式，还是可能会有一些原本没有考虑到的事件。所以对于企业应用开发者来说，最好还是使用那些简单而保守的模式。虽然很容易产生不必要的牺牲者，但是这总比那些由于忽略某个死锁场景的后果要好得多。

## 5.5 事务

在企业应用中处理并发最主要的工具就是事务（transaction）。"transaction"这个词还常常让我们想起金钱或货物的交换。你走到一个ATM机旁边，输入PIN密码，取出现金，这就是一个事务。在金门大桥交3美元的服务费也是一个事务。在某个本地酒吧里买瓶啤酒还是一个事务。

看看这些典型的金融交易，我们就可以对"事务"这个术语下一个很好的定义。首先，事务是一个有边界的工作序列，开始和结束都有明确定义。对于一个ATM机事务，插入银行卡的时候，事务就开始了，吐出现金或发现余额不足时，事务结束。其次，所有相关资源在事务开始和结束时都保持一致。一个买了啤酒的人钱包里虽然少了一些钱，但是面前多了一瓶上好的啤酒。他所拥有的资产总和不变。对于酒吧来说，也是一样——卖免费的啤酒是做不了生意的。

而且，每个事务都必须保证要么全部完成，要么什么都不做。除非ATM机确实把现金吐出来了，否则银行不能减少用户账户上的余额。在上述事务里，尽管由于人为因素可能会做出某些随意的操作，但是我们有理由相信软件能够在这个前提下保证事务正确进行。

### 5.5.1 ACID

软件事务经常使用ACID的属性来描述。

- **原子性**（Atomicity）：在一个事务里，动作序列的每一个步骤都必须是要么全部成功，要么所有的工作都将回滚。部分完成不是一个事务概念。因此，如果Martin正在把他的一笔钱从他的储蓄账户里转移到支票账户里，而在他把钱从储蓄账户里取出来之后服务器就崩溃了，系统应该和他还没从储蓄账户提出钱时的状态一样。提交表示两件事都完成了，回滚则表示两件事都没有完成。必须是都完成或都不完成。
- **一致性**（Consistency）：在事务开始和完成的时候，系统的资源都必须处于一致的、没有被破坏的状态。
- **隔离性**（Isolation）：一个事务，直到它被成功提交之后，它的结果对于任何其他的事务才是可见的。
- **持久性**（Durability）：一个已提交事务的任何结果都必须是永久性的，即"在任何系统崩溃的情况下都能保存下来"。

### 5.5.2 事务资源

大多数企业应用是在数据库方面涉及事务的，但还有其他很多情况要进行事务控制，比如说消息队列、打印机和ATM等。于是，在进行技术讨论时，用术语"事务资源"（transactional resource）来表示可以进行事务处理的任何事物——即使用事务来控制并发过程。"事务资源"叫起来有一点拗口，因此我们还是使用最常见的叫法："数据库"。因此当提到"数据库"的时候，同样适用于其他任何事务资源。

为了处理最大的吞吐率，现代的事务处理系统被设计成保证事务尽可能短。为此，要尽可能不让事务跨越多个请求。跨越多个请求的事务称为**长事务**。

因此，通常在请求开始时启动事务，在请求结束时提交事务。这样的**请求事务**是一个非常好的简单模型，只需把方法标记成事务化的，就能在很多计算环境中方便地实现。

另一种方法是尽可能晚打开事务。使用**延迟事务**时，应在事务外完成读取数据的操作，只在修改数据的时候启动事务。这样做的好处是减少了事务执行的时间。在启动事务和第一次写操作之间有较长时间间隔的情况下，这样做更能增加系统的灵活性。然而，这意味着在事务启动前没有任何并发控制机制，可能会导致不一致读问题。因此通常并不这么做，除非数据竞争很激烈，或者业务事务跨越多个请求（这是下一个主题）。

使用事务时，需要清楚地知道被锁住的到底是什么。对于许多数据库操作来说，事务系统锁住的是被访问的数据行，这样就可以允许多个事务同时访问一个表。然而，如果一个事务锁住了一个表中的许多行，则数据库无法处理那么多锁，只能将锁升级到锁住整个表——从而将其他事务锁在外面。这种**锁升级**（lock escalation）对并发有很大影响，这也正是为什么不能在领域的层超类型级别上使用"对象"表的原因。这样的表很容易就会导致锁升级，而锁住该表后其他对数据库的访问也就被阻塞了。

### 5.5.3 减少事务隔离以提高灵活性

通常可以通过限制事务的保护区域来获得更高的灵活性，特别是涉及隔离性时。如果采用完全隔离，能够得到可串行化的事务。当可以并发执行并且结果与以某种顺序依次执行的结果相同时，事务就是**可串行化的**（serializable）。因此，前面Martin数文件个数的例子中，可串行化保证Martin数完的结果或者是David开始事务之前的12个，或者是David完成事务之后的17个。串行化不能保证得到哪种结果，就像这个例子一样，但能保证结果是正确的。

大多数事务系统使用SQL标准中定义的4种隔离级别。可串行化是最强的级别，其他每个级别都允许某种程度上的不一致读。我们将通过Martin在David修改文件时数文件的这个例子来进行说明。有两个包：加锁包和多步提交包。David提交之前，加锁包中有7个文件，多步提交包中有5个文件；在David提交后，加锁包中有9个文件，多步提交包中有8个文件。Martin先开始数加锁包，David随后更新了两个包；之后Martin再开始数多步提交包。

如果隔离级别是可串行化，系统保证Martin数出的结果不是12就是17，它们都是正确的。可串行化无法保证同样条件下多次运行后得到相同的结果，但得到的结果肯定要么是David更新之前的结果，要么是David更新之后的结果。

仅次于可串行化级别的是**可重复读**（repeatable read），这时允许**幻读**（phantoms）。这种幻读出现在你向一个集合中加入一些元素而读的人只能看到其中一部分的时候。在这里，就是Martin从加锁包里数出7个文件。David的事务提交后，Martin又从多步提交包里数出8个文件。于是，Martin进行了简单的加法：7+8，得到了一个错误的结果——15。出现幻读的原因是读的结果只对Martin事务的一部分有效，不是对整个事务都有效，而且通常都是由于插入数据造成的。

下一个级别是**读已提交**（read committed），它允许**不可重复读**（unrepeatable reads）。假设Martin查看的是总数而不是实际的文件。不可重复读允许他读出加锁包中的总数为7。接着David提交了；这时Martin看到多步提交包中总数为8。之所以称之为不可重复读，是因为如果Martin在David提交后再重新数加锁包，他会得到新的数目9，读出7的情况在David更新后是无法重现的。对数据库来说，发现不可重复读要比发现幻读容易一些，因此可重复读比读已提交有更好的正确性，但灵活性稍差一些。

最低的隔离级别是**读未提交**（read uncommitted），**允许脏读**（dirty reads）。这时可以读取其他事务中还未提交的数据。这样会带来两种错误。Martin可能会在David刚往加锁包添加完第一个文件但还没添加第二个文件的时候读到David添加的第一个文件。于是Martin认为加锁包中有8个文件。第二种错误是如果David添加文件后事务被回滚——这时Martin可能看到一些并不存在的文件。

表5-1列出了四种隔离级别可能引发的各种读错误。

表5-1 隔离级别和所允许的不一致读错误

| 隔离级别 | 脏读 | 不可重复读 | 幻读 |
| --- | --- | --- | --- |
| 读未提交（Read Uncommitted） | 是 | 是 | 是 |
| 读已提交（Read Committed） | 否 | 是 | 是 |
| 可重复读（Repeatable Read） | 否 | 否 | 是 |
| 可串行化（Serializable） | 否 | 否 | 否 |

如果要保证正确性必须使用可串行化隔离级别。问题是这时系统的灵活性将受到很大的影响，因此要尽量减少串行化以增加系统的吞吐率。你必须决定什么风险是你打算承担的，并在错误与性能之间取得折中。

不必给所有的事务设置相同的隔离级别，而应该仔细观察每个事务并根据每个事务具体情况来决定如何权衡灵活性与正确性。

### 5.5.4 业务事务和系统事务

现在我们所讨论的，和许多人所说的，都是所谓的系统事务，也就是由关系数据库系统和事务监视器所支持的事务。数据库事务就是一组SQL命令，这组SQL命令由开始和终止这个数据库事务的指令来定界。如果事务中的第4条语句违反了完整性约束，数据库必须回滚前3条语句的作用，并通知调用者事务失败。如果所有4条语句都成功了，则它们的改变必须同时而不是一次一个对其他使用者生效。关系数据库系统和应用服务器中的事务管理器如此普遍，以至于可以不用干预它们。它们工作得很好，应用开发人员也非常了解它们。

然而，系统事务对于一个业务系统的用户来说没有什么意义。对一个在线银行系统的用户来说，一个事务包括登录、选择账户、填写某些账单、最后点OK按钮付账。这就是所谓的**业务事务**，并且我们希望它能显示出与系统事务一样的ACID属性。如果用户在付账前要取消这次交易，则在此之前用户在屏幕上所做的任何改变都应该被取消。在没有按OK按钮之前，填写账单不应该产生系统可见的余额。

让业务事务支持ACID属性的最简单方法是在单个系统事务中执行完整的业务事务。但是，业务事务常常要通过多次请求才能完成，因此用单个系统事务的实现会产生长系统事务。而大多数的事务系统并不能很有效地支持长事务。

但这并不是说不能使用长事务。如果现有的数据库系统只有一些适度的并发需要，则使用长事务也许能达到目的。如果用它可以的话，那么就建议用它了。使用长事务可以避免许多麻烦。然而，应用将失去可伸缩性，因为长事务使数据库成为主要的瓶颈。另外，将长事务改写成短事务是一个复杂且不好理解的过程。

因此，许多企业应用无法承担这样的风险。在这种情况下，只能把业务事务分成一系列的短事务。这意味着只能自己为跨系统事务的业务事务提供ACID支持——我们称之为**离线并发**问题。系统事务在其中仍然起着重要作用。无论业务事务在何时与事务资源（比如数据库）进行交互，这个交互都必须在一个系统事务中进行以保证资源的完整性。然而，正如下面将要讨论到的，仅仅将一系列系统事务依次连接在一起是不足以支持一个业务事务的。应用程序必须采取措施将它们粘合起来。

事务原子性和持久性是最容易为业务事务所支持的ACID属性。当用户在一个系统事务内点"Save"时，通过运行业务事务的提交阶段可以支持事务的原子性和持久性。在会话想要提交其所有修改的时候，业务事务先启动一个系统事务。系统事务保证了修改的数据将作为一个单元而提交，并将被持久化。唯一潜在的问题是要在业务事务的生命周期内维持一个正确的修改集。如果应用中使用了领域模型，采用工作单元可以正确地跟踪修改。将业务逻辑放在事务脚本中时，需要手动跟踪修改，但问题不会很大，因为使用事务脚本暗示着相当简单的业务事务。

业务事务的ACID属性中最麻烦的是隔离性。没有隔离性就没有一致性。一致性要求业务事务不要将记录集置于一种无效的状态下。在单个事务中，应用要支持一致性就需要满足所有的业务规则。在跨多个事务的时候，应用需要保证一个会话不会破坏其他会话的工作，那样将使记录集处于丢失用户工作的无效状态。

正如更新冲突的明显问题一样，有些小问题是关于不一致读的。当数据在多个系统事务中被读取时，无法保证它们是一致的。不同的读操作甚至会将不一致的数据引入内存中，从而导致应用程序出错。

业务事务与会话密切相关。在用户看来，会话就是一连串的业务事务（除非他们只是读一下数据），因此我们总是假设所有的业务事务都是在单个客户会话中执行。虽然可以设计这么一个系统，它对一个业务事务有多个会话，但这只会让人摸不着头脑——因此我们假设没有人这样做。

## 5.6 离线并发控制的模式

应该尽可能让事务系统自己来处理并发问题。跨系统事务处理并发控制将让你扑通一声掉到自己处理并发的黑水中，水里满是"鲨鱼"、"水母"、"食人鱼"等一些不太友好的生物。但是，业务事务和系统事务的不匹配使得有时候不得不这么做。下面所描述的模式是我们发现的一些有利于处理跨系统事务并发控制的方法。

请记住，只在不得已的时候才使用这些方法。如果可以把所有的业务事务都放在单个系统事务中完成，那么就这样做。如果可以忍受长事务带来的可伸缩性损失，那就这样做。通过把并发控制交给事务处理软件可以避免很多麻烦。这里的模式是在无法用以上方法处理并发控制时才采用的。由于并发本身的复杂性，特别强调这些模式只是一个开端，而不是终点。它们是有用的，但并不能用来处理所有的并发问题。

处理离线并发问题的首选是使用乐观离线锁，它在业务事务间使用乐观的并发控制机制。将它作为首选是因为它易于编程实现，还能提供最好的灵活性。乐观离线锁的局限是：只能在提交数据时才发现业务事务将要失败，而且在某些情况下，发现失败太迟的代价会很大。用户可能花了一个小时的时间输入一份租约的详细信息，错误太多会让用户对系统失去信心。另一个方法是使用悲观离线锁，它可以尽早地发现错误，但更难以编程实现，而且会降低系统的灵活性。

使用这两种方法，可以通过不给每个对象都加锁来减少相当一部分麻烦。粗粒度锁允许以一组对象为单位管理并发。另一个对应用开发人员较为简单的方法是使用隐含锁，可以不用直接管理锁。这不但减少了工作量，也减少了由于疏忽而产生的错误——而这是很难发现的。

对于并发的一个常见看法是，认为它是一个纯粹的技术问题，可以在需求分析完成后再考虑。我们不同意这个观点。选择乐观方式还是悲观方式会影响用户对整个系统的感觉。一个明智的悲观离线锁设计需要很多关于领域的信息。类似地，选择好的粗粒度锁也需要领域知识。

并发处理是最艰难的编程任务之一。测试并发代码也是非常困难的。并发处理中的错误很难重现，也很难跟踪。这里介绍的几种模式到现在为止还可以正常工作，但并发处理还是一个困难的领域。如果要走这条路，需要有经验的人帮助。最后，请参阅本章末尾提到的几本书。

## 5.7 应用服务器并发

到目前为止，我们主要讨论了多个会话访问共享数据源的并发。另一种形式的并发是应用服务器自身的进程并发：应用服务器是怎样处理并发请求的？这一点又是怎样影响应用设计的？这种并发与前面提到的其他并发最大的区别是，这里的并发不涉及事务，因此与它们打交道意味着不需要使用到相对受控的事务系统。

显式的多线程编程，加上锁和同步阻塞，太复杂了。很容易引入一些极难发现的错误——并发错误几乎是不可重现的——从而得到一个在99%的时间里正常、但偶尔会出些差错的系统。这样的系统调试起来会困难得难以置信，因此我们的策略是尽可能避免显式处理同步和锁。应用开发人员几乎不用接触到显式的并发机制。

最简单的处理办法是使用**每会话一进程**，就是每个会话都在自己的进程中运行。这种办法最大的好处是各个进程之间是完全隔离的，因此应用开发人员不用担心多线程问题。同样由于内存的隔离性，为每次请求创建新进程或将一个在请求之间空闲的进程绑定给会话，同样有效。许多早先的Web系统为每个请求创建一个新的Perl进程。

每会话一进程带来的问题是大量资源的消耗，因为进程是昂贵的。可以通过使用进程池来提高利用率，这时每个进程在一个时刻只处理单个请求，但可以在时间序列上处理来自不同会话的多个请求。使用进程池的**每会话一进程**方式能使用更少的资源处理同样多的会话。这样的隔离几乎是完美的：不用再去处理麻烦的多线程问题。采用每会话一进程方式的请求进程的最大问题是必须保证每个请求结束时都释放其占用的所有资源。Apache mod_perl，还有其他一些大规模的事务处理系统使用的就是这种模式。

每会话一进程需要很多进程来处理一个合理的负载。可以通过在一个进程中运行多个线程来进一步提高吞吐率。这就是每会话一线程的方式，每次请求由进程中的某个线程处理。由于线程使用比进程少得多的服务器资源，可以用更少的硬件处理更多的请求，因此服务器效率更高。每会话一线程的问题是线程之间没有隔离，任何线程都可以访问它能访问的数据。

依我们看来，使用每会话一进程有很多可说之处。尽管每会话一进程没有每会话一线程的效率高，但它们有相同的可伸缩性。而且有更好的健壮性——如果某个线程崩溃了，可能会导致整个进程垮掉，但是使用每会话一进程能限制这种破坏。特别是对经验较少的开发者们，用硬件代价来避免处理线程的麻烦（包括修复bug所用的时间和代价）是值得的。事实上，很少有人真正做过性能测试来估算他们在应用中使用每会话一线程和每会话一进程的代价。

有些计算环境提供中间层，从而允许为线程分配隔离的数据空间。为实现这个目的，COM用单线程空间，J2EE用EJB（将要加上隔离机制）。如果你的平台有类似这样的东西可用，你就可以鱼和熊掌两者兼得——不管意味着什么。

如果使用每会话一线程，最重要的是创建和进入一个隔离区，在隔离区中应用开发人员可以忽略多线程问题。最常用的方法是让线程每次都创建新的对象来处理请求，以保证这些对象不会被放到其他线程可以看见它们的任何地方（比如一个静态变量中）。这时对象是隔离的，因为其他线程无法引用它们。

很多开发人员非常担心新对象的创建，因为他们被告知创建新对象是一个昂贵的过程。因此，他们经常缓存对象。使用缓存的问题是必须以某种方式同步对它们的访问。而对象创建的代价与虚拟机和内存管理机制密切相关。在现在一些环境中，对象创建的过程非常快[Peckish]。（先问大家：在一台P3 600MHz机器上，用Java 1.3虚拟机，在一秒钟内可以创建多少个Java日期对象呢？在后面会告诉你。）为每个会话创建崭新的对象能避免许多并发错误，而且可以提高可伸缩性。

虽然这种策略适用于许多情况，但开发人员还应该注意一些问题。一是对静态的基于类的变量或者全局变量的使用必须同步。对于单子对象也是这样。如果用到某种全局内存空间，请使用注册表，你可以以这样一种方式实现：让它看上去像一个静态变量，但实际上它使用的是针对线程的内存空间。

即使能为会话创建新对象使得情况相对安全，有些对象的创建代价仍是比较高并因而需要另外处理——最常见的例子就是数据库连接。为了处理这个问题，你可以将这些对象放入一个显式的缓冲池中，在需要一个连接时从那里获取这个连接，在完成处理后返回这个连接。这些操作也都需要同步。

## 5.8 进一步阅读

在许多方面，本章只涉及一些复杂问题的皮毛。如果要进行更深入的研究，我们推荐从[Bernstein and Newcomer]、[Lea]和[Schmidt et al.]开始。

# 第 6 章

# 会 话 状 态

当谈到并发性的时候，我们指出了业务事务和系统事务的区别（见5.5.4节）。正如对并发的影响一样，这些区别也会影响到如何存储那些在业务事务中使用、但还没有准备好提交到记录数据库中的数据。

业务事务和系统事务的区别引起了选择使用无状态会话还是有状态会话的辩论。在这方面，已经有了很多论述，但是在我看来，最基本的问题应该落到无状态和有状态服务器系统背后的技术问题上。先要认识到有的会话天生是有状态的，然后再决定怎么样来处理这些状态。

## 6.1 无状态的价值

无状态服务器意味着什么呢？对对象来说，它们结合了状态（数据）和行为。一个真正无状态的对象是没有成员变量的。这样的对象确实有时会出现，但是坦白地说，它们非常少见。实际上，可以这样说，无状态对象是一种不良设计！

然而，这不是人们在分布式企业应用中所指的无状态。分布式企业应用中的无状态服务器是指在各次请求之间不保存状态的对象。这样的对象也可以有成员变量，但当你调用无状态服务器上的方法时，这些成员变量的值是没有定义的。

举一个无状态服务器对象的例子，如返回一个Web页面告诉你关于一本书的所有信息。可以通过访问一个URL而发出请求——服务器对象可能是一个ASP文档或Servlet。在URL中，你提供一个ISBN号，服务器用它来产生HTTP应答。在交互过程中，服务器对象在生成HTML页前可能记住了从数据库中得到的这本书的ISBN号、书名、单价等信息；服务器对象还可能通过业务逻辑来决定显示什么风格的页面给用户。一旦服务器对象完成工作，那些记住的信息也就没用了。接收到下一个ISBN号就重新开始，服务器对象为了避免错误，还可能需要清除那些没用的信息。

现在设想一下，你需要记录由一个特定客户IP地址所访问的所有ISBN号，记录可以保存在由服务器对象维护的一张表中。然而，这张表必须在各次请求间保持它的值，这就成了有状态服务器对象。从无状态转变到有状态可不是改一个字这么简单，对很多开发者来说，使用有状态服务器简直就是一场灾难。为什么呢？

问题主要出在服务器的资源上。在等待用户去考虑一个Web页面时，任何有状态的服务器对象都需要保存它的状态。而无状态服务器对象则可以处理来自其他会话的请求。举一个不真实但很能说明问题的例子：有100个人需要查询书籍，处理对一本书的请求要用1秒钟，每个人隔10秒钟请求一次，而且所有的请求都分布得很平衡。如果我们使用有状态服务器对象来处理用户请求，就必须给每个用户分配一个服务器对象，即100个对象。但是在90%的时间里，这些对象都呆在那里什么也不干。如果我们不做ISBN号记录而只使用无状态服务器对象来处理请求，就只需要10个服务器对象满负荷工作。

　　结论是：如果在请求之间不需要保存状态，就不用关心是哪个对象来处理某一次请求；如果状态需要保存，就必须找同一个对象来处理。无状态使得我们可以缓存这些对象，用很少的对象就可以处理很多的用户。空闲状态的用户越多，无状态服务器就越有用。可以想像，无状态服务器对一个高流量的网站来说非常有用。由于HTTP是无状态的协议，因此使用无状态更加适用。

　　所以，应该把所有的东西都做成无状态的，对吗？当可以这样做时答案是肯定的。问题在于很多与客户端的交互本身就是有状态的。想一想在成千上万的电子商务应用中用到的购物车。用户的交互包括浏览书籍和选择想买的书。购物车信息必须在用户的整个会话中保存。实质上这是一个有状态的业务事务，也就说明会话必须是有状态的。如果只是浏览一下而并不买书，会话就是无状态的，一旦买了，就是有状态的。因此不能避免状态的使用，除非没人买书。于是，我们必须决定如何解决这个问题。好消息是：用无状态服务器可以实现有状态的会话，有趣的是，我们可能并不愿意那样做。

## 6.2 会话状态

　　购物车的内容就是**会话状态**，意味着车中的数据只与特定的会话有关。这种状态存在于业务事务中，与其他的会话及它们的业务事务是分开的。（继续假设每个业务事务只运行在一个会话当中，每个会话在任何时刻只处理一个业务事务。）会话状态也区别于我们称之为**记录数据**的信息，记录数据是长期保存在数据库中的持久化数据，它对所有会话都可见。会话状态需要提交成为数据库中的记录。

　　由于会话状态存在于一次业务事务当中，因此它有很多人们认为事务所具有的属性，如ACID（原子性、一致性、隔离性、持久性）。这样的结果并不是总能被人们所理解。

　　一个有趣的结果是对一致性的影响。当某个客户在编辑保险单时，当前的保险单状态可能是不正确的。客户修改了一个值，向系统发送修改请求，而系统应答指出这是无效的值。这些值是会话状态的一部分，但它们是无效的。会话状态经常包含这样的无效信息——在处理这些信息时并没有时时检查它们，而只在业务事务提交时才检查它们。

　　会话状态最大的问题出现在处理隔离性的时候。由于很多人在同时操作，因此在某个用户编辑保险单期间会发生很多事。最显然的是当两个用户同时编辑保险单的时候。但并不只有大家都修改时才会出问题。假设有两条记录，一条是保险单记录，另一条是客户信息记录。保险单中的风险值与客户信息中的邮政编码有关。某客户开始编辑保险单，10分钟后又打开了客户信息记录查询邮政编码。然而，在此期间可能有其他用户修改了邮政编码和风险值——导致不一致读。对这种情况的处理参见5.5.4节。

　　不能把会话中的所有数据都看成会话状态。会话可以临时缓存实际上并不需要在各次请求间保存的数据，以便提高服务性能。由于丢失这些缓存的数据也不会影响程序的正确性，这样的数据有别于会话状态，会话状态必须在各次请求间记录以保证程序的正确执行。

## 6.3 存储会话状态的方法

当知道必须保存会话状态后,怎样来保存会话状态呢?处理的方法大致可分为以下三种:

客户会话状态,在客户端保存数据。有几种可选的方法:在Web应用中可以将数据编码在URL中,使用Cookie,串行化数据使其成为Web表单中的某个隐藏域,或者把数据放在胖客户端的对象结构中。

服务器会话状态,可以很简单,在各次请求之间把数据放在内存里。通常也可以把数据以序列化对象的方式更长久地存放起来。对象可以存放在应用服务器的文件系统中,或者存放在某种共享的数据源中。这可以是一张简单的数据库表,它以会话标识号为关键字,以已序列化对象为值。

数据库会话状态,也是在服务器端存储的方式,但这种方式把会话数据分解成多个表和域,并把它保存在数据库中,就像你保存更持久的数据那样。

上面几种方法的选择有很多值得考虑的问题。首先,考虑客户端和服务器端之间所需的带宽。使用客户会话状态意味着在每次请求时必须将会话数据通过网络传送。如果数据很少,这不是什么问题;但数据越多,传输所需要的带宽越大。有的应用会用到上兆字节的会话数据,我们的一个工作组甚至用到过三部莎士比亚戏剧那么大的会话数据。一般情况是使用没有压缩的XML在客户端与服务器端之间传输。即使经过了压缩,也还是有大量的数据需要传输。

当然,有些数据需要传输,因为它必须在表现层可见。但使用客户会话状态意味着每次请求都必须传送服务器端所要用到的会话数据,即使客户端根本不用这些数据来显示。所有这些说明除非会话状态真的很少,否则不要使用客户会话状态这种方式。还应注意安全性和完整性。必须认识到恶意的用户会修改会话状态,除非对数据进行加密,否则会成为新版的"自己定价"[⊖]。

会话数据必须隔离。大多数情况下,在一个会话中进行的动作不应该影响其他会话中的动作。如果你正在登记一个飞行路线,在这个飞行路线确认之前,这个行为不应该对任何其他用户有影响。实际上,会话数据的部分含义是它对会话外的任何事物都是不可见的。采用数据库会话状态时,这是一个棘手的问题,因为必须花力气将会话数据与存放在数据库中的记录数据相隔离。

如果系统中有很多用户,应该考虑使用集群来提高吞吐率。这种情况下还需要考虑到是否需要会话迁移。**会话迁移**(session migration)允许一次会话从一台服务器转移到另一台服务器,从而可以由一台服务器处理一个请求,其他服务器处理其他的请求。与其相反的方式是**服务器亲和**(server affinity),它要求某次特定会话的所有请求只能由同一台服务器处理。会话迁移能更好地均衡服务器,特别是在会话很长的情况下。然而用服务器会话状态很难支持会话迁移,因为只有处理会话的那个服务器才能容易地找到会话的状态。也有办法处理这个问题——这类方法将模糊数据库会话状态与服务器会话状态之间的界限。

服务器亲和会带来意想不到的问题。在尽量保证服务器亲和时,服务集群系统并不能总是判断出每个请求所在的会话。因此,集群系统不得不提高亲和力,把来自同一个客户端的所有

---

⊖ "自己定价"(name your own price)是priceline.com的口号。priceline.com是一个电子商务站点,美国一个知名的因特网品牌,也是首批提供网上拍卖服务的企业之一,顾客定价系统更是其经营标志之一。——译者注

请求交给同一台应用服务器。通常是通过客户机的IP地址，当客户端使用代理时，将有很多的客户端使用同一个IP地址访问服务器，并因而都被绑定到同一个特定服务器上。当你发现大量的负载集中在某台服务器上时，就知道情况会变得多糟糕。

当服务器决定使用会话状态时，需要把它转化成一种便于快速访问的形式。如果使用服务器会话状态，很容易直接访问到会话状态。而如果使用客户会话状态，就需要转换到你想要的格式。如果使用数据库会话状态，就要到数据库中去取信息（可能也进行一些转换）。这说明每种方法对系统响应性有不同的影响。会话数据的数量和复杂度也会对系统有影响。

在一个零售系统中，每个会话也许没有那么多数据，但肯定有很多处于空闲状态的用户。因此，数据库会话状态能发挥很好的性能。在一个租约系统中，则会有不停读写数据库的可能。这时，服务器会话状态性能较好。

在许多系统中，最令人担心的是用户经常会取消一次会话，而且再也不会用到它。在B2C的应用中经常遇到一个尴尬的问题：用户常常不会直接取消会话，而是消失得无影无踪。这时采用客户会话状态最合适，因为你可以很容易地忘记那个用户。在其他的方式里，必须能够发现那些被取消的会话状态并将它们清除掉，或者采用某种支持会话超时的系统。好的服务器会话状态实现应能自动支持会话超时。

与用户取消会话一样，需要考虑系统失效：客户机可能崩溃，服务器可能死掉，网络连接可能突然断掉。数据库会话状态能应付所有这三种情况。服务器会话状态可不可以用则取决于会话数据是否放到了持久的存储介质上。客户会话状态在客户机崩溃时无能为力，但能应付其他两种情况。

不要忘记这些模式所需要的开发代价。通常服务器会话状态是最容易使用的，特别是在不需要将会话数据存储到持久介质上时。数据库会话状态和客户会话状态则通常需要对数据进行解析和转换。所需的额外时间意味着你不能像使用服务器会话状态那样快速地创建出那么多的功能，特别是在数据很复杂的时候。如果对数据到数据库表的映射比较熟悉，乍看好像使用数据库会话状态并不是很复杂，但需要额外花时间来使数据库中的所有其他数据与会话数据相隔离。

上面三种模式并不是相互排斥的，可以混合使用它们中的两种或者三种来存储会话状态的不同部分。不过通常这样会使得问题更复杂，因为很难知道会话状态的哪个部分需要使用哪种方式。尽管如此，当使用客户会话状态以外的方法时，即使会话状态的其余部分都用其他模式处理，也至少要在客户端存放一个会话标识号。

我个人倾向于使用服务器会话状态模式，特别是在以下情况下：备忘文件被远程存储以备系统在服务器崩溃之后仍能恢复。我还喜欢使用客户会话状态模式来存放会话标识号和数据量较小的会话。我个人并不喜欢数据库会话状态模式，建议你只将这个模式应用在需要故障恢复和集群的时候，或者无法存储远程备忘文件的时候，或者不关心会话间数据隔离的时候。

# 第 7 章
# 分布策略

对象由来已久。似乎从能创建对象以来,人们就希望能够分布它们。然而,分布使用对象或其他任何东西,都有许多人们想不到的陷阱[Waldo et al.],尤其是这些陷阱往往隐藏在厂商们诱人宣传的影响之下。本章就是要讨论这些深刻的教训——我亲眼见到我的许多客户饱经磨难才获得它们。

## 7.1 分布对象的诱惑

在设计评审时我每年都会看到两到三次关于分布对象的演示。一个新面向对象系统的架构师自豪地展示他的分布对象系统计划——让我们假设它是某种订单系统。他展示了一种类似于图7-1的设计。采用独立的远程对象来代表客户、订单、产品和配送部件。每一个都是一个独立的可分布到不同处理节点上的组件。

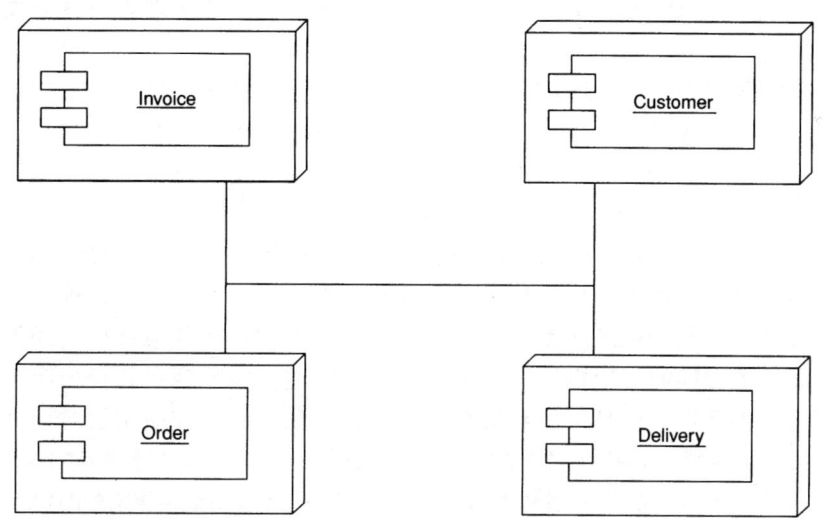

图7-1 通过将不同的组件放到不同的节点上来分布一个应用(我不推荐采用这种设计!)

我问他:"为什么要这样做呢?"

"当然是为了性能,"架构师回答道,有点奇怪地瞧着我,"我们可以在一个独立的单元上运行每个组件。如果一个组件太繁忙了,可以为它增加额外的单元来使我们的应用保持负载平衡。"

现在他以一种好奇的表情看着我，似乎在想我是否真的了解分布对象的含义。

现在我面临两难的局面。是应该郑重告诉他这样的设计简直就是逆天行事，并立即为他指出出路呢？还是慢慢告诉他正确的想法呢？后者应该更合适一些，不过更困难一些，因为他似乎对他的设计非常满意，要花很大的力气才能使他从梦中惊醒。

假如你没有看本书中的观点，应该很想知道为什么说这样的分布方式很糟糕。毕竟，很多工具厂商都告诉大家分布对象的主要意义就是可以把一部分对象安置到任意的处理节点上。而且它们强大的中间件技术能够使这种分布对上层透明。这种透明使得对象可以互相调用，不管它们是在同一进程中，还是在不同的进程中，或是在另一台机器上。

透明性非常有用，但是虽然有很多东西在分布对象中可以是透明的，性能却不在其中。尽管上面的架构师是为了提高性能而分布组件的，但实际上，他的设计只会影响性能，使系统更难构建和部署。

## 7.2 远程接口和本地接口

按类模型进行分布的方法不可行的主要原因与计算机的基本特点有关。进程内的过程调用非常快。两个独立进程间的过程调用就慢了一个数量级。在不同机器间运行过程又要慢一两个数量级，取决于网络拓扑。

因此，需要远程使用的对象接口应该与就在同一个进程内本地使用的对象接口有所区别。

本地接口最好是细粒度接口。比如，如果有一个地址类，则一个好的接口将会有单独的方法，分别用于得到城市、得到州、设置城市、设置州等。细粒度接口非常好，因为它符合一般的面向对象原则，即尽量细分对象，使我们可以以不同方式组合和覆盖这些对象以便在将来对设计进行扩展。

但是，细粒度接口不能很好地用在远程调用中。当方法调用很慢时，更应该在一次调用而不是三次调用中就取得或更新城市、州和邮政编码。这样产生了一个粗粒度的，不是为了灵活性和可扩展性而是为了减少方法调用次数而设计的接口。产生了一个一次就得到和更新详细地址信息的接口。虽然编程比较麻烦，但为了性能值得这样做。

当然，厂商们会告诉大家：使用它们的中间件进行远程和本地调用没有额外开销。本地调用会以正常的速度执行，远程调用执行稍慢。在你需要一次远程调用时，你只需要为这次远程调用付费。这些说法在某种程度上是对的，但也不能不考虑到可能被远程访问的对象需要使用粗粒度接口、而本地访问的对象需要使用细粒度接口的这一本质观点。任何两个对象互操作时都应该考虑使用何种接口。一旦某个对象会被远程访问到，就应该使用粗粒度接口，虽然要付出更大的编程代价。显然，只有在必要时才应该这么做，应该最小化跨进程的对象协作的数量。

由于这些原因，就不能把在单进程环境中设计的类原封不动地搬到CORBA或其他分布环境中的分布模型上。分布设计工作远不止这些。当在多个类上应用分布策略时，最终得到的系统会有许多的远程调用，从而需要繁琐的粗粒度接口。即使为所有可能被远程访问到的类都设计了粗粒度接口，最终还是会因为太多的远程调用和一个难于修改的系统而困难重重。

于是有了**分布对象设计第一定律**：不要分布使用对象。

这种情况下，怎样有效利用多处理器资源呢？大多数情况下是使用集群系统（见图7-2）。在每一个处理器上都部署所有的对象并在其他几个节点上复制它们。这样一来，每个处理器上的对象只需用到本地调用，从而运行更快。还可以使用细粒度接口来设计对象，从而得到更简单的编程模型和更好的可维护性。

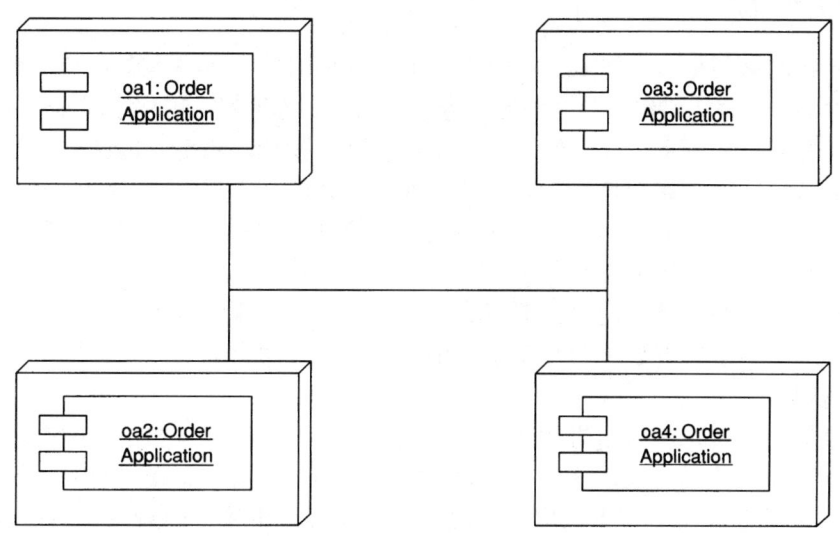

图7-2　在不同节点上部署同一应用程序的多个拷贝的集群系统

## 7.3　必须使用分布的情况

一方面要尽可能小范围使用分布对象，一方面要尽可能发挥集群的性能。问题在于这样做是有限制的——总有一些需要分布到不同进程的情况。如果你很敏感，你将会像一只被逼上绝路的老鼠一样去尽可能消除它们，但你不可能消除得一干二净。

- 一个显而易见的划分出现在业务软件的传统客户机和服务器之间。用户使用的个人计算机肯定是共享数据的不同节点。因为它们是不同的计算机，就必定要在不同的进程间通信。客户机与服务器的划分是典型的跨进程划分。
- 第二种划分出现在基于服务器的应用软件（如应用服务器）和数据库之间。当然，你可以不用这样做，你可以使用类似存储过程的方法在数据库进程中运行所有的应用软件。但由于这样做不太实际，因此你必须有单独的进程。应用服务器和数据库可以在同一台机器上运行，但是只要你有单独的进程，就必须为远程调用付出大部分的性能代价。幸运的是，SQL被设计成数据库的远程接口，使得你可以经常安排好事物以尽可能减少损失。
- 另一个进程划分出现在Web服务器与应用服务器之间的Web系统中。最好是在同一个进程中运行Web服务器与应用服务器，但情况可能不总是这样。
- 还可能由于厂商不同而进行进程划分。使用的软件包可能需要在单独的进程中工作，这又会用到分布。至少一个好的软件包会提供粗粒度接口。
- 最后，还可能有一些别的原因导致你必须去划分你的应用服务器软件。也许需要想尽一切办法来避免这样，但总有避免不了的情况。因此，你不得不捂住鼻子，将你的软件划分成远程的、粗粒度的组件。

再一次，用Colleen Roe难忘的话说："节约使用分布对象。"

## 7.4 关于分布边界

在设计系统时必须尽可能限制分布边界，但在必要的地方还得考虑它们。每个远程调用的过程慢得就像马车一样。系统中每个地方都应极力减少远程调用，这样才能使性能开销最小。

然而，还是可以在一个进程内使用细粒度对象进行设计。关键要记住只在进程内部使用它们，而在分布边界上放置粗粒度的对象，它们唯一的目的是去提供一个到细粒度对象的远程接口。粗粒度对象实际上不做任何事情，从而充当细粒度对象的外观。这个外观只是为分布需要而使用——因此称为远程外观。

使用远程外观能减少粗粒度接口引入的困难。这样，只有那些真正需要远程服务的对象才使用粗粒度接口，这也使开发人员清楚所付出的代价。透明有它的好处，但不要期望一个潜在的远程调用透明。

然而，让粗粒度接口仅仅作为外观，可以让使用者无论何时只要他们知道自己正运行于同一进程中就使用细粒度的对象。这使得分布策略非常明显。通常和远程外观一起使用的还有数据传输对象。因为不止是需要粗粒度的方法，还需要传输粗粒度的对象。当请求一个地址时，需要将信息放在一个数据块中发送回去。通常不能把领域对象本身直接发送过去，因为它们绑定到一个由细粒度的本地对象间引用组成的网络中。所以应该将客户端需要的所有数据打包在一个特定对象中以便于传输——就成了所谓的数据传输对象（很多企业级Java开发人员称之为值对象，这与本书中所说的值对象有些混淆）。传输双方都用到了数据传输对象，很重要的一点是要保证它们不能引用网络间任何非共享的事物。事实上，一个数据传输对象一般只引用其他的数据传输对象和一些如字符串等原始类型的对象。

进行分布的另一方式是使用一个代理在进程间迁移对象。这个思想用到了延迟加载方案来传递对象，不是用数据库的延迟读而是在网络之间移动对象。最困难的部分在于：要保证结果不会产生太多的远程调用。我没有看到谁真的在应用中使用这种方式，但用在一些O/R（对象到关系数据库）映射工具（如TOPLink）中，传来了一些较好的评价。

## 7.5 分布接口

由于历史原因，不论是全局过程还是对象的方法，分布组件的接口都基于远程过程调用（RPC）。然而，在过去几年里，开始出现HTTP上基于XML的接口。SOAP可能会是这种接口最常用的形式，但是很多人已经实验它很多年了。

有一些原因使得基于XML的HTTP通信非常方便。通过它可以很容易地在一个往返中传递大量结构化的数据。由于远程调用需要被最小化，因此这是一件好事。XML是一种通用的格式，各种平台都有它的解析器，再加上HTTP协议的广泛使用，使得建立在不同平台上的系统可以相互通信。XML是基于文本的，便于人们观察传输的内容。当由于安全方面和政治方面的原因使得我们难以打开其他端口时，HTTP协议还是可以很容易通过各种防火墙。

即便如此，类和方法的面向对象接口也很有用。将所有的传输数据转化成XML结构和字符串给远程调用增加了可观的开销。因此，使用远程过程调用比使用基于XML的接口要高效许多。如果系统间的二进制编码机制相同，基于XML的接口只是一堆花哨的东西。因此，如果两个系统是用相同的平台构建的，最好使用系统自己的远程调用机制。Web Service在不同平台相互交互时能提供便利。我建议只有在无法使用更直接的方式时，才使用基于XML的Web Service。

当然，也可以通过将HTTP接口置于一个面向对象的接口之上，来同时获得两种方式的优点。所有到Web服务器的调用都被HTTP协议传给底层的面向对象接口处理。这在一定程度上能取得两者的长处，但由于需要Web服务器和主机提供远程面向对象接口，从而增加了系统复杂度。因此，应该在同时需要使用HTTP协议和远程面向对象的API时，或者在安全和事务处理机制的远程面向对象API的设施能比使用本地对象更容易地处理这些问题时才使用这种方式。

在我的讨论中，我已经假定了一个同步的、基于RPC的接口。虽然如此，我并不认为这总是进行分布处理的最佳方法。逐渐地，我的偏好转向了基于消息的处理方式（它在本质上是异步的）。讨论基于消息的模式本身就需要相当的篇幅，因此本书没有讨论它们。希望论述它们的书能早些问世，现在我能做的就是提醒大家多了解一些异步的、基于消息的处理方式。虽然现在的很多例子都是基于同步处理的，但我认为在Web Service中更适合使用异步方式。

# 第 8 章

# 通盘考虑

到目前为止,我们已经介绍了系统的一个方面并探讨了处理它的几种选择。现在可以把前面介绍的所有方面放在一起通盘考虑,来回答这个棘手的问题,即在设计企业应用时,要使用哪些模式。

本章在阐述这一问题时,前面的一些内容与前几章互相重叠。我在撰写本书时还曾经犹豫过是否要写本章。然而,最终我还是觉得有必要把所有的东西都放在一起讨论一下,以便使读者对全书中所涉及的模式至少有一个初步的认识。

在撰写本书的过程中,我非常清楚自己一些建议的局限性。《指环王》里的弗罗多说过:"不要征求小精灵的意见,因为它们将会既说yes又说no"。我并不是在提出什么不朽的学问,但是我的确明白,任何建议或意见常常是非常危险的礼物。如果你阅读本书的目的是要为你正在进行的项目架构设计提供决策帮助,那么你对项目的了解远远胜过我。作为一位专家,最让我沮丧的事情莫过于有人在会议上或发电子邮件要我为他们项目的架构设计提供一些建议和意见。我认为,单凭几分钟的描述是不可能提出什么具体建议的。例如,我在撰写本章时,对读者所遇到的困难就一无所知。

希望读者在阅读本章时也能够充分理解我的初衷。我并不知道所有的答案,也不知道你的问题。应该用这些建议去推动你去思考,而不是代替你去思考。最终决策的应该是你,最终享受乐趣或承担痛苦的也是你。

好在决策不是一成不变的。架构重构很难,人们也经常忽视它的代价,但是并非不可能。我能给的建议就是:即使你对极限编程[Beck XP]不感兴趣,你还是应该认真地思考三个方面的技术实践:持续集成[Fowler CI]、测试驱动的开发[Beck TDD]和重构[Fowler Refactoring]。这些技术虽然不是万能的灵丹妙药,但它们能够帮助你在需要的时候更容易地改变你的系统。除非你比迄今为止我见过的人更能干或更走运。

## 8.1 从领域层开始

这个过程可以从决定领域逻辑方法开始。主要的可选模式是事务脚本、表模块以及领域模型。

如第2章所述,选择的依据主要是领域逻辑的复杂性,尽管它目前还无法量化,甚至无法根据某种精度加以限定。还有一些其他的选择依据,例如与数据库连接的难易程度等。

这三种模式中最简单的是事务脚本模式。它比较符合大多数人仍然习惯的过程模型。它将每种系统事务的逻辑很好地封装在功能完善的脚本中，而且比较适合于在关系数据库之上构建。它的主要问题是对复杂业务逻辑的支持不够，尤其是不善于处理重复代码。如果你所面临的是一个简单的企业目录应用或只有简单定价结构的购物车应用等，事务脚本就足够了。但是，如果业务逻辑更复杂，开发困难就会呈指数增加。

这三种模式中最复杂的是领域模型模式，那些像我一样的面向对象的坚定信徒，往往只会使用这个模式。但是，如果应用比较简单，用事务脚本就足以对付，为什么还要费事劳神地用这个模式？而且，就我本人的经验而言，如果面临的问题真的非常复杂，那么除了领域模型之外，没有什么其他模式能做得更好。如果你已经习惯使用领域模型，那么对于简单的问题，也很容易解决。

当然，领域模型也有其缺点。最大的缺点就是难以学会如何使用领域模型。面向对象的信徒往往瞧不起那些非面向对象程序人员，这导致的直接后果就是领域模型的使用需要非常专业的技术——如果操作不当，这就是一切灾难。领域模型的第二个缺点就是它与数据库的连接。当然，一个真正的面向对象信徒会使用巧妙的计策用一个对象数据库来解决这个问题。但是由于很多原因（大多数是非技术的原因），面向对象数据库对于企业应用来说，是一个不可能的选择。结果就是非常杂乱无章的数据库连接。我们必须面对现实，对象模型与关系模型的确配合得不理想。结果是我所描述的许多O/R映射模式非常复杂。

表模块模式是这两个极端之间一个比较好的折中。在处理领域逻辑上，它比事务脚本强。虽然它在处理复杂领域逻辑上不如领域模型，但是对于关系数据库和其他一些东西而言，它还是游刃有余的。如果你手头有一个类似.NET的环境，该环境中有一个非常强大的记录集，那么表模块就很适合与关系数据库一同工作，而且也是领域逻辑的合理提取。

从这里我们也不难看出，工具也会影响到应用的架构。有时可以根据架构来选取工具，而且，从理论上说，你应该那么做。在实践中，我们必须让架构和工具相匹配。在这三种模式中，工具对表模块的作用最大，好的工具支持将能使你如虎添翼。对于.NET环境来说，表模块就非常适合，因为平台对记录集的支持那么好。

如果你读过第2章中关于领域逻辑的讨论，就会发现其中所述的内容与这里差不多，但是我认为做适当的重复是非常必要的，因为这些都是核心内容。我们可以从这里开始向下深入到数据库层，不过，此后的选择都会受到领域层选择的影响和制约。

## 8.2 深入到数据源层

一旦选择了领域层，你就必须决定如何与数据源相联系。这时的选择是以领域层选择为基础的，所以由该选择驱动，我将在以下几小节中解决这个问题。

### 8.2.1 事务脚本的数据源

最简单的事务脚本包含其自身的数据库逻辑，但是，即使在最简单的情况下，我也会尽量避免这样做。分离数据库，使得领域逻辑和数据源逻辑这两部分的界限划分变得有意义，因此，即使是在最简单的应用里，我也会这样分离。此时，可供选择的数据库模式包括行数据入口和表数据入口。

在这两者中选择哪一个，很大程度上取决于实现平台的方便以及系统未来的发展方向。在行数据入口中，每个记录都通过显式的接口读入到一个对象中。在表数据入口中，程序员可以少写一些代码，因为他不需要写那么多存取器代码就可以读取数据，但是编程接口却是相对隐式的，这些接口依靠对记录集的访问（类似于映射）。

最关键的决策取决于所用开发平台的其余方面。如果所用的平台包含很多支持记录集的工具，特别是UI工具和事务性的断接记录集，则选择的天平就会偏向表数据入口。

在这种情况下，通常无需其他的O/R映射模式。结构映射问题在很大程度上得到缓解，因为内存数据结构与数据库结构间的映射高度一致。也可以考虑工作单元，但一般来说，在脚本中跟踪变化的部分很容易。在这里，无需关心大多数并发问题，因为脚本基本上对应一个系统事务。因此，可以将整个脚本封装在单个事务中。异常一般发生在一个请求将数据读取出来编辑、而下一个请求试图对变化进行保存的情况下。在这种情况下，一般使用乐观离线锁。它不但容易实现，而且可以满足用户的需要，并避免了由于挂起会话所导致的大面积加锁情况。

### 8.2.2 表模块的数据源

选择表模块最主要的原因是有一个好的记录集框架。此时，就需要一个与记录集配合良好的数据库映射模式，这就是表数据入口。这两个模式配合得天衣无缝。

使用了这个模式后，在数据源层几乎不需要再加什么其他功能。比较理想的情况下，记录集中都内置了某种形式的并发控制机制，这就使得它成为工作单元，从而进一步降低了开销。

### 8.2.3 领域模型的数据源

现在，事情变得非常有趣了。在很多方面，领域模型的最大缺点是它与数据库的连接很复杂。而这个复杂程度实际上取决于模式的复杂程度。

如果领域模型相当简单，例如只有十几个与数据库相关的类，则活动记录就可以了。如果希望耦合更松一些，则可以用表数据入口或行数据入口。做不做这种分离都不会带来太大的工作量。

随着复杂度的进一步增加，可以考虑使用数据映射器，这种方法将确保领域模型尽可能与其他各层相互独立。但是数据映射器也是实现起来最复杂的一种模式。除非你的开发队伍非常强劲，或者能够找到一些简化映射的方法，否则我强烈建议你使用一种映射工具。

一旦选择了数据映射器，则O/R映射一节中的所有模式都能够起作用。我特别推荐工作单元，它是并发控制的焦点。

## 8.3 表现层

表现层在很多方面都独立于其下层的选择。你首先会问，是提供胖客户用户界面，还是HTML浏览器界面？胖客户界面的效果更好，但是你必须为此付出更多代价，即对客户程序进行控制和部署管理。我的观点是：如果情况允许，尽可能使用HTML浏览器方式，如果实在不行，再使用胖客户用户界面。由于胖客户用户界面比较复杂，因此它们一般要花费更多的编程量，但是内在技术的复杂性毕竟有限，因而编程量的增加也是有限的。

本书不准备讨论任何关于胖客户界面的模式。因此，如果你选择的是胖客户用户界面，就超出了本书的讨论范围。

如果你走HTML路线，就必须决定如何组织你的应用。我建议使用模型－视图－控制器作为设计基础。如果确定使用该模式，则剩下来的就只有两个决定：一个是控制器，另一个是视图。

也许开发工具有助于方案的选择。如果你使用的是Visual Studio，最简单的方法是用页面控制器和模板视图。如果你使用的是Java，还可以考虑用一些Web框架，比较流行的如Struts，它会帮助你运用前端控制器和模板视图。

如果选择范围比较宽裕，且你的站点更多的是面向文档，那么我推荐使用页面控制器，特别是当既有静态页面又有动态页面的时候。如果站点的导航机制和UI更为复杂，则可以考虑使用前端控制器。

关于视图主要有两种选择：模板视图和转换视图。这主要取决于开发组编程时使用的是服务器页面还是XSLT。尽管我非常欣赏转换视图额外提供的测试能力，但模板视图还是略占上风。如果你开发的是一个有多种表现形式的站点，请考虑使用两步视图。

如何与下层通信取决于两个因素：一个是待通信的是哪一层，另一个是它们是否处于同一个运行进程。如果可能，我建议将所有的东西运行在一个进程中，这样，就不必担心低效的进程间通信。如果实在无法在一个进程中完成，可以将领域逻辑层用远程外观包装，然后使用数据传输对象实现与Web服务器的通信。

## 8.4 一些关于具体技术的建议

在本书中，我尽量介绍一些不同平台开发的通用设计经验。Forte、CORBA和Smalltalk的开发经验能非常有效地转换到Java和.NET中去。我关注Java平台和.NET环境的原因是它们看起来更适合于未来的企业应用开发。（当然，我也希望看到一些动态类型脚本语言，特别是Python和Ruby，能有它们表演的时刻。）

本节将把上面的建议应用到这两个平台。这样做带来的一个问题就是我可能正在过时。技术的发展总是比这些模式快得多，所以，当你阅读本书时请记住，我的写作时间是在2002年年初，此时人们都认为经济复苏即将来到。

### 8.4.1 Java和J2EE

目前，Java世界中最大的争论莫过于企业级Java Bean（EJB）的价值有多大。经过多轮的草案讨论，EJB2.0规范千呼万唤始出来。尽管EJB生产商极力推动，但是要构建良好的J2EE应用，其实并不需要EJB。用POJO（普通Java对象，plain old Java objects）和JDBC同样能够完成这一任务。

J2EE的设计选择随使用的模式不同而不同，同样，也受到领域逻辑的制约。

如果你在某种形式的入口上使用事务脚本，则此时使用EJB技术一般都是通过会话Beans作为事务脚本，通过实体Beans表示行数据入口。在领域逻辑规模适度的情况下，这是一种比较合理的架构。但是，这种过分依赖Beans的方法给你带来的麻烦是：如果因为技术上不需要或者不想负担许可证费用等原因而想去掉EJB服务器的话，就会发现太难去掉它了。不使用EJB的技术途径是通过POJO完成的，它在行数据入口或表数据入口的基础上使用事务脚本。如果JDBC2.0的Row Sets

机制得到更多认可,就可以把它们当作记录集使用,也就是表数据入口。

如果你使用的是领域模型,目前比较正统的方法是使用实体Beans。如果你的领域模型比较简单并且和数据库匹配程度比较好,使用实体Beans是合理的,而且你的实体Beans将成为活动记录。用会话Beans将实体Beans包装起来作为远程外观,仍然是一个好办法(同时你也可以认为容器管理持久(Container Managed Persistance,CMP)是一种数据映射器)。然而,如果领域模型更复杂一点,你会希望它完全独立于EJB结构,以便无需关注EJB容器就能够对领域逻辑进行代码编写、运行和调试。此时,建议你使用POJO来实现领域模型,并用会话Beans将这些POJO包装成远程外观。如果不使用EJB,则整个应用都可以在Web服务器中运行,而无需表现层与领域层之间的任何远程调用。如果使用的是POJO领域模型,也可以使用POJO来实现数据映射器,实现方式可以是通过O/R映射工具或自己编写代码。

无论在什么情况下使用实体Beans,都应该尽量避免给它们一个远程接口。我一直不知道首先给实体Beans定义一个远程接口的原因何在。实体Beans一般都用在领域模型或行数据入口中。无论哪种情况,它们所需要的都是细粒度的接口。但是远程接口一般都是粗粒度的,因此尽量使你的实体Beans本地化。(也有例外,如[Alur et al.]中的组成实体(Composite Entity)模式,它是使用实体Beans的另外一种方式,但我不认为它很有用。)

目前,表模块在Java世界中并不通用。如果像支持JDBC(即,围绕JDBC row set开发大量工具)一样,有很多工具厂商都支持表模块这种模式,那么它就会非常有价值。在这种情况下,虽然也可以用会话Beans将表模块包装成远程外观,返回记录集,但是POJO的方法似乎还是最合适的。

### 8.4.2 .NET

通过观察.NET、Visual Studio以及微软世界应用开发的历史,可以发现:其中起决定作用的模式是表模块。尽管面向对象的信徒们经常认为这仅仅意味着微软没有对象,但是表模块确实在事务脚本和领域模型之间找到了一个很好的折中点,而且,它有大量好用的工具,可以利用无处不在的数据集来充当一个记录集。

因此,对于这个平台来说,表模块是默认的选择。实际上,几乎不需要用事务脚本,除非是非常简单的情况。即使是再简单的情况,表模块也可以起作用并返回数据集。

这并不是说不能使用领域模型。实际上,在.NET中构建领域模型同在其他面向对象环境中一样简单。但是,.NET的工具却无法给予你表模块那么多的支持。因此,在决定把设计转到领域模型上去之前,我宁愿承受更多的复杂性。

.NET中大力宣传的是Web Services,但是我不会在一个应用程序内部使用Web Services,而只会像在Java中一样,使用它们作为一种允许应用集成的表现层。在.NET应用中,没有什么真正的理由让Web服务器和领域逻辑运行在单独的进程中,因此,远程外观在此也就没有什么用武之地了。

### 8.4.3 存储过程

关于存储过程有一些争论。由于它们是与数据库处在同一个进程中,避免了过程间调用的开销，因此它们经常是最快的方法。但是大多数存储过程环境没有为它们提供良好的结构机制，而且使用存储过程将迫使应用与特定数据库厂商绑定起来（避免这些问题的好办法之一是Oracle的方法——它允许在数据库进程中运行Java程序，这等于把整个领域逻辑层放到了数据库里。目前，这一技术还无法使应用摆脱与特定厂商的绑定，但是至少已经减少了移植开销。）。

正是由于模块化和可移植性的原因，很多人在开发业务逻辑时都尽量避免使用存储过程。我比较赞同这一观点——除非有很强的性能要求。当然，实际上这种情况也的确并不少见。在这种情况下，我会将领域层中的方法转换到存储过程来实现。这样做的原因仅仅是为了清除性能方面的问题，把它看作一个性能优化的步骤，而不是看作一项架构原则。([Nilsson]在更广泛使用存储过程上有一些很好的见解。)

使用存储过程的一般方法是在表数据入口方式下控制数据库访问。在用或不用存储过程上，我并没有非常强烈的观点。而且，据我所知，应该也不存在非常强烈的理由。在任何情况下，我都喜欢使用相同的模式将数据库访问隔离起来，无论数据库访问是通过存储过程方式还是通过更常规的SQL方式。

### 8.4.4 Web Services

当我撰写本书时，专家们关于Web Services比较一致的观点是：它使得重用成为现实，并最终导致系统集成商的消失。但是，我对此却持慎重态度。Web Services在本书介绍的这些模式中发挥不了太大的作用，因为Web Services是应用集成而不是应用构建的技术。除非必须，一般没有理由将单个应用分隔成若干相互通信的Web Services。而应该先构建你的系统，然后将其中的某些部分暴露成Web Services，把这些Web Services看作某种远程外观。总之，不要被关于Web Services多么容易构建的过分宣传冲昏了头脑，别忘了"分布对象设计第一定律"。

虽然现在看到的关于Web Services的众多例子都是将Web Services当作某种XML RPC调用的同步方式来使用，但我更倾向于其异步和面向消息的使用方式。虽然，目前本书没有关于这方面的模式（毕竟本书篇幅有限），但我还是希望在未来一两年内，会有关于Web Services的异步消息模式出现。

## 8.5 其他分层方式

本书的讨论都是基于三个主要的层次进行的，但是这里的分层方式并不是唯一的。其他好的架构教材同样有一些有价值的分层方式。值得分析一下这些分层方式并与本书的方式进行对比，它们对你的应用可能更有意义。

首先介绍我称为Brown模型的分层方式，它在[Brown et al.]中详细介绍（见表8-1）。该模型包含五个层次：表现层、控制层/中介层、领域层、数据映射层和数据源层。从本质上看，它在三层模型的基础上增加了两个中介层。控制层/中介层在表现层和领域层之间起中介作用，数据映射层在领域层和数据源层之间起中介作用。

我发现，中介层在一些时候很有用，但并非所有时候都如此，所以我用模式描述它们。应用控制器（模式）是表现层与领域层之间的中介层；而数据映射器则是数据源层与领域层之间的中介层。考虑到本书的组织，应用控制器在表现层部分（见第14章）介绍，而数据映射器在数据源层部分（见第10章）介绍。

表8-1　Brown分层模型

| Brown | Fowler |
| --- | --- |
| 表现层 | 表现层 |
| 控制层/中介层 | 表现层(应用控制器) |
| 领域层 | 领域层 |
| 数据映射层 | 数据源层(数据映射器) |
| 数据源层 | 数据源层 |

那么，对于我来说，并不总是有用的中介层只是设计中一个可选的额外方案罢了。我的方法总是先考虑三个基本层，看看它们是否变得过于复杂。如果它们变得过于复杂，则增加这些中介层来分担一些任务。

J2EE另一个很好的分层方案出现在"CoreJ2EE patterns"[Alur et al.]中（见表8-2）㊀。这里，分为如下几个层次：客户层、表现层、业务层、集成层和资源层。业务层和集成层存在简单的对应关系，资源层包含了集成层需要连接到的外部服务。主要区别在于它将表现层分成了客户端部分（客户层）和服务器端部分（表现层）。这是非常有用的分隔方法，但同样，这种分层方式并不是任何时候都需要。

表8-2　Core J2EE分层模型

| Core J2EE | Fowler |
| --- | --- |
| 客户层 | 运行于客户端的表现层（例如，胖客户系统） |
| 表现层 | 运行于服务器端的表现层（例如，HTTP处理程序、服务器页面） |
| 业务层 | 领域层 |
| 集成层 | 数据源层 |
| 资源层 | 需要与数据源层通信的外部资源 |

Microsoft的DNA架构[Kirtland]定义了三个层次：表现层、业务层和数据访问层。这和本书使用的三层结构能够很好地对应（见表8-3）。最主要的区别在于数据从数据访问层向上层传递的方式。在Microsoft DNA中，所有层都操作在数据访问层通过SQL查询访问数据库产生的记录集上。这就带来一个耦合的问题——无论是业务层还是表现层，都必须了解数据库。

表8-3　Microsoft DNA 分层模型

| Microsoft DNA | Fowler |
| --- | --- |
| 表现层 | 表现层 |
| 业务层 | 领域层 |
| 数据访问层 | 数据源层 |

依我看，DNA中的记录集实际上充当一种各层间的数据传输对象。业务层能够根据自己的方式修改记录集，甚至可以自己创建一个新的记录集（当然，这是极少数情况）。虽然这种形式

---

㊀　中文版《J2EE 核心模式》已由机械工业出版社出版。——编辑注

的通信方式有些笨拙，但它的好处是允许表现层使用一些数据敏感的GUI控件，这些控件甚至可以操作由业务层修改了的数据。

在这种情况下，领域层通常组织成表模块形式，而数据源层使用表数据入口。

[Marinescu]中使用的是五层结构（见表8-4）。表现层被分为两部分，主要反映了应用控制器的分离。领域层也被分为两部分，实际上是在领域模型上构建了服务层。这是一种通用的方法，EJB作为领域模型的限制增强了这一点（见9.2.1节）。

表8-4 Marinescu 分层模型

| Marinescu | Fowler |
| --- | --- |
| 表现层 | 表现层 |
| 应用层 | 表现层(应用控制器) |
| 服务层 | 领域层(服务层) |
| 领域层 | 领域层(领域模型) |
| 持久层 | 数据源层 |

将服务层从领域层中剥离出来的原因，源于将工作流逻辑从纯粹领域逻辑中的剥离。服务层所包含的逻辑一般都特定于某个用例，并与其他一些基础设施相互通信，如消息机制。是否将服务层与领域层分离还存在一些争论。我个人认为，这种分离偶尔是有用的，而在一般情况下没有意义，但是，也有不少我所尊敬的设计者持不同意见。

[Nilsson]中使用了一种较复杂的分层模型（见表8-5）。映射到这种模型有点复杂，这是因为Nilsson太广泛地使用存储过程，并且为了性能原因而鼓励在存储过程中使用领域逻辑。我不赞成将领域逻辑放到存储过程中去，因为这样会增加维护开销。当然，在不多的情况下，这也是一种优化技术。Nilsson的存储过程层包含了数据源和领域逻辑。

像[Marinescu]一样，Nilsson来用单独的应用层和领域层来表示领域逻辑。他建议对于小型系统来说，可以不使用领域层，这和我的观点类似——领域模型对于小型系统来说意义不大。

表8-5 Nilsson 分层模型

| Nilsson | Fowler |
| --- | --- |
| 顾客层 | 表现层 |
| 顾客帮助层 | 表现层(应用控制器) |
| 应用层 | 领域层(服务层) |
| 领域层 | 领域层(领域模型) |
| 持久访问层 | 数据源层 |
| 公共存储过程层 | 数据源层(可能包含一些领域层) |
| 私有存储过程层 | 数据源层(可能包含一些领域层) |

# 第二部分

# 模 式

# 第 9 章
# 领域逻辑模式

## 9.1 事务脚本（Transaction Script）

使用过程来组织业务逻辑，每个过程处理来自表现层的单个请求。

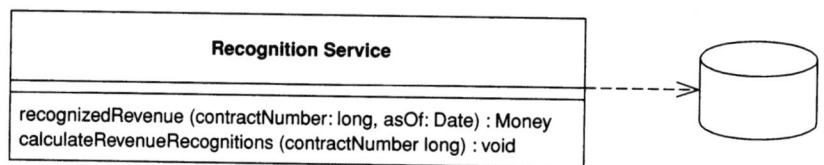

大多数业务应用都可以被看作是一系列事务。一个事务可能将某种信息看作是以特定方式组织的，然后另一事务则会改变它。在客户系统和服务器系统之间的每次交互都包含一定数量的逻辑。在某些情况下，它可能如显示数据库中的信息那般简单。但在其他一些情况下，它可能涉及许多校验和计算的步骤。

事务脚本将所有这些逻辑组织成单个过程，在过程中直接调用数据库，或者只通过一个简单的数据库封装器。每个事务都有自己的事务脚本，尽管事务间的公共子任务可以被分解成多个子程序。

### 9.1.1 运行机制

使用事务脚本时，领域逻辑主要通过系统所执行的事务来组织。例如，如果需求是预订一间酒店房间，则在"预订酒店房间"这一过程中会发现用于查找空房间、计算价格和更新数据库的逻辑。

对简单案例而言，应如何组织这些逻辑是无需细述的。当然，与其他程序一样，你应当用合理的方式将代码模块化。除非事务特别复杂，否则要做到这一点应该不难。这种方法的好处之一是你无需关心其他事务的内部实现，你的任务就是获得输入、查询数据库、处理并将结果保存到数据库中。

事务脚本置于何处将取决于你如何组织你的软件层次，它可能会位于服务器页面、CGI 脚本或分布式会话对象中。我喜欢尽可能分离事务脚本。至少应当将它们放在不同的子程序中，而更好的方法则是将它们置于与其他处理表现层和数据源层的类相独立的类中。此外，绝不要让事务脚本调用任何表现层逻辑；这样会使我们容易修改代码和测试事务脚本。

可以用两种方法来把事务脚本组织成类。最常用的方法是将数个事务脚本放在一个类中，每个类围绕一个主题将相关的事务脚本组织在一起。另一种方法则是每一个事务脚本对应一个类（见图9-1），此时需使用命令（Command）模式［Gang of Four］。这种情况下应定义一个所有命令的父类，在父类中声明事务脚本逻辑适合的执行方法。将事务脚本组织成类的优点在于：允许你运行时以对象的方式来操控脚本类的实例，尽管我很少在使用事务脚本来组织领域逻辑的系统中碰到这种需求。当然，在许多语言中你可以不使用类而使用全局函数。但是，你通常会发现实例化出新的对象有助于解决与线程相关的问题，因为它较易实现数据隔离。

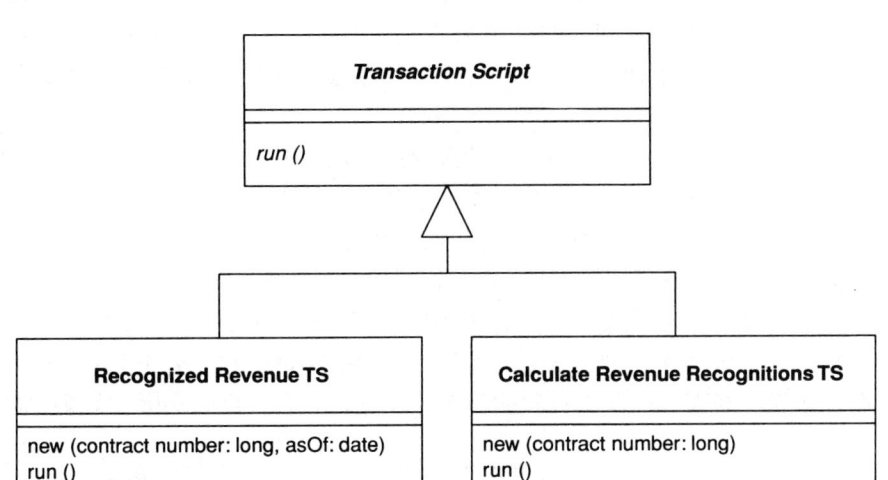

图9-1 在事务脚本中使用命令

因为大多数情况下每一个数据库事务对应一个事务脚本——虽然不是百分之百如此，但一般来说也差不多了——所以我使用术语"事务脚本"来描述本模式。

### 9.1.2 使用时机

事务脚本胜在简单。对于只有少量逻辑的应用程序来说，使用这一模式非常自然，无论在性能上还是理解上都不会带来太大的开销。

但是，当业务逻辑越来越复杂时，使用这一模式就会越来越难以保持良好的设计。它特有的问题是事务之间的冗余代码。既然主要是为了处理一个事务，那么任何公共代码都可能存在多个副本。

谨慎提取公共子程序可以避免很多问题，但更复杂的业务领域则需要建立领域模型。领域模型会给你许多种可供选择的方法，用于组织代码、增加可读性和减少冗余。

很难定量地给出分界点，尤其是在对这两个模式的熟悉程度不同时。你可以将事务脚本设计重构为领域模型设计，但是这样转换会比需要的更难。因此，早期选择正确的决策通常是最好的方法。

不管你是多么坚定的面向对象的信徒，也不要盲目排斥事务脚本。许多问题本身是简单的，一个简单的解决方案可以加快你的开发速度，而且运行起来也会更快。

### 9.1.3 收入确认问题

我准备采用同一个问题作为示例来解释本模式和其他有关领域逻辑的模式。因此在这里给出该问题的说明，后续章节中将不再重复。

收入确认是商业系统中一个常见的问题，关心的是何时将所收到的钱入账。如果我卖给你一杯咖啡，收入确认就很简单：我给你咖啡，收钱，然后立即将钱入账。但是许多交易中的收入确认却很复杂。例如，你给我一笔预聘费，让我为你提供一年的顾问服务。即使你今天就给了我这笔钱，我可能仍然不能立即入账，因为完成服务要一年时间。可能一个月后你意识到写作会使我的编程技能退化，于是取消了这一合同。解决这一问题的方法之一是每月将预聘费的1/12入账。

收入确认的规则种类繁多而且易变。这些规则有的是由法律决定，有的是由行规决定，还有的是由公司的经营政策决定。收入跟踪变成了一个十分复杂的问题。

我并不想在此深入研究这个问题，因此我们只假定某公司出售三种产品：文字处理软件、数据库和电子表格软件。根据规则，当签下一个售出文字处理软件的合同时，所有收入可以立即入账。如果售出的是一个电子表格软件，则当天入账1/3，60天后再入账1/3，剩下的1/3 90天时入账。如果售出的是数据库，则当天入账1/3，30天后再入账1/3，剩下的1/3 60天时入账。这些规则并没有什么现实基础，仅仅出自我的想像。不过，有人告诉我实际的规则也同样合理。

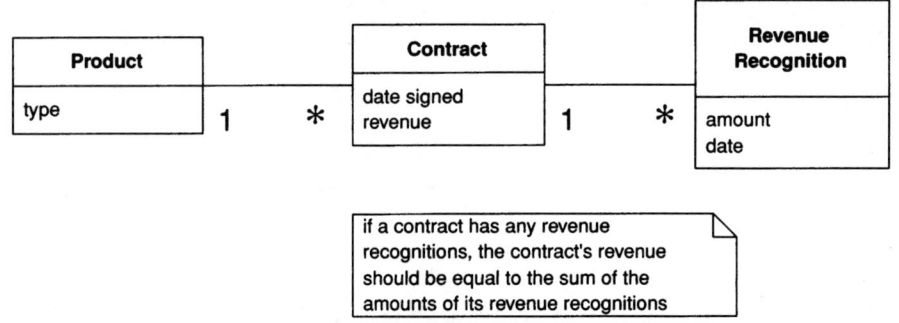

图9-2 简化的收入确认概念模型。每个合同对应多个收入确认的方法，这些方法指出何时将收入的不同部分确认

### 9.1.4 例：收入确认（Java）

本示例使用了两个事务脚本：一个用来计算合同的收入确认，另一个用来查询某合同在指定日期前已经确认的收入额。数据库中有三个表，分别记录产品、合同和收入确认。

```
CREATE TABLE products (ID int primary key, name varchar, type varchar)
CREATE TABLE contracts (ID int primary key, product int, revenue decimal, dateSigned date)
CREATE TABLE revenueRecognitions (contract int, amount decimal, recognizedOn date,
                PRIMARY KEY (contract, recognizedOn))
```

第一个脚本用来计算在指定日期前的确认额。我将它分成两步：首先在收入确认表中选择相应的行；然后相加计算总数。

许多采用事务脚本的设计都有直接对数据库进行操作的脚本，它们把SQL代码直接放到过程中。这里我使用了一个简单的表数据入口来封装SQL查询。本示例十分简单，因此我只使用一个入口，而不是为每个表设立一个入口。我在入口中定义了一个相应的find方法。

```
class Gateway...
    public ResultSet findRecognitionsFor(long contractID, MfDate asof) throws SQLException{
        PreparedStatement stmt = db.prepareStatement(findRecognitionsStatement);
        stmt.setLong(1, contractID);
        stmt.setDate(2, asof.toSqlDate());
        ResultSet result = stmt.executeQuery();
        return result;
    }
    private static final String findRecognitionsStatement =
        "SELECT amount " +
        "  FROM revenueRecognitions " +
        " WHERE contract = ? AND recognizedOn <= ?";
    private Connection db;
```

然后在从入口返回结果集的基础上使用脚本来计算总额。

```
class RecognitionService...
    public Money recognizedRevenue(long contractNumber, MfDate asOf) {
        Money result = Money.dollars(0);
        try {
            ResultSet rs = db.findRecognitionsFor(contractNumber, asOf);
            while (rs.next()) {
                result = result.add(Money.dollars(rs.getBigDecimal("amount")));
            }
            return result;
        } catch (SQLException e) {throw new ApplicationException (e);
        }
    }
```

当计算像本程序一样简单时，你可以用一个对SQL语句的调用来代替内存中的脚本，该SQL语句使用合计函数来计算总额。

我在计算一个已存在的合同收入确认时采用了相似的划分。服务脚本实现了业务逻辑。

```
class RecognitionService...
    public void calculateRevenueRecognitions(long contractNumber) {
        try {
            ResultSet contracts = db.findContract(contractNumber);
            contracts.next();
            Money totalRevenue = Money.dollars(contracts.getBigDecimal("revenue"));
            MfDate recognitionDate = new MfDate(contracts.getDate("dateSigned"));
            String type = contracts.getString("type");
            if (type.equals("S")){
                Money[] allocation = totalRevenue.allocate(3);
                db.insertRecognition
                    (contractNumber, allocation[0], recognitionDate);
                db.insertRecognition
                    (contractNumber, allocation[1], recognitionDate.addDays(60));
```

```
                db.insertRecognition
                    (contractNumber, allocation[2], recognitionDate.addDays(90));
            } else if (type.equals("W")){
                db.insertRecognition(contractNumber, totalRevenue, recognitionDate);
            } else if (type.equals("D")) {
                Money[] allocation = totalRevenue.allocate(3);
                db.insertRecognition
                    (contractNumber, allocation[0], recognitionDate);
            db.insertRecognition
                (contractNumber, allocation[1], recognitionDate.addDays(30));
            db.insertRecognition
                (contractNumber, allocation[2], recognitionDate.addDays(60));
            }
        } catch (SQLException e) {throw new ApplicationException (e);
        }
    }
```

注意：我在金额分配中使用了货币这一基本模式。当把总额分成三份时，很容易会造成极小金额的丢失。

表数据入口通过SQL提供支持。以下为合同的查找器方法。

```
class Gateway...

    public ResultSet findContract (long contractID) throws SQLException{
        PreparedStatement stmt = db.prepareStatement(findContractStatement);
        stmt.setLong(1, contractID);
        ResultSet result = stmt.executeQuery();
        return result;
    }
    private static final String findContractStatement =
        "SELECT * " +
        "  FROM contracts c, products p " +
        "  WHERE ID = ? AND c.product = p.ID";
```

以下是对数据库插入操作的封装。

```
class Gateway...

    public void insertRecognition (long contractID, Money amount, MfDate asof) throws SQLException {
        PreparedStatement stmt = db.prepareStatement(insertRecognitionStatement);
        stmt.setLong(1, contractID);
        stmt.setBigDecimal(2, amount.amount());
        stmt.setDate(3, asof.toSqlDate());
        stmt.executeUpdate();
    }
    private static final String insertRecognitionStatement =
        "INSERT INTO revenueRecognitions VALUES (?, ?, ?)";
```

在Java系统中，收入确认服务可能是一个常规的类或是一个会话Bean。

当你将这个例子与领域模型中的示例比较时，你十之八九会认为这个例子要简单得多，除非你像我一样对非面向对象的东西持有偏见。当规则变得更复杂时，难以想像会发生什么事。通常，收入确认规则涉及许多方面，不仅有产品而且还有日期（例如：如果合同是在4月15日之前签订的则使用某规则……）。当事物一旦变得那么复杂时，就很难使用事务脚本保持一个一致的设计，这也是为什么像我这样的对象技术信徒在这种简单情况下也更愿意使用领域模型的原因。

## 9.2 领域模型（Domain Model）

合并了行为和数据的领域的对象模型。

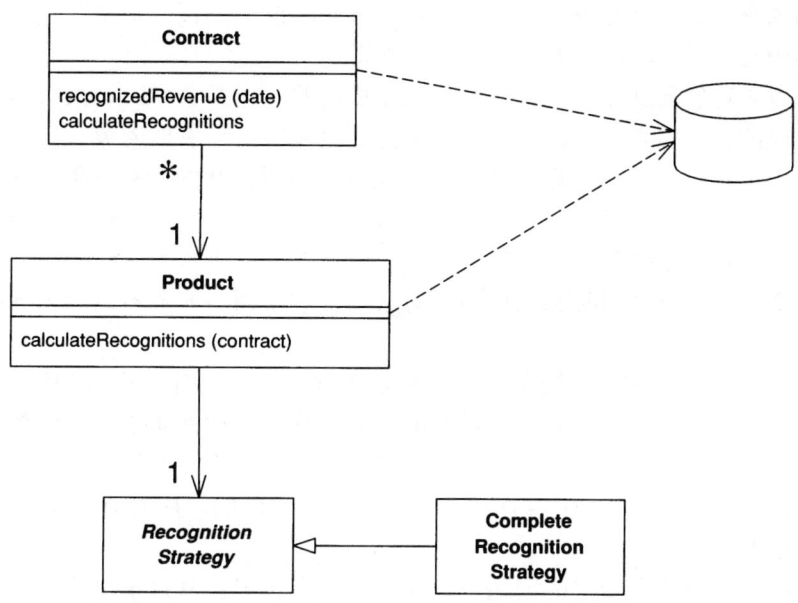

在最坏的情况下，业务逻辑可能会变得极其复杂。此时，规则和逻辑描述了许多不同的用例和行为的变化。对象正是针对这种复杂性而设计。领域模型创建了一张由互联对象组成的网，其中的每一个对象都代表某个有意义的个体，可能大到一个公司或者小到订单中的一行。

### 9.2.1 运行机制

在应用程序中使用领域模型需要建立一个完整的由对象组成的层，来对目标业务领域建模。你会发现其中有的对象模拟业务活动中的数据，有的对象捕捉业务使用的规则。数据和处理一般整合在一起，从而使得数据和数据之上的操作紧密聚合。

面向对象的领域模型通常看起来与数据库模型类似，但仍有许多不同之处。领域模型混合数据和处理过程，拥有多值属性和复杂的关联网，并且使用继承。

因此，领域模型衍生出两种风格。简单领域模型看起来与数据库设计很类似，这种设计中几乎每一个数据库表都与一个领域对象对应。而复杂领域模型则与数据库设计不同，它使用继承、策略和其他设计模式［Gang of Four］，是一张由互联的细粒度对象组成的复杂网络。复杂领域模型更适合于复杂的逻辑，但它到数据库的映射比较困难。简单领域模型可以使用活动记录，而复杂领域模型需要使用数据映射器。

由于业务行为是经常变化的，因此易于修改、建造和测试对领域层来说十分重要。因而，领域模型与系统中其他层之间的耦合程度应达到最小。你会发现许多分层模式，它们的主导思想就是在领域模型与系统中其他部分之间保持尽可能小的依赖。

你可能会在许多不同的范畴下使用领域模型。最简单的情况是单用户应用程序，程序中的整个对象图都是从一个文件中读出并放到内存中。桌面应用程序可能会以这种方式工作，但多层的信息系统通常并非如此，原因很简单——其中的对象太多了。将每一个对象都放到内存中会消耗太多的内存空间，而且导入的过程会耗费很长的时间。面向对象数据库的优点就在于能够管理对象的导入，可以使对象在内存与磁盘之间迁移。

如果没有面向对象数据库，你就必须自己完成这些工作。通常，一次会话将涉及把由所有有关的对象组成的一个对象图导入到内存。当然，这不会是所有的对象，通常也不会是所有的类。因此，当处理一组合同时，你可能只会导入合同中所提及的产品对象。如果只是在合同和收入确认对象上进行一些计算，你可能不会导入任何产品对象。将哪些对象导入内存是由系统中的数据库映射对象来控制。

如果希望多次服务器调用时都使用同一对象图，就必须将服务器的状态保存在某处。这是6.1节讨论的主题。

使用领域逻辑的一个常见问题是领域对象过于臃肿。当创建一个处理订单的交互界面时，你会发现订单的部分行为是该交互中所特有的。如果你将这些职责都放到订单对象中，则有可能使得订单类中充斥着许多只在特定用例中用到的职责，从而使其过于庞大。这使人们开始考虑哪些职责是通用的，应当放到订单类中，哪些职责是特殊的，应当放到针对具体使用的类中，例如事务脚本或表现层本身。

分离具体使用的行为所带来的问题是：会产生冗余代码。从订单类中分离出来的行为很难被定位，因此开发者很可能因为找不到，而自己写一段完成相同功能的代码。冗余代码容易增加软件的复杂性和不一致性，但我发现对象臃肿化的发生率远较预想中的低。确实发生时也很容易发现和修正。因此我的建议是不要分离针对具体使用的行为，将它们放到本来应当放的对象中。对象臃肿发生后再进行修正。

**Java 实现**

人们对于如何在J2EE中开发领域模型，争论得十分激烈。许多教科书和J2EE的入门书建议你用实体beans来开发领域模型，但这种方法存在许多严重的问题，至少对目前的规范（2.0版）来说是如此。

当使用容器管理持久性（Container Managed Persistence，CMP）时，实体beans十分有价值。事实上，在使用实体beans时不使用CMP没什么意义。但是，CMP是一种受限的对象间关系映射方式，它不能对许多在复杂领域模型中所需的模式提供支持。

实体beans不应该[⊖]是重进入的，也就是说，当你在某个实体bean中调用其他对象时，这一对象（或它所调用的任何对象）就无法再调用初始时的实体bean。而复杂的领域模型经常要使用重进入，这就成为二者之间的一条鸿沟。更糟糕的是，对重进入行为的检测也很困难。因此，某些人认为一个实体bean中绝不应再调用另一个对象。这种方法的确避免了重进入，但也极大地削弱了使用领域模型的优点。

---

⊖ 原书这里是"不能"，根据作者在个人网站上公布的勘误表，现改为"不应该"。作者给出的解释是：你可以使实体Beans重进入，但这样做会使你陷入一些危险的并发问题之中。——编辑注

领域模型应当使用细粒度的对象，这些对象应有细粒度的接口。实体beans可能是远程的（在2.0之前的版本中必须是远程的）。有着细粒度接口的远程对象的性能将十分低下。这一问题很容易避免，你可以在领域模型中只使用实体beans的本地接口。

使用实体beans需要有一个EJB容器和一个已连接的数据库。这将会增加创建实体beans的时间，同时还会增加测试运行的时间，因为测试必须在数据库之上进行。实体beans调试起来也很困难。

另一种方法就是使用正常Java对象，虽然这通常会令人感到惊讶，因为大多数人都认为在EJB容器中无法运行常规的Java对象。我的结论是：这些人之所以会遗忘常规Java对象，仅仅是因为它们没有一个花哨的名字罢了。这就是为什么在2000年一次准备演讲时Rebecca Parsons、Josh Mackenzie和我给这些人举出一个名为POJO（普通Java对象，Plain Old Java Objects）的例子的原因。POJO领域模型易于组装、创建快捷、可在EJB容器之外测试和运行，它是独立于EJB的（这可能是为什么EJB厂商并不鼓励你这样做的原因）。

总之，我的观点是：如果你有一个相对比较朴素的领域逻辑，就使用实体beans来实现领域模型。在这种情况下，你可以创建一个与数据库关系比较简单的领域模型：在此，通常情况下，一个实体bean类都对应一个数据库中的表。如果你的领域逻辑很复杂，运用了诸如继承、策略和其他更复杂的模式，你最好选用POJO领域模型和数据映射器，后者可以使用已有的商业工具，也可以使用自已开发的软件层。

我个人使用EJB最大的挫折发生在当有一个足够复杂的领域模型需要处理、而又希望尽可能保持与实现环境的独立性时。EJB使得你在考虑领域模型时还需要顾及EJB本身的特性，这就是说必须同时兼顾领域模型和EJB环境。

### 9.2.2 使用时机

如果说理解领域模型的困难在于这一论题过大，那么掌握何时使用的困难则在于所给的建议太过简单和模糊不清。何时使用这一模型完全取决于系统中行为的复杂程度。如果你的业务规则复杂多变，涉及校验、计算、衍生，你就应该利用对象模型进行处理。反之，如果你只有一些简单的判空值和少量的求和计算，事务脚本会是一个更佳的选择。

影响选择的因素之一是开发小组灵活运用领域对象的程度。学会如何设计和使用领域模型是极为重要的，故而出现了许多"理论体系迁移"方面的文章，它们都是关于对象使用的。要熟悉领域模型需要实践和训练，但是一旦掌握了它，我发现除了解决最简单的问题外，很少会有人再使用事务脚本。

使用领域模型时，首选的数据库交互方式为数据映射器。它将有助于保持领域模型对数据库的独立性。当领域模型和数据库方案不一致时，数据映射器更是最佳的方式。

使用领域模型时，你可能会考虑设立一个服务层，以便给领域模型一个更清晰的API。

### 9.2.3 进一步阅读

几乎任何一本关于面向对象设计的书都会谈及领域模型，因为人们所指的面向对象开发多半是围绕他们的使用展开的。

如果你正在寻找一本面向对象设计方面的入门书籍，我现在最爱读的是［Larman］。如果需要领域模型的例子，请查阅［Fowler AP］，［Hay］中也给出了一些关系语境中的好例子。要创建一个良好的领域模型，应当理解对象的有关概念。这一方面我一直较喜欢［Martin and Odell］。要理解在复杂领域模型或其他面向对象系统中出现的设计模式，你必须阅读［Gang of Four］。

Eric Evans正在写一本关于创建领域模型的书［Evans］。当我撰写本书时只见到了一个早期的手稿，但它看起来非常值得期待。

### 9.2.4 例：收入确认（Java）

描述领域模型最大的困难之一是我必须举出一个你可以理解的简单例子，但简单就体现不出领域模型的长处。只有当你拥有一个真正复杂的领域时，才能对这些长处有一些真实的体会。

但是，即使所举的示例无法完全表述为什么要使用领域模型，但它至少能给你一个关于领域模型的总体印象。因此，我在此处仍使用与事务脚本一节中相同的收入确认的例子（见9.1.3节）。

在这个小例子中，最明显的是每个类都有行为和数据（见图9-3）。即使最简陋的收入确认类也有一个简单的方法，用来确定在某一给定日期之前对象值是否可被确认。

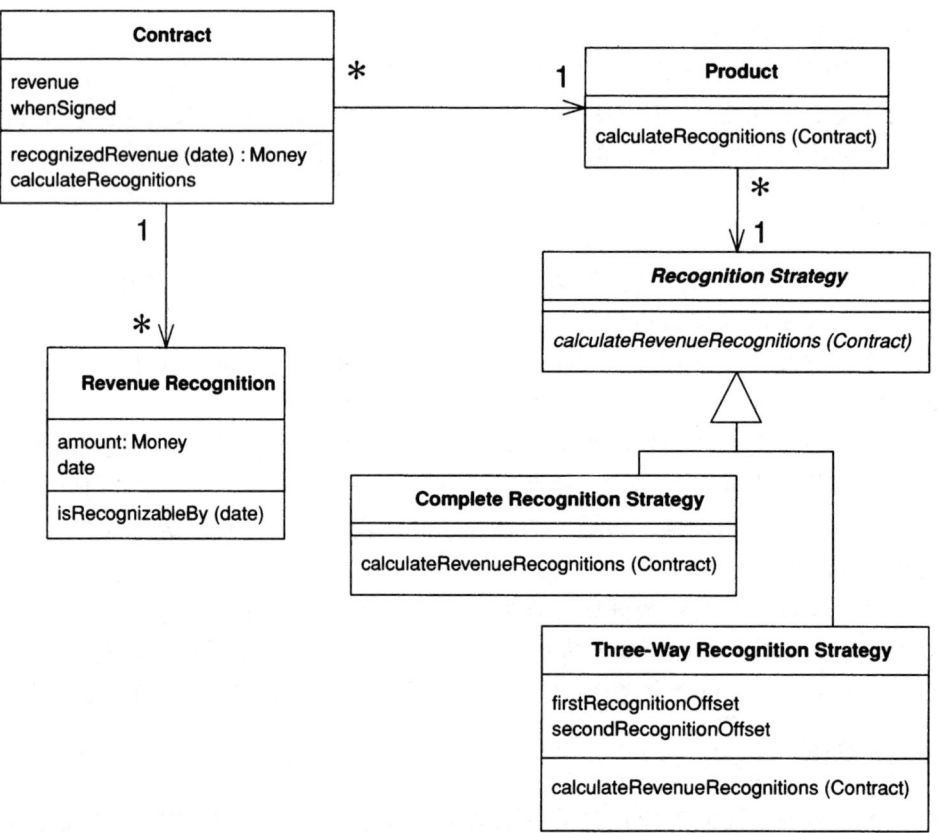

图9-3 领域模型示例类的类图

```
class RevenueRecognition...
    private Money amount;
    private MfDate date;
    public RevenueRecognition(Money amount, MfDate date) {
        this.amount = amount;
        this.date = date;
    }
    public Money getAmount() {
        return amount;
    }
    boolean isRecognizableBy(MfDate asOf) {
        return asOf.after(date) || asOf.equals(date);
    }
```

计算在特定日期前已确认的收入额涉及合同和收入确认两个类。

```
class Contract...
    private List revenueRecognitions = new ArrayList();
    public Money recognizedRevenue(MfDate asOf) {
        Money result = Money.dollars(0);
        Iterator it = revenueRecognitions.iterator();
        while (it.hasNext()) {
            RevenueRecognition r = (RevenueRecognition) it.next();
            if (r.isRecognizableBy(asOf))
                result = result.add(r.getAmount());
        }
        return result;
    }
```

通常领域模型中经常能看到：多个类如何交互来完成即使很简单的任务。这也正是引起抱怨的原因——在阅读面向对象的程序时，你得花费许多时间在一个个类之间跳转，以找出它们是如何交互的。但是，这一抱怨有丰厚的回报。当在给定日期前是否有金额可被确认的判断变得复杂，或者其他对象需要知道时，价值就体现出来了。将行为封装在相关对象中避免了冗余代码，而且也减弱了不同对象之间的耦合。

计算结果和创建这些收入确认对象的过程进一步体现了大量运用细粒度对象的思想。在本例中，计算和创建始于顾客，然后通过产品类传递给策略类层次。策略（strategy）模式［Gang of Four］是一个著名的面向对象模式，它允许你将一组操作组合在一个小的类层次结构中。每个产品类的实例与确认策略类的单个实例相关联，这一策略实例决定了使用哪一个算法来计算收入确认额。在本例中，我们有两个确认策略类的子类，分别对应两种不同的情况。代码结构如下：

```
class Contract...
    private Product product;
    private Money revenue;
    private MfDate whenSigned;
    private Long id;
    public Contract(Product product, Money revenue, MfDate whenSigned) {
        this.product = product;
        this.revenue = revenue;
        this.whenSigned = whenSigned;
```

```
}
class Product...

    private String name;
    private RecognitionStrategy recognitionStrategy;
    public Product(String name, RecognitionStrategy recognitionStrategy) {
        this.name = name;
        this.recognitionStrategy = recognitionStrategy;
    }
    public static Product newWordProcessor(String name) {
        return new Product(name, new CompleteRecognitionStrategy());
    }
    public static Product newSpreadsheet(String name) {
        return new Product(name, new ThreeWayRecognitionStrategy(60, 90));
    }
    public static Product newDatabase(String name) {
        return new Product(name, new ThreeWayRecognitionStrategy(30, 60));
    }

class RecognitionStrategy...

    abstract void calculateRevenueRecognitions(Contract contract);

class CompleteRecognitionStrategy...
    void calculateRevenueRecognitions(Contract contract) {
        contract.addRevenueRecognition(new RevenueRecognition(contract.getRevenue(),
                                                   contract.getWhenSigned()));
    }
class ThreeWayRecognitionStrategy...

    private int firstRecognitionOffset;
    private int secondRecognitionOffset;
    public ThreeWayRecognitionStrategy(int firstRecognitionOffset,
                    int secondRecognitionOffset)
    {
        this.firstRecognitionOffset = firstRecognitionOffset;
        this.secondRecognitionOffset = secondRecognitionOffset;
    }
    void calculateRevenueRecognitions(Contract contract) {
        Money[] allocation = contract.getRevenue().allocate(3);
        contract.addRevenueRecognition(new RevenueRecognition
            (allocation[0], contract.getWhenSigned()));
        contract.addRevenueRecognition(new RevenueRecognition
            (allocation[1], contract.getWhenSigned().addDays(firstRecognitionOffset)));
        contract.addRevenueRecognition(new RevenueRecognition
            (allocation[2], contract.getWhenSigned().addDays(secondRecognitionOffset)));
    }
```

策略类的巨大价值在于提供了一些良好封装的插入点，来进行应用程序扩展。增加新的收入确认算法只需创建一个新的子类，并覆盖`calculate Revenue Recognitions`方法。这样就很容易扩充应用程序的算法行为。

创建产品的时候，就将它们与对应的策略对象挂上钩。以下测试代码完成此操作。

```
class Tester...

    private Product word = Product.newWordProcessor("Thinking Word");
    private Product calc = Product.newSpreadsheet("Thinking Calc");
```

```
        private Product db = Product.newDatabase("Thinking DB");
```
一旦所有对象构建完毕，计算确认额就不必再了解策略子类的细节。
```
    class Contract...

        public void calculateRecognitions() {
            product.calculateRevenueRecognitions(this);
        }

    class Product...

        void calculateRevenueRecognitions(Contract contract) {
            recognitionStrategy.calculateRevenueRecognitions(contract);
        }
```
在面向对象技术中，通过从一个对象到另一个对象的连续传递可以把行为传给最有资格处理的对象，它同时也消除了许多条件判断行为。你会注意到在前述计算中没有任何条件判断子句。当你用相应的策略创建好产品时，就设置好了决策路径。当你将对象像这样链接起来时，就确定了算法路径。当你的领域逻辑中有一组相似的条件判断语句时，领域模型可以很好地工作，因为相似的条件判断语句可以提取到对象结构本身之中。复杂性从算法迁移到了对象间的关系之中。逻辑越相似，你会发现系统不同部分所使用的相同关系网就越多。任何基于收入确认类型的算法都和本例这一特定的对象网络一样。

在本例中，我没有展示任何有关从数据库中如何导出对象或如何往数据库中写入对象的内容。这有几个原因。首先，将领域模型映射到数据库通常有一些难度，这让我有点害怕，所以并未提供一个这样的示例。其次，在许多方面，领域模型的要点在于隐藏数据库的存在，使其既对上层不可见，又对工作在领域模型本身之上的开发者不可见。因此，在此例中不展示数据库交互，与该例子在应用环境中实际程序的表现是一致的。

## 9.3 表模块（Table Module）

> 处理某一数据库表或视图中所有行的业务逻辑的一个实例。

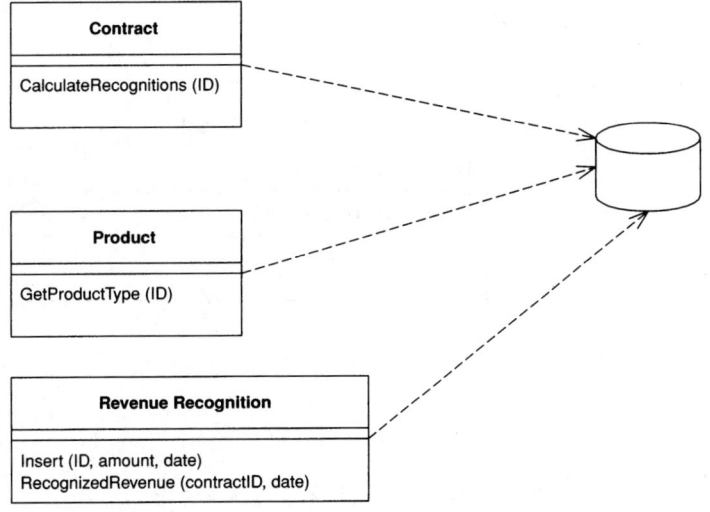

面向对象的关键思想之一是将数据与对该数据操作的行为绑定在一起。传统的面向对象方法基于拥有标识符的对象，就像领域模型所使用的那样。例如，如果我们有一个雇员类，那么它的每一个实例都对应一个特定的雇员。这一方案能很好地工作，因为我们一旦有了一个指向雇员对象的引用，就可以执行它的操作、访问关联以及收集它的数据。

领域模型的问题之一是与关系数据库的衔接。在许多时候，这种方法中的数据库就像马蜂窝一样，没有人愿意触及。你通常需要接受严格的编程技能训练才能完成数据的导出和存入，在数据的这两种不同的表现形式之间进行转换。

表模块以一个类对应数据库中的一个表来组织领域逻辑，而且使用单一的类实例来包含将对数据进行的各种操作程序。它与领域逻辑的主要区别在于，如果你有许多订单，领域模型对每一个订单都有一个对象，而表模块则只用一个对象来处理所有订单。

### 9.3.1 运行机制

表模块的长处是允许你将数据与行为封装在一起，同时又可以充分利用关系数据库的优点。表面上看起来表模块与常规的对象很相似，但关键区别在于它本身没有标识符来标出它所代表的实体对象。因此，如果想查询某一雇员的地址，需要使用类似 `anEmployeeModule.getAddress(long employeeID)` 这样的方法。每当要对某一特定雇员对象进行操作时，都需要传入一个某种类型的标识符。这一标识符通常是数据库中的一个主键值。

通常，表模块会与面向表的后端数据结构一起使用。以列表形式排列的数据通常是某个SQL调用的结果，它们被置于一个记录集中，用来模拟一个SQL表。表模块提供了一个明确的基于方法的接口对数据进行操作。基于表的行为分组将行为和所操控的数据进行封装将令你获益不浅。

要完成一些实际的工作，一般需要多个表模块中的行为。你经常会看到有多个表模块操作同一记录集上的现象（见图9-4）。

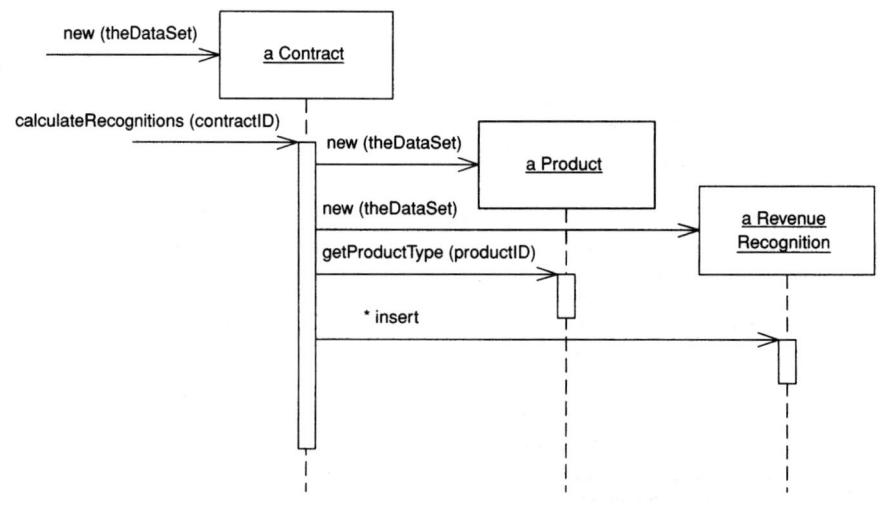

图9-4 多个表模块和单个数据集协作

最常见的表模块例子是对数据库中的每个表使用一个表模块。当然，如果有必要，你也可以在数据库的查询或视图之上使用表模块。

表模块可以是一个实例，也可以是一个静态方法的集合。使用实例的优点是允许你将表模块初始化，使它与某个已存在的记录集联系起来，该记录集可能是某个查询的返回结果。然后，你就可以使用这个实例来处理记录集中的数据行。实例同样使得继承的运用成为可能，这样我们通过在常规合同的基础上增加一些额外的行为，可以很快写出一个急需的合同模块。

表模块可以包括查询作为工厂方法。另一种方法则是使用一个表数据入口，但其缺点在于：在设计中需要一个额外的表数据入口类和相应的机制。优点则是你可以在来自不同数据源的数据上使用单个表模块，因为你对每个数据源使用不同的表数据入口。

如图9-5所示，当使用表数据入口时，应用程序首先使用表数据入口将数据汇集到一个记录集中。然后，就可以以该记录集为参数创建一个表模块。当需要多个表模块中的行为时，可以使用同一记录集来创建它们。这样，表模块就可以在记录集上应用业务逻辑，然后将修改后的记录集传给表现层显示，或使用表感知的界面部件进行编辑。别忘了界面部件无法分辨记录集直接来自于关系数据库还是经过了表模块的处理。在GUI中修改以后，数据集在存入数据库前会先在表模块中进行校验。表数据入口方法的优点之一在于你无需数据库就可以测试表模块，只需在内存中创建一个记录集。

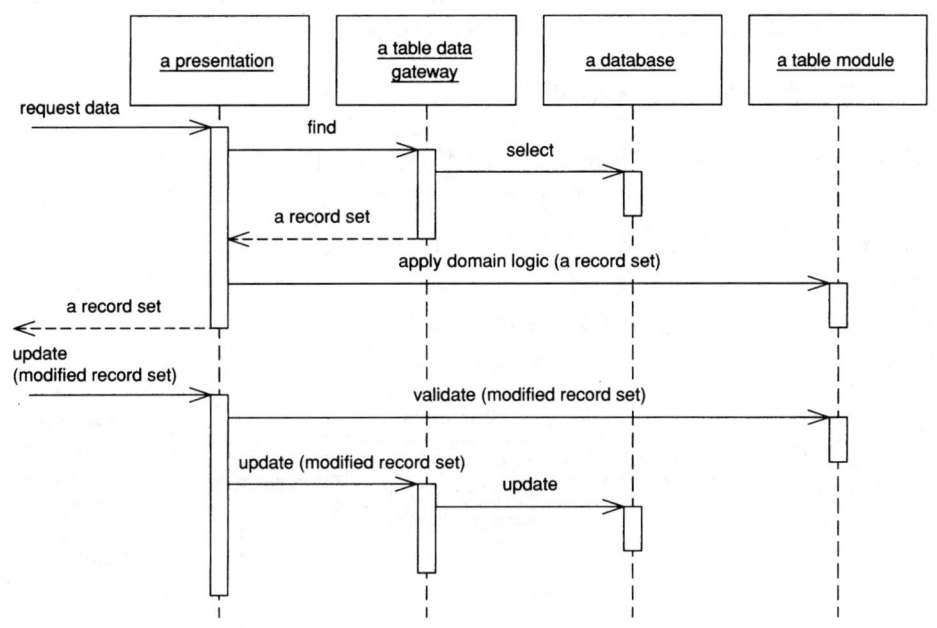

图9-5 与表模块有关的典型层间交互

表模块中的"表"一词暗示你数据库中的每一个表对应一个表模块。虽然大多数情况下都是如此，但也并非绝对。对于通用的视图或其他查询，建立一个表模块也是有用的。事实上，表模块的结构并非真的取决于数据库表的结构，更多的是由应用程序能识别的虚拟表所决定，例如视图和查询。

### 9.3.2 使用时机

表模块在很大程度上依赖于以表方式组织的数据,因此当你使用记录集存取表数据时应当使用这一模式。它也使得这一数据结构在很大程度上成为代码的核心,因此你也希望对这种数据结构进行存取可以更直接一些。

但是,表模块并没有给你提供完全的面向对象能力来组织复杂的领域逻辑。你不能在实例之间直接建立关联,而且多态机制也无法工作良好。因此,当处理复杂逻辑时,领域模型将是一个更好的选择。实质上,你不得不在领域模型与表模块之间权衡,要么选择前者处理复杂逻辑的能力,要么选择后者较易与下层面向表的数据结构整合的能力。

如果领域模型中的对象与数据库中的表比较一致,可能采用基于活动记录的领域模型会更好一些。当应用程序的其他部分基于一个公用的面向表的数据结构时,表模块将比领域模型和活动记录的组合工作得更好。这也是为什么在Java环境中表模块用得并不多的原因,尽管当row set应用更广泛时这种情况可能会发生变化。

据我所知,最常使用这一模式的场合是在Microsoft的COM设计方案中。在COM(及.NET)中,记录集是应用程序的主要数据仓库。记录集可以被传递给用户界面,并利用数据感知的界面部件来显示。Microsoft的ADO库提供了一套良好的机制,可供你以记录集的方式来存取关系数据库中的数据。在这种情况下,表模块可以让你以良好的方式在应用程序中组织领域逻辑,而不会在各种各样的软件要素访问表数据时弄得一团糟。

### 9.3.3 例:基于表模块的收入确认(C#)

本示例使用表模块来再次实现收入确认的例子,这一例子在我阐述其他领域建模模式时已经使用过(见9.1.3节)。简单地说,我们的任务就是确认订单的收入,而确认规则是与产品类别相关的。在这一示例中,我们对文字处理软件、电子表格软件和数据库有不同的规则。

表模块基于某种数据方案,通常是关系数据模型(虽然将来我们可能会看到以类似方式工作的XML模型)。在本例中,我使用如图9-6的关系方案。

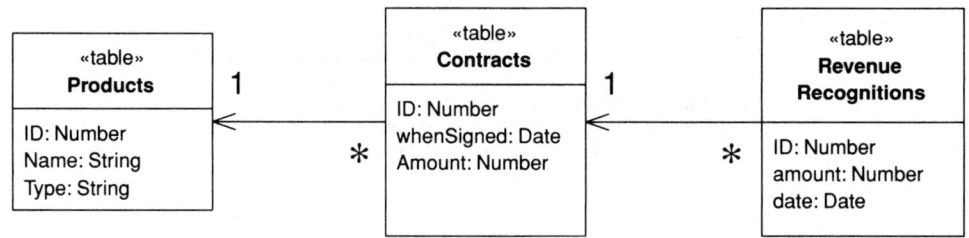

图9-6 收入确认的数据库方案

对数据进行操作的类也基本类似;每个表对应一个表模块类。在.NET架构中,数据集对象提供了一种在内存中的数据库结构表现方式,因此有必要创建对这个数据集进行操作的类。每一个表模块类都有一个数据表类型的数据成员,这是.NET系统类,对应数据集中的一个表。所有表模块都具有这种读取表的能力,因此这一能力也可以被放置到层超类型中。

```
class TableModule...

    protected DataTable table;
    protected TableModule(DataSet ds, String tableName) {
        table = ds.Tables[tableName];
    }
```

子类的构造函数以正确的表名为参数调用父类的构造函数。

```
class Contract...

    public Contract (DataSet ds) : base (ds, "Contracts") {}
```

这让你可以通过给表模块的构造函数传入一个数据集参数来创建一个新的表模块对象，

```
contract = new Contract(dataset);
```

这样，使得创建数据集的代码与表模块相分离，符合ADO.NET的设计准则。

C#中的一个有用功能是索引器（Indexer），它能根据给定的主键获取数据表中的特定行。

```
class Contract...

    public DataRow this [long key] {
    get {
        String filter = String.Format("ID = {0}", key);
        return table.Select(filter)[0];
        }
    }
```

表模块的第一部分功能是计算合同的收入确认额，并相应更新收入确认表。确认的金额数取决于产品的类型。既然这一行为主要使用合同表中的数据，我决定将计算收入确认的方法添加到合同类中。

```
class Contract...

    public void CalculateRecognitions (long contractID) {
        DataRow contractRow = this[contractID];
        Decimal amount = (Decimal)contractRow["amount"];
        RevenueRecognition rr = new RevenueRecognition (table.DataSet);
        Product prod = new Product(table.DataSet);
        long prodID = GetProductId(contractID);
        if (prod.GetProductType(prodID) == ProductType.WP) {
            rr.Insert(contractID, amount, (DateTime) GetWhenSigned(contractID));
        } else if (prod.GetProductType(prodID) == ProductType.SS) {
            Decimal[] allocation = allocate(amount,3);
            rr.Insert(contractID, allocation[0], (DateTime) GetWhenSigned(contractID));
            rr.Insert(contractID, allocation[1], (DateTime)
                GetWhenSigned(contractID).AddDays(60));
            rr.Insert(contractID, allocation[2], (DateTime)
                GetWhenSigned(contractID).AddDays(90));
        } else if (prod.GetProductType(prodID) == ProductType.DB) {
            Decimal[] allocation = allocate(amount,3);
            rr.Insert(contractID, allocation[0], (DateTime) GetWhenSigned(contractID));
            rr.Insert(contractID, allocation[1], (DateTime)
                GetWhenSigned(contractID).AddDays(30));
            rr.Insert(contractID, allocation[2], (DateTime)
                GetWhenSigned(contractID).AddDays(60));
        } else throw new Exception("invalid product id");
    }
```

```
        private Decimal[] allocate(Decimal amount, int by) {
            Decimal lowResult = amount / by;
    lowResult = Decimal.Round(lowResult,2);
    Decimal highResult = lowResult + 0.01m;
    Decimal[] results = new Decimal[by];
    int remainder = (int) amount % by;
    for (int i = 0; i < remainder; i++) results[i] = highResult;
    for (int i = remainder; i < by; i++) results[i] = lowResult;
    return results;
        }
```

通常我会在此处使用货币模式，但是为了多样性起见，我在这里使用了小数，并使用了一个与货币模式中使用的方法类似的分配方法。

要执行这一方法，我们还要在其他类中定义一些行为。如产品类必须能自描述产品类型，我们可以通过一个产品类型的枚举和一个查找方法来实现这一功能：

```
    public enum ProductType {WP, SS, DB};

class Product...

        public ProductType GetProductType (long id) {
            String typeCode = (String) this[id]["type"];
            return (ProductType) Enum.Parse(typeof(ProductType), typeCode);
        }
```

`GetProductType`封装了数据表中的数据。这种对所有数据列进行封装的做法存在争议，另一种做法则是直接存取数据列，正如我在计算合同确认额时那样。虽然封装通常来说是值得赞许的，但我在计算时并不使用，因为它并不适合"应用环境中系统的不同部分都能直接存取数据集"的假设。当数据集被传递到用户界面时不存在封装，因此对整列进行存取的函数只有当完成某些附加功能（如将一个字符串转换为一个产品类型）时才有意义。

这里要提醒大家的是：虽然为了保证在不同的平台上都能通用而使用了无类型的数据集，但仍有强有力的论据（见18.11.1节）表明应使用.NET的强类型数据集。

另一个附加行为是插入一条新的收入确认记录。

```
class RevenueRecognition...

        public long Insert (long contractID, Decimal amount, DateTime date) {
            DataRow newRow = table.NewRow();
            long id = GetNextID();
            newRow["ID"] = id;
            newRow["contractID"] = contractID;
            newRow["amount"] = amount;
            newRow["date"]= String.Format("{0:s}", date);
            table.Rows.Add(newRow);
            return id;
        }
```

再有，设计这一方法的出发点不是对数据行进行封装，而是提供一个方法来代替若干行重复的代码。

表模块的第二部分功能是汇总某个合同给定日期之前所有已经确认的收入。由于这一功能要用到数据库中的收入确认表，因此将此方法定义在表模块中是合理的。

```
class RevenueRecognition...

    public Decimal RecognizedRevenue (long contractID, DateTime asOf) {
        String filter = String.Format("ContractID = {0} AND date <= #{1:d}#", contractID,asOf);
        DataRow[] rows = table.Select(filter);
        Decimal result = 0m;
        foreach (DataRow row in rows) {
            result += (Decimal)row["amount"];
        }
        return result;
    }
```

这一程序片断利用ADO.NET的一个极佳的特性,它允许你先定义一个where子句,然后选择一个数据表的子集来操作。事实上,你还可以使用一个合计函数来进一步改进代码。

```
class RevenueRecognition...

    public Decimal RecognizedRevenue2 (long contractID, DateTime asOf) {
        String filter = String.Format("ContractID = {0} AND date <= #{1:d}#", contractID,asOf);
        String computeExpression = "sum(amount)";
        Object sum = table.Compute(computeExpression, filter);
        return (sum is System.DBNull) ? 0 : (Decimal) sum;
    }
```

## 9.4 服务层（Service Layer）

——由Randy Stafford撰写

通过一个服务层来定义应用程序边界,在服务层中建立一组可用的操作集合,并在每个操作内部协调应用程序的响应。

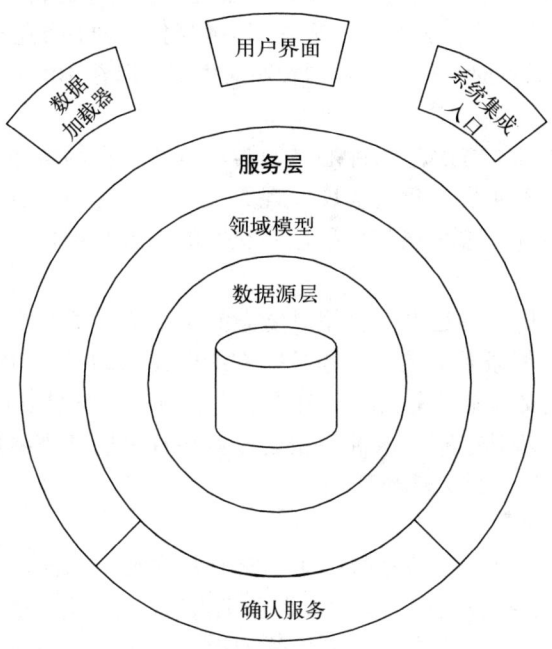

企业级应用通常需要提供不同种类的接口来访问内部存储的数据和所实现的逻辑：例如数据加载器、用户界面及系统集成入口等。尽管这些接口目的各异，但它们一般都有一些与应用程序共有的交互，用来存取和处理数据并调用业务逻辑。这些交互可能很复杂，涉及跨越多个资源的事务或者需要协调同一动作的多个响应。在每个接口内对交互的逻辑分别进行编码会产生许多冗余代码。

服务层定义了应用的边界 [Cockburn PloP] 和从接口客户层角度所能看到的可用操作集。它封装了应用的业务逻辑、事务控制及其操作实现中的响应协调。

### 9.4.1 运行机制

服务层在遵照前述定义特征的前提下，可以用多种不同的方式来实现。这些方式的区别在于服务层接口之后的职责划分。在深入研究各种不同实现之前，我们先来讨论一些基础知识。

1. "业务逻辑"的种类

像事务脚本和领域模型一样，服务层是一种组织业务逻辑的模式。包括我在内的许多设计者喜欢将业务逻辑分成两类："领域逻辑"和"应用逻辑"。前者只与问题领域有关，如计算合同收入确认的策略等，而后者与应用的职责有关 [Cockburn UC]，如关于收入确认计算的相关事宜，通知合同管理者、集成系统等。应用逻辑有时被称为"工作流逻辑"，但不同的人对"工作流"有不同的解释。

在避免领域逻辑的重复及利用经典模式来管理复杂性方面，领域模型优于事务脚本。但是，将应用逻辑置于纯粹的领域对象类中也会带来一些不良后果。首先，如果在领域对象类中实现了针对具体应用的逻辑，或者依赖于针对具体应用的软件包，则会降低该类在应用之间的可重用性。其次，如果将来需要在如工作流工具之类的软件中重现应用程序逻辑，则将两种逻辑混杂在同一个类中会使得这一工作比较困难。基于这些理由，服务层把每种业务逻辑分解成为一个单独的层，从而在获得分层的常规收益同时，使得纯粹的领域对象类可以在不同应用之间更好地被重用。

2. 实现方法

领域外观方法和操作脚本方法是两种基本的实现方法。在**领域外观**方法中，服务层以领域模型之上的瘦外观集合方式实现。负责实现外观的类不包含任何业务逻辑，所有业务逻辑均由领域模型实现。瘦外观建立了客户层与应用程序交互的边界和操作集，这正显示出服务层的定义特征。

在**操作脚本**方法中，服务层是由一组相对复杂的类组成，这些类直接实现应用逻辑，但将领域逻辑委托给封装好的领域对象类。服务层客户所能使用的操作以脚本的方式实现，数个脚本组成一个类，一个类定义与某一个主题相关的逻辑。每一个类组成一个应用程序"服务"，通常服务类型的名字都为"XX服务"。服务层由这些应用程序服务类组成，在它们之上应当扩展出一个抽象了职责和公共行为的层超类型。

3. 是否远程

由于服务层类的接口声明一组应用操作来与客户层连接，因此从定义上说：服务层类的接口是粗粒度的。所以说，就接口粒度而言，服务层类很适合于远程调用。

但是，远程调用的代价在于对对象分布性的处理。为了在你的服务层方法标记中处理数据传输对象，需要许多额外的工作。不要低估这一工作量，尤其是你有一个复杂领域模型，而且对那些复杂的更新用例有大量编辑界面时。这一工作很重要，但也很痛苦——其代价和痛苦程度可能仅次于对象到关系数据库的映射。请回忆"分布式对象设计第一定律"（见7.2节）。

我的建议是开始时仅设计一个本地调用的服务层，其方法标记中仅处理领域对象。当你需要远程调用功能时，再通过在服务层之上增加一个远程外观来实现，或者让你的服务层对象实现远程接口。如果应用有一个基于Web的用户界面或一个基于Web Service的集成入口，现在还没有硬性规定：业务逻辑必须运行在一个与服务器页面或Web Service相分离的进程中。事实上，你可以在不牺牲可伸缩性的前提下将它们放在一起，从而节省一些开发工作量和运行时的响应时间。

4. 识别服务与操作

标识出服务层边界上应提供的操作十分简单。它们由服务层客户的需求决定，其中最重要（并处在第一位）的通常是用户界面。由于用户界面是为支持执行者与应用程序交互的用例而设计的，因此标识服务层操作的起点应该是用例模型和应用程序的用户界面设计。

令人失望的是，在企业级应用程序中，多数用例是领域对象上比较单调的"CRUD"（create，read，update，delete）用例——创建一个领域对象，从一个对象集合中读取数据，对其进行更新，等等。我的经验是在CRUD用例与服务层操作之间几乎总是存在一一对应的关系。

应用的职责是要实现这些用例，但是，这会相当繁琐。除了确认以外，在一个应用中创建、更新或删除一个领域对象都涉及通知其他人或其他集成的应用。对这些响应，必须由服务层操作来进行协调和原子化处理。

如果只是确定一组相关操作的服务层抽象，那么没有必须遵守的规定，只有一些模糊的试探法。对于一个足够小的应用，可能只要一个抽象就够了，这一抽象就用应用程序自己的名字命名。我的经验是较大的应用要通过垂直切分软件结构来将之分成若干个"子系统"，每个子系统包含切分出的一个部分。这样，我就可以为每个子系统提供一个以该子系统名字命名的抽象。其他可选的方案包括：如果领域模型的划分不同于子系统的划分，也可以按领域模型的划分来抽象（例如`ContractService`，`ProductService`）；或根据应用程序的行为主题来抽象（如`RecognitionService`）。

**Java 实现**

在领域外观方法和操作脚本方法中，服务层类可以用POJO也可以用无状态会话bean来实现。选择哪一种取决于你需要的是易测试性还是易于事务控制。POJO相对较容易测试，因为它们不一定要部署到EJB容器中才能运行，但是很难将一个POJO服务层置入容器管理的分布式事务服务中，尤其是在服务间互相调用时。另一方面，EJB可以使用容器管理的分布式事务服务，但在其测试和运行前必须先部署到EJB容器中。自己看着办吧。

我倾向于用以下方式在J2EE中应用服务层：使用EJB2.0的无状态会话beans，使用本地接口，使用操作脚本方法，在脚本中调用POJO领域对象类。使用无状态的会话bean来实现服务层非常方便，因为EJB提供了容器管理的分布式事务服务。而且，在EJB2.0中引入了本地接口，使得服务层在使用事务服务的同时可以避免远程接口的网络开销。

另一个要说明的Java相关问题是：服务层与J2EE设计模式文献（［Alur et al.］和［Marinescu］）中所提及的会话外观是有区别的。会话外观的设计动机是避免过多对实体beans的远程调用导致性能损失；因此它把会话beans和实体beans的操作胶合在一起，对外提供粗粒度接口。服务层的设计动机却是通过职责的细分来避免冗余代码和提高可重用性；它是一个软件架构级的模式，而非技巧性的模式。事实上，服务层的设计思想来自于应用边界模式［Cockburn PloP］，而后者的出现要比EJB早三年。会话外观可能与服务层有某些相通之处，但无论名称、应用范围还是实际应用都不相同。

### 9.4.2 使用时机

服务层的优点在于它定义了一个公共的应用操作集合，这一集合可被各种客户使用，而且服务层在每个操作中都会协调应用的响应。响应可能涉及某些需要在多个事务性资源之间进行原子化处理的应用逻辑。因此，在业务逻辑中有多种客户的应用中，或者其用例中的复杂响应涉及多个事务性资源时，即使不是分布式架构，使用一个容器管理事务的服务层仍是很有必要的。

比较容易回答的问题是什么时候不应使用服务层。如果你的业务逻辑只有一种客户——如用户界面，或者用例响应并不涉及多个事务性资源，就可能不需要使用服务层。此时，你的页面控制器可以人工控制事务并随时协调所需的响应，可能直接将这些响应发给数据源层。

但是，只要你能预见到第二种客户，或用例响应中的第二个事务性资源，则有必要在一开始时就设计一个服务层。

### 9.4.3 进一步阅读

在本书出版之前，关于服务层的著作并不多。服务层的设计思想出自Alistair Cockburn的应用边界模式［Cockburn PloP］。在远程服务管道［Alpert, et al.］中讨论了分布式系统中外观的职责。可以将其与［Alur et al.］和［Marinescu］中会话外观的不同表现形式进行对照和比较。关于应用程序那些必须在服务层操作内部互相协调的职责方面，Cockburn以行为契约的方式来描述用例的方法［Cockburn UC］十分有用。更早期的背景知识可参见Fusion方法学中对"系统操作"的识别［Coleman et al.］。

### 9.4.4 例：收入确认（Java）

我们仍使用事务脚本和领域模型模式中用过的收入确认例子，来演示如何使用服务层来脚本化应用程序逻辑，以及如何在一个服务层的操作中将领域逻辑委托出去。本例使用了操作脚本方法来实现服务层，先后演示了POJO和EJB两种实现途径。

为更好的演示，我们首先将情境扩展以包含某种应用程序逻辑。假定应用程序的用例有如下要求：当一个合同的收入确认计算完成后，应用程序必须做出响应，包括发送一个有关这一事件的电子邮件给指定的合同管理者，并使用消息中间件来发布一个消息以通知其他集成的应用程序。

我们首先修改在事务脚本的例子中使用过的RecognitionService类，在此基础上扩展出一个层超类型，并在实现应用程序逻辑的过程中使用一组入口。扩展后的类结构可以通过图9-7的类图来表示。修改后RecognitionService成为服务层应用程序服务的一个POJO实现，它的方法体现了应用程序边界上两个可用的操作。

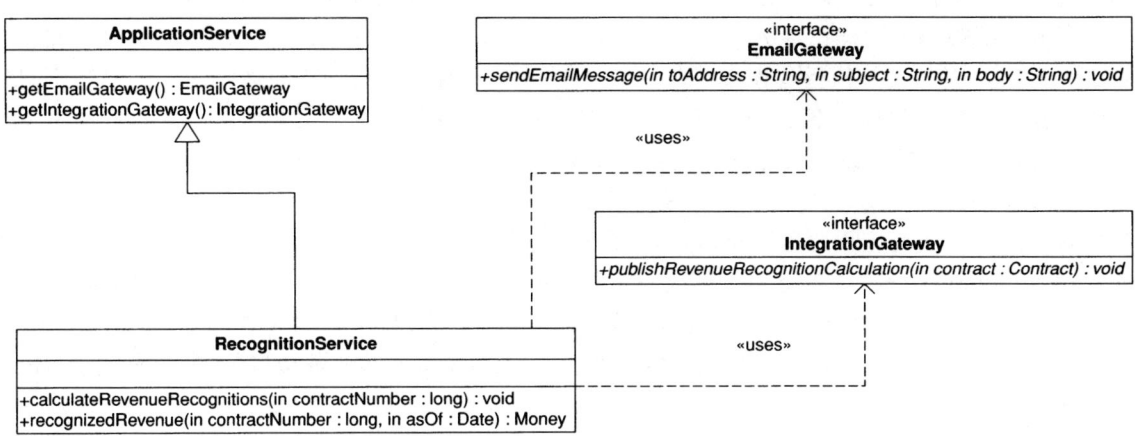

图9-7  RecognitionService类图（POJO实现）

RecognitionService类的方法脚本化了操作的应用逻辑，并把领域逻辑委托给领域对象类（见领域模型示例）。

```
public class ApplicationService {
    protected EmailGateway getEmailGateway() {
        //return an instance of EmailGateway
    }
    protected IntegrationGateway getIntegrationGateway() {
        //return an instance of IntegrationGateway
    }
}
public interface EmailGateway {
    void sendEmailMessage(String toAddress, String subject, String body);
}
public interface IntegrationGateway {
    void publishRevenueRecognitionCalculation(Contract contract);
}
public class RecognitionService
extends ApplicationService {
    public void calculateRevenueRecognitions(long contractNumber) {
        Contract contract = Contract.readForUpdate(contractNumber);
        contract.calculateRecognitions();
        getEmailGateway().sendEmailMessage(
            contract.getAdministratorEmailAddress(),
            "RE: Contract #" + contractNumber,
            contract + " has had revenue recognitions calculated.");
        getIntegrationGateway().publishRevenueRecognitionCalculation(contract);
    }
    public Money recognizedRevenue(long contractNumber, Date asOf) {
        return Contract.read(contractNumber).recognizedRevenue(asOf);
```

            }
        }

在本例中再次忽略有关持久性的细节，唯一要说明的就是Contract类具有从数据源层根据合同号读取合同的静态方法。这些方法之一的名字（readForUpdate）表明了该方法读取数据的目的是为了进行更新，它允许下层的数据映射器将所读到的对象注册到某个工作单元上。

事务控制的细节同样在本例中忽略了。calculateRevenueRecognitions()方法必须是事务性的，因为在其执行过程中持久化的合同对象因增加收入确认而被修改；消息在消息中间件中排队；电子邮件消息已经发送。对这些响应，必须进行原子化处理，因为我们不希望出现这样的情况：合同的改变没有保存成功，而电子邮件和消息却发出去了。

在J2EE平台上，我们可以让EJB的容器来管理分布式事务，即通过无状态的会话beans使用事务性资源的方式实现应用服务（及入口）。图9-8是使用了EJB2.0中本地接口和所谓"业务接口"的RecognitionService实现的类图。在这一实现中仍保留了层超类型，除了应用相关的方法之外，它还提供了EJB规范中bean实现类方法的默认实现。如果我们假定EmailGateway和IntegrationGateway接口也是它们各自无状态会话beans的"业务接口"，则分布式事务的控制是通过声明calculateRevenueRecognitions、sendEmailMessage和publishRevenueRecogntionCalculation方法为事务性的方法来实现的。POJO示例中RecognitionService的方法体被原样照搬到RecognitionServiceBeanImpl中。

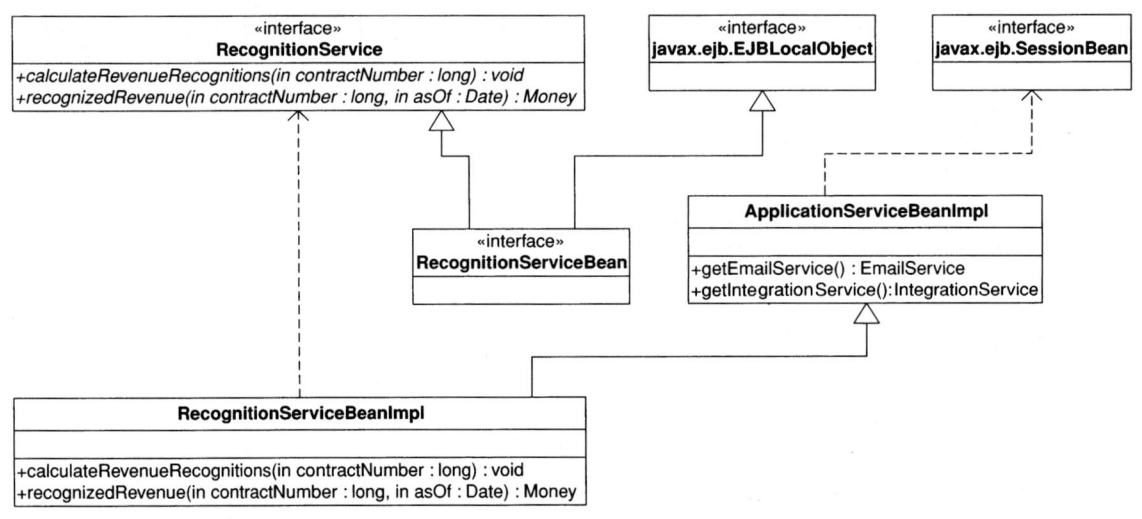

图9-8 RecognitionService 类图（EJB实现）

示例中的一个关键点在于：服务层在协调操作的事务性响应时，既使用了操作脚本又使用了领域对象类。calculateRevenueRecognitions方法将应用用例所要求的响应的应用逻辑脚本化，但又把领域逻辑委托给领域对象类。它同时展现了一些在服务层的操作脚本内消除冗余逻辑的技巧。职责被细分到不同的对象（如入口对象）中，这些对象可以通过委托被重用。层超类型则提供了对其他对象的便利访问。

有人可能认为使用观察者（Observer）模式 [Gang of Four] 可以得到一个更为精巧的操作

脚本实现，但是观察者模式难以在无状态、多线程的服务层中实现。依我之见，操作脚本的前述实现方法更为清晰和简单。

还有人可能认为应用逻辑部分的职责可以在领域对象的方法中被实现，例如 Contract.calculateRevenueRecognition()，甚至也可以在数据源层实现，因而无需单独的服务层。但是，这样的职责划分会有许多不良后果。首先，如果领域对象类中实现了针对具体应用的逻辑（或依赖于针对具体应用的入口，或存在其他类似的依赖），那么它在应用之间的可重用性就会大打折扣。领域对象类应当只对问题域中与应用有关的部分建模，而不是应用的全部用例职责。其次，将应用逻辑封装在较高的层中可以使得变更该层的实现更为容易——你可能用一个工作流引擎就做到这一点。

作为组织企业级应用程序逻辑层的模式，服务层综合了脚本和领域对象类，在二者的长处之间找到了一个平衡点。有一些可选的方案可以用来实现服务层，例如领域外观或操作脚本、POJO或会话beans，或者是二者的组合。服务层可以被设计为本地调用或远程调用，也可以是二者皆备。最重要的是，不管采用哪种实现方式，服务层这一模式都为封装应用的业务逻辑、实现和支持不同的客户以一致的方式调用这些逻辑奠定了基础。

# 第10章
# 数据源架构模式

## 10.1 表数据入口（Table Data Gateway）

> 充当数据库表访问入口的对象。
> 一个实例处理表中所有的行。

```
                Person Gateway
─────────────────────────────────────────────
find (id) : RecordSet
findWithLastName(String) : RecordSet
update (id, lastname, firstname, numberOfDependents)
insert (lastname, firstname, numberOfDependents)
delete (id)
```

在应用逻辑中混杂SQL语句会引起一些问题。很多开发人员不习惯用SQL，而很多惯用SQL的开发人员又可能写得不好。数据库管理员必须很容易找到SQL，从而决定如何调整和改进数据库。

表数据入口包含了用于访问单个表或视图的所有SQL，如选择、插入、更新、删除等。其他代码调用它的方法来实现所有与数据库的交互。

### 10.1.1 运行机制

表数据入口接口很简单，一般包括几个从数据库中获取数据的查找方法以及更新，插入和删除方法。每个方法都将输入参数映射为一个SQL调用并在数据库连接上执行该语句。由于表数据入口用于数据读写，因此通常是无状态的。

表数据入口最富技巧性的地方是它如何从查询返回信息。即使是一个根据ID的简单查询也会返回多个数据项。在允许返回多数据项的情况下，可以把这些项作为一个单行使用，但是很多语言只能返回一个单值，多次查询才能返回多行。

一种方法是返回某种简单数据结构，如映射（map）。使用映射可以解决问题，但是必须将数据从来自数据库的数据集复制到映射中。用映射来传递数据不是一种好方法，因为它破坏编译时检查，而且不是一个非常显式化的接口，这样当对映射中的内容拼写错误时会产生错误。一种更好的方法是采用数据传输对象。虽然需要创建另外一个对象，但是该对象可能在其他地方很好用。

为了保存全部结果，可以返回由SQL查询得到的记录集。这会带来概念上的混乱，因为在理想情况下内存中的对象根本不需要知道SQL接口。另外，如果不容易在自己的代码中创建记录集，那么也很难用文件代替数据库。尽管在很多广泛采用记录集的环境下，如.NET中，这是一种很有效的方法。表数据入口可以和表模块一起良好工作。如果所有的更新都通过表数据入口来实现，那么返回的数据就可以基于视图而不是实际的数据表。这样就减少了代码和数据库间的耦合。

如果当前使用的是领域模型，可以用表数据入口返回适当的领域对象。问题是这样会使领域对象和入口之间存在双向依赖。二者紧密连接，虽然这不见得不好，但是我往往不愿这样做。

大多数使用表数据入口的时候，对数据库中的每一张表使用一个入口。但是对非常简单的情况，可以只用一个表数据入口处理所有表的全部方法。还可以为视图甚至那些没有作为视图保存在数据库中的有关查询使用一个表数据入口。显然，基于视图的表数据入口通常不能做更新，因此也就没有更新操作。但是如果能修改基表，那么将修改封装在表数据入口的更新操作之后是一种好的技巧。

### 10.1.2 使用时机

类似行数据入口，对表数据入口而言，首先要决定究竟是否采用入口方法，然后决定用哪一个。

表数据入口可能是使用起来最简单的数据库接口模式，因为它能很好地映射到数据库或记录类型上去。另外，它也为封装对数据源的精确访问逻辑提供了一种自然的方法。通常表数据入口和领域模型很少一起使用，因为数据映射器更好地分离了领域模型和数据库。

表数据入口可以同表模块一起很好地使用，它产生一个记录集数据结构由表模块处理。我想不出对表模块使用的其他数据映射方法。

同行数据入口一样，表数据入口特别适用于事务脚本。二者之间的选择归结于如何处理多数据行。很多人喜欢用数据传输对象，但是这需要做许多没有必要的工作，除非在其他地方也使用相同的数据传输对象。当结果集的表现便于事务脚本处理时，我更喜欢用表数据入口。

有趣的是，通常数据映射器通过表数据入口和数据库进行对话很有意义。尽管在全部手工编码时这种方法没多少用，但是如果想对表数据入口使用元数据，又想通过手工编码实现实际映射到领域对象时，这种方法就非常有效。

利用表数据入口封装数据库访问的好处之一是，相同的接口既可以用于SQL操作数据库，又可以用于存储过程。存储过程自身的组织与表数据入口类似。通过这种方式，插入和更新存储过程封装了实际的表结构。在此情况下查找过程可以返回视图，这有助于隐藏基表的结构。

### 10.1.3 进一步阅读

[Alur er al.]讨论了数据访问对象模式，实际上它也是一种表数据入口。该书的作者展示了如何用查询方法返回数据传输对象的集合。不知道他们是否认为这种模式始终基于表；但可以

由其论述和意图推断出或者是表数据入口或者是行数据入口。

我在这里使用了另外一个名字，部分因为是我认为该模式是普通入口概念的一个特殊使用，而且我希望它的名字能反映这一点。另外，"数据访问对象"（Data Access Object）术语及其缩写DAO在微软世界中有其特定的含义。

### 10.1.4 例：人员入口（C#）

表数据入口是Windows世界中常用的数据库访问形式，因此有必要用C#来演示一个例子。但是我必须强调一点，这种经典的表数据入口形式不太适用于.NET环境，因为它不能利用ADO.NET数据集的优点；相应地，它使用数据阅读器，它是类似数据库记录游标的接口。当操作大量信息但又不想一次把全部信息都调入内存时，数据阅读器是合适的选择。

本例中，使用了Person Gateway类来连接数据库中人员数据表。Person Gateway包含查询方法的代码，由返回的ADO.NET阅读器访问返回的数据。

```
class PersonGateway...

    public IDataReader FindAll() {
        String sql = "select * from person";
        return new OleDbCommand(sql, DB.Connection).ExecuteReader();
    }
    public IDataReader FindWithLastName(String lastName) {
        String sql = "SELECT * FROM person WHERE lastname = ?";
        IDbCommand comm = new OleDbCommand(sql, DB.Connection);
        comm.Parameters.Add(new OleDbParameter("lastname", lastName));
        return comm.ExecuteReader();
    }
    public IDataReader FindWhere(String whereClause) {
        String sql = String.Format("select * from person where {0}", whereClause);
        return new OleDbCommand(sql, DB.Connection).ExecuteReader();
    }
```

在绝大多数情况下，我们都希望用一个阅读器读取多个行，极少为了获得单行而使用包含这么多行代码的方法。

```
class PersonGateway...

    public Object[] FindRow (long key) {
        String sql = "SELECT * FROM person WHERE id = ?";
        IDbCommand comm = new OleDbCommand(sql, DB.Connection);
        comm.Parameters.Add(new OleDbParameter("key",key));
        IDataReader reader = comm.ExecuteReader();
        reader.Read();
        Object [] result = new Object[reader.FieldCount];
        reader.GetValues(result);
        reader.Close();
        return result;
    }
```

修改和插入方法从参数接收所需数据并调用相应的SQL例程。

```
class PersonGateway...

    public void Update (long key, String lastname, String firstname, long numberOfDependents){
```

```
            String sql = @"
                UPDATE person
                    SET lastname = ?, firstname = ?, numberOfDependents = ?
                    WHERE id = ?";
            IDbCommand comm = new OleDbCommand(sql, DB.Connection);
            comm.Parameters.Add(new OleDbParameter ("last", lastname));
            comm.Parameters.Add(new OleDbParameter ("first", firstname));
            comm.Parameters.Add(new OleDbParameter ("numDep", numberOfDependents));
            comm.Parameters.Add(new OleDbParameter ("key", key));
            comm.ExecuteNonQuery();
        }

    class PersonGateway...

        public long Insert(String lastName, String firstName, long numberOfDependents) {
            String sql = "INSERT INTO person VALUES (?,?,?,?)";
            long key = GetNextID();
            IDbCommand comm = new OleDbCommand(sql, DB.Connection);
            comm.Parameters.Add(new OleDbParameter ("key", key));
            comm.Parameters.Add(new OleDbParameter ("last", lastName));
            comm.Parameters.Add(new OleDbParameter ("first", firstName));
            comm.Parameters.Add(new OleDbParameter ("numDep", numberOfDependents));
            comm.ExecuteNonQuery();
            return key;
        }
```

删除操作仅需一个关键字。

```
    class PersonGateway...

        public void Delete (long key) {
            String sql = "DELETE FROM person WHERE id = ?";
            IDbCommand comm = new OleDbCommand(sql, DB.Connection);
            comm.Parameters.Add(new OleDbParameter ("key", key));
            comm.ExecuteNonQuery();
        }
```

### 10.1.5 例：使用ADO.NET数据集（C#）

通用的表数据入口可以很好地运行在任何平台上，因为它无非就是SQL语句的一种包装。在.NET环境下常常使用数据集，但表数据入口仍然有用，不过以另外的形式出现。

数据集需要数据适配器来加载和修改数据。我发现：为数据集和适配器定义一个保持器很有用，紧接着入口就可以用保持器存储它们了。这个操作具有较高的通用性，因此可以在超类中实现。

保持器以表的名字作为数据集和适配器的索引。

```
    class DataSetHolder...

        public DataSet Data = new DataSet();
        private Hashtable DataAdapters = new Hashtable();
```

入口存储保持器并把数据集暴露给客户。

```
    class DataGateway...
```

```
public DataSetHolder Holder;
public DataSet Data {
    get {return Holder.Data;}
}
```

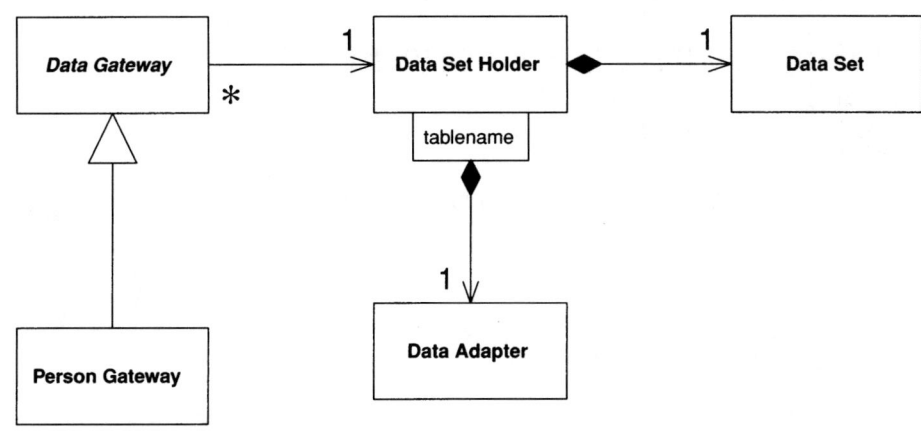

图10-1 面向数据集的入口和起支持作用的数据保持器的类图

入口可作用于已有的保持器上,也可创建一个新的保持器。

class DataGateway...

```
protected DataGateway() {
    Holder = new DataSetHolder();
}
protected DataGateway(DataSetHolder holder) {
    this.Holder = holder;
}
```

这里的查找行为会有一点不同。数据集是面向表数据的容器,可以容纳来自几个表的数据。为此将数据加载到数据集比较好。

class DataGateway...

```
public void LoadAll() {
    String commandString = String.Format("select * from {0}", TableName);
    Holder.FillData(commandString, TableName);
}
public void LoadWhere(String whereClause) {
    String commandString =
        String.Format("select * from {0} where {1}", TableName,whereClause);
    Holder.FillData(commandString, TableName);
}
abstract public String TableName {get;}
```

class PersonGateway...

```
public override String TableName {
    get {return "Person";}
}
```

class DataSetHolder...

```
public void FillData(String query, String tableName) {
```

```
        if (DataAdapters.Contains(tableName)) throw new MutlipleLoadException();
        OleDbDataAdapter da = new OleDbDataAdapter(query, DB.Connection);
        OleDbCommandBuilder builder = new OleDbCommandBuilder(da);
        da.Fill(Data, tableName);
        DataAdapters.Add(tableName, da);
    }
```

为了修改数据,可以直接在某些客户代码中操作数据集。

```
    person.LoadAll();
    person[key]["lastname"] = "Odell";
    person.Holder.Update();
```

入口可以拥有一个索引器,以便更容易访问特定的行。

class PersonGateway...

```
    public DataRow this[long key] {
       get {
          String filter = String.Format("id = {0}", key);
          return Table.Select(filter)[0];
       }
    }
    public override DataTable Table {
       get { return Data.Tables[TableName];}
    }
```

更新操作触发保持器上的更新方法。

class DataSetHolder...

```
    public void Update() {
       foreach (String table in DataAdapters.Keys)
          ((OleDbDataAdapter)DataAdapters[table]).Update(Data, table);
    }
    public DataTable this[String tableName] {
       get {return Data.Tables[tableName];}
    }
```

类似地,可以实现插入操作:获得一个数据集,在数据表中插入一个新行,并填充每一列。但是,修改操作可以在一次调用中插入。

class PersonGateway...

```
    public long Insert(String lastName, String firstname, int numberOfDependents) {
       long key = GetNextID();
       DataRow newRow = Table.NewRow();
       newRow["id"] = key;
       newRow["lastName"] = lastName;
       newRow["firstName"] = firstname;
       newRow["numberOfDependents"] = numberOfDependents;
       Table.Rows.Add(newRow);
       return key;
    }
```

## 10.2 行数据入口(Row Data Gateway)

充当数据源中单条记录入口的对象。每行一个实例。

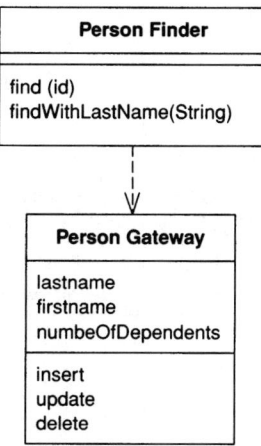

在内存对象中嵌入数据库访问代码可能会带来一些麻烦。首先，如果内存中的对象有自己的业务逻辑，增加数据库操作代码会增加复杂度。测试也很困难，因为如果内存中的对象和数据库绑在一起，所有数据库访问都会使测试的运行速度变慢。可能也要访问多个数据库，但烦人的是它们的SQL各有少许不同。

行数据入口提供了看起来像记录结构中记录的对象，但可以用编程语言的常规机制访问它。所有对数据源的访问细节都隐藏在这个接口之后。

## 10.2.1 运行机制

行数据入口是和单条记录极其相似的对象，如数据库中的一行。在该对象中数据库中的每一列变成了一个域。行数据入口一般能实现从数据源类型到内存中类型的任意转换，这种转换很简单。这个模式保持一行中的数据以便客户可以直接访问行数据入口，行数据入口是每一数据行的良好接口。这种方法尤其适用于事务脚本。

使用行数据入口要面对的问题是，在哪里存放产生该模式的查找操作。可以选择静态查找方法，但是它不支持需要为不同数据源提供不同查找方法的多态。在此情况下有必要设置单独的查找方法对象，这样关系数据库中的每一张表都有一个查找方法类和一个入口来获得结果（见图10-2）。

通常很难说清行数据入口和活动记录之间的区别。这个问题的关键要看是否存在任何领域逻辑。如果存在，则是活动记录。行数据入口仅包含数据库访逻辑而没有领域逻辑。

就像其他形式的表封装一样，行数据入口除了可以用于表外还可以用于视图或查询。但如此一来，更新通常变得更复杂，因为必须要更新基表。另外，如果两个行数据入口作用于同一基表，则可能会发现第二个行数据入口更新时会撤销第一个行数据入口所做的更新。没有通用的方法可以避免这个问题；开发者必须清楚虚的行数据入口是如何构成的。可更新视图也会遇到同样的问题。当然，可以不提供更新操作。

行数据入口写起来往往有些冗长，但是对基于元数据映射的代码生成，这是一种很好的选择。在这种情况下，所有的数据库访问代码都可以在自动建立过程中自动生成。

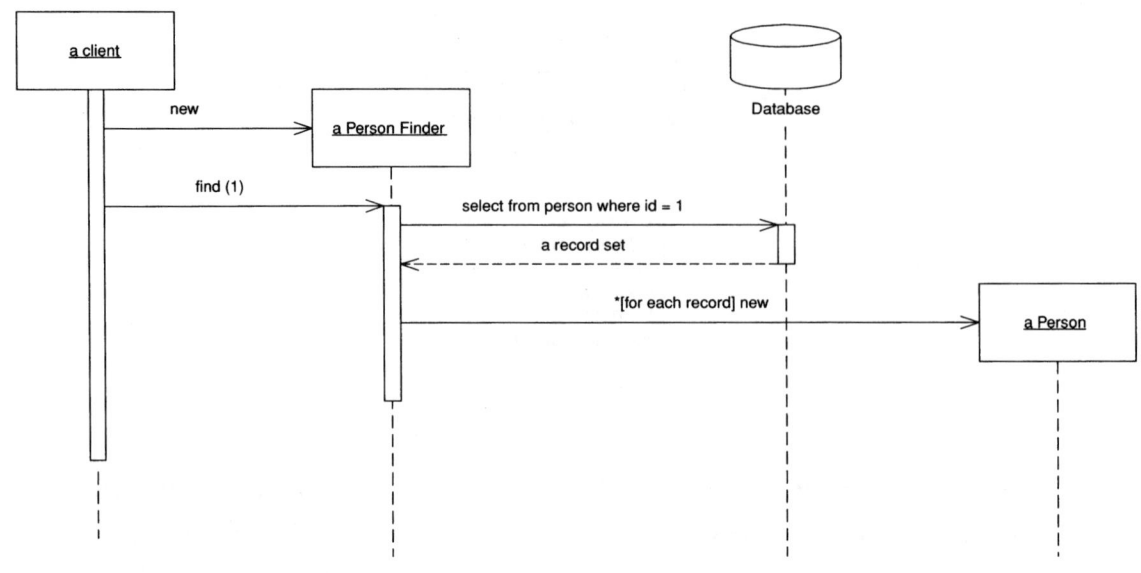

图10-2 具有基于行的行数据入口的一次查找的交互

### 10.2.2 使用时机

选择行数据入口时通常分两步：第一步，是否真的需要用入口；第二步，是使用行数据入口还是表数据入口。

在使用事务脚本的时候，我经常用行数据入口。这样能很好地分离数据库访问代码，并且也很容易被不同的事务脚本重用。

我在使用领域模型的时候，不使用行数据入口。如果映射简单，活动记录在不增加额外代码层的情况下也可达到相同的效果。如果映射复杂，数据映射器更有效，因为它能更好地将领域对象和数据结构解耦，领域对象不需要知道数据库层。当然，也可以用行数据入口把领域对象从数据结构屏蔽开。如果要改变数据库的结构但不想改变领域逻辑，那么采用行数据入口是一种好的做法。但规模大的时候，这样做会产生三种数据表示：一个在业务逻辑中，一个在行数据入口中，一个在数据库中，那太多了。因此，我常常使用对应数据库结构的行数据入口。

有趣的是，行数据入口能和数据映射器一起配合使用，尽管这样做看起来有点多此一举，不过，当行数据入口从元数据自动生成，而数据映射器由手动实现时，这种方法会很有效。

如果把事务脚本和行数据入口一起使用，可能会发现业务逻辑在多处脚本中重复出现，这些逻辑可能在行数据入口中有用。不断移动这些逻辑会使行数据入口演变为活动记录，活动记录很好，因为它减少了业务逻辑中的重复。

### 10.2.3 例：人员记录（Java）

以下是一个关于行数据入口的例子。它是一张简单的人员表。

```
create table people (ID int primary key, lastname varchar,
                     firstname varchar, number_of_dependents int)
```

PersonGateway是该表的入口,以数据域和访问方法开始。

```
class PersonGateway...

    private String lastName;
    private String firstName;
    private int numberOfDependents;
    public String getLastName() {
        return lastName;
    }
    public void setLastName(String lastName) {
        this.lastName = lastName;
    }
    public String getFirstName() {
        return firstName;
    }
    public void setFirstName(String firstName) {
        this.firstName = firstName;
    }
    public int getNumberOfDependents() {
        return numberOfDependents;
    }
    public void setNumberOfDependents(int numberOfDependents) {
        this.numberOfDependents = numberOfDependents;
    }
```

入口类自身能处理更新和插入操作。

```
class PersonGateway...

    private static final String updateStatementString =
        "UPDATE people " +
        "  set lastname = ?, firstname = ?, number_of_dependents = ? " +
        "  where id = ?";
    public void update() {
        PreparedStatement updateStatement = null;
        try {
            updateStatement = DB.prepare(updateStatementString);
            updateStatement.setString(1, lastName);
            updateStatement.setString(2, firstName);
            updateStatement.setInt(3, numberOfDependents);
            updateStatement.setInt(4, getID().intValue());
            updateStatement.execute();
        } catch (Exception e) {
            throw new ApplicationException(e);
        } finally {DB.cleanUp(updateStatement);
        }
    }
    private static final String insertStatementString =
        "INSERT INTO people VALUES (?, ?, ?, ?)";
    public Long insert() {
        PreparedStatement insertStatement = null;
        try {
            insertStatement = DB.prepare(insertStatementString);
            setID(findNextDatabaseId());
            insertStatement.setInt(1, getID().intValue());
            insertStatement.setString(2, lastName);
            insertStatement.setString(3, firstName);
```

```
            insertStatement.setInt(4, numberOfDependents);
            insertStatement.execute();
            Registry.addPerson(this);
            return getID();
        } catch (SQLException e) {
            throw new ApplicationException(e);
        } finally { DB.cleanUp(insertStatement);
        }
    }
```

为了从数据库中读取人员信息，设置了一个独立的 `PersonFinder`。它和入口一起创建新的入口对象。

```
class PersonFinder...

    private final static String findStatementString =
        "SELECT id, lastname, firstname, number_of_dependents " +
        "  from people " +
        "  WHERE id = ?";
    public PersonGateway find(Long id) {
        PersonGateway result = (PersonGateway) Registry.getPerson(id);
        if (result != null) return result;
        PreparedStatement findStatement = null;
        ResultSet rs = null;
        try {
            findStatement = DB.prepare(findStatementString);
            findStatement.setLong(1, id.longValue());
            rs = findStatement.executeQuery();
            rs.next();
            result = PersonGateway.load(rs);
            return result;
        } catch (SQLException e) {
            throw new ApplicationException(e);
        } finally {DB.cleanUp(findStatement, rs);
        }
    }
    public PersonGateway find(long id) {
        return find(new Long(id));
    }

class PersonGateway...

    public static PersonGateway load(ResultSet rs) throws SQLException {
        Long id = new Long(rs.getLong(1));
        PersonGateway result = (PersonGateway) Registry.getPerson(id);
        if (result != null) return result;
        String lastNameArg = rs.getString(2);
        String firstNameArg = rs.getString(3);
        int numDependentsArg = rs.getInt(4);
        result = new PersonGateway(id, lastNameArg, firstNameArg, numDependentsArg);
        Registry.addPerson(result);
        return result;
    }
```

为了根据某些条件查询多人员信息，我们可以为此提供一个合适的查找方法。

```
class PersonFinder...

    private static final String findResponsibleStatement =
```

```
            "SELECT id, lastname, firstname, number_of_dependents " +
            "  from people " +
            "  WHERE number_of_dependents > 0";
    public List findResponsibles() {
        List result = new ArrayList();
        PreparedStatement stmt = null;
        ResultSet rs = null;
        try {
            stmt = DB.prepare(findResponsibleStatement);
            rs = stmt.executeQuery();
            while (rs.next()) {
                result.add(PersonGateway.load(rs));
            }
            return result;
        } catch (SQLException e) {
            throw new ApplicationException(e);
        } finally {DB.cleanUp(stmt, rs);
        }
    }
}
```

该查找方法使用注册表来保存标识映射。

现在，我们可以从事务脚本使用入口了。

```
PersonFinder finder = new PersonFinder();
Iterator people = finder.findResponsibles().iterator();
StringBuffer result = new StringBuffer();
while (people.hasNext()) {
    PersonGateway each = (PersonGateway) people.next();
    result.append(each.getLastName());
    result.append("");
    result.append(each.getFirstName());
    result.append("");
    result.append(String.valueOf(each.getNumberOfDependents()));
    result.append("\n ");

}
return result.toString();
```

## 10.2.4 例：领域对象的数据保持器（Java）

我最主要把行数据入口和事务脚本放在一起使用。如果要从领域模型使用行数据入口，领域对象需要从入口获得数据。可以把行数据入口作为领域对象的数据保持器，而不是将数据复制到领域对象。

```
class Person...

    private PersonGateway data;
    public Person(PersonGateway data) {
        this.data = data;
    }
```

接着领域逻辑上的访问方法就可以委托入口获取数据了。

```
class Person...

    public int getNumberOfDependents() {
```

```
        return data.getNumberOfDependents();
    }
```
领域逻辑用get方法从入口读取数据。

```
class Person...
    public Money getExemption() {
        Money baseExemption = Money.dollars(1500);
        Money dependentExemption = Money.dollars(750);
        return baseExemption.add(dependentExemption.multiply(this.getNumberOfDependents()));
    }
```

## 10.3 活动记录（Active Record）

一个对象，它包装数据库表或视图中某一行，封装数据库访问，并在这些数据上增加了领域逻辑。

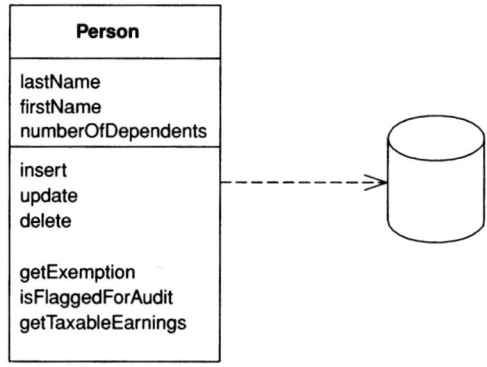

对象既有数据又有行为。这些数据中大多数都是持久数据、并且需要保存到数据库。活动记录使用最直截了当的方法，把数据访问逻辑置于领域对象中。这样大家都知道如何从数据库中读取数据或向数据库中写入数据。

### 10.3.1 运行机制

活动记录的本质是一个领域模型，这个领域模型中的类和基数据库中的记录结构十分吻合。每条活动记录负责向数据库保存数据，从数据库加载数据以及处理作用于数据之上的领域逻辑。这可能是应用中所有的领域逻辑，也可能会发现某些领域逻辑在事务脚本中，而另一些普通的面向数据的代码在活动记录中。

活动记录的数据结构应该与数据库中的结构完全匹配：类的每个域对应表的每一列。按SQL接口提供数据的方式键入各个域——在此阶段不要做任何转换。你可能会考虑外键映射，但也可以不必改变外键。可以在视图或表上使用活动记录，尽管通过视图执行更新更难。视图对产生报表很有用。

活动记录通常具有下列方法：
- 由SQL结果集中的一行构造一个活动记录实例。
- 为将来对表的插入构造一个新的实例。

- 用静态查找方法来包装常用的SQL查询和返回活动记录。
- 更新数据库并将活动记录中的数据插入数据库。
- 获取或设置域。
- 实现部分业务逻辑。

getting和setting方法可以做其他一些巧妙的事情，如把面向SQL的类型转换为较好理解的内存中类型。同样，如果访问一张相关表，获取方法能返回适当的活动记录，甚至不用数据结构中的标识域（通过查找）也能做到这一点。

这个模式中的类方便易用，但是它们没有隐藏关系数据库的存在这个事实。因此通常使用活动记录时几乎不用其他对象-关系映射模式。

活动记录与行数据入口十分类似。二者的主要差别是行数据入口仅有数据库访问而活动记录既有数据源逻辑又有领域逻辑。像大多数软件边界一样，二者间的界限并不是很明显，但是明确这种区分很有用。

由于活动记录和数据库间的紧耦合，在这个模式中常用静态查找方法。但也没有理由说明不能把查找方法分离为一个单独的类，如行数据入口中所论述的，这样做更利于测试。

类似于其他的表模式，活动记录可以像表一样用在视图和查询上。

### 10.3.2 使用时机

活动记录适用于不太复杂的领域逻辑，如创建、读、更新和删除等。在此结构下，基于单个活动记录上的派生和测试验证很有效。

在领域模型的初始设计中，主要是要从活动记录和数据映射器中选择其一。活动记录的主要优点是简单。活动记录容易创建，并且易于理解。其主要问题在于，仅当活动记录对象和数据库中表直接对应，即二者为同构模式时，活动记录才比较有效。如果业务逻辑复杂，就会想到使用对象的直接关系、集合和继承等。它们都难以映射到活动记录，逐渐添加它们会显得很凌乱。这也正是使用数据映射器的原因。

不用活动记录另一个原因是它要求对象的设计和数据库的设计紧耦合，这使得项目中的进一步重构很困难。

如果正在使用事务脚本，并且已经开始体会到代码复制带来的痛苦，以及事务脚本常常带来的表和脚本更新困难，那么用活动记录是一个好的选择。在此情况下，可以逐步开始创建活动记录，然后慢慢为它们增添行为。下面的做法通常比较有效：首先将表包装为入口，接着开始行为迁移，使表演化成为活动记录。

### 10.3.3 例：一个简单的Person类（Java）

下面用一个简单例子来说明活动记录的运行机理——可能太简单了。我们从一个基本的Person类开始：

```
class Person...

    private String lastName;
    private String firstName;
    private int numberOfDependents;
```

在超类中也有一个ID域。

数据库也以相同的结构建立。

```
create table people (ID int primary key, lastname varchar,
                    firstname varchar, number_of_dependents int)
```

为了加载对象，person类实现查找和加载。在person类中使用静态方法：

```
class Person...
    private final static String findStatementString =
        "SELECT id, lastname, firstname, number_of_dependents" +
        "  FROM people" +
        "  WHERE id = ?";
    public static Person find(Long id) {
        Person result = (Person) Registry.getPerson(id);
        if (result != null) return result;
        PreparedStatement findStatement = null;
        ResultSet rs = null;
        try {
            findStatement = DB.prepare(findStatementString);
            findStatement.setLong(1, id.longValue());
            rs = findStatement.executeQuery();
            rs.next();
            result = load(rs);
            return result;
        } catch (SQLException e) {
            throw new ApplicationException(e);
        } finally {
            DB.cleanUp(findStatement, rs);
        }
    }
    public static Person find(long id) {
        return find(new Long(id));
    }
    public static Person load(ResultSet rs) throws SQLException {
        Long id = new Long(rs.getLong(1));
        Person result = (Person) Registry.getPerson(id);
        if (result != null) return result;
        String lastNameArg = rs.getString(2);
        String firstNameArg = rs.getString(3);
        int numDependentsArg = rs.getInt(4);
        result = new Person(id, lastNameArg, firstNameArg, numDependentsArg);
        Registry.addPerson(result);
        return result;
    }
```

更新对象需要一个简单的实例方法。

```
class Person...
    private final static String updateStatementString =
        "UPDATE people" +
        "  set lastname = ?, firstname = ?, number_of_dependents = ?" +
        "  where id = ?";
    public void update() {
        PreparedStatement updateStatement = null;
        try {
```

```
            updateStatement = DB.prepare(updateStatementString);
            updateStatement.setString(1, lastName);
            updateStatement.setString(2, firstName);
            updateStatement.setInt(3, numberOfDependents);
            updateStatement.setInt(4, getID().intValue());
            updateStatement.execute();
        } catch (Exception e) {
            throw new ApplicationException(e);
        } finally {
            DB.cleanUp(updateStatement);
        }
    }
```

插入操作也很简单。

class Person...

```
    private final static String insertStatementString =
          "INSERT INTO people VALUES (?, ?, ?, ?)";
    public Long insert() {
        PreparedStatement insertStatement = null;
        try {
            insertStatement = DB.prepare(insertStatementString);
            setID(findNextDatabaseId());
            insertStatement.setInt(1, getID().intValue());
            insertStatement.setString(2, lastName);
            insertStatement.setString(3, firstName);
            insertStatement.setInt(4, numberOfDependents);
            insertStatement.execute();
            Registry.addPerson(this);
            return getID();
        } catch (Exception e) {
            throw new ApplicationException(e);
        } finally {
            DB.cleanUp(insertStatement);
        }
    }
```

任何业务逻辑，如计算免税，都直接放在Person类中。

class Person...

```
    public Money getExemption() {
        Money baseExemption = Money.dollars(1500);
        Money dependentExemption = Money.dollars(750);
        return baseExemption.add(dependentExemption.multiply(this.getNumberOfDependents()));
    }
```

## 10.4 数据映射器(Data Mapper)

> 在保持对象和数据库（以及映射器本身）彼此独立的情况下
> 在二者之间移动数据的一个映射器层。

对象和关系数据库用来组织数据的机制不同。对象的很多部分（如集合和继承）在关系数据库中不存在。当创建一个具有大量业务逻辑的对象模型时，有必要采用这些机制更好地组织它的数据和行为。如此一来便产生了不同的方案，也就是说对象方案和关系方案不相配。

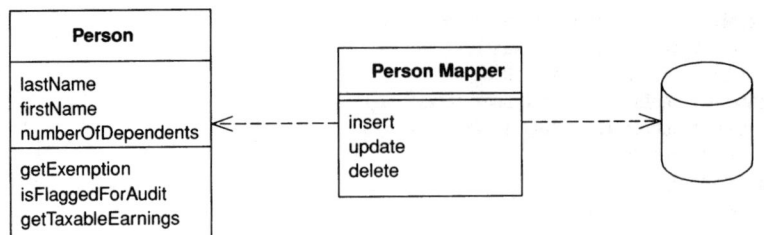

我们仍然需要在两种方案之间传递数据，这种数据传递是一件困难的事。如果内存对象知道关系数据库的结构，则其中一个改变往往会影响到另一个。

数据映射器是分离内存对象与数据库的一个软件层。其职责是在内存对象与数据库之间传递数据并保持它们彼此独立。有了数据映射器，内存对象甚至不需知道数据库的存在；它们也不需要SQL接口代码，当然也不需要知道数据库方案。（数据库方案通常不知道使用它的对象。）由于数据映射器是映射器的一种形式，因此数据映射器自身根本不为领域层所察觉。

### 10.4.1 运行机制

分离领域和数据源是数据映射器的主要功能，但是为了做到这一点还有许多细节必须讨论。映射层的构造方法也有很多种。为了给出分离方法的一般性概述，下面的讨论很广泛。

我们将从一个非常基本的数据映射器例子开始，这是数据映射器层最简单的风格，以至于你会觉得似乎没有必要这样做。有了简单的数据库映射例子，其他模式通常会比较简单因而更好用。如果打算使用数据映射器，通常需要更复杂的方案。但是如果我们从非常基本的层次出发，那么解释其中的思想就比较容易了。

这个简单例子有一个Person类和一个Person Mapper类。要从数据库中加载person对象，客户将调用映射器上的查找方法（见图10-3）。映射器使用标识映射判断要读入的人员是否已经读入，如果还没读入则将其读入。

更新操作如图10-4所示。客户要求映射器保存一个领域对象，映射器从领域对象中读出数据然后将它写入数据库。

整个数据映射器层可以替换，无论是出于测试的目的，还是为了使单个领域层对应多个不同的数据库层。

简单的数据映射器只是在域和域一一对应的基础上，将一张数据库中的表映射为内存中一个对等的类。当然，实际情况往往并非如此简单。映射器需要各种各样的策略来处理那些转变为多个域的类、具有多表的类、带有继承的类等。本书中各种与对象相关的映射模式都是关于这些策略的。一般将这些模式和数据映射器一起使用要比其他组织方法更简单。

对于插入和修改，数据库映射层需要知道对象发生了哪些变化，哪些是新创建的，哪些是已经删除了的。另外，还必须把整个工作负荷装配到事务框架中去。工作单元模式是将它们组织起来的好方法。

图10-3说明对查找方法的一次请求产生一次SQL查询。但情况也不完全是这样。加载一个有多个订单行的主订单可能会引起这些订单行的同时加载。而客户的请求通常需要加载一批对象。

映射器的设计者确定一次执行返回的对象数量。这样做是为了最小化数据库查询，因此为了选用最好的方法读取数据，查找方法一般需要详细了解关于客户如何使用对象的信息。

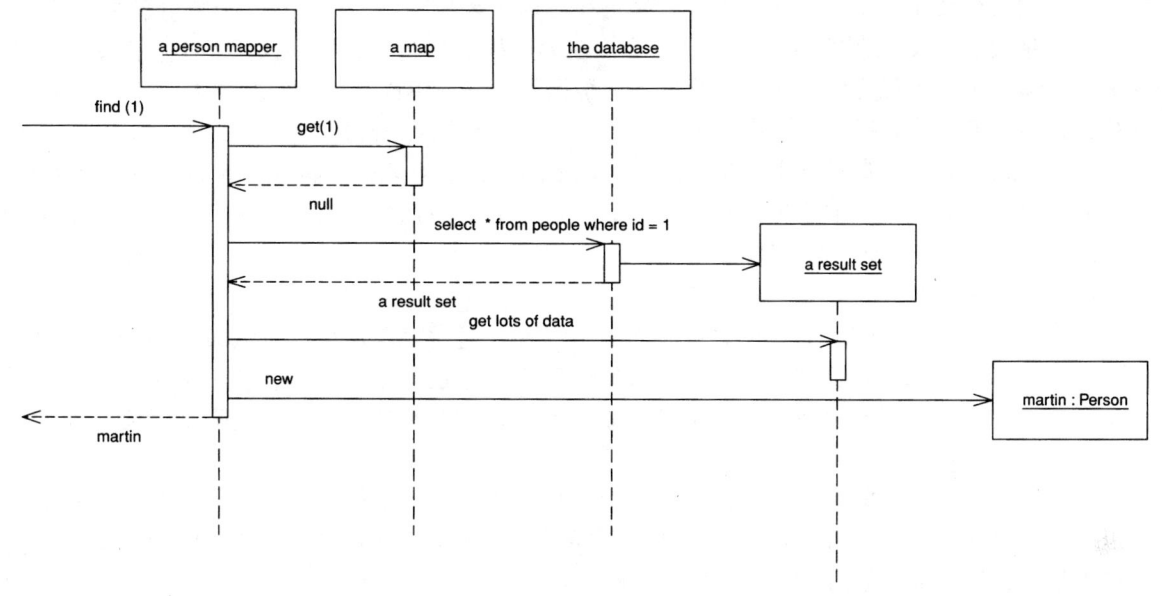

图10-3　从数据库中读取数据

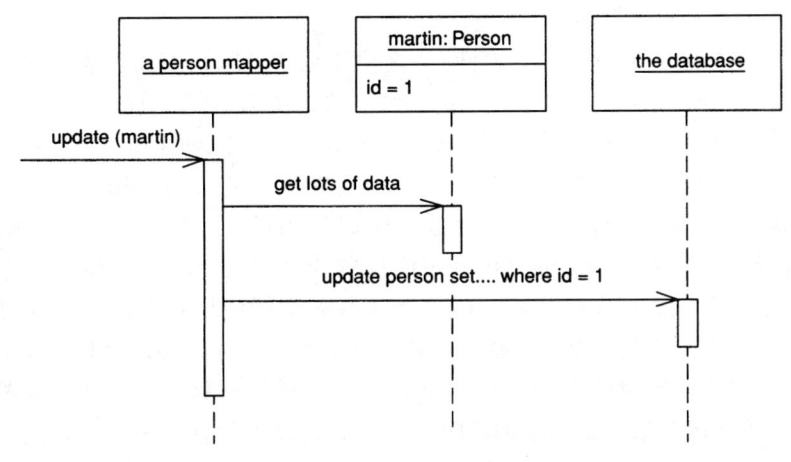

图10-4　更新数据

这个例子说的是从单个查询读取领域对象多个类时的情况。如果想加载订单和订单行，通常使用连接了订单和订单行两个表的单个查询比较快。接着用结果集加载订单和订单行实例（见12.2.4节）。

由于对象彼此联系十分紧密，因此一般必须在某些时刻停止读取数据。否则，可能会在一次查询中返回整个数据库。同样，映射层有在对内存对象影响最小的情况下解决上述问题的技术，就是使用延迟加载。因此，内存中的对象不能完全忽略映射层。它们可能需要知道查找方法和一些其他的机制。

一个应用程序可以有一个或几个数据映射器。如果映射器是硬编码的，最好为每个领域类或领域层次的根使用一个数据映射器。如果正在使用元数据映射，那么用一个映射器类就够了。在后一种情况下，受限制的地方是查找方法。在大规模的应用中，如果仅用一个有许多查找方法的映射器，可能查找方法太多。因此有必要根据每个领域类或领域层次的超类分解这些方法。这样会得到很多小的查找类。但是也便于开发者定位他所需的查找方法。

对于任意的数据库查找行为，为了保持从数据库中读取对象的一致性，需要使用标识映射。方法有两个：要么有标识映射的注册表，要么让每个查找方法持有一个标识映射（假设每次会话中的每个类只有一个查找方法）。

### 1. 处理查找方法

要使用一个对象，首先必须把它从数据库中读入。通常表现层通过加载某些初始化对象进行初始化。接着控制便转移到领域层，这时候代码主要通过对象间的关联从一个对象移动到另一个对象。如果领域层有它所需要的全部对象，或者在需要时使用延迟加载附加对象，则这种方法很有效。

偶尔也需要领域对象调用数据映射器上的查找方法。用一个好的延迟加载完全可以避免这一点。但是对比较简单的应用程序，或许没必要用关联和延迟加载来处理所有问题。另外，我们也不想增加从领域对象到数据映射器的依赖关系。

可以用分离接口解决这一难题。利用领域代码把所有需要的查找方法放到一个可以置于领域包中的接口类中。

### 2. 把数据映射到领域对象的域

映射器需要访问领域对象中的域（属性）。这往往是个问题，因为需要一些公共方法支持领域逻辑不需要的映射器。（我假定你不会犯把属性变成公共属性的错误。）这个问题没有简单的解决办法。可以在打包时将数据映射器与领域对象放在一起，比如在Java中，可以将二者打在同一个包中，这样，映射器的可见性就会低一些。但会导致更复杂的依赖关系，因为我们并不想让系统中知道领域对象的其他部分知道映射器。可以使用反射，反射可以绕过语言的可见性原则。虽然这比较慢，但如果与错误的SQL调用所耗费的时间相比较，可能也不算慢。或者使用公共方法，但要用一个状态域保护它们，以便当这些方法的使用超出数据库加载的上下文时抛出异常。这样一来，按这种方式为它们命名，就不会把它们当作常规的获取方法和设置方法。

与之相关的是创建对象时的问题。大体上有两种选择：一种选择是用**丰富构造函数**（rich constructor）的方式创建对象，则对象创建时至少带有其必备数据。另一种方法是创建一个空对象，然后向其中移入必备数据。通常我更喜欢前一种方法，因为从一开始就建立好对象是件好事。同时也意味着如果有一个不变域，则可不提供任何修改域值的操作保证这一点。

通过丰富构造函数创建的方法存在的问题是必须注意循环引用。如果两个对象彼此互相引用，则每次要加载其中一个对象时，该对象将试图加载另一个对象，而后者反过来又试图读入第一个对象，如此反复直到消耗完所有的堆栈空间。要避免这一点需要有处理特例的代码，通常使用延迟加载。写这些特例代码显得凌乱，因此尽量不使用它。创建**空对象**（empty object）可以做到这一点。用无参构造函数创建一个空白对象，然后将它直接插入标识映射中。这样如果存在循环，标识映射就会返回一个对象终止循环加载。

以这种方式使用空对象意味着，可能需要为那些对象一经加载就不可改变的值提供一些设置函数。命名转换结合某些状态检查保护方法使用，可以完善这一点。另外也可以使用反射加载数据。

3. 基于元数据的映射

需要做的决策之一是存储如何将领域对象中的域映射到数据库列的信息。最简单，往往也是最好的方法是用显式代码实现它，这要求为每个领域对象提供一个映射器类。映射器通过赋值实现映射，并用域（通常是常量字符串）保存访问数据库的SQL语句。另一种方法是用元数据映射，这种方法把元数据作为数据存储在类或单独的文件中。元数据的最大优点是映射器的所有变化通过数据处理，而不用更多的源代码，也不用代码生成或反射程序。

### 10.4.2 使用时机

使用数据映射器的主要时机是数据库方案和对象模型需要彼此独立演变的时候。最常见的情况是和领域模型一起使用。数据映射器的主要优点是无论是在设计阶段、开发阶段，还是测试阶段，在领域模型上操作时可以不考虑数据库。领域对象对数据库的结构一无所知，因为所有这些对应关系都由数据映射器完成。

这在编码时是有用的，因为可以在不清楚领域对象在数据库是如何存储的情况下理解和操作领域对象。可以修改领域模型或数据库而不必变动另一方。对复杂的映射，特别是涉及已存在数据库的映射，这样做非常好。

当然，代价是引入了新的层次，这个新层次在活动记录中是没有的。因此使用这些模式的前提条件是业务逻辑的复杂性。如果业务逻辑很简单，可能就不需要用领域模型或者数据映射器。对比较复杂的业务逻辑就会用到领域模型以及数据映射器。

如果没有领域模型，我不会选用数据映射器。但是没有数据映射器时能使用领域模型吗？如果领域模型很简单，且数据库受领域模型开发者的控制，则领域对象用活动记录直接访问数据库也是合理的。可以把这里讨论的映射器行为置入领域对象自身之中，而当情况更复杂时就越应该把数据库操作分离出来作为单独的一层。

不必创建完全意义上的数据库映射层。创建这样的数据映射层很复杂，已经有可用的产品做这一点。大多数情况下，建议购买一个数据库映射层而不是自己动手创建。

### 10.4.3 例：一个简单的数据映射器（Java）

下面以一个非常简单的数据映射器应用使读者对数据映射器的结构有所了解。该例是一个人员的类，和一张同构的人员表。

```
class Person...
    private String lastName;
    private String firstName;
    private int numberOfDependents;
```

数据库方案如下：

```
create table people (ID int primary key, lastname varchar,
                firstname varchar, number_of_dependents int)
```

这里考虑简单的情形，Person Mapper同时实现了查找方法和和标识映射。还有，我增加了一个抽象的映射器层超类型来存放某些公共操作。加载过程包括进行检查来确认对象不在标识映射中，并从数据库中读入数据。

Person Mapper中首先是查找操作，它把调用包装为用ID查找的抽象查找方法。

```
class PersonMapper...

    protected String findStatement() {
        return "SELECT " + COLUMNS +
            " FROM people" +
            " WHERE id = ?";
    }
    public static final String COLUMNS = " id, lastname, firstname, number_of_dependents ";
    public Person find(Long id) {
        return (Person) abstractFind(id);
    }
    public Person find(long id) {
        return find(new Long(id));
    }

class AbstractMapper...

    protected Map loadedMap = new HashMap();
    abstract protected String findStatement();
    protected DomainObject abstractFind(Long id) {
        DomainObject result = (DomainObject) loadedMap.get(id);
        if (result != null) return result;
        PreparedStatement findStatement = null;
        try {
            findStatement = DB.prepare(findStatement());
            findStatement.setLong(1, id.longValue());
            ResultSet rs = findStatement.executeQuery();
            rs.next();
            result = load(rs);
            return result;
        } catch (SQLException e) {
            throw new ApplicationException(e);
        } finally {
            DB.cleanUp(findStatement);
        }
    }
```

查找方法调用了加载方法，加载方法把抽象映射器和person映射器分开。抽象映射器检查ID，并从数据中将其读入，并在标识映射中注册一个新对象。

```
class AbstractMapper...

    protected DomainObject load(ResultSet rs) throws SQLException {
        Long id = new Long(rs.getLong(1));
        if (loadedMap.containsKey(id)) return (DomainObject) loadedMap.get(id);
        DomainObject result = doLoad(id, rs);
        loadedMap.put(id, result);
        return result;
    }
    abstract protected DomainObject doLoad(Long id, ResultSet rs) throws SQLException;
```

```
class PersonMapper...
    protected DomainObject doLoad(Long id, ResultSet rs) throws SQLException {
        String lastNameArg = rs.getString(2);
        String firstNameArg = rs.getString(3);
        int numDependentsArg = rs.getInt(4);
        return new Person(id, lastNameArg, firstNameArg, numDependentsArg);
    }
```

注意到标识映射检查了两次，一次是 `abstractFind` 方法，一次是 `load` 方法。这样重复检查是有理由的。

在查找方法中检查是为了确认对象是否已经存在于标识映射器中，就可以省下一个对数据库的访问过程——如果可以，我通常尽可能节约长操作过程。但在加载方法中也需要检查数据映射器，因为可能有的查询在标识映射中不一定能解决。比如要查找所有姓和某个查询模式匹配的人，但并不能确定所有符合条件的人都已加载，因此要从数据库中查询。

```
class PersonMapper...
    private static String findLastNameStatement =
        "SELECT " + COLUMNS +
        "  FROM people " +
        " WHERE UPPER(lastname) like UPPER(?)" +
        " ORDER BY lastname";
    public List findByLastName(String name) {
        PreparedStatement stmt = null;
        ResultSet rs = null;
        try {
            stmt = DB.prepare(findLastNameStatement);
            stmt.setString(1, name);
            rs = stmt.executeQuery();
            return loadAll(rs);
        } catch (SQLException e) {
            throw new ApplicationException(e);
        } finally {
            DB.cleanUp(stmt, rs);
        }
    }

class AbstractMapper...
    protected List loadAll(ResultSet rs) throws SQLException {
        List result = new ArrayList();
        while (rs.next())
            result.add(load(rs));
        return result;
    }
```

这样做可能会在结果集中找到某些行和已加载的人有重复，必须确保不出现重复，为此必须再次检查标识映射。

在每个需要查找方法的子类中，以这种方式写查找方法需要一些基本的重复编码，提供一个通用的方法便可消除这个问题。

```
class AbstractMapper...
    public List findMany(StatementSource source) {
```

```
      PreparedStatement stmt = null;
      ResultSet rs = null;
      try {
         stmt = DB.prepare(source.sql());
         for (int i = 0; i < source.parameters().length; i++)
            stmt.setObject(i+1, source.parameters()[i]);
         rs = stmt.executeQuery();
         return loadAll(rs);
      } catch (SQLException e) {
         throw new ApplicationException(e);
      } finally {
         DB.cleanUp(stmt, rs);
      }
   }
```

为了实现这一点,需要一个接口将SQL字符串和参数的加载包装成预制语句。

```
interface StatementSource...

   String sql();
   Object[] parameters();
```

通过提供适当的实现作为内部类就可以使用该功能了。

```
class PersonMapper...

   public List findByLastName2(String pattern) {
      return findMany(new FindByLastName(pattern));
   }
   static class FindByLastName implements StatementSource {
      private String lastName;
      public FindByLastName(String lastName) {
         this.lastName = lastName;
      }
      public String sql() {
         return
            "SELECT " + COLUMNS +
            " FROM people " +
            " WHERE UPPER(lastname) like UPPER(?)" +
            " ORDER BY lastname";
      }
      public Object[] parameters() {
         Object[] result = {lastName};
         return result;
      }
   }
```

在其他有重复语句调用代码的地方也可以这样做。总之,这里给出的例子比较直接以便于模仿。如果发现自己在写大量重复代码,就应该考虑用类似的做法。

对于修改操作,JDBC的代码置于子类型中。

```
class PersonMapper...

   private static final String updateStatementString =
      "UPDATE people " +
      "  SET lastname = ?, firstname = ?, number_of_dependents = ? " +
      "  WHERE id = ?";
   public void update(Person subject) {
```

```java
            PreparedStatement updateStatement = null;
            try {
                updateStatement = DB.prepare(updateStatementString);
                updateStatement.setString(1, subject.getLastName());
                updateStatement.setString(2, subject.getFirstName());
                updateStatement.setInt(3, subject.getNumberOfDependents());
                updateStatement.setInt(4, subject.getID().intValue());
                updateStatement.execute();
            } catch (Exception e) {
                throw new ApplicationException(e);
            } finally {
                DB.cleanUp(updateStatement);
            }
        }
```

对于插入操作,某些代码可以提取到层超类型中。

```java
class AbstractMapper...

    public Long insert(DomainObject subject) {
        PreparedStatement insertStatement = null;
        try {
            insertStatement = DB.prepare(insertStatement());
            subject.setID(findNextDatabaseId());
            insertStatement.setInt(1, subject.getID().intValue());
            doInsert(subject, insertStatement);
            insertStatement.execute();
            loadedMap.put(subject.getID(), subject);
            return subject.getID();
        } catch (SQLException e) {
            throw new ApplicationException(e);
        } finally {
            DB.cleanUp(insertStatement);
        }
    }
    abstract protected String insertStatement();
    abstract protected void doInsert(DomainObject subject, PreparedStatement insertStatement)
        throws SQLException;

class PersonMapper...

    protected String insertStatement() {
        return "INSERT INTO people VALUES (?, ?, ?, ?)";
    }
    protected void doInsert(
        DomainObject abstractSubject,
        PreparedStatement stmt)
        throws SQLException
    {
        Person subject = (Person) abstractSubject;
        stmt.setString(2, subject.getLastName());
        stmt.setString(3, subject.getFirstName());
        stmt.setInt(4, subject.getNumberOfDependents());
    }
```

### 10.4.4 例:分离查找方法(Java)

为了允许领域对象调用查找方法,可用分离接口把查找方法的接口从映射器从映射器中分离出来（见图10-5）。将这些查找方法放在一个对领域层可见的单独包中，或类似这一做法，也可将它们直接置于领域层自身之中。

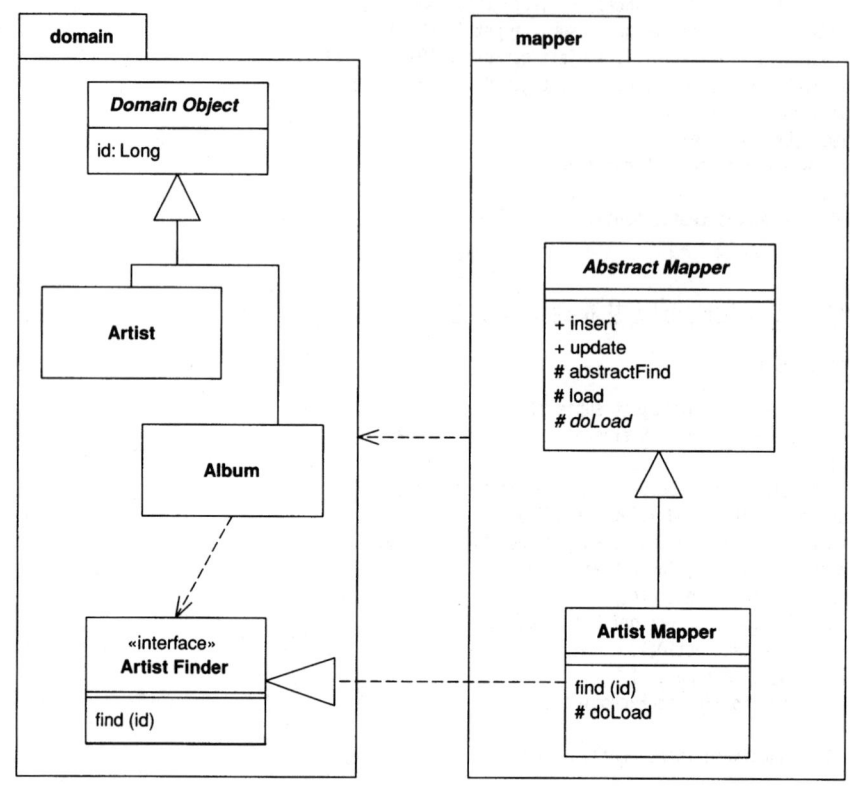

图10-5 在领域包中定义一个查找方法接口

最常见的查找方法之一是根据某个特定的代理ID查找对象。这个处理方法很通用，因此可以用一个适当的层超类型来处理。只需要为知道ID的领域对象提供一个层超类型就可以了。

用于查找的接口在查找类接口中。通常最好不要做成通用的，因为需要知道返回类型。

interface ArtistFinder...

```
Artist find(Long id);
Artist find(long id);
```

查找方法接口最好在领域包中声明，查找类保存在注册表中。在这种情况下我将用映射器类实现查找类接口。

class ArtistMapper implements ArtistFinder...

```
public Artist find(Long id) {
    return (Artist) abstractFind(id);
}
public Artist find(long id) {
    return find(new Long(id));
}
```

查找方法的主体部分由映射器的层超类型实现。层超类型检查标识映射看对象是否已在内存中，如果不在，则它生成一个由artist mapper载入的预制语句，并执行该语句。

```
class AbstractMapper...
    abstract protected String findStatement();
    protected Map loadedMap = new HashMap();
    protected DomainObject abstractFind(Long id) {
        DomainObject result = (DomainObject) loadedMap.get(id);
        if (result != null) return result;
        PreparedStatement stmt = null;
        ResultSet rs = null;
        try {
            stmt = DB.prepare(findStatement());
            stmt.setLong(1, id.longValue());
            rs = stmt.executeQuery();
            rs.next();
            result = load(rs);
            return result;
        } catch (SQLException e) {
            throw new ApplicationException(e);
        } finally {cleanUp(stmt, rs);
        }
    }

class ArtistMapper...
    protected String findStatement() {
        return "select " + COLUMN_LIST + " from artists art where ID = ?";
    }
    public static String COLUMN_LIST = "art.ID, art.name";
```

该方法的查找部分获取一个已有的对象或一个新对象。加载部分把数据从数据库读到一个新对象中。

```
class AbstractMapper...
    protected DomainObject load(ResultSet rs) throws SQLException {
        Long id = new Long(rs.getLong("id"));
        if (loadedMap.containsKey(id)) return (DomainObject) loadedMap.get(id);
        DomainObject result = doLoad(id, rs);
        loadedMap.put(id, result);
        return result;
    }
    abstract protected DomainObject doLoad(Long id, ResultSet rs) throws SQLException;

class ArtistMapper...
    protected DomainObject doLoad(Long id, ResultSet rs) throws SQLException {
        String name = rs.getString("name");
        Artist result = new Artist(id, name);
        return result;
    }
```

注意加载方法也检查了标识映射。尽管这样做显得冗余，但加载方法可能会被其他未做此检查的查找方法调用。按此方案，所有的子类都必须实现一个`doLoad`方法来加载实际需要的数据，并由`findStatement`方法返回一个合适的预制语句。

也可以基于查询来实现查找。比如歌曲和唱片的数据库，我们有一个查找方法能找到某个特定唱片上的所有歌曲。同样由接口声明查找方法。

```
interface TrackFinder...

    Track find(Long id);
    Track find(long id);
    List findForAlbum(Long albumID);
```

由于这是该类的特殊查找方法，因此在一个特殊类，如歌曲映射类中实现它，而不是在层超类型中实现。和其他查找对象方法一样，实现类中有两个方法。一个建立预制语句；另一个包装到预制语句的调用并解释其结果。

```
class TrackMapper...

    public static final String findForAlbumStatement =
        "SELECT ID, seq, albumID, title " +
        "FROM tracks " +
        "WHERE albumID = ? ORDER BY seq";
    public List findForAlbum(Long albumID) {
        PreparedStatement stmt = null;
        ResultSet rs = null;
        try {
            stmt = DB.prepare(findForAlbumStatement);
            stmt.setLong(1, albumID.longValue());
            rs = stmt.executeQuery();
            List result = new ArrayList();
            while (rs.next())
                result.add(load(rs));
            return result;
        } catch (SQLException e) {
            throw new ApplicationException(e);
        } finally {cleanUp(stmt, rs);
        }
    }
```

查找方法对结果集中的每一行调用一次加载方法。而加载方法负责创建内存中的对象并为其加载数据。同上一例，部分操作可以在层超类型中处理，包括检查标识映射看要查找的对象是否已经加载。

### 10.4.5 例：创建一个空对象（Java）

加载对象有两种方法。方法之一是用构造函数创建一个完全有效的对象，在前面的例子中是这么做的。这便产生了如下的加载代码：

```
class AbstractMapper...

    protected DomainObject load(ResultSet rs) throws SQLException {
        Long id = new Long(rs.getLong(1));
        if (loadedMap.containsKey(id)) return (DomainObject) loadedMap.get(id);
        DomainObject result = doLoad(id, rs);
        loadedMap.put(id, result);
        return result;
    }
    abstract protected DomainObject doLoad(Long id, ResultSet rs) throws SQLException;
```

```
class PersonMapper...

    protected DomainObject doLoad(Long id, ResultSet rs) throws SQLException {
        String lastNameArg = rs.getString(2);
        String firstNameArg = rs.getString(3);
        int numDependentsArg = rs.getInt(4);
        return new Person(id, lastNameArg, firstNameArg, numDependentsArg);
    }
```

另一种方法是创建一个空对象,然后用设置方法来为它加载数据。

```
class AbstractMapper...

    protected DomainObjectEL load(ResultSet rs) throws SQLException {
        Long id = new Long(rs.getLong(1));
        if (loadedMap.containsKey(id)) return (DomainObjectEL) loadedMap.get(id);
        DomainObjectEL result = createDomainObject();
        result.setID(id);
        loadedMap.put(id, result);
        doLoad (result, rs);
        return result;
    }
    abstract protected DomainObjectEL createDomainObject();
    abstract protected void doLoad(DomainObjectEL obj, ResultSet rs) throws SQLException;

class PersonMapper...

    protected DomainObjectEL createDomainObject() {
        return new Person();
    }
    protected void doLoad(DomainObjectEL obj, ResultSet rs) throws SQLException {
        Person person = (Person) obj;
        person.dbLoadLastName(rs.getString(2));
        person.setFirstName(rs.getString(3));
        person.setNumberOfDependents(rs.getInt(4));
    }
```

请注意:这里使用了一个不同种类的领域对象层超类型,因为我想控制设置方法的使用。比如我想让一个人的姓是不变域,在此情况下,该域的值一经加载就不希望再改变它,因此为领域对象增加了一个状态域。

```
class DomainObjectEL...

    private int state = LOADING;
    private static final int LOADING = 0;
    private static final int ACTIVE = 1;
    public void beActive() {
        state = ACTIVE;
    }
```

然后,在加载过程中可以检查该域的值。

```
class Person...

    public void dbLoadLastName(String lastName) {
        assertStateIsLoading();
        this.lastName = lastName;
    }
```

```
class DomainObjectEL...

    void assertStateIsLoading() {
        Assert.isTrue(state == LOADING);
    }
```

这种方法令人不太满意的地方是，接口中存在一个Person类的大多数客户不能使用的方法。对映射器采用反射来设置域值有些争议，因为这样完全绕过了Java的保护机制。

使用基于状态的保护方法合适吗？我不能十分肯定。一方面，它能捕捉用户在不当的时候调用更新方法而引起的漏洞；另一方面，漏洞的严重性到了必须使用保护机制的地步吗？对此我也不能给出一个有力的说法。

# 第11章
# 对象-关系行为模式

## 11.1 工作单元（Unit of Work）

> 维护受业务事务影响的对象列表，并协调变化的写入和并发问题的解决。

```
Unit of Work
─────────────────────
registerNew(object)
registerDirty (object)
registerClean(object)
registerDeleted(object)
commit()
```

从数据库中存取数据时，记录所修改的内容是非常重要的；否则，那些改变的数据将不会被写回到数据库中。同样，必须插入创建的新对象和移除已删除的对象。

可以在每次修改对象模型时对数据库进行相应修改，但这样会产生大量规模很小的数据库调用，从而导致速度变慢。而且这样做还需要有一个对整个交互过程都开放的事务，如果存在一个贯穿多个请求的业务事务，这就是不合实际的。如果还要记录读过的对象以避免不一致读，那么情况会更糟。

工作单元记录在业务事务过程中对数据库有影响的所有变化。操作结束后，作为一种结果，工作单元了解所有需要对数据库做的改变。

### 11.1.1 运行机制

引发你去处理数据库的明显原因是变化：创建新对象和更新或删除已经存在的对象。工作单元就是一个记录这些变化的对象。只要开始做一些可能会对数据库有影响的操作，就创建一个工作单元去记录这些变化。每当创建、改变或者删除一个对象时，就通知此工作单元。也可以让此单元知道所读过的对象，通过验证在整个业务事务处理过程中数据库中的所有对象都没有改变，从而检查不一致读。

工作单元的关键是在提交的时候，它决定要做什么。它打开一个事务，做所有的并发检查（使用悲观离线锁或乐观离线锁）并向数据库写入所做的修改。开发人员根本不用显式调用数据库更新方法。这样，他们就不必记录所修改的内容或者不必担心引用完整性如何影响他们的操作顺序。

当然为了做到这一点，工作单元需要知道它应该记录哪些对象。可以由调用者实现，也可以让发生变化的对象通知工作单元。

用**调用者注册**（caller registration）的方式（见图11-1），用户如果改变了某个对象就必须将它注册到工作单元。任何没有注册的对象提交时都不会写入数据库。虽然这样会因为粗心大意带来麻烦，但也带来了灵活性，允许人们在内存中改变对象而又不将它写入数据库。然而，我认为没必要这样做，因为这样做会产生更多的混乱。要达到前面的目的，最好做一个显式的拷贝。

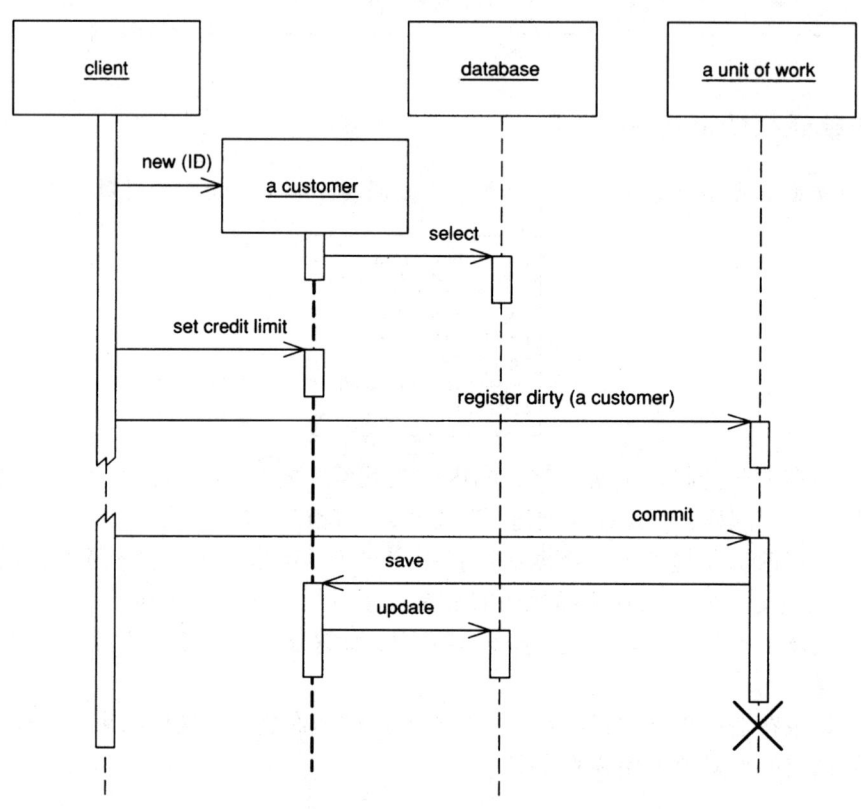

图11-1 由调用者注册一个发生变化的对象

用**对象注册**（object registration）的方式（见图11-2），调用者就不再负责注册。这里常用的技巧是把注册方法置于对象方法中。从数据库加载对象会将加载的对象注册为"干净"的；setting方法会将要设置的对象注册为"脏"的。为了使这种方案可行，工作单元要么被传递给对象，要么被放在一个众所周知的地方。到处传递工作单元显得啰嗦，但是通常可以让它存在于某些会话对象中。

即使进行对象注册也还是要注意一些地方，这就是，对象开发者必须记住在适当的地方加入注册调用代码。希望开发者习惯了一致性，但如果遗忘了一致性，将是一个尴尬的漏洞。

自然，可以用代码生成来产生适当的调用（代码），但是只有当能清楚区分生成代码和非生成代码的时候，该方法才有效。事实证明这个问题尤其适用于面向方面程序设计。我也曾遇到通过对象文件的后处理来设法实现这个例子。在该例子中，一个后处理程序检查所有的Java类文件，寻找适当的方法并插入注册调用到字节代码中。如此苛刻的要求令人生厌，但是它将数据库代码从常规代码中分离开了。面向方面程序设计利用源代码把这一点做得更清晰，而且当相关工具更普遍时，希望大家都能采用这种策略。

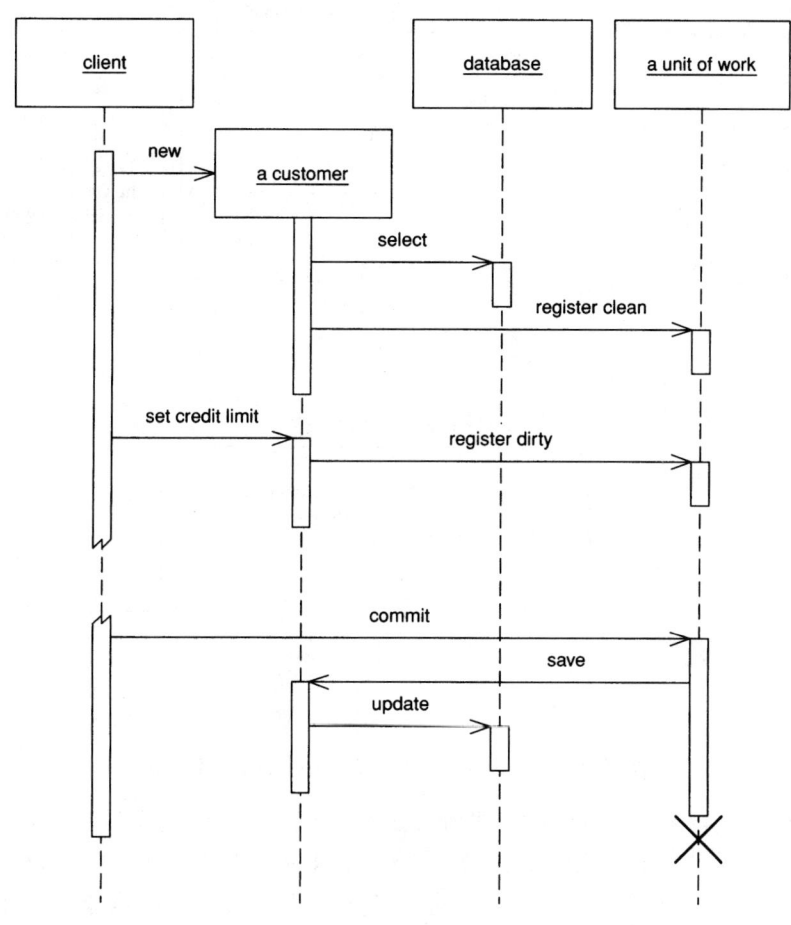

图11-2 让接收方对象自己注册

另一种技术是**工作单元控制器**（unit of work controller）（见图11-3），TOPLink产品就使用了工作单元控制器。在这里，工作单元控制所有数据库的读操作，一旦对象被读取，就将它注册为"干净"的对象，而不是将对象标记为"脏"对象。工作单元在读操作的时候将产生一个拷贝，在提交时比较当前对象和拷贝对象，看对象是否发生了变化。虽然这加重了提交过程的负担，但是使得只对那些真正改变了的域进行有选择的更新；也可以避免在对象域内执行注册调用。一个折中的方法是只拷贝改变了的对象。这需要注册，但是它支持有选择的更新，因此当读操作大大超过写操作时，它还会极大地降低拷贝操作的负担。

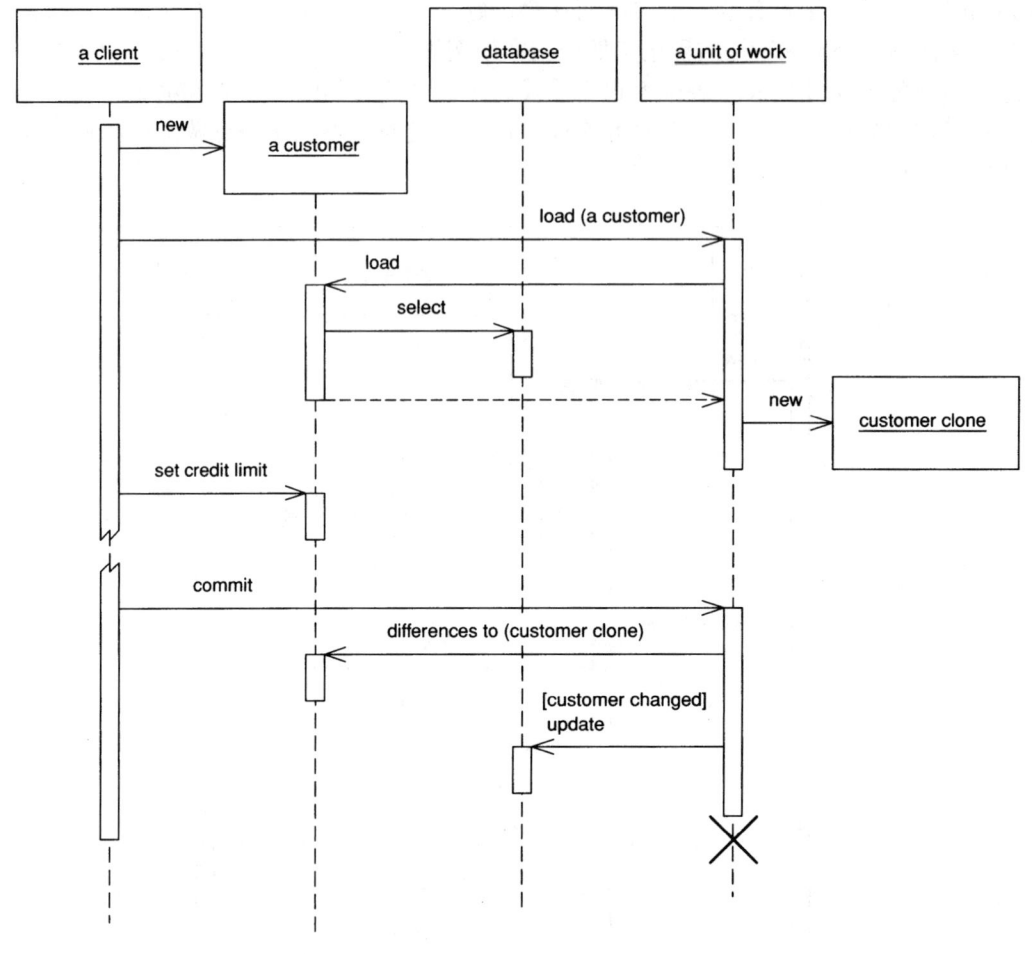

图11-3 使用工作单元作为数据库访问的控制器

对象创建时往往是考虑使用调用者注册方法的特殊时机。创建临时对象的情形不常见。对此一个较好的例子是在测试对象域时，如果没有数据库的写操作，测试运行速度要快得多。调用者注册能使这一点更明显。然而，也有其他的解决方法，比如创建一个不在工作单元中注册的临时构造函数，或者用更好的做法，创建一个特殊情况工作单元，它在提交的时候不做任何事。

工作单元的另一个用武之地是当数据库使用引用完整性时用它来保证更新顺序。在大多数情况下，只需保证数据库在事务提交时检查引用完整性即可，无需在每次SQL调用时都检查。大多数数据库都允许这样做。如果这样可行，那就没有理由不这样做；但如果这样做不可行，工作单元是确定更新次序最自然的地方。在小型系统中，可以用显式的代码来实现这一点，该代码中包含了根据外键决定先写哪张表的细节。在较大的应用中，最好用元数据指出按照什么样的顺序写数据库。具体怎样做已超出了本书的讨论范围，这也是使用商业工具的主要原因。如果必须自己实现，据我所知这个问题的关键是拓扑排序。

可以用相似的技术来最大限度地减少死锁的可能性。如果每个事务都按相同的顺序处理需要进行编辑的表，就会大大降低死锁的风险。工作单元是保存固定写表顺序的理想地方，这样总可以用同样的顺序来访问表。

对象要能够找到它们当前的工作单元。对此，好的方法是用一张线程范围内的注册表。另一个方法在方法调用或创建对象时，把工作单元传递给需要它的对象。每种方法都必须保证访问工作单元的线程不超过一个，否则会导致意想不到的结果。

工作单元也是处理批量更新的方法之一。**批量更新**（batch update）的思想是把若干SQL命令作为一个单独的单元发送，这样可以在一次单独的远程调用中得到处理。在快速连续发送很多个更新、插入和删除命令时这种思想尤为重要。不同的环境为批量更新提供不同层次的支持。JDBC有一个机制允许批量处理单条语句。如果没有这样的支持机制，可以通过建立一个包含很多SQL语句的字符串并作为一个语句提交来模拟实现。[Nilsson]描述了这样一个基于微软平台的例子。然而，要检查这样做是否会影响语句预编译。

工作单元不仅能作用于数据库，还可以作用于任何事务资源，所以也可以用它调整消息队列和事务监控。

### .NET实现

在.NET环境下，工作单元由无连接的数据集来实现。这使得它成为一个与经典类型稍微有所不同的模式。我所遇到的大多数工作单元都注册和跟踪对象的变化。.NET把数据从数据库读入数据集，数据集是一系列排列成类似数据库表、行和列的对象集合。该数据集合从本质上来说是一个或多个SQL查询结果在内存中的镜像。每一个数据行都有版本（当前版本、原始版本、建议版本）和状态（不变、增加、删除、修改）的概念，这些概念和数据集模仿数据库结构这个事实一起，使得可以直接将所做的修改写入数据库。

### 11.1.2 使用时机

工作单元解决的基本问题是记录操作过的各种对象，以便知道为了使内存中的数据与数据库同步需要考虑哪些对象。如果能够在一个系统事务中做完所有的工作，则只需要考虑那些改变了的对象。尽管一般来说，工作单元是解决这个问题的最好途径，但还有其他方法。

也许最简单的方法是，在修改任何一个对象时就显式地保存该对象。但是带来的问题是可能使用的数据库调用比预想的多。如果操作过程中在三个不同的地方改变了同一个对象，最终会产生三次数据库调用，而不是一次。

要避免多重数据库调用，可以把对数据库的更新操作放在最后。为了做到这一点，需要记录已经改变的所有对象。可以在代码中用变量来实现记录跟踪，但是一旦变量很多，变量很快就变得难以管理。一般来说，变量与事务脚本运行得很好，但很难与领域模型一起使用。

把每个所改变的对象加上"脏"标志的做法要比把对象保存在变量中好。在事务处理完后，需要找出所有加了"脏"标记的对象并把它们写入到数据库中。这项技术的价值取决于寻找"脏"对象的难易程度。如果所有的"脏"对象都在一个单一层次结构上，就可以遍历该层次结构来向数据库写入所有被改变了的对象。然而，跨越一个更一般的对象网络（如一个领域模型）

是比较困难的。

工作单元的强大功能是把所有的信息保存在一个地方。一旦使用了工作单元，就不必为记录所做的修改做很多操作。而且，工作单元还可以作为更复杂情况下的固定处理平台，例如处理一个利用乐观离线锁和悲观离线锁跨越几个系统事务的业务事务。

### 11.1.3 例：使用对象注册的工作单元（Java）

——由David Rice撰写

下面是一个工作单元，它能跟踪一个给定业务事务所有的变化，然后在要求提交变化的时候将这些变化写入数据库。此处的域层有一个层超类型，即`DomainObject`，工作单元可以与它来进行交互。为了存储变化集，我们用三个列表："新"的领域对象，"脏"的领域对象，已删除的领域对象。

```java
class UnitOfWork...

    private List newObjects = new ArrayList();
    private List dirtyObjects = new ArrayList();
    private List removedObjects = new ArrayList();
```

注册方法维护这些列表的状态。它们必须做基本的检查，例如检查ID不为空，或者保证一个"脏"对象没有注册为"新"的。

```java
class UnitOfWork...

    public void registerNew(DomainObject obj) {
        Assert.notNull("id not null", obj.getId());
        Assert.isTrue("object not dirty", !dirtyObjects.contains(obj));
        Assert.isTrue("object not removed", !removedObjects.contains(obj));
        Assert.isTrue("object not already registered new", !newObjects.contains(obj));
        newObjects.add(obj);
    }
    public void registerDirty(DomainObject obj) {
        Assert.notNull("id not null", obj.getId());
        Assert.isTrue("object not removed", !removedObjects.contains(obj));
        if (!dirtyObjects.contains(obj) && !newObjects.contains(obj)) {
            dirtyObjects.add(obj);
        }
    }
    public void registerRemoved(DomainObject obj) {
        Assert.notNull("id not null", obj.getId());
        if (newObjects.remove(obj)) return;
        dirtyObjects.remove(obj);
        if (!removedObjects.contains(obj)) {
            removedObjects.add(obj);
        }
    }
    public void registerClean(DomainObject obj) {
        Assert.notNull("id not null", obj.getId());
    }
```

可以看到`registerClean()`在这里没有做任何事情。通常的做法是把工作单元内放入一个标识映射。几乎在任何要在内存中存储领域对象状态的时候，都需要标识映射，因为同一对象的多重拷贝会导致不确定的行为。如果有标识映射，`registerClean()`会把已注册的对象放在标识映射中。同样，`registerNew()`会把一个新对象放在此映射中，`registerRemoved()`会从此映射中移除一个已被删除的对象。如果没有标识映射，可以不把`registerClean()`包含在工作单元中。我曾见过该方法的实现用于从"脏"列表中移除改变了的对象，但是部分回滚改变所做的修改往往是微妙的。改变变化集中的任何状态时都要谨慎。

`commit()`为每个对象定位数据映射器，并调用适当的映射方法。这里没有说明`updateDirty()`和`deleteRemoved()`，但如我们的预期那样，其运行类似`insertNew()`。

```
class UnitOfWork...

    public void commit() {
        insertNew();
        updateDirty();
        deleteRemoved();
    }
    private void insertNew() {
        for (Iterator objects = newObjects.iterator(); objects.hasNext();) {
            DomainObject obj = (DomainObject) objects.next();
            MapperRegistry.getMapper(obj.getClass()).insert(obj);
        }
    }
```

此处的工作单元不包括跟踪读过的所有对象和在提交时检查不一致读错误，这一点将在乐观离线锁中论述。

下一步，我们需要使对象注册变得容易。首先，每个域对象都需要找到服务于当前业务事务的工作单元。由于整个领域模型都需要该工作单元，因此把它作为参数到处传递可能不太合理。因为每个业务事务都运行在一个单线程中，我们可以用`java.lang.ThreadLocal`这个Java类把工作单元和当前运行的线程联系起来。为简单起见，用工作单元上的静态方法增加这一功能。如果已经存在与当前业务事务的运行线程有关联的某类会话对象，则应该把当前工作单元放在这个会话对象之上，而不是增加另一个线程映射的管理负担。另外，工作单元逻辑上属于会话对象。

```
class UnitOfWork...

    private static ThreadLocal current = new ThreadLocal();
    public static void newCurrent() {
        setCurrent(new UnitOfWork());
    }
    public static void setCurrent(UnitOfWork uow) {
        current.set(uow);
    }
    public static UnitOfWork getCurrent() {
        return (UnitOfWork) current.get();
    }
```

现在我们可以给出抽象领域对象的标记方法来把抽象领域对象向当前工作单元注册。

```
class DomainObject...

    protected void markNew() {
```

```
        UnitOfWork.getCurrent().registerNew(this);
    }
    protected void markClean() {
        UnitOfWork.getCurrent().registerClean(this);
    }
    protected void markDirty() {
        UnitOfWork.getCurrent().registerDirty(this);
    }
    protected void markRemoved() {
        UnitOfWork.getCurrent().registerRemoved(this);
    }
```

具体的域对象需要记得在适当的地方把自己标记成"新"的和"脏"的。

```
class Album...

    public static Album create(String name) {
        Album obj = new Album(IdGenerator.nextId(), name);
        obj.markNew();
        return obj;
    }
    public void setTitle(String title) {
        this.title = title;
        markDirty();
    }
```

这里没有说明已移除对象的注册方法,它可以通过抽象领域对象的 `remove()` 方法来处理。还有,如果已经实现了 `registerClean()`,则数据映射器需要把任何新加载的对象注册为"新"的。

最后的工作是在适当的地方注册和提交工作单元,显式或非显式实现都可以。下面是显式的工作单元管理代码:

```
class EditAlbumScript...

    public static void updateTitle(Long albumId, String title) {
        UnitOfWork.newCurrent();
        Mapper mapper = MapperRegistry.getMapper(Album.class);
        Album album = (Album) mapper.find(albumId);
        album.setTitle(title);
        UnitOfWork.getCurrent().commit();
    }
```

除了最简单的应用,否则隐式工作单元管理得更好,因为它避免了重复和冗余代码。下面是一个 servlet 层超类型,它把工作单元注册并提交给其具体的子类型。子类型实现 `handleGet()` 而不是覆盖 `doGet()`。运行在 `handleGet()` 中的所有代码都有一个工作单元用以辅助实现。

```
class UnitOfWorkServlet...

    final protected void doGet(HttpServletRequest request, HttpServletResponse response)
        throws ServletException, IOException {
        try {
            UnitOfWork.newCurrent();
            handleGet(request, response);
            UnitOfWork.getCurrent().commit();
        } finally {
            UnitOfWork.setCurrent(null);
```

      }
    }
    abstract void handleGet(HttpServletRequest request, HttpServletResponse response)
        throws ServletException, IOException;

上面的例子显然有点过于简单了，因为它没考虑系统事务控制。如果正在用前端控制器，很可能会把工作单元管理打包到命令中，而不是调用doGet()。类似的包装方法还可以用于任何执行上下文。

## 11.2 标识映射（Identity Map）

> 通过在映射中保存每个已经加载的对象，确保每个对象只加载一次。
> 当要访问对象的时候，通过映射来查找它们。

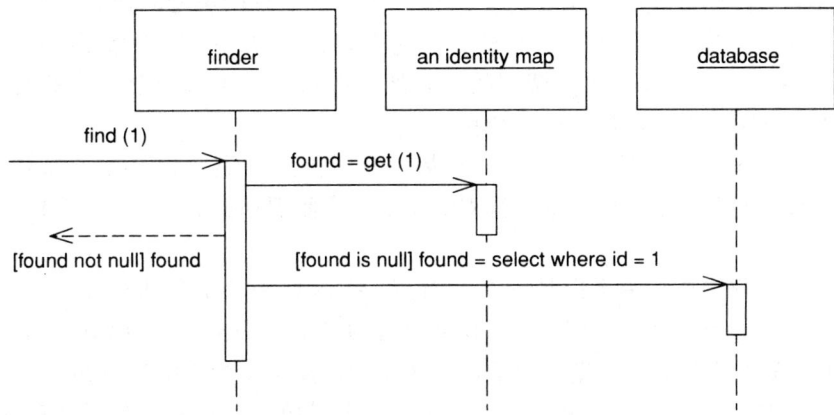

一则古老的谚语说，拥有两块表的人永远不知道准确的时间。如果对象与其映射不一致，则可能会在从数据库中加载对象时遇到更大的麻烦。如果不够细心，可能会把同一数据库记录加载到两个不同的对象中。当把它们都更新后，就很难把它们的变化准确地写入数据库。

与此相关的是明显的性能问题。如果多次加载相同的数据，在远程调用中就会引起很大开销。所以，不重复加载相同的数据，不仅有助于保证正确性，还能加速应用程序。

标识映射记录在一个业务事务中从数据库读出的所有对象。无论什么时候要用一个对象，先检查标识映射，看需要的对象是否已经存在其中。

### 11.2.1 运行机制

标识映射最基本的思想是使用一系列映射，这些映射包含了从数据库读出的对象。在简单情况下，使用同构方案时，就要为数据库中的每张表建立一个映射。当从数据库加载对象时，首先要检查映射。如果映射中存在与要加载的对象相一致的对象，返回该对象；如果不存在，访问数据库，加载对象的同时把它们写入映射以备将来引用。

还有大量的实现策略需要考虑。同样，由于标识映射要与并发管理交互，还应该考虑使用乐观离线锁。

1. 键选择

首先要考虑的问题就是映射的键。最自然是就选择相应数据库表的主键。如果键只有一列且不可改变则这种方法比较有效。一个代理主键非常适合这个用途，因为可以把它作为映射的键。这些键通常是一个简单的数据类型，所以比较行为能高效运行。

2. 显式的还是通用的

必须确定把标识映射设计为显式的还是通用的。显式的标识映射为每一种需要的对象提供不同的方法，例如，`findPerson(1)`。通用的映射为所有的对象提供统一的方法，而用一个参数指出所需的对象类型，例如，`find("Person", 1)`。最明显的好处是可以用通用和可重用对象支持通用映射。很容易就能构造一个可重复使用的注册表，它为各种各样的对象服务，而且增加新的映射时并不需要更新。

然而，我推荐使用显式的标识映射。首先，在一种强数据类型的语言中用显式数据映射能做编译时的检查。但是，其优点远不止此，它还拥有显式接口的其他全部优点：比较容易看到哪些映射是可用的，它们是怎么被调用的。虽然这意味着每增加一个映射就要加入一个方法，但对显式化的优点来说也不过是一个小负担。

键的类型影响到使用哪种标识映射。如果所有对象的键类型相同，可以只用通用的映射。这是把不同类型的数据库键封装到单一键对象中的一个重要原因。（详见标识域）。

3. 数量

标识映射的数量选择范围可以从一个类对应一个映射到整个会话对应一个映射。只有当数据库有唯一键时才选用整个会话使用一个映射（参见标识映射对这个问题的讨论）。一旦建立了标识映射，其好处在于只有一个地方可访问，也不会出现关于继承的严重错误。

如果用多映射，最自然的方法是每个类或每个表对应一个映射，如果数据库方案和对象模型是相同的，这种方法很适用。如果二者不同，通常来说使映射基于对象比基于表要容易一些，因为对象并不需要真正知道映射的复杂关系。

这里继承导致一个不好的开端。如果让各种小汽车作为车辆的子类型，使用一个映射还是多个分离的映射？多个映射分离会使得多态引用更困难，因为每次查找都需要在所有的映射中查找。因此，我更倾向于对每个继承树使用一个映射，但是那意味着也必须保证键在整个继承树中是唯一的，如果用具体表继承，很难做到这一点。

单映射的优点之一是增加数据库表时并不必增加新的映射。虽然把映射捆绑到数据映射器（参考下面的讨论）并不会增加任何额外负担。

4. 把标识映射放到哪里

标识映射必须放在容易找到的地方。也可把它们捆绑到当前进程的上下文中。要确保每个会话都有自己的实例，并独立于任何其他会话的实例。因此，要把标识映射放到某个特定会话的对象中。如果正在使用工作单元，则把标识映射放到工作单元中。到目前为止，工作单元是放置标识映射最理想的地方，因为工作单元负责记录进出数据库的数据。如果没使用工作单元，最好的位置是捆绑到会话的注册表。

这里我的言下之意是通常一次会话有一个单一标识映射；不然，就要为映射提供事务保护，即使是精明的开发者对此也会感到相当棘手。然而，这里有两个例外：最大的例外是用对象数据库作为事务高速缓存，即使是用关系数据库来记录数据。虽然我没有见过任何专门的性能研究，但可能值得我们去了解一下。很多我所尊敬的人都是事务高速缓存的狂热爱好者，它不失为提高性能的一种途径。

另外一个例外是在所有条件下都为只读的对象。如果一个对象从来就不会被修改，就不必担心它在会话期间的共享问题。在性能敏感的系统中，一次加载全部只读数据，且在整个处理过程中使这些数据都可用是非常有益的。在这个条件下，把只读标识映射放在进程上下文中，把可更新的标识映射放在会话上下文中。这也适用于那些虽不是完全只读，但需要更新的部分非常少的对象，由于更新极少，因此即使清除整个进程范围内的标识映射也无关紧要，且如果出现更新会自动从服务器重取。

即使你更喜欢只用一个标识映射，也可以根据只读和可更新把标识映射分为两部分。通过提供一个检查这两部分映射的统一接口就可以使用户不必知道这种划分。

### 11.2.2 使用时机

一般来说，用一个标识映射来管理所有修改了的数据库读出对象。主要是不希望出现两个内存对象对应同一条数据库记录的情形——在这种情形下可能会因两次对记录的修改不一致而使数据库映射混乱。

标识映射的另一个用途是作为数据库读取操作的高速缓存。也就是说，不需要每次访问某数据都去访问数据库。

不变对象可能用不着标识映射。如果不会改变一个对象，那么也就不必担心修改异常。既然值对象是不变的，自然就不需要对值对象使用标识映射。尽管如此，在这种情况下，标识映射仍有其优点，最重要的优点就是高速缓存的性能高；另一个优点是它有助于防止使用相等测试的错误形式，在Java中不能覆盖==，因此常常出现错误的相等测试。

对依赖映射不需要建立标识映射。因为关联对象的存在受父对象的控制，没必要用映射保存标识。然而，尽管不需要一个映射，但如果要通过数据库键访问该对象，那么你也许想建立一个。在这种情况下，映射就只是一个索引，因此它究竟是否算得上是映射就值得探讨了。

标识映射有助于避免同一个会话中的更新冲突，但它对超出会话的冲突根本不起作用。这是一个复杂的问题，我们将在乐观离线锁和悲观离线锁中进一步讨论。

### 11.2.3 例：标识映射中的方法（Java）

每个标识映射中都有一个映射域和一些访问方法。

```java
private Map people = new HashMap();
public static void addPerson(Person arg) {
    soleInstance.people.put(arg.getID(), arg);
}
public static Person getPerson(Long key) {
    return (Person) soleInstance.people.get(key);
}
public static Person getPerson(long key) {
    return getPerson(new Long(key));
}
```

Java中一个让人恼火的问题是长整型（long）不是对象，这样就不能把它当作映射的索引使用。其实也没有那么严重，因为我们实际上并不对索引做算术运算。而真正严重的问题出现在想通过文字找到一个对象时。虽然在产品代码中极少这么做，但这在测试代码中是常有的事，所以我添加了一个Get方法，用它取得一个长整型（long）参数从而让测试更容易。

## 11.3 延迟加载（Lazy Load）

一个对象，它虽然不包含所需要的所有数据，但是知道怎么获取这些数据。

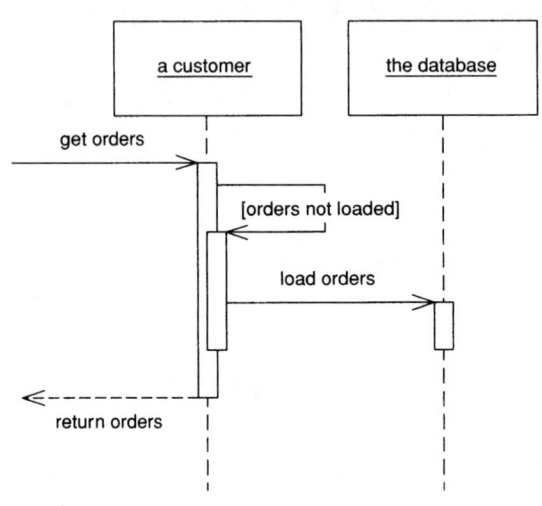

为了把数据从数据库中加载到内存中，设计专门的对象会使加载更方便。这样在加载所需对象的同时也可以把与之相关的对象加载到内存中。这会使开发人员进行加载更容易，否则必须显式加载所有需要的对象。

然而，如果由这个逻辑得出结论，就会出现这种情况：加载一个对象会引起大量相关对象的加载。当真正需要的对象只有几个时，这样做会损害系统的性能。

延迟加载会暂时中止这个加载过程，方法是在对象结构中设立一个标志以便使需要的数据在用到时才被加载。众所周知，如果你懒得做一些事情，当事后证明这些事情根本就不需要做的时候你就赚了。

### 11.3.1 运作机制

主要有四种实现延迟加载的方法：延迟初始化、虚代理、值保持器和重影。

**延迟初始化**（Lazy initialization）[Beck Patterns]是最简单的方法。它的基本思想是每次访问属性域都要先检查该域是否为空。如果为空，在返回域值之前计算出这个域的值。为了实现这一点必须确保这个域是自封装的，也就是说所有对该域的访问，即使来自类的内部，都要通过获取方法来实现。

用null来标记一个还没有加载的域也很有效，除了null是域中的合法取值的情况。在这种情况下，需要用其他的符号来标记还没有被加载的域，或者需要对空域值使用特殊情况。

使用延迟初始化很简单，但是它往往会在对象和数据库间强加依赖关系。正因为如此，它最适用于活动记录、表数据入口和行数据入口。如果用数据映射器，需要一个附加的间接层，这可以通过**虚代理**（virtual proxy）[Gang of Four]获得。虚代理是这样一个对象，它看起来是应该在域中的一个对象，但实际上它并不包含任何东西。只有当它的一个方法被调用时，它才从数据库加载恰当的对象。

虚代理的优点是它看上去完全就是需要放在那里的对象。但其缺点也就在于它并不真的是那个对象，所以很容易就会陷入令人恼火的标识问题。另外，同一个实对象可以有多个虚代理。所有这些代理会有不同的对象特性，然而它们代表同一个概念上的对象。至少必须覆盖相等方法并记得用它而不是标识方法进行相等测试。如果没有它，将会遇到某些很难追踪的漏洞。

在某些环境中会出现另外一个问题：必须创建大量的虚代理，甚至要为每个正在代理的类创建一个虚代理。在动态数据类型语言中经常可以避免这个问题，但在静态数据类型语言中，问题往往变得很糟糕。即使平台提供便利的工具，如Java的代理，但还会遇到其他的麻烦。

如果只对集合类用虚代理，例如列表，就不会遇到这些问题。由于集合是值对象，它们的标识就无关紧要了。另外，只有少量的集合类需要写虚拟集合。

对领域类，可以通过使用**值保持器**（value holder）避开这些问题。我在Smalltalk中第一次遇到**值保持器**这个概念，它是一个用来包装某个其他对象的对象。要想获取基对象，可以访问值保持器得到它的值，但是只有第一次访问值保持器时它真正从数据库读取数据。值保持器的缺点是类需要知道它的存在，而且将丧失强数据类型显式性。可以通过确保值保持器从未被传出它自己的类来避免标识问题。

**重影**（ghost）是部分状态下的真实对象。当从数据库加载对象的时候，它只包含其ID。当每次要访问某个域时，它就会加载其完全状态。把重影看成一个对象，它的每个域都是被一下子延迟初始化的，或者把它看成一个虚代理，对象本身就是它的虚代理。当然，在一次访问中，并不需要加载全部数据；可以把经常一起使用的分为一组，从而把数据分成不同的组。如果使用重影，可以直接把它放到它的标识映射中。这种方式可以维护标识和避免所有在读数据时出现的循环引用带来的问题。

虚代理或重影不必完全没有数据。如果它们包含某些需要快速获得或经常用到的数据，在加载代理或重影时加载这些数据是很有意义的。（这有时称为"轻量对象"。）

继承常常会给延迟加载带来问题。如果要用重影，需要知道要创建什么类型的重影，如果没有正确加载数据，往往就很难说了。虚代理在静态数据类型语言中也会遇到同样的问题。

延迟加载的另一个风险是它容易导致产生超出需要的数据库访问。这种**波动加载**（ripple loading）一个很好的例子是，如果用延迟加载填充一个集合，然后每次只访问其中的一个元素。这会使每读取一个对象都要访问一次数据库，而不是一次把所需的对象全读出来。我发现波动加载会影响应用程序的性能。一种避免这个问题的方法是不使用延迟加载的集合，而使类集合本身成为延迟加载，加载类集合的时候，一次加载所有的内容。当类集合很大时，比如全世界所有IP地址，这种策略的应用就受到限制。在对象模型中，通常并不通过关联将这些内容连接在一起，因此不会经常出现集合很大的情况。但是如果出现这种情况，需要使用值列表处理器[Alur et al.]。

延迟加载很适合于面向方面的程序设计。可以将延迟加载操作置于一个单独的方面，这样能独立改变延迟加载策略，领域开发者也不必处理延迟加载的问题了。我曾经见到一个项目，以后处理的方式透明处理Java字节码，实现延迟加载。

经常会遇到这样的情况：不同的用例和不同的延迟加载策略配合得最好。有时需要对象图的这个子集，有时需要另外的子集。为了获得最大效率需要为特定的用例加载恰当的子图。

解决这个问题的途径是为不同的用例使用单独的数据库交互对象。这样，如果使用数据映射器，就可能需要两个订单映射器对象。一个直接加载订单项。另一个对象延迟加载这些项。应用程序代码根据用例选择合适的映射器。该方法的一种变体是使用相同的基本加载方法，但用不同的策略对象决定加载模式。这样做比较复杂，但是它是一条比较好的分解行为的途径。

理论上可能需要一系列延迟程度不同的延迟加载对象，实际上真正需要的仅有两个：一个完全加载，一个用于列表中识别用途的加载。添加更多的延迟级别会增加复杂度，不值得那样做。

### 11.3.2 使用时机

什么时候使用延迟加载完全取决于加载一个对象时需要从数据库读取多少数据和数据库调用的次数。通常没必要对和对象的剩余部分处于同一行中的域使用延迟加载，因为大多数情况下在一次调用中读取剩下的数据不会有更多开销，即使数据域很大，如序列化LOB。也就是说只有在域需要另外的数据库访问时才考虑使用延迟加载。

从性能的角度来说，取决于什么时候想取回数据。通常较好的方法是在一次调用过程中取回所需的全部数据，这样可以随取随用，尤其是在这些数据对应于同一用户界面一次交互时。使用延迟加载的最佳时机是，需要额外的调用，并且当使用主对象时所调用的数据没有用到的时候。

使用延迟加载的确在一定程度增加了编程的复杂性，因此，当我确实认为需要它的时候才使用延迟加载。

### 11.3.3 例：延迟初始化（Java）

延迟初始化的核心代码如下：

```
class Supplier...

    public List getProducts() {
        if (products == null) products = Product.findForSupplier(getID());
        return products;
    }
```

这样对product域的第一次访问引起数据从数据库中加载。

### 11.3.4 例：虚代理（Java）

虚代理的关键是提供一个看起来像平常使用的实际类那样的类，但它实际上是真实类的简单包装。因此供应商的产品列表应保存在一个常规的列表域中。

```
class SupplierVL...

    private List products;
```

产生这样一个列表代理的最复杂之处在于如何建立它使得能够仅在它被访问的时候才生成一个基列表。为了实现这一点必须在虚列表实例化时把生成列表所需的代码传送到虚列表中。Java中实现这一目的的最好途径是为加载操作定义一个接口。

```java
public interface VirtualListLoader {
    List load();
}
```

这样我们就可以用一个加载方法调用适当的映射器方法来实例化虚列表。

```java
class SupplierMapper...

    public static class ProductLoader implements VirtualListLoader {
        private Long id;
        public ProductLoader(Long id) {
            this.id = id;
        }
        public List load() {
            return ProductMapper.create().findForSupplier(id);
        }
    }
```

在加载方法中把产品加载器分配给列表域。

```java
class SupplierMapper...

    protected DomainObject doLoad(Long id, ResultSet rs) throws SQLException {
        String nameArg = rs.getString(2);
        SupplierVL result = new SupplierVL(id, nameArg);
        result.setProducts(new VirtualList(new ProductLoader(id)));
        return result;
    }
```

虚列表的源列表是自封装的,并且在首次引用时给加载器赋值。

```java
class VirtualList...

    private List source;
    private VirtualListLoader loader;
    public VirtualList(VirtualListLoader loader) {
        this.loader = loader;
    }
    private List getSource() {
        if (source == null) source = loader.load();
        return source;
    }
```

用于委托的常规列表方法则实现源列表。

```java
class VirtualList...

    public int size() {
        return getSource().size();
    }
    public boolean isEmpty() {
        return getSource().isEmpty();
    }
    // ... and so on for rest of list methods
```

这样做时，领域类对映射器类如何进行延迟加载一无所知。实际上领域类甚至不知道延迟加载的存在。

### 11.3.5 例：使用值保持器（Java）

值保持器可以作为通用的延迟加载使用。在此情况下由于产品域被定义为值保持器，故领域类型知道某些运行细节。可以通过获取方法对供应商的客户隐藏这一事实。

```
class SupplierVH...
    private ValueHolder products;
    public List getProducts() {
        return (List) products.getValue();
    }
```

值保持器自身实现延迟加载行为。当要访问值保持器时，需要向这个值保持器传递加载其值所需的代码。定义一个加载器接口可以实现这一点。

```
class ValueHolder...
    private Object value;
    private ValueLoader loader;
    public ValueHolder(ValueLoader loader) {
        this.loader = loader;
    }
    public Object getValue() {
        if (value == null) value = loader.load();
        return value;
    }
    public interface ValueLoader {
        Object load();
    }
```

映射器可以通过创建加载器的一个实现并把它置于供应商对象中来建立值保持器。

```
class SupplierMapper...
    protected DomainObject doLoad(Long id, ResultSet rs) throws SQLException {
        String nameArg = rs.getString(2);
        SupplierVH result = new SupplierVH(id, nameArg);
        result.setProducts(new ValueHolder(new ProductLoader(id)));
        return result;
    }
    public static class ProductLoader implements ValueLoader {
        private Long id;
        public ProductLoader(Long id) {
            this.id = id;
        }
        public Object load() {
            return ProductMapper.create().findForSupplier(id);
        }
    }
```

### 11.3.6 例：使用重影（C#）

创建对象重影的大部分逻辑可以置于层超类型中。因此，如果使用重影，则会发现它们可以到处被使用。在考察重影之前，先看看领域对象层超类型。每个领域对象知道它是不是重影。

  class Domain Object...

```
        LoadStatus Status;
        public DomainObject (long key) {
            this.Key = key;
        }
        public Boolean IsGhost {
            get {return Status == LoadStatus.GHOST;}
        }
        public Boolean IsLoaded {
            get {return Status == LoadStatus.LOADED;}
        }
        public void MarkLoading() {
            Debug.Assert(IsGhost);
            Status = LoadStatus.LOADING;
        }
        public void MarkLoaded() {
            Debug.Assert(Status == LoadStatus.LOADING);
            Status = LoadStatus.LOADED;
        }
        enum LoadStatus {GHOST, LOADING, LOADED};
```

领域对象有三种状态：重影、正在加载、已加载。我喜欢用只读属性和显式的状态改变方法来包装状态信息。

  重影最具启发性的一点是需要修改每个访问方法以便当对象实际上为重影时它可以触发一次加载。

  class Employee...

```
        public String Name {
            get {
                Load();
                return _name;
            }
            set {
                Load();
                _name = value;
            }
        }
        String _name;
```

  class Domain Object...

```
        protected void Load() {
            if (IsGhost)
                DataSource.Load(this);
        }
```

这样一个要求，尽管很难记，但它是后处理字节码面向方面程序设计的理想目标。

  为了实现加载，领域对象需要调用正确的映射器。但是根据我的可见性规则，领域代码也可能看不到映射器代码。为避免依赖关系，需要对注册表和分离接口做有趣的合并（见图11-4）。为了数据源操作，我为领域定义了一个注册表。

  class DataSource...

```
public static void Load (DomainObject obj) {
    instance.Load(obj);
}
```

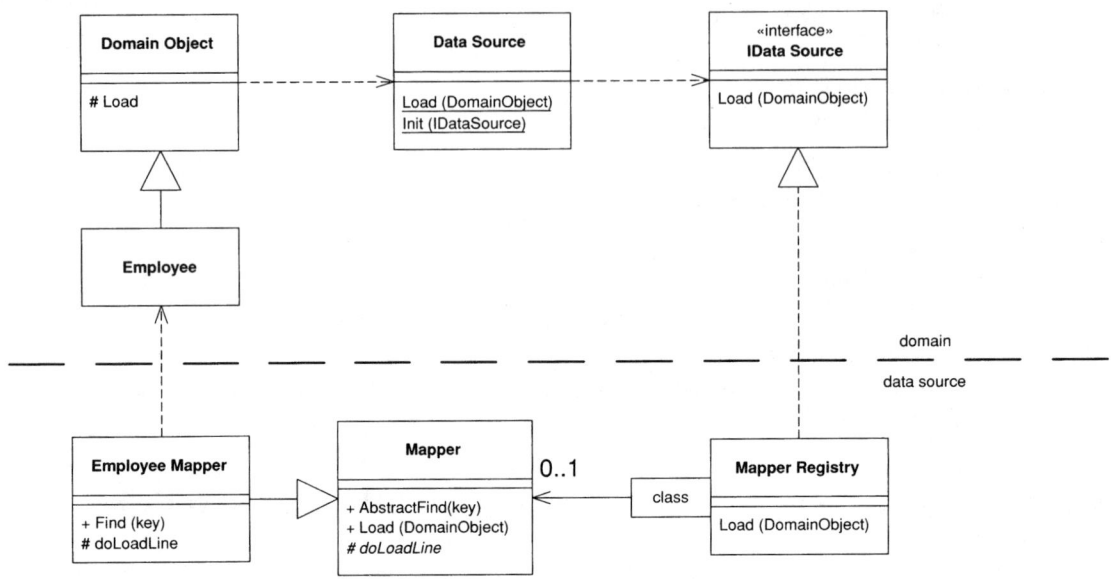

图11-4 加载重影时涉及的类

用一个接口定义数据源的实例。

class DataSource...

```
public interface IDataSource {
    void Load (DomainObject obj);
}
```

映射器的注册表在数据源层中定义，它实现数据源接口。在此情况下我将映射器放在一个以领域类型为索引的词典中。加载方法找到正确的映射器，并通知它加载适当的领域对象。

class MapperRegistry : IDataSource...

```
public void Load (DomainObject obj) {
    Mapper(obj.GetType()).Load (obj);
}
public static Mapper Mapper(Type type) {
    return (Mapper) instance.mappers[type];
}
IDictionary mappers = new Hashtable();
```

前面的代码说明领域对象如何与数据源交互。数据源逻辑使用数据映射器。映射器的更新逻辑与没有重影的情况相同——此例关注的操作是查找和加载操作。

具体的映射器类有它们自己的查找方法，这些方法使用抽象方法并向下转型结果。

class EmployeeMapper...

```
public Employee Find (long key) {
```

```
        return (Employee) AbstractFind(key);
    }

class Mapper...

    public DomainObject AbstractFind (long key) {
        DomainObject result;
        result = (DomainObject) loadedMap[key];
        if (result == null) {
            result = CreateGhost(key);
            loadedMap.Add(key, result);
        }
        return result;
    }
    IDictionary loadedMap = new Hashtable();
    public abstract DomainObject CreateGhost(long key);

class EmployeeMapper...

    public override DomainObject CreateGhost(long key) {
        return new Employee(key);
    }
```

查找方法返回一个处于重影状态的对象。只有当访问领域对象的某个属性时触发了加载,才把实际数据从数据库中取出。

```
class Mapper...

    public void Load (DomainObject obj) {
        if (! obj.IsGhost) return;
        IDbCommand comm = new OleDbCommand(findStatement(), DB.connection);
        comm.Parameters.Add(new OleDbParameter("key",obj.Key));
        IDataReader reader = comm.ExecuteReader();
        reader.Read();
        LoadLine (reader, obj);
        reader.Close();
    }
    protected abstract String findStatement();
    public void LoadLine (IDataReader reader, DomainObject obj) {
        if (obj.IsGhost) {
            obj.MarkLoading();
            doLoadLine (reader, obj);
            obj.MarkLoaded();
        }
    }
    protected abstract void doLoadLine (IDataReader reader, DomainObject obj);
```

同上述这些例子一样,层超类型处理所有的抽象操作,并为特定的子类调用抽象方法以实现其功能。在本例中使用了数据阅读器,对这种情形,对于各种平台来说基于游标的方法更常用。把此方法扩展到数据集的任务留给读者,实际上这比较适合.NET中的大多数情况。

对下面的雇员对象,这里说明了三类属性:作为简单值的名字,作为到另一个对象索引的部门,用来说明集合情况的时间表记录列表。这些属性在钩子方法的子类实现中一起加载。

```
class EmployeeMapper...

    protected override void doLoadLine (IDataReader reader, DomainObject obj) {
```

```
        Employee employee = (Employee) obj;
        employee.Name = (String) reader["name"];
        DepartmentMapper depMapper =
            (DepartmentMapper) MapperRegistry.Mapper(typeof(Department));
        employee.Department = depMapper.Find((int) reader["departmentID"]);
        loadTimeRecords(employee);
    }
```

名字的值通过从数据阅读器的当前游标读取相应的列而简单地加载。部门通过使用部门映射器对象上的查找方法读取。这样就不用对部门的重影设置属性了；只有在部门对象本身被访问时才读取部门数据。

集合是最复杂的情况。为了避免波动加载，在一次查询中加载所有的时间记录很重要。为此我们需要一个特殊的列表实现作为重影列表。该列表就是一个围绕实列表对象的简化包装器，所有的实际操作都委托给此列表。重影唯一要做的是保证任何对真实列表的访问都触发一次加载。

```
class DomainList...

    IList data {
        get {
            Load();
            return _data;
        }
        set {_data = value;}
    }
    IList _data = new ArrayList();
    public int Count {
        get {return data.Count;}
    }
```

领域列表类为领域对象所用，并且是领域层的一部分。实际加载需要访问SQL命令，因此这里用一个委托定义加载函数而不是由映射层提供。

```
class DomainList...

    public void Load () {
        if (IsGhost) {
            MarkLoading();
            RunLoader(this);
            MarkLoaded();
        }
    }
    public delegate void Loader(DomainList list);
    public Loader RunLoader;
```

可把委托看成单个函数分离接口的一个特殊类型。声明一个含有单个函数的接口，的确是实现这一目的的一种合理途径。

加载器本身具有属性来说明用于加载的SQL，并且有映射器用来映射时间记录。雇员映射器在加载雇员对象时建立加载器。

```
class EmployeeMapper...

    void loadTimeRecords(Employee employee) {
        ListLoader loader = new ListLoader();
        loader.Sql = TimeRecordMapper.FIND_FOR_EMPLOYEE_SQL;
```

```
        loader.SqlParams.Add(employee.Key);
        loader.Mapper = MapperRegistry.Mapper(typeof(TimeRecord));
        loader.Attach((DomainList) employee.TimeRecords);
    }
class ListLoader...

    public String Sql;
    public IList SqlParams = new ArrayList();
    public Mapper Mapper;
```

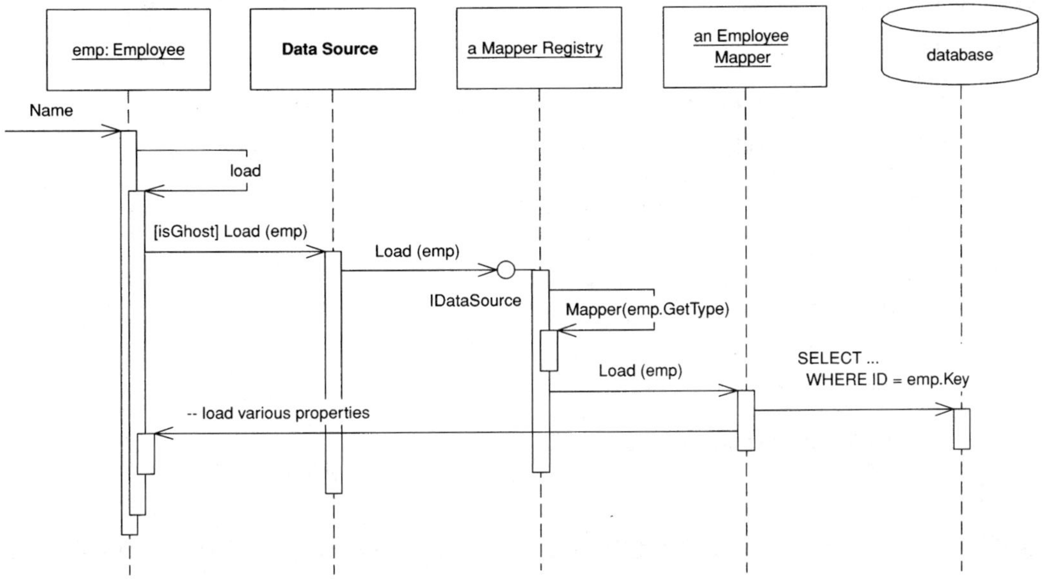

图11-5 重影的加载顺序

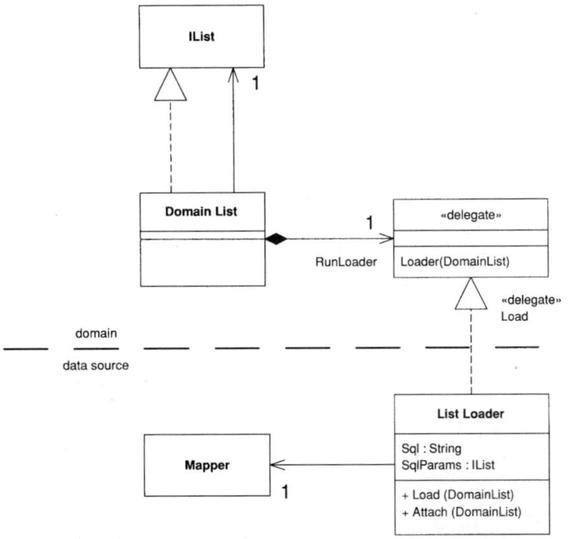

图11-6 重影列表涉及的类。由于UML模型中还没有用来表示委托的公认标准，因此这只是我当前采用的方法

因为委托指派的语法有些复杂,这里为加载器提供了一个附加的方法。

class ListLoader...

```
public void Attach (DomainList list) {
    list.RunLoader = new DomainList.Loader(Load);
}
```

当雇员被加载的时候,时间记录集合保持重影状态,直到一种访问方法触发了加载器。此时加载器执行查询来填充列表。

class ListLoader...

```
public void Load (DomainList list) {
    list.IsLoaded = true;
    IDbCommand comm = new OleDbCommand(Sql, DB.connection);
    foreach (Object param in SqlParams)
        comm.Parameters.Add(new OleDbParameter(param.ToString(),param));
    IDataReader reader = comm.ExecuteReader();
    while (reader.Read()) {
        DomainObject obj = GhostForLine(reader);
        Mapper.LoadLine(reader, obj);
        list.Add (obj);
    }
    reader.Close();
}
private DomainObject GhostForLine(IDataReader reader) {
    return Mapper.AbstractFind((System.Int32)reader[Mapper.KeyColumnName]);
}
```

这样使用重影列表对减少波动加载很重要,但不能完全消除它,因为在其他一些情况下仍然会出现波动加载。在本例中,一个更复杂的映射能在对雇员的一次单查询中加载部门数据。但是,经常一次性加载集合中的所有元素有助于规避最坏的情况。

# 第12章
# 对象－关系结构模式

## 12.1 标识域（Identity Field）

为了在内存对象和数据库行之间维护标识而在对象内保存的一个数据库标识域。

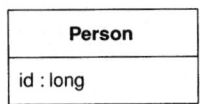

关系数据库通过使用键尤其是主键来区分数据行。然而，内存对象不需要这样一个键，因为对象系统能够保证正确的身份确认（在C++中是直接用原始内存位置）。在数据库中读取数据非常方便，但是为了顺序写回这些数据，需要把数据库和内存对象系统联系在一起。

本质上，标识域是非常简单的。你要做的所有工作只是将关系数据库表的主键存储在对象的域中。

### 12.1.1 工作机制

尽管标识域的基本概念十分简单，但仍然有很多复杂的问题需要处理。

1. 选择你的键

第一个问题就是在数据库中应该选择什么样的键。当然不是每次都可以自己选择，因为往往我们要处理现有的数据库，而这样的数据库早就已经有了自己的键结构。在数据库业界，关于这些问题有很多讨论和相关的材料。而且，对象映射方式也会对决定造成影响。

首要问题是究竟使用有意义的键还是无意义的键。**有意义的键**（meaningful key）类似于用来鉴别个人身份的社会保险号（SSN）。**无意义的键**（meaningless key）本质上是数据库构造的一个并不打算供人使用的随机数。使用有意义键的危险在于，理论上这样的键非常好，但实际上却并非如此。为了能正常工作，键值应该是唯一的；为了能很好地工作，键值又应该是恒定不变的。由人来指派的数字似乎应该是唯一、恒定的，但人会犯错误，结果是经常使得键值无法满足这两个要求。假如你在录入时错把我的SSN当成我妻子的SSN，那么产生的记录将既不唯一，也不恒定（假定你要求修正这个错误）。数据库应该能探测出唯一性问题，但这必须在我的数据已经进入系统之后才能进行，而且肯定在错误发生以前都不会被发现。那么，我们可以说：有意义的键是不可信的。对于小系统或者稳定的情况，可以不管，不过通常还是要考虑使用无意义的键。

下一个问题是简单键和组合键。一个**简单键**（simple key）只使用一个数据库域；一个**组合键**（compound key）则使用多个数据库域。使用组合键的好处在于：当一个表与另一个表上下文相关的时候它经常更易于使用。一个很好的例子是订单和订单的子项，我们可以将订单号和一个顺序号组合起来作为订单项的键值。尽管组合键通常有意义，但简单键的完全一致性还是很值得称道。如果到处都使用简单键，那么在所有键操作中都可以使用相同的代码。组合键需要在具体类中进行特殊处理。（使用代码生成，这就不成问题。）组合键总是有一定的意义，所以要小心它的唯一性和恒定性规则。

你必须要选择键的类型。对键所进行的最常见操作是相等性检查，所以通常需要选择一个能快速进行相等操作的类型。另一个重要的操作是得到下一个键。因此长整型通常是最好的选择。字符串也可以，但是相等性检查会慢一点，而且得到下一个字符串键值的操作也更复杂一些。你的DBA的偏好是这个问题的决定因素。

（对于在键值中使用日期和时间要小心。它们不仅是有意义的，而且还会导致移植性和一致性问题。特别是日期在这方面就有缺陷，因为它们被存储为二次精度的小数，这通常会脱离同步，而导致识别问题。）

键可以在表中唯一，也可以在数据库中唯一。**表唯一键**（table-unique key）在一张表中是唯一的，在任何情况下都适用。**数据库唯一键**（database-unique key）对任何一个表的任何一个数据行都是唯一的。表唯一键一般更好，但是数据库唯一键比较容易实现，并且允许使用一个简单的标识映射。从目前的信息量来看，键值用完的情况实在不大可能出现。当然如果你坚持的话，也可以用一个简单的数据库脚本回收那些被删除对象的键，从而压缩键空间，尽管运行这个脚本需要让应用程序脱机工作。然而，如果使用64位的键，就可能不需要这个。

如果使用表唯一键，那么处理继承的时候要警觉。如果使用的是具体表继承或者类表继承，那么处理对于层次唯一的键比处理对于每个表都唯一的键要容易得多。在这里我依然使用术语"表唯一"，实际上严格说来应该是"继承层次唯一"。

键的大小可能会影响性能，尤其是存在索引的时候。这取决于你的数据库系统和你有多少数据行，但是在决定之前进行一次粗略的检查是值得的。

2. 对象内标识域的表示

形式上最简单的标识域是与数据库中的键相匹配的域。如果使用一个简单的整数键，那么使用一个整数域就行了。

组合键的问题就要多一点。处理这种类型的最好办法是建立一个键类。一个普通的键类可以存储对应于组合键元素对象的一个序列。键对象的关键行为是相等判断。你在映射到数据库时获取键的各个部分，也很有用。

如果对所有的键都使用相同的基本结构，那么就可以在层超类型中处理所有的键操作。可以为层超类型中大部分情况设置默认行为，并且还可以在处理子类中出现的特殊情况时对它进行扩展。

可以只用一个单独的键类，这样它有一个键对象的普通列表；也可以对每一个领域类用一个键类，这样键的每个部分都有一个清楚的域与之对应。清楚一点自然好，不过有时候却不一定能有效。例如，在处理很多没多大意义的小类时就是如此。主要的好处在于可以避免由于用户把键元素按错误的顺序输入所带来的错误，但实际上这好像并不是什么大问题。

如果想要在不同的数据库实例之间导入数据，就需要记住，除非有某种方案能分开不同数据库的键，否则就会发生键冲突。输入时通过对某些键进行移植就能解决这个问题，但是这样做很容易就会变得混乱。

3. 取得新键

创建一个对象需要一个键。这个问题听上去十分简单，实际上却会带来很多麻烦。有三种选择：数据库自动生成、使用GUID或者自己创造一个。

自动生成策略是最简单的。每次你要往数据库里插入数据，数据库会产生一个唯一的主键而不需要你做任何事情。然而事实上却没有那么容易。并不是所有的数据库都使用同样的方法。这样会在对象－关系映射时出现问题。

最通用的自动生成方法是声明一个**自动生成域**（auto-generated field），无论什么时候插入一行数据，这个域都会递增到一个新值。这种策略的问题在于难以确定为键生成的是什么值。如果要插入一份包含多条子项的订单，那么就需要新订单的键值，作为订单项的外键。当然在事务提交之前也需要知道这个键值，这样才能保存事务中的所有记录。可惜数据库通常并不提供这一信息，因此，对于需要插入关联对象的任何表不能使用这种自动生成方法。

还有一种办法可以做到自动生成，这就是**数据库计数器**（database counter）。Oracle的序列就使用数据库计数器。Oracle序列通过发送一个涉及序列的Select语句来工作，数据库就会返回由下一个序列值组成的SQL结果集。你可以让一个序列以任何整数来增加，它允许一次设置多个键。序列查询是在一个独立的事务中自动进行的，这样，访问序列时不会锁住那些想要对同一个表执行插入操作的事务。对于我们的需求来说，数据库计数器非常合适，但它没有统一的标准，并且也不是所有的数据库都支持这种方法。

GUID（全局唯一标识符）是指在一台机器上生成的数字，它保证对在同一时空中的所有机器都是唯一的。通常平台会提供生成GUID的API。生成算法很有意思，用到了以太网卡地址、纳秒级时间、芯片ID码和许多可能的数字。这样得到的结果数字完全唯一，因此是安全的键。GUID的唯一缺陷在于生成的结果串会比较大，这可能会成为一个大问题。经常，当某人需要在窗口中或SQL表达式中输入一个键的时候，长键总是既难输入也难读取的。这也会带来性能问题，尤其是对于索引。

最后一个选项是自己来产生键值。对小系统的一个简单例子就是使用SQL的max函数来进行表扫描（table scan），以找到表中的最大键并用它增加一项。可惜，这样做会用读取锁锁住整个表，这意味着：如果插入比较少的话，效率比较高；但如果在更新表的同时进行插入操作，效率就十分成问题。必须保证在事务之间完全独立，否则会造成多个事务得到同一个ID值。

一个更好的办法是使用独立的**键表**（key table）。典型的键表有两列：名字和下一个有效值。如果使用数据库唯一键，在这个表里就只有一行数据与之对应。如果使用表唯一键，那么对于数据库中每一个表都有一行数据与之对应。使用键表的方法就是读出数据行，获得数字，进行增加操作，得到新数字并把这个数字写回到数据行中。在更新键表时，可以通过增加一个适当的数值来一次获取多个键。这样做减少了昂贵的数据库调用，也减少了对键表的争夺。

如果使用键表，最好是把它设计成分别在独立的事务中对它进行访问和对其他表插入更新。比如我正在往一个订单表中插入一个订单，那么我需要用一个写锁把键表中的该行锁住。这个锁将一直持续到这次事务完成，锁住任何想要得到下一个键的操作。对于表唯一键，这意味着它锁住了任何往订单表里的插入；对于数据库唯一键，则意味着锁住往任何地方的任何插入。

通过把对键表的访问放入独立的事务中，我们只为这个很短的事务锁住数据行。缺点是，如果回滚了对订单的插入，那么从键表中得到的键就没有人能用了。幸亏数字资源很丰富，不会成为大问题。使用一个独立的事务也允许一创建内存对象就立刻得到ID，这往往是在提交业务事务之前需要的。

使用键表影响了数据库唯一键或者表唯一键的选择。如果使用表唯一键，那么每次往数据库里增加一个表的时候就需要到键表中增加一个数据行。虽然这样做比较费力，但是却减少了对键表行的争夺。当然，如果在不同的事务里面保持对键表的访问，那么争夺就不成为问题，特别是一次调用获取多个键的情况下。但如果无法把对键表的更新放置到独立的事务中去，那么最好就不要使用数据库唯一键。

把得到新键的代码与类自身独立开非常好，因为这样会使得为测试目的建立一个服务桩更加容易。

### 12.1.2 使用时机

在内存对象与数据库行之间存在映射关系的时候使用标识域。这通常是在使用领域模型或者行数据入口的情况下。如果使用事务脚本、表模块或表数据入口，就不需要这种映射。

对于有值语义的小对象，比如货币或者日期范围等自身不构成表的对象，最好使用嵌入值。对于不需要在关系数据库中查询的对象组成的复杂对象图，序列化LOB通常更容易写并且能得到更快的性能。

另一种方法是通过扩展标识映射来维护标识域的对应关系。这个方法可以用在不便在内存对象中保存标识域的系统中。标识映射可以通过两种方式查找：通过对象查键值，通过键值查对象。不过这种做法不常见，因为在对象内存储键值会更容易一些。

### 12.1.3 进一步阅读

[Marinescu]讨论了生成键的几种技术。

### 12.1.4 例：整型键（C#）

标识域最简单的形式就是数据库中的整型域，映射到内存对象的整型域。

```
class DomainObject...
    public const long PLACEHOLDER_ID = -1;
    public long Id = PLACEHOLDER_ID;
    public Boolean isNew() {return Id == PLACEHOLDER_ID;}
```

一个对象如果已经在内存中创建却没有保存到数据库中，则这个对象不会有键值。对于.NET对象，这是一个问题，因为.NET值不能为空。因此使用占位符值。

键在两种情况下很重要：查找和插入。查找的时候你需要在where子句中使用键值来构造查询。在.NET中，可以把许多行加载到一个数据集中并且通过查找操作选出其中特殊的一个。

```
class CricketerMapper...
    public Cricketer Find(long id) {
        return (Cricketer) AbstractFind(id);
    }
class Mapper...
    protected DomainObject AbstractFind(long id) {
        DataRow row = FindRow(id);
        return (row == null) ? null : Find(row);
    }
    protected DataRow FindRow(long id) {
        String filter = String.Format("id = {0}", id);
        DataRow[] results = table.Select(filter);
        return (results.Length == 0) ? null : results[0];
    }
    public DomainObject Find (DataRow row) {
        DomainObject result = CreateDomainObject();
        Load(result, row);
        return result;
    }
    abstract protected DomainObject CreateDomainObject();
```

大多数行为可以在层超类型上实现，但是通常需要在具体类上定义查询来封装向下转型。当然，可以在一个不使用编译时类型化的语言中来避免这个问题。

通过使用简单的整型标识域，插入行为也能在层超类型上实现。

```
class Mapper...
    public virtual long Insert (DomainObject arg) {
        DataRow row = table.NewRow();
        arg.Id = GetNextID();
        row["id"] = arg.Id;
        Save (arg, row);
        table.Rows.Add(row);
        return arg.Id;
    }
```

实际上，插入操作包含创建一个新的数据行并为它使用下一个键值。得到这个新行后，就可以把内存对象的数据保存到这个新行中。

### 12.1.5 例：使用键表（Java）

——由Matt Foemmel和Martin Fowler撰写

如果使用的数据库支持数据库计数器，并且不担心对各种数据库不同SQL的依赖性，那么就该使用计数器。甚至如果担心数据库本身的依赖性，只要键生成代码封装得很好，都可以考虑使用计数器，因为以后总是可以把它变成可移植的算法。甚至可以有一个策略模式[Gang of Four]，以便在你有计数器时使用计数器，而在没有计数器时自己再想办法。

现在假设我们不得不使用更复杂的方法。我们首先需要的东西就是数据库中的键表。

```
CREATE TABLE keys (name varchar primary key, nextID int)
INSERT INTO keys VALUES ('orders', 1)
```

这个表为数据库中每个计数器保留了一个数据行。在这种情况下，需要把键初始化为1。如果要往数据库里预加载数据，那么就需要把计数器设置到合适的值。如果使用的是数据库唯一键，就只需要一行，如果使用的是表唯一键，那么每个表都需要有一行相对应。

可以把所有的键生成代码完全封装在它自己的类中。这样做便于把它应用到一个或更多应用程序中，也便于把键的保留也放在它自己的事务中。

我们构造一个键生成器，让它拥有自己的数据库连接，还可以让它附带上从数据库中一次取多少个键的信息。

```
class KeyGenerator...

    private Connection conn;
    private String keyName;
    private long nextId;
    private long maxId;
    private int incrementBy;
    public KeyGenerator(Connection conn, String keyName, int incrementBy) {
        this.conn = conn;
        this.keyName = keyName;
        this.incrementBy = incrementBy;
        nextId = maxId = 0;
        try {
            conn.setAutoCommit(false);
        } catch(SQLException exc) {
            throw new ApplicationException("Unable to turn off autocommit", exc);
        }
    }
```

需要保证没有使用自动提交，因为我们必须在一次事务中进行查询和更新操作。

当我们请求新的键值时，生成器首先会查看它是否已经缓冲了一些键值，而不是直接查询数据库。

```
class KeyGenerator...

    public synchronized Long nextKey() {
        if (nextId == maxId) {
            reserveIds();
        }
        return new Long(nextId++);
    }
```

如果生成器没有缓冲键值，那么就需要到数据库里查看。

```
class KeyGenerator...

    private void reserveIds() {
        PreparedStatement stmt = null;
        ResultSet rs = null;
        long newNextId;
        try {
            stmt = conn.prepareStatement("SELECT nextID FROM keys WHERE name = ? FOR UPDATE");
```

```java
            stmt.setString(1, keyName);
            rs = stmt.executeQuery();
            rs.next();
            newNextId = rs.getLong(1);
        }
        catch (SQLException exc) {
            throw new ApplicationException("Unable to generate ids", exc);
        }
        finally {
            DB.cleanUp(stmt, rs);
        }
        long newMaxId = newNextId + incrementBy;
        stmt = null;
        try {
            stmt = conn.prepareStatement("UPDATE keys SET nextID = ? WHERE name = ?");
            stmt.setLong(1, newMaxId);
            stmt.setString(2, keyName);
            stmt.executeUpdate();
            conn.commit();
            nextId = newNextId;
            maxId = newMaxId;
        }
        catch (SQLException exc) {
            throw new ApplicationException("Unable to generate ids", exc);
        }
        finally {
            DB.cleanUp(stmt);
        }
    }
```

在这种情况下，我们使用SELECT...FOR UPDATE来告诉数据库为键表保持写锁。这是Oracle特定的语句，如果要使用其他数据库，会有些不同。如果在查询的时候不使用写锁，那么就有在查询之前被别的事务抢先而导致失败的危险。在这种情况下，不管怎么说，都可以只安全地再次运行reserveIds，直到得到了一个纯净的键集。

## 12.1.6 例：使用组合键（Java）

使用简单的整型键确实很方便、很简洁，但是我们往往需要其他类型或者组合键。

### 1. 键类

如果你需要一些其他信息，那么可以把它们放入一个键类中。键类需要能存储键中的诸多元素并且能判断两个键是否相等。

```java
class Key...

    private Object[] fields;
    public boolean equals(Object obj) {
        if (!(obj instanceof Key)) return false;
        Key otherKey = (Key) obj;
        if (this.fields.length != otherKey.fields.length) return false;

        for (int i = 0; i < fields.length; i++)
            if (!this.fields[i].equals(otherKey.fields[i])) return false;
        return true;
    }
```

创建键的最基本方法是使用数组参数。

class Key...

```
    public Key(Object[] fields) {
       checkKeyNotNull(fields);
       this.fields = fields;
    }
    private void checkKeyNotNull(Object[] fields) {
       if (fields == null) throw new IllegalArgumentException("Cannot have a null key");
       for (int i = 0; i < fields.length; i++)
          if (fields[i] == null)
             throw new IllegalArgumentException("Cannot have a null element of key");
    }
```

如果总是使用某些元素来生成键，可以加入便利的构造器。具体什么样的构造器要看应用程序使用什么样的键。

class Key...

```
    public Key(long arg) {
       this.fields = new Object[1];
       this.fields[0] = new Long(arg);
    }
    public Key(Object field) {
       if (field == null) throw new IllegalArgumentException("Cannot have a null key");
       this.fields = new Object[1];
       this.fields[0] = field;
    }
    public Key(Object arg1, Object arg2) {
       this.fields = new Object[2];
       this.fields[0] = arg1;
       this.fields[1] = arg2;
       checkKeyNotNull(fields);
    }
```

不要害怕加入这些方便方法。毕竟，方便对于任何使用键的人都是重要的。

类似地，我们可以加入访问函数来获取部分键。应用程序在映射的时候会需要这样做。

class Key...

```
    public Object value(int i) {
       return fields[i];
    }
    public Object value() {
       checkSingleKey();
       return fields[0];
    }
    private void checkSingleKey() {
       if (fields.length > 1)
          throw new IllegalStateException("Cannot take value on composite key");
    }
    public long longValue() {
       checkSingleKey();
       return longValue(0);
    }
    public long longValue(int i) {
```

```
        if (!(fields[i] instanceof Long))
            throw new IllegalStateException("Cannot take longValue on non long key");
        return ((Long) fields[i]).longValue();
    }
```

在这个例子中,我们映射到一个订单表和订单项表。订单表有一个简单的整型主键,而订单项表的主键是订单表主键和序列号组成的组合键。

```
CREATE TABLE orders (ID int primary key, customer varchar)
CREATE TABLE line_items (orderID int, seq int, amount int, product varchar,
                         primary key (orderID, seq))
```

领域对象的层超类型需要有一个键域。

```
class DomainObjectWithKey...

    private Key key;
    protected DomainObjectWithKey(Key ID) {
        this.key = ID;
    }
    protected DomainObjectWithKey() {
    }
    public Key getKey() {
        return key;
    }
    public void setKey(Key key) {
        this.key = key;
    }
```

2. 读取

就像本书中的其他例子一样,我把行为分为查找(找到数据库中正确的数据行)和加载(把数据从行中加载到领域对象中去)。这两个动作的职责都受到键对象用法的影响。

这些例子和本书其他例子(它们使用简单的整型键)最主要的区别是:我们必须提取出那些由拥有复杂键的类所覆盖的某些行为片段。对于这个例子,我们假设多数表都使用简单的整型键。然而,有一些表会用到其他的东西,因此我设置默认情况为简单的整型键并且已经为它在映射器层超类型中嵌入了行为。订单类就是那些简单情况之一。下面是查找行为的代码:

```
class OrderMapper...

    public Order find(Key key) {
        return (Order) abstractFind(key);
    }
    public Order find(Long id) {
        return find(new Key(id));
    }
    protected String findStatementString() {
        return "SELECT id, customer from orders WHERE id = ?";
    }

class AbstractMapper...

    abstract protected String findStatementString();
    protected Map loadedMap = new HashMap();
    public DomainObjectWithKey abstractFind(Key key) {
        DomainObjectWithKey result = (DomainObjectWithKey) loadedMap.get(key);
        if (result != null) return result;
```

```
        ResultSet rs = null;
        PreparedStatement findStatement = null;
        try {
            findStatement = DB.prepare(findStatementString());
            loadFindStatement(key, findStatement);
            rs = findStatement.executeQuery();
            rs.next();
            if (rs.isAfterLast()) return null;
            result = load(rs);
            return result;
        } catch (SQLException e) {
            throw new ApplicationException(e);
        } finally {
            DB.cleanUp(findStatement, rs);
        }
    }
    // hook method for keys that aren't simple integral
    protected void loadFindStatement(Key key, PreparedStatement finder) throws SQLException {
        finder.setLong(1, key.longValue());
    }
```

我已经提取出查找语句的构造过程，因为它需要把不同的参数传递到准备好的语句中去。订单项使用组合键，所以它需要覆盖那个方法。

```
class LineItemMapper...

    public LineItem find(long orderID, long seq) {
        Key key = new Key(new Long(orderID), new Long(seq));
        return (LineItem) abstractFind(key);
    }
    public LineItem find(Key key) {
        return (LineItem) abstractFind(key);
    }
    protected String findStatementString() {
        return
            "SELECT orderID, seq, amount, product " +
            "  FROM line_items " +
            " WHERE (orderID = ?) AND (seq = ?)";
    }
    // hook methods overridden for the composite key
    protected void loadFindStatement(Key key, PreparedStatement finder) throws SQLException {
        finder.setLong(1, orderID(key));
        finder.setLong(2, sequenceNumber(key));
    }
    //helpers to extract appropriate values from line item's key
    private static long orderID(Key key) {
        return key.longValue(0);
    }
    private static long sequenceNumber(Key key) {
        return key.longValue(1);
    }
```

就像给查找方法定义接口和为查找语句提供一个SQL字符串一样，子类需要覆盖钩子方法从而允许传递两个参数到SQL语句。我也已经写了两个辅助方法来封装部分键信息。这样会比以前仅仅使用数字索引的键值显式访问方法要好，能得到更清楚的代码。那种文字索引非常糟糕。

加载行为显示一个类似的结构——在层超类型里为简单的整型键定义了默认行为，对于其他复杂的情况就进行覆盖。在这个例子里，订单的加载行为看上去就是这样的：

```
class AbstractMapper...

    protected DomainObjectWithKey load(ResultSet rs) throws SQLException {
        Key key = createKey(rs);
        if (loadedMap.containsKey(key)) return (DomainObjectWithKey) loadedMap.get(key);
        DomainObjectWithKey result = doLoad(key, rs);
        loadedMap.put(key, result);
        return result;
    }
    abstract protected DomainObjectWithKey doLoad(Key id, ResultSet rs) throws SQLException;
    // hook method for keys that aren't simple integral
    protected Key createKey(ResultSet rs) throws SQLException {
        return new Key(rs.getLong(1));
    }

class OrderMapper...

    protected DomainObjectWithKey doLoad(Key key, ResultSet rs) throws SQLException {
        String customer = rs.getString("customer");
        Order result = new Order(key, customer);
        MapperRegistry.lineItem().loadAllLineItemsFor(result);
        return result;
    }
```

订单项需要覆盖钩子，以便基于两个域来创建键。

```
class LineItemMapper...

    protected DomainObjectWithKey doLoad(Key key, ResultSet rs) throws SQLException {
        Order theOrder = MapperRegistry.order().find(orderID(key));
        return doLoad(key, rs, theOrder);
    }
    protected DomainObjectWithKey doLoad(Key key, ResultSet rs, Order order)
            throws SQLException
    {
        LineItem result;
        int amount = rs.getInt("amount");
        String product = rs.getString("product");
        result = new LineItem(key, amount, product);
        order.addLineItem(result);//links to the order
        return result;
    }
    //overrides the default case
    protected Key createKey(ResultSet rs) throws SQLException {
        Key key = new Key(new Long(rs.getLong("orderID")), new Long(rs.getLong("seq")));
        return key;
    }
```

当为订单加载所有子项时，订单项也有一个独立的加载方法。

```
class LineItemMapper...

    public void loadAllLineItemsFor(Order arg) {
        PreparedStatement stmt = null;
        ResultSet rs = null;
        try {
            stmt = DB.prepare(findForOrderString);
```

```
            stmt.setLong(1, arg.getKey().longValue());
            rs = stmt.executeQuery();
            while (rs.next())
                load(rs, arg);
        } catch (SQLException e) {
            throw new ApplicationException(e);
        } finally { DB.cleanUp(stmt, rs);
        }
    }
    private final static String findForOrderString =
        "SELECT orderID, seq, amount, product " +
            "FROM line_items " +
            "WHERE orderID = ?";
    protected DomainObjectWithKey load(ResultSet rs, Order order) throws SQLException {
        Key key = createKey(rs);
        if (loadedMap.containsKey(key)) return (DomainObjectWithKey) loadedMap.get(key);
        DomainObjectWithKey result = doLoad(key, rs, order);
        loadedMap.put(key, result);
        return result;
    }
```

由于订单对象直到创建之后才会放入订单的标识映射，因此需要特殊的处理过程。创建一个空对象并把它直接插入到标识域中，就可以避免这种需求。

**3．插入**

就像读取一样，对于简单的整型键，插入也有一个默认的动作，并且也有为更有趣的键而覆盖的钩子。在映射器超类型中，我已经提供了一个相当于接口的操作，并且还有一个模板方法来实现插入。

```
class AbstractMapper...

    public Key insert(DomainObjectWithKey subject) {
        try {
            return performInsert(subject, findNextDatabaseKeyObject());
        } catch (SQLException e) {
            throw new ApplicationException(e);
        }
    }
    protected Key performInsert(DomainObjectWithKey subject, Key key) throws SQLException {
        subject.setKey(key);
        PreparedStatement stmt = DB.prepare(insertStatementString());
        insertKey(subject, stmt);
        insertData(subject, stmt);
        stmt.execute();
        loadedMap.put(subject.getKey(), subject);
        return subject.getKey();
    }
    abstract protected String insertStatementString();

class OrderMapper...

    protected String insertStatementString() {
        return "INSERT INTO orders VALUES(?,?)";
    }
```

来自对象的数据通过两种方法进入插入语句中，这两种方法把键中的数据和对象中的数据分隔开来。这样做是因为我能为键提供默认的实现，这种实现适用于任何使用这种默认简单整型键的类，比如订单类。

```
class AbstractMapper...
    protected void insertKey(DomainObjectWithKey subject, PreparedStatement stmt)
        throws SQLException
    {
        stmt.setLong(1, subject.getKey().longValue());
    }
```

插入语句中的其他数据依赖于特定的子类，因此这个行为在超类中是抽象的。

```
class AbstractMapper...
    abstract protected void insertData(DomainObjectWithKey subject, PreparedStatement stmt)
        throws SQLException;

class OrderMapper...
    protected void insertData(DomainObjectWithKey abstractSubject, PreparedStatement stmt) {
        try {
            Order subject = (Order) abstractSubject;
            stmt.setString(2, subject.getCustomer());
        } catch (SQLException e) {
            throw new ApplicationException(e);
        }
    }
```

订单项覆盖了这两个方法。这样就能得到组成键的两个值。

```
class LineItemMapper...
    protected String insertStatementString() {
        return "INSERT INTO line_items VALUES (?, ?, ?, ?)";
    }
    protected void insertKey(DomainObjectWithKey subject, PreparedStatement stmt)
        throws SQLException
    {
        stmt.setLong(1, orderID(subject.getKey()));
        stmt.setLong(2, sequenceNumber(subject.getKey()));
    }
```

它也为其他剩余数据提供了自己的插入语句实现。

```
class LineItemMapper...
    protected void insertData(DomainObjectWithKey subject, PreparedStatement stmt)
        throws SQLException
    {
        LineItem item = (LineItem) subject;
        stmt.setInt(3, item.getAmount());
        stmt.setString(4, item.getProduct());
    }
```

如果大多数类都为键使用同样的单独域，那么只要把数据加载放入插入语句中就够了。如果对键的处理有更多变化，那么只用一个命令来插入信息可能会比较简单。

接下来的一个数据库键可以分成默认和覆盖两种情况。对于默认，我们可以使用先前讨论过的键表方案。但处理订单项的时候，问题出现了。订单项的键会使用订单的键作为其组合键的一部分。然而，订单项类与订单类之间没有相互引用，因此让一个订单项在不知道正确订单号的情况下把自己插入到数据库中去是不可能的。由于用了"不支持的操作异常"来实现超类方法，经常会导致这种方法很混乱。

```
class LineItemMapper...
    public Key insert(DomainObjectWithKey subject) {
        throw new UnsupportedOperationException
            ("Must supply an order when inserting a line item");
    }
    public Key insert(LineItem item, Order order) {
        try {
            Key key = new Key(order.getKey().value(), getNextSequenceNumber(order));
            return performInsert(item, key);
        } catch (SQLException e) {
            throw new ApplicationException(e);
        }
    }
```

当然，我们可以通过增加一个从订单项到订单的向后链接来避免这个问题，使它们能有效地双向链接在一起。为了说明如果没有那个链接应该做什么，我不打算在这里实现那个链接。

只要提供了订单，我们就能很容易得到它的键值。接下来的问题与订单项的序列号有关。为了找到这个序列号，我们需要找到订单下一个可用的序列号，这件事情我们可以通过SQL里的max查询或者通过查看内存里的订单号对应的订单项来实现。对于这个例子，我后面会再给出。

```
class LineItemMapper...
    private Long getNextSequenceNumber(Order order) {
        loadAllLineItemsFor(order);
        Iterator it = order.getItems().iterator();
        LineItem candidate = (LineItem) it.next();
        while (it.hasNext()) {
            LineItem thisItem = (LineItem) it.next();
            if (thisItem.getKey() == null) continue;
            if (sequenceNumber(thisItem) > sequenceNumber(candidate)) candidate = thisItem;
        }
        return new Long(sequenceNumber(candidate) + 1);
    }
    private static long sequenceNumber(LineItem li) {
        return sequenceNumber(li.getKey());
    }
    //comparator doesn't work well here due to unsaved null keys
    protected String keyTableRow() {
        throw new UnsupportedOperationException();
    }
```

如果使用Collections.max方法，这个算法会好看得多。但是由于我们可能（实际上是一定）会至少遇到一次空键，那种方法将会失效。

4. 更新与删除

毕竟，更新和删除通常是无害的。我们再次为假设中常见的情况使用抽象的方法，而为特殊的情况使用覆盖的方法。

更新操作是这样的：

```
class AbstractMapper...

   public void update(DomainObjectWithKey subject) {
      PreparedStatement stmt = null;
      try {
         stmt = DB.prepare(updateStatementString());
         loadUpdateStatement(subject, stmt);
         stmt.execute();
      } catch (SQLException e) {
         throw new ApplicationException(e);
      } finally {
         DB.cleanUp(stmt);
      }
   }
   abstract protected String updateStatementString();
   abstract protected void loadUpdateStatement(DomainObjectWithKey subject,
                        PreparedStatement stmt)
         throws SQLException;

class OrderMapper...

   protected void loadUpdateStatement(DomainObjectWithKey subject, PreparedStatement stmt)
         throws SQLException
   {
      Order order = (Order) subject;
      stmt.setString(1, order.getCustomer());
      stmt.setLong(2, order.getKey().longValue());
   }
   protected String updateStatementString() {
      return "UPDATE orders SET customer = ? WHERE id = ?";
   }

class LineItemMapper...

   protected String updateStatementString() {
      return
         "UPDATE line_items " +
         "  SET amount = ?, product = ? " +
         "  WHERE orderId = ? AND seq = ?";
   }
   protected void loadUpdateStatement(DomainObjectWithKey subject, PreparedStatement stmt)
         throws SQLException
   {
      stmt.setLong(3, orderID(subject.getKey()));
      stmt.setLong(4, sequenceNumber(subject.getKey()));
      LineItem li = (LineItem) subject;
      stmt.setInt(1, li.getAmount());
      stmt.setString(2, li.getProduct());
   }
```

删除操作是这样的：

```
class AbstractMapper...

   public void delete(DomainObjectWithKey subject) {
      PreparedStatement stmt = null;
      try {
         stmt = DB.prepare(deleteStatementString());
         loadDeleteStatement(subject, stmt);
         stmt.execute();
```

```
        } catch (SQLException e) {
            throw new ApplicationException(e);
        } finally {
            DB.cleanUp(stmt);
        }
    }
    abstract protected String deleteStatementString();
    protected void loadDeleteStatement(DomainObjectWithKey subject, PreparedStatement stmt)
            throws SQLException
    {
        stmt.setLong(1, subject.getKey().longValue());
    }
class OrderMapper...

    protected String deleteStatementString() {
        return "DELETE FROM orders WHERE id = ?";
    }

class LineItemMapper...

    protected String deleteStatementString() {
        return "DELETE FROM line_items WHERE orderid = ? AND seq = ?";
    }
    protected void loadDeleteStatement(DomainObjectWithKey subject, PreparedStatement stmt)
            throws SQLException
    {
        stmt.setLong(1, orderID(subject.getKey()));
        stmt.setLong(2, sequenceNumber(subject.getKey()));
    }
```

## 12.2 外键映射（Foreign Key Mapping）

把对象间的关联映射到表间的外键引用。

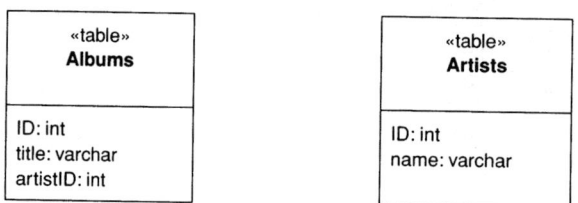

对象可以通过对象引用来互相直接访问。甚至最简单的面向对象系统也将包含一群按照各种各样有趣方式相互联结在一起的对象。要把这些对象保存到一个数据库中，保存这些引用关系是非常重要的。然而，这些数据对于特定的运行程序实例来说也是特定的，所以保存的时候就不能只保存原始的数据值。更麻烦的是对象很容易就能保持到其他对象的引用集合。而这种结构违反了关系数据库的第一范式。

外键映射把对象引用映射到数据库中的外键。

### 12.2.1 运行机制

显然，这个问题的关键就是标识域。每一个对象都包含来自相应数据库表的数据库键。如果两个对象用一个关联关系连在一起，则这种关联关系可以由数据库中的一个外键来取代。举个简单的例子，当你要保存一张唱片到数据库中时，你需要把与这张唱片相连的艺术家ID保存在这条唱片记录中。如图12-1所示。

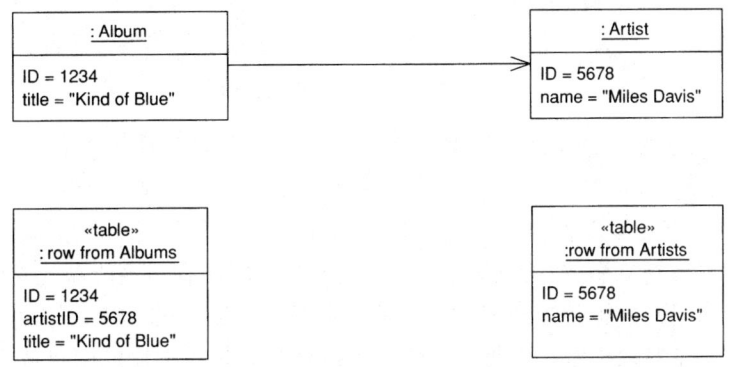

图12-1 把关联映射到外键

这是最简单的情况。如果你有一个对象集合，将出现更复杂的情况。由于不能在数据库中把相连的对象集合都保存起来，因此就必须颠倒引用的方向。因此，如果在一张唱片中有很多曲目，就必须把唱片的外键放到曲目记录中。如图12-2和图12-3所示。当需要更新的时候，麻烦的事情就来了。更新就意味着可以加入也可以删除唱片中的曲目。那么我们如何知道数据库中究竟有哪些需要改变呢？一共有三个选择：（1）删除和插入；（2）加入一个后向指针；（3）区分对象集。

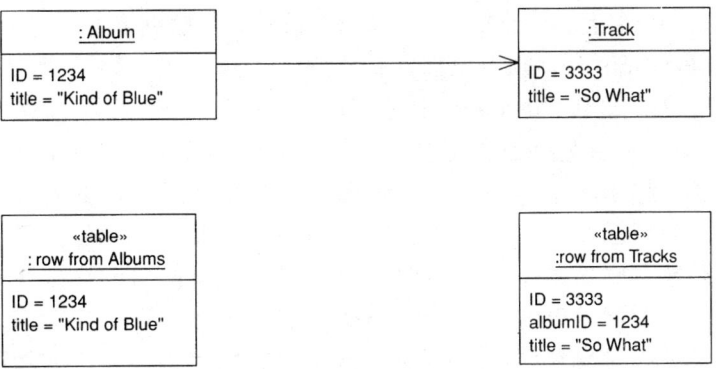

图12-2 把集合映射到外键

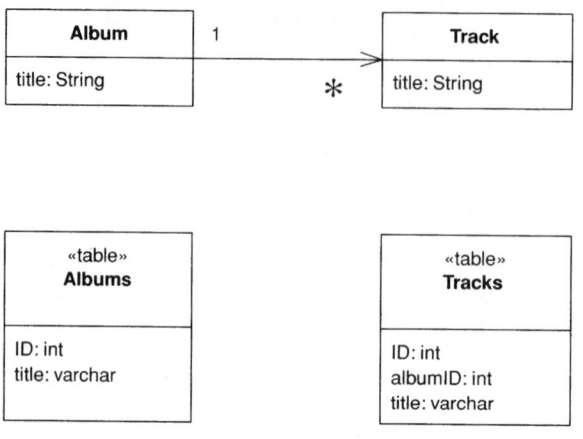

图12-3 多值引用的类和表

如果是删除和插入，就要删除数据库中与这个唱片相连的所有曲目记录，然后再把唱片中的所有当前曲目记录插入进来。最初看来这非常让人吃惊，特别是在没有改动任何曲目的时候。但是这种逻辑非常容易实现，并且因此它能比其他方法工作得好。缺点就是只能在曲目是依赖映射的情况下才可以这么做，这意味着它们必须为唱片所拥有而不能在此之外被引用。

加入一个后向指针，也就是放置一个从曲目向后指向唱片的链接，这样就能有效地让关联双向化。这么做改变了对象模型，但是现在你就可以使用处理单值域的简单技术来处理更新操作。

如果这两种情况都不是，那就可以进行一次区分。有两种情况：通过数据库的当前状态来区分或者通过第一次读取的数据来区分。通过数据库来区分是指从数据库中重新读出对象集合，并且与从唱片中读取出来的对象集合进行比较。不在唱片中但在数据库中的任何内容显然都需要被删除，而在唱片中但没有保存到磁盘的任何内容显然就是要加入的新项目。然后研究应用程序逻辑来决定对每一项进行什么样的操作。

通过第一次读取的数据来区分就是说需要保存读取的数据。这样做的好处在于避免了另一次数据库读取。当然，如果使用的是乐观离线锁，还可能需要通过数据库来区分。

通常情况下，对任何要加入到关联对象集的东西，首先都需要检查一下它是不是新的对象。我们可以检查它有没有包含键；如果有，它就需要被加入到数据库中。这一步用工作单元会容易得多，因为这样做的话，任何新对象都首先会被自动加入。在另外一种情况下就需要在数据库中找到相应的行，并且更新它的外键，让它指向当前的唱片。

要移除记录，就必须首先知道该记录是移到另外的唱片中去了，还是已经没有唱片与之对应了，或者已经一起删除了。如果是移到别的唱片中去了，那么就在更新那个唱片的时候更新这个记录。如果已经没有唱片与之对应，那就需要把它的外键置为空。如果该记录已经被删除，那么就在删除操作的时候把记录删掉。如果向后链接是强制的，处理删除操作就容易得多，在这个例子里就是说每一个曲目都必须和一张唱片对应。用这种方法就不用担心发现那些从关联对象集中移除的项，因为你在处理将加入这些项的唱片时，这些项将被更新。

如果链接是恒定不变的,也就是说不能改变曲目的唱片,这样加入就总意味着插入,移除就总意味着删除。这也会让事情更加简单。

有件事情必须当心,这就是链接里面的循环。假设你需要加载一个订单,这个订单有一个到客户的链接(需要你加载),客户都有一个支付集合(也需要加载),每一个支付都有它所要支付的订单,而这些订单中可能就包含了你正在试图加载的那个原始的订单。因此你又需要加载订单(现在回到了本段开头)。

为了避免在循环中迷失,有两种选择可以简要说明应该如何创建对象。通常,一个好办法是你可以使用包含完整构造数据的构造方法。如果你用这种方法,就必须在合适的位置放上延迟加载来打破循环。如果没有,就可能导致堆栈溢出,但如果你的测试够好,就足以让你能应付这个负担。

另外一个选择就是创建空对象,并且立刻把它们放到一个标识映射中。这样,一旦产生了循环,这个空对象也被加载,然后循环就终止了。这里创建的对象没有完全构建好,但是在加载过程的结尾它们就应该完全构建好了。这样就避免了在使用延迟加载来进行正确加载的时候做出特殊情况的决策。

### 12.2.2 使用时机

外键映射适用于类间几乎所有的关联。最常见的不适用情况是多对多关联。外键是单值的,第一范式意味着不能在一个单值域内保存多个外键。在这种情况下,需要使用关联表映射。

如果有一个没有后向指针的集合域,那么就应该考虑多的那一边是否应该是依赖映射。这样可以简化集合的处理。

如果相关对象是一个值对象,就应该使用嵌入值。

### 12.2.3 例:单值引用(Java)

这是最简单的情况,一张唱片只有一个指向艺术家的引用。

```
class Artist...
    private String name;
    public Artist(Long ID, String name) {
        super(ID);
        this.name = name;
    }
    public String getName() {
        return name;
    }
    public void setName(String name) {
        this.name = name;
    }

class Album...
    private String title;
    private Artist artist;
    public Album(Long ID, String title, Artist artist) {
        super(ID);
```

```
        this.title = title;
        this.artist = artist;
    }
    public String getTitle() {
        return title;
    }
    public void setTitle(String title) {
        this.title = title;
    }
    public Artist getArtist() {
        return artist;
    }
    public void setArtist(Artist artist) {
        this.artist = artist;
    }
```

图12-4阐明了如何加载一张唱片。当唱片映射器收到加载特定唱片的命令时，它就查询数据库并且得到结果集。然后为每一个外键域查询结果集，从而找到那个对象。现在就可以通过找到的合适对象来创建唱片了。如果艺术家对象已经在内存中，那么它将被从缓存中取出来，否则它也会以同样的方式被从数据库中加载。

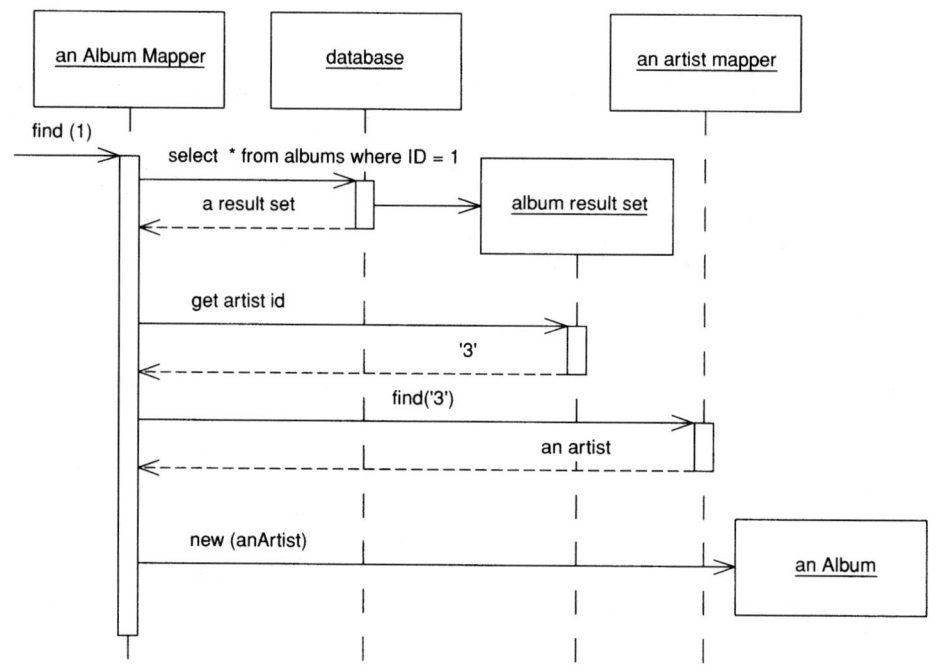

图12-4 加载单值域的顺序图

查找操作使用了抽象行为来操作一个标识映射。

```
class AlbumMapper...

    public Album find(Long id) {
        return (Album) abstractFind(id);
    }
```

```
    protected String findStatement() {
        return "SELECT ID, title, artistID FROM albums WHERE ID = ?";
    }

class AbstractMapper...

    abstract protected String findStatement();
    protected DomainObject abstractFind(Long id) {
        DomainObject result = (DomainObject) loadedMap.get(id);
        if (result != null) return result;
        PreparedStatement stmt = null;
        ResultSet rs = null;
        try {
            stmt = DB.prepare(findStatement());
            stmt.setLong(1, id.longValue());
            rs = stmt.executeQuery();
            rs.next();
            result = load(rs);
            return result;
        } catch (SQLException e) {
            throw new ApplicationException(e);
        } finally {cleanUp(stmt, rs);}
    }
    private Map loadedMap = new HashMap();
```

查找操作调用加载操作把数据真正加载到唱片中来。

```
class AbstractMapper...

    protected DomainObject load(ResultSet rs) throws SQLException {
        Long id = new Long(rs.getLong(1));
        if (loadedMap.containsKey(id)) return (DomainObject) loadedMap.get(id);
        DomainObject result = doLoad(id, rs);
        doRegister(id, result);
        return result;
    }
    protected void doRegister(Long id, DomainObject result) {
        Assert.isFalse(loadedMap.containsKey(id));
        loadedMap.put(id, result);
    }
    abstract protected DomainObject doLoad(Long id, ResultSet rs) throws SQLException;

class AlbumMapper...

    protected DomainObject doLoad(Long id, ResultSet rs) throws SQLException {
        String title = rs.getString(2);
        long artistID = rs.getLong(3);
        Artist artist = MapperRegistry.artist().find(artistID);
        Album result = new Album(id, title, artist);
        return result;
    }
```

为了更新一张唱片,外键值就要从相连的艺术家对象中取出。

```
class AbstractMapper...

    abstract public void update(DomainObject arg);

class AlbumMapper...
```

```java
public void update(DomainObject arg) {
    PreparedStatement statement = null;
    try {
        statement = DB.prepare(
            "UPDATE albums SET title = ?, artistID = ? WHERE id = ?");
        statement.setLong(3, arg.getID().longValue());
        Album album = (Album) arg;
        statement.setString(1, album.getTitle());
        statement.setLong(2, album.getArtist().getID().longValue());
        statement.execute();
    } catch (SQLException e) {
        throw new ApplicationException(e);
    } finally {
        cleanUp(statement);
    }
}
```

### 12.2.4 例：多表查询（Java）

每个表进行一次查询，这在概念上很清楚，但往往效率比较低，因为SQL是由许多远程调用组成的，而远程调用又非常慢。因此，有必要找到一种办法能够在一次查询中从多个表中得到信息。修改上面的例子，使得它能在一个SQL调用里一次得到唱片和艺术家的信息。第一个变化就是查找语句中的SQL。

class AlbumMapper...

```java
public Album find(Long id) {
    return (Album) abstractFind(id);
}
protected String findStatement() {
    return "SELECT a.ID, a.title, a.artistID, r.name " +
        " from albums a, artists r " +
        " WHERE ID = ? and a.artistID = r.ID";
}
```

使用另外一个加载方法，能够把唱片和艺术家信息一起加载。

class AlbumMapper...

```java
protected DomainObject doLoad(Long id, ResultSet rs) throws SQLException {
    String title = rs.getString(2);
    long artistID = rs.getLong(3);
    ArtistMapper artistMapper = MapperRegistry.artist();
    Artist artist;
    if (artistMapper.isLoaded(artistID))
        artist = artistMapper.find(artistID);
    else
        artist = loadArtist(artistID, rs);
    Album result = new Album(id, title, artist);
    return result;
}
private Artist loadArtist(long id, ResultSet rs) throws SQLException {
    String name = rs.getString(4);
    Artist result = new Artist(new Long(id), name);
    MapperRegistry.artist().register(result.getID(), result);
```

```
        return result;
    }
```

在何处放置把SQL结果映射到艺术家对象的方法值得斟酌。一方面把它放在艺术家映射器中去比较好，因为这个类经常加载艺术家。另一方面，这个加载方法与SQL的关系很紧密，因此它应该与SQL查询放在一起。在这种情况下，我比较喜欢后者。

### 12.2.5 例：引用集合（C#）

这个引用集合的情况发生在有一个域构成了集合的情况下。在这里，我们使用一个团队和队员的例子，假设我们不能给队员使用依赖映射（见图12-5）。

```
class Team...
    public String Name;
    public IList Players {
        get {return ArrayList.ReadOnly(playersData);}
        set {playersData = new ArrayList(value);}
    }
    public void AddPlayer(Player arg) {
        playersData.Add(arg);
    }
    private IList playersData = new ArrayList();
```

图12-5　一个有多名队员的团队

在数据库中，这种情况处理为队员记录包含一个到团队的外键（见图12-6）。

```
class TeamMapper...
    public Team Find(long id) {
        return (Team) AbstractFind(id);
    }
class AbstractMapper...
    protected DomainObject AbstractFind(long id) {
        Assert.True (id != DomainObject.PLACEHOLDER_ID);
        DataRow row = FindRow(id);
        return (row == null) ? null : Load(row);
    }
    protected DataRow FindRow(long id) {
        String filter = String.Format("id = {0}", id);
        DataRow[] results = table.Select(filter);
        return (results.Length == 0) ? null : results[0];
    }
    protected DataTable table {
        get {return dsh.Data.Tables[TableName];}
    }
    public DataSetHolder dsh;
    abstract protected String TableName {get;}
```

```
class TeamMapper...

    protected override String TableName {
       get {return "Teams";}
    }
```

图12-6 多队员团队对应的数据库结构

数据集保持器是一个保持在用数据集的类,还需要有适配器把它更新到数据库中。

```
class DataSetHolder...

    public DataSet Data = new DataSet();
    private Hashtable DataAdapters = new Hashtable();
```

在这个例子中,我们假设它已经用一些适当的查询组装好了。

查找方法调用加载把数据真正加载到新对象中。

```
class AbstractMapper...

    protected DomainObject Load (DataRow row) {
       long id = (int) row ["id"];
       if (identityMap[id] != null) return (DomainObject) identityMap[id];
       else {
          DomainObject result = CreateDomainObject();
          result.Id = id;
          identityMap.Add(result.Id, result);
          doLoad(result,row);
          return result;
       }
    }
    abstract protected DomainObject CreateDomainObject();
    private IDictionary identityMap = new Hashtable();
    abstract protected void doLoad (DomainObject obj, DataRow row);

class TeamMapper...

    protected override void doLoad (DomainObject obj, DataRow row) {
       Team team = (Team) obj;
       team.Name = (String) row["name"];
       team.Players = MapperRegistry.Player.FindForTeam(team.Id);
    }
```

为了引入队员,我在队员映射器上执行了一个特化的查找器。

```
class PlayerMapper...

    public IList FindForTeam(long id) {
       String filter = String.Format("teamID = {0}", id);
       DataRow[] rows = table.Select(filter);
       IList result = new ArrayList();
       foreach (DataRow row in rows) {
```

```
            result.Add(Load (row));
        }
        return result;
    }
```

为了更新，团队要保存自身的数据，并且委托队员映射器来把队员数据保存到队员表中。

```
class AbstractMapper...
    public virtual void Update (DomainObject arg) {
        Save (arg, FindRow(arg.Id));
    }
    abstract protected void Save (DomainObject arg, DataRow row);

class TeamMapper...
    protected override void Save (DomainObject obj, DataRow row){
        Team team = (Team) obj;
        row["name"] = team.Name;
        savePlayers(team);
    }
    private void savePlayers(Team team){
        foreach (Player p in team.Players) {
            MapperRegistry.Player.LinkTeam(p, team.Id);
        }
    }

class PlayerMapper...
    public void LinkTeam (Player player, long teamID) {
        DataRow row = FindRow(player.Id);
        row["teamID"] = teamID;
    }
```

由于队员到团队的关联是强制的，因此更新代码就简单多了。如果我们把某个队员从一个团队移到另一个团队，只要更新两个团队就可以，不需要用一个复杂的区分方法来把队员分开。我把这种情况留给读者作为一个练习。

## 12.3 关联表映射（Association Table Mapping）

把关联保存为一个表，带有指向（由关联所连接的）表的外键。

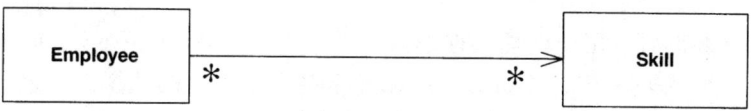

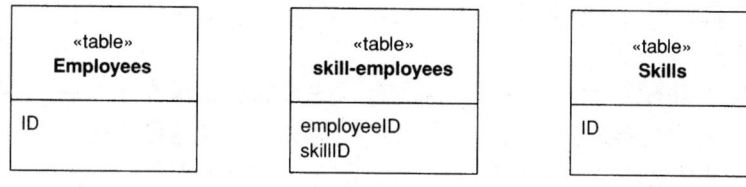

通过使用集合作为域值，对象可以很容易地处理多值域。关系数据库并没有这种特性，它受到约束，必须只有单值域。当你映射一个一对多关联时，可以使用外键映射来处理这个问题，实际上是为关联关系的单值端使用一个外键。但是，一个多对多的关联关系就不能这么做，因为对于这种关系，已经没有单值端可以保持外键了。

解决办法是一个很经典的方案，这个方案已经被人们用在关系数据上好几十年了：创建一个额外的表来记录这种关系。然后使用关联表映射来把多值域映射到这个链接表中。

### 12.3.1 运行机制

关联表映射的基本思想是使用一个链接表来保存这种关联关系。这个表仅仅含有两个相互关联的表的外键ID，对于每一对相关联的对象，它都有一个数据行与之对应。

链接表没有相对应的内存对象。因此，它也没有ID。它的主键就是相互关联的两个表的主键的组合。

简言之，要从链接表中加载数据就需要两次查询。考虑为雇员加载技能的情况。在这种情况下，至少在概念上需要在两个阶段中进行查询操作。第一个阶段就是查询`skills Employees`表，以便找到我们感兴趣的雇员相关联的所有行。第二个阶段是为链接表中的每一行找到相关ID的技能对象。

如果所有的信息都已经在内存里，这个方案就能工作得很好。如果还没有，那么这个方案在查询方面的开销可能会十分巨大，因为需要为链接表中的每一种技能进行一次查询。可以通过把技能表连接到链接表中来避免这个开销，这样就可以在一次查询中返回所有的数据，虽然这样做是以使映射本身变得复杂一些为代价的。

更新链接数据包含许多更新多值域的问题。幸好可以通过依赖映射这样的方法来处理链接表，这样事情就容易多了。不应该有其他的表指向链接表，所以你可以在需要时自由地创建和删除链接。

### 12.3.2 使用时机

关联表映射的标准情况就是一个多对多关联关系，因为确实没有其他可选的方法能处理这种情况。

当然关联表映射也可以用于处理其他形式的关联关系。然而，因为它比外键映射要复杂得多，而且还包括一个额外的连接（join），所以通常并不是很好的选择。不过也有两种情况使得关联表映射适合简单一些的关联关系。这两种情况都涉及一些我们对其方案无法控制的数据库。比如，有时需要给两个已经存在的表建立链接，却不能给这些表增加数据列。在这样的情况下就需要建立一个新表，并使用关联表映射。其他的情况，比如一个已经存在的数据库方案使用了一个关联表，即使此时这个关联表并不是真正必需的。在这种情况下，使用关联表映射比简化数据库方案要容易。

在一种关系数据库的设计中，我们经常会有一些关联表也保存了某种关系的信息。举个例子，员工/公司关联表也包含公司对员工雇佣关系的信息。而在这种情况下，员工/公司表也确实对应一个真实的领域对象。

## 12.3.3 例:雇员和技能 (C#)

这是一个使用概要模型的简单例子。我们有一个可以包含许多技能的雇员类,而每一种技能又能被多个雇员掌握。

```
class Employee...

    public IList Skills {
        get {return ArrayList.ReadOnly(skillsData);}
        set {skillsData = new ArrayList(value);}
    }
    public void AddSkill (Skill arg) {
        skillsData.Add(arg);
    }
    public void RemoveSkill (Skill arg) {
        skillsData.Remove(arg);
    }
    private IList skillsData = new ArrayList();
```

从数据库中加载一个雇员,我们需要通过雇员映射器引入技能。每一个雇员映射器类都有一个查找方法,这个方法创建雇员对象。所有的映射器类都是抽象映射器类的子类,而抽象映射器类为映射器封装了通用的服务。

```
class EmployeeMapper...

    public Employee Find(long id) {
        return (Employee) AbstractFind(id);
    }

class AbstractMapper...

    protected DomainObject AbstractFind(long id) {
        Assert.True (id != DomainObject.PLACEHOLDER_ID);
        DataRow row = FindRow(id);
        return (row == null) ? null : Load(row);
    }
    protected DataRow FindRow(long id) {
        String filter = String.Format("id = {0}", id);
        DataRow[] results = table.Select(filter);
        return (results.Length == 0) ? null : results[0];
    }
    protected DataTable table {
        get {return dsh.Data.Tables[TableName];}
    }
    public DataSetHolder dsh;
    abstract protected String TableName {get;}

class EmployeeMapper...

        protected override String TableName {
            get {return "Employees";}
        }
```

数据集保持器是一个简单的对象,这个对象包含一个ADO.NET数据集和相应的适配器,该适配器用于把这个数据集保存到数据库中。

```
class DataSetHolder...
```

```
public DataSet Data = new DataSet();
private Hashtable DataAdapters = new Hashtable();
```

为了使这个例子更加简单，我们将假设这个数据集已经用我们需要的所有数据加载了。

查找方法调用加载方法来为雇员加载数据。

class AbstractMapper...

```
protected DomainObject Load (DataRow row) {
    long id = (int) row ["id"];
    if (identityMap[id] != null) return (DomainObject) identityMap[id];
    else {
        DomainObject result = CreateDomainObject();
        result.Id = id;
        identityMap.Add(result.Id, result);
        doLoad(result,row);
        return result;
    }
}
abstract protected DomainObject CreateDomainObject();
private IDictionary identityMap = new Hashtable();
abstract protected void doLoad (DomainObject obj, DataRow row);
```

class EmployeeMapper...

```
protected override void doLoad (DomainObject obj, DataRow row) {
    Employee emp = (Employee) obj;
    emp.Name = (String) row["name"];
    loadSkills(emp);
}
```

加载技能有点麻烦，需要一个独立的方法。

class EmployeeMapper...

```
private IList loadSkills (Employee emp) {
    DataRow[] rows = skillLinkRows(emp);
    IList result = new ArrayList();
    foreach (DataRow row in rows) {
        long skillID = (int)row["skillID"];
        emp.AddSkill(MapperRegistry.Skill.Find(skillID));
    }
    return result;
}
private DataRow[] skillLinkRows(Employee emp) {
    String filter = String.Format("employeeID = {0}", emp.Id);
    return skillLinkTable.Select(filter);
}
private DataTable skillLinkTable {
    get {return dsh.Data.Tables["skillEmployees"];}
}
```

为了处理技能信息中的变化，我们在抽象映射器中使用了一个更新方法。

class AbstractMapper...

```
public virtual void Update (DomainObject arg) {
    Save (arg, FindRow(arg.Id));
}
abstract protected void Save (DomainObject arg, DataRow row);
```

更新方法调用子类中的一个保存方法。

class EmployeeMapper...

```
    protected override void Save (DomainObject obj, DataRow row) {
        Employee emp = (Employee) obj;
        row["name"] = emp.Name;
        saveSkills(emp);
    }
```

我再次为保存技能写了一个独立的方法。

class EmployeeMapper...

```
    private void saveSkills(Employee emp) {
        deleteSkills(emp);
        foreach (Skill s in emp.Skills) {
            DataRow row = skillLinkTable.NewRow();
            row["employeeID"] = emp.Id;
            row["skillID"] = s.Id;
            skillLinkTable.Rows.Add(row);
        }
    }
    private void deleteSkills(Employee emp) {
        DataRow[] skillRows = skillLinkRows(emp);
        foreach (DataRow r in skillRows) r.Delete();
    }
```

这里的逻辑做的都是类似删除所有链接表里的数据行和创建一个新行这样的简单操作，这样我就不用一一找出哪些是增加的记录和哪些是删除的记录。

### 12.3.4 例：使用直接的SQL（Java）

ADO.NET的好处之一就是它可以让我们讨论对象－关系映射的基本知识而不需要陷入到最小化查询那么繁琐的细节中去。用其他的关系映射机制，就会与SQL关系更紧密，必须把许多与之相关的事情考虑进去。

如果直接访问数据库，最小化查询是非常重要的。在这个例子的第一个版本中，我将在两个查询内返回雇员以及他的所有技能。这个听上去很容易，实际上却并不那么理想，忍耐一下。

这些就是该表的DDL：

```
create table employees (ID int primary key, firstname varchar, lastname varchar)
create table skills (ID int primary key, name varchar)
create table employeeSkills (employeeID int, skillID int, primary key (employeeID, skillID))
```

如果只加载一个雇员，我们就使用以前做过的类似方法。雇员映射器为层超类型上的抽象查找方法定义了一个简单的包装器（wrapper）。

class EmployeeMapper...

```
    public Employee find(long key) {
        return find (new Long (key));
    }
    public Employee find (Long key) {
        return (Employee) abstractFind(key);
    }
```

```
protected String findStatement() {
    return
        "SELECT " + COLUMN_LIST +
        "  FROM employees" +
        "  WHERE ID = ?";
}
public static final String COLUMN_LIST = " ID, lastname, firstname ";
```

class AbstractMapper...

```
protected DomainObject abstractFind(Long id) {
    DomainObject result = (DomainObject) loadedMap.get(id);
    if (result != null) return result;
    PreparedStatement stmt = null;
    ResultSet rs = null;
    try {
        stmt = DB.prepare(findStatement());
        stmt.setLong(1, id.longValue());
        rs = stmt.executeQuery();
        rs.next();
        result = load(rs);
        return result;
    } catch (SQLException e) {
        throw new ApplicationException(e);
    } finally {DB.cleanUp(stmt, rs);
    }
}
abstract protected String findStatement();
protected Map loadedMap = new HashMap();
```

然后查找方法调用加载方法。当雇员的实际数据在雇员映射器上被加载的时候，抽象加载方法处理了ID的加载。

class AbstractMapper...

```
protected DomainObject load(ResultSet rs) throws SQLException {
    Long id = new Long(rs.getLong(1));
    return load(id, rs);
}
public DomainObject load(Long id, ResultSet rs) throws SQLException {
    if (hasLoaded(id)) return (DomainObject) loadedMap.get(id);
    DomainObject result = doLoad(id, rs);
    loadedMap.put(id, result);
    return result;
}
abstract protected DomainObject doLoad(Long id, ResultSet rs) throws SQLException;
```

class EmployeeMapper...

```
protected DomainObject doLoad(Long id, ResultSet rs) throws SQLException {
    Employee result = new Employee(id);
    result.setFirstName(rs.getString("firstname"));
    result.setLastName(rs.getString("lastname"));
    result.setSkills(loadSkills(id));
    return result;
}
```

雇员需要发布另一个查询来加载技能，但它可以很容易地在一个查询中加载所有的技能。

为了实现这个目的，它调用技能映射器来为特定的技能加载数据。

```
class EmployeeMapper...

    protected List loadSkills(Long employeeID) {
        PreparedStatement stmt = null;
        ResultSet rs = null;
        try {
            List result = new ArrayList();
            stmt = DB.prepare(findSkillsStatement);
            stmt.setObject(1, employeeID);
            rs = stmt.executeQuery();
            while (rs.next()) {
                Long skillId = new Long (rs.getLong(1));
                result.add((Skill) MapperRegistry.skill().loadRow(skillId, rs));
            }
            return result;
        } catch (SQLException e) {
            throw new ApplicationException(e);
        } finally {DB.cleanUp(stmt, rs);
        }
    }
    private static final String findSkillsStatement =
        "SELECT skill.ID, " + SkillMapper.COLUMN_LIST +
        "  FROM skills skill, employeeSkills es " +
        "  WHERE es.employeeID = ? AND skill.ID = es.skillID";
```

```
class SkillMapper...

    public static final String COLUMN_LIST = " skill.name skillName ";
```

```
class AbstractMapper...

    protected DomainObject loadRow (Long id, ResultSet rs) throws SQLException {
        return load (id, rs);
    }
```

```
class SkillMapper...

    protected DomainObject doLoad(Long id, ResultSet rs) throws SQLException {
        Skill result = new Skill (id);
        result.setName(rs.getString("skillName"));
        return result;
    }
```

抽象映射器对查找雇员也有帮助。

```
class EmployeeMapper...

    public List findAll() {
        return findAll(findAllStatement);
    }
    private static final String findAllStatement =
        "SELECT " + COLUMN_LIST +
        "  FROM employees employee" +
        "  ORDER BY employee.lastname";
```

```
class AbstractMapper...

    protected List findAll(String sql) {
```

```
        PreparedStatement stmt = null;
        ResultSet rs = null;
     try {
        List result = new ArrayList();
        stmt = DB.prepare(sql);
        rs = stmt.executeQuery();
        while (rs.next())
           result.add(load(rs));
        return result;
     } catch (SQLException e) {
        throw new ApplicationException(e);
     } finally {DB.cleanUp(stmt, rs);
     }
  }
```

所有这些都很不错，也很容易就能做到。不过仍然存在查询数量的问题，就是每个雇员的加载都需要两次SQL查询。尽管我们可以用一个查询加载许多雇员的基本雇员数据，但对每一个雇员，我们仍然需要一次查询来加载技能。因而，加载100个雇员需要101次查询。

### 12.3.5 例：用一次查询查多个雇员（Java）

通过一次查询就返回多个雇员以及他们的技能是可能的。这是多表查询优化的好例子，当然也会更难以使用。因此，在需要的情况下才用这种方法比每一次都用这种方法好。最好把精力放在如何提高查询速度上，而不是放在许多并不重要的查询上。

我们将要看到的第一种情况很简单，在保持基本数据的同一次查询中返回一个雇员的所有技能。为了实现这个目的，我将使用一个连接所有三个表的更复杂的SQL语句。

```
class EmployeeMapper...

  protected String findStatement() {
     return
        "SELECT " + COLUMN_LIST +
        "  FROM employees employee, skills skill, employeeSkills es" +
        "  WHERE employee.ID = es.employeeID AND skill.ID = es.skillID AND employee.ID = ?";
  }
  public static final String COLUMN_LIST =
        " employee.ID, employee.lastname, employee.firstname, " +
        " es.skillID, es.employeeID, skill.ID skillID, " +
        SkillMapper.COLUMN_LIST;
```

超类上的`abstractFind`和`load`方法与前面的例子是一样的，因此不在这里重复。为了利用多数据行的优点，雇员映射器用一种不同的方法加载自己的数据。

```
class EmployeeMapper...

  protected DomainObject doLoad(Long id, ResultSet rs) throws SQLException {
     Employee result = (Employee) loadRow(id, rs);
     loadSkillData(result, rs);
     while (rs.next()){
        Assert.isTrue(rowIsForSameEmployee(id, rs));
        loadSkillData(result, rs);
     }
     return result;
  }
```

```
protected DomainObject loadRow(Long id, ResultSet rs) throws SQLException {
    Employee result = new Employee(id);
    result.setFirstName(rs.getString("firstname"));
    result.setLastName(rs.getString("lastname"));
    return result;
}
private boolean rowIsForSameEmployee(Long id, ResultSet rs) throws SQLException {
    return id.equals(new Long(rs.getLong(1)));
}
private void loadSkillData(Employee person, ResultSet rs) throws SQLException {
    Long skillID = new Long(rs.getLong("skillID"));
    person.addSkill ((Skill)MapperRegistry.skill().loadRow(skillID, rs));
}
```

在这种情况下,雇员映射器的加载方法实际上是在剩下的结果集中加载所有的数据。

当我们只加载一个雇员信息的时候,所有的操作都很简单。然而,多表查询的真正好处是在我们想加载许多雇员的时候才显现的。读权限的取得可以很灵活,特别是当我们并不需要让结果集根据雇员分类的时候。基于这一点,我们很自然就能引入一个辅助类通过关注关联表本身,在结果集中加载雇员和技能。

我们就从SQL以及到特定加载器类的调用开始。

```
class EmployeeMapper...

    public List findAll() {
        return findAll(findAllStatement);
    }
    private static final String findAllStatement =
        "SELECT " + COLUMN_LIST +
        "   FROM employees employee, skills skill, employeeSkills es" +
        "  WHERE employee.ID = es.employeeID AND skill.ID = es.skillID" +
        "  ORDER BY employee.lastname";
    protected List findAll(String sql) {
        AssociationTableLoader loader = new AssociationTableLoader(this, new SkillAdder());
        return loader.run(findAllStatement);
    }

class AssociationTableLoader...

    private AbstractMapper sourceMapper;
    private Adder targetAdder;
    public AssociationTableLoader(AbstractMapper primaryMapper, Adder targetAdder) {
        this.sourceMapper = primaryMapper;
        this.targetAdder = targetAdder;
    }
```

先不要担心skillAdder,这个以后就会清楚。现在,请注意,我们使用对映射器的引用来构造加载器,并且让它用合适的查询来执行加载操作。这是方法对象的典型结构。**方法对象**(method object)[Beck Patterns]就是一种方式,它独立地把一个复杂的方法转变成一个对象。它最大的好处在于允许往域里填值而不是通过参数传递值。使用方法对象的一般方式是先创建它,然后启动,当任务完成就让它销毁。

加载行为分为三个步骤。

```
class AssociationTableLoader...

    protected List run(String sql) {
```

```
        loadData(sql);
        addAllNewObjectsToIdentityMap();
        return formResult();
    }
```

`loadData`方法组成SQL调用,执行它,在结果集里循环。因为这是一个方法对象,所以我们已经把结果集放在一个域中,这样我们就不需要把它传出去。

```
class AssociationTableLoader...

    private ResultSet rs = null;
    private void loadData(String sql) {
        PreparedStatement stmt = null;
        try {
            stmt = DB.prepare(sql);
            rs = stmt.executeQuery();
            while (rs.next())
                loadRow();
        } catch (SQLException e) {
            throw new ApplicationException(e);
        } finally {DB.cleanUp(stmt, rs);
        }
    }
```

`loadRow`方法从结果集的一行中加载数据。它稍微复杂一点。

```
class AssociationTableLoader...

    private List resultIds = new ArrayList();
    private Map inProgress = new HashMap();
    private void loadRow() throws SQLException {
        Long ID = new Long(rs.getLong(1));
        if (!resultIds.contains(ID)) resultIds.add(ID);
        if (!sourceMapper.hasLoaded(ID)) {
            if (!inProgress.keySet().contains(ID))
                inProgress.put(ID, sourceMapper.loadRow(ID, rs));
            targetAdder.add((DomainObject) inProgress.get(ID), rs);
        }
    }

class AbstractMapper...

    boolean hasLoaded(Long id) {
        return loadedMap.containsKey(id);
    }
```

加载器会保存结果集中的任何顺序,所以输出的雇员列表会按照第一次出现时同样的顺序排列。因此,我们得到的ID列表也保持了这个顺序。一旦得到了这个ID,我们就去查看它是不是已经被完全加载到映射器中——通常是通过上一次查询。如果没有完全加载,我们就把现有的数据全部加载并且把它保存到一个当前列表中。这个列表对我们来说很有用处,因为几个行将要联合起来从雇员处收集所有的数据,并且我们并不能保证能连续命中这些行。

这些代码中最繁杂的部分就在于:要保证我能够增加我正在加载的技能到雇员的技能列表中,但还要保持加载器通用性,也就是说,不能依赖于雇员和技能。为了达到这个目的,我们需要发挥聪明才智找出一个内部接口——`Adder`。

class AssociationTableLoader...

```
    public static interface Adder {
        void add(DomainObject host, ResultSet rs) throws SQLException ;
    }
```

原始的调用器必须为接口提供实现,以便把它绑定到雇员和技能的特殊需要上。

class EmployeeMapper...

```
    private static class SkillAdder implements AssociationTableLoader.Adder {
        public void add(DomainObject host, ResultSet rs) throws SQLException {
            Employee emp = (Employee) host;
            Long skillId = new Long (rs.getLong("skillId"));
            emp.addSkill((Skill) MapperRegistry.skill().loadRow(skillId, rs));
        }
    }
```

这样对于有函数指针或者闭包的语言来说更加自然,但至少类和接口把工作完成了。(在这个例子里,它们并不要求是内部的,但这能帮助得到其狭小的范围。)

这个例子在超类中定义了`load`和`loadRow`方法,并且`loadRow`方法的实现中调用了`load`。之所以这样做,是因为在某些时候要保证一个加载动作不能把结果集向前移动。`load`方法加载一个对象,但是`loadRow`保证从一个数据行中得到数据并且不改变游标的位置。多数时间,这两者是相同的,但是在这个例子里的雇员映射器中它们就有区别了。

现在,所有的数据都在结果集里。这样就有了两个集合:按照第一次出现排序的结果集里的所有雇员ID列表,以及还没有在雇员映射器的标识映射中出现的新对象列表。

下一步就要把所有新对象放入标识映射中。

class AssociationTableLoader...

```
    private void addAllNewObjectsToIdentityMap() {
        for (Iterator it = inProgress.values().iterator(); it.hasNext();)
            sourceMapper.putAsLoaded((DomainObject)it.next());
    }
```

class AbstractMapper...

```
    void putAsLoaded (DomainObject obj) {
        loadedMap.put (obj.getID(), obj);
    }
```

最后一步是通过从映射器中查询ID来装配结果列表。

class AssociationTableLoader...

```
    private List formResult() {
        List result = new ArrayList();
        for (Iterator it = resultIds.iterator(); it.hasNext();) {
            Long id = (Long)it.next();
            result.add(sourceMapper.lookUp(id));
        }
        return result;
    }
```

class AbstractMapper...

```
    protected DomainObject lookUp (Long id) {
```

```
        return (DomainObject) loadedMap.get(id);
    }
```

这些代码比通常的加载代码复杂，但这样做有助于减少查询数量。由于它比较复杂，因此如果有些数据库交互非常耗时的话，你就应该尽量避免使用这种方法。然而，这也是一个数据映射器的好例子，它演示了数据映射器在提供良好查询的同时，又为领域层屏蔽了底层的复杂性。

## 12.4 依赖映射(Dependent Mapping)

让一个类为部分类执行数据库映射。

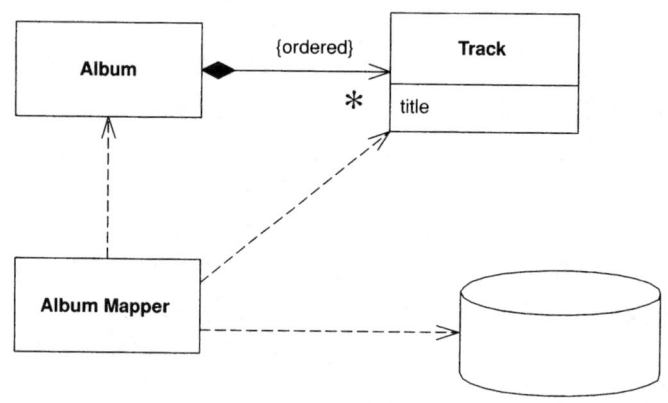

有些对象很自然地在其他对象的上下文中出现。无论什么时候一张潜在的唱片被加载或者被保存时，这张唱片上的曲目都有可能被加载或被保存。如果它们没有被数据库中的任何其他表所引用，那么就可以通过让唱片映射器来为曲目执行相关映射来简化映射过程。我们把这种映射看作是依赖映射。

### 12.4.1 运行机制

依赖映射的基本思想是在数据库持久化时，数据库中的某个类（**依赖者**）依赖于其他类（**所有者**）。每个依赖者有且只能有一个所有者。

它根据执行映射的类来装配自身。对于活动记录和行数据入口，依赖者类并不包含任何数据库映射代码；它的映射代码都写在所有者中。使用数据映射器就没有依赖者的映射器，其映射代码都写在所有者的映射器里。而在表数据入口中，通常根本没有依赖者类，所有对依赖者的处理都在所有者中完成。

在大多数情况下，每次加载一个所有者，同时也会把那些依赖者加载。如果依赖者的加载耗费很大并且不常使用，就可以考虑使用延迟加载来避免加载依赖者，直到真正需要时才加载它们。

依赖者的一个重要特性就是它没有标识域，因此也就不用存储到一个标识映射中。因而，它不能由查找方法通过ID加载。实际上就没有关于依赖者的查找器，因为所有的查找都是针对所有者的。

一个依赖者也可能是另外一个依赖者的所有者。在这个情况下，第一个依赖者的所有者也负责第二个依赖者的数据保持。我们可以得到一整个由一个主所有者控制的依赖者层级结构。

数据库的主键如果是一个包含了所有者主键的组合键，则它通常会简单一些。其他的表都不应该拥有依赖者表的外键，除非该对象拥有同一个所有者。因此，内存对象中只有所有者或者它的依赖者能够有指向依赖者的引用。严格地说，如果只提供引用但不保存到数据库中，这样可以放松规则，但是拥有一个不持久化的引用本身就容易产生混淆。

在UML模型中，可以使用组合来显示所有者与依赖者之间的关系。

由于依赖者的写和保存都是由所有者来做，并且没有外部引用，因此对依赖者的更新可以通过删除和插入来处理。因而，如果想要更新依赖者集合，就需要安全地删除与所有者相连的所有行，然后重新插入所有的依赖者。这样就不需要对加入到所有者集合中或从所有者集合中移除的对象进行分析。

依赖者在很多方面和值对象相似，尽管依赖者通常不需要生成值对象所需的一整套机制（比如覆盖相等方法）。主要的区别在于，对于它们来说，从内存的角度来看没有任何特别。对象的依赖者特性实际上只来源于数据库映射行为。

使用依赖映射使得对所有者是否变化进行跟踪的过程变得复杂。任何对依赖者的改变都要在改变的时候标记所有者，这样所有者就会把变化输出到数据库。让依赖者恒定不变可以大大简化这个过程，这样任何对依赖者的改变都需要把它移去，然后插入一个新的依赖者。这样可能会使内存模型很难协同工作，但确实简化了数据库映射。当使用数据映射器的时候，理论上内存和数据库映射应该是独立的，但实际上却不时需要根据具体情况做出一些折中。

### 12.4.2 使用时机

当有一个对象只被另一个对象引用的时候，可以使用依赖映射，这种情况往往在某个对象拥有一个对应的依赖者集合的时候发生。在处理所有者拥有一个到它的依赖者的引用集合，却没有后向指针的情况时，使用依赖映射是非常合适的。如果许多对象自身并不需要ID，使用依赖映射会使得对它们的保持管理更容易。

要使用依赖映射，需要满足一些前置条件。

- 每个依赖者必须恰好有一个所有者。
- 不能有任何除所有者之外的对象拥有对依赖者的引用。

有一个OO设计流派，在设计领域模型的时候，使用实体对象和依赖者对象的概念。在这里，我们认为依赖映射是一种简化数据库映射的技术，而不是基本的OO设计媒介。特别是要避免过大的依赖关系图。它们的问题在于从外部无法引用依赖者，这样通常会导致根所有者的查找机制变得很复杂。

在使用工作单元的时候，建议不要使用依赖映射。如果使用工作单元来跟踪，那么删除和重插入策略根本不会有任何帮助。这同样会导致问题，因为工作单元根本不能控制依赖者。Mike Rettig曾经提到过一个应用程序，在这个程序中，工作单元记录那些为了测试目的而插入的行,并且在工作完成后就把它们删除。因为它不跟踪依赖者,孤立行出现了,并且在测试运行的时候引起失败。

### 12.4.3 例:唱片和曲目(Java)

在这个领域模型(见图12-7)中,一张唱片拥有一个相关曲目集合。这个毫无用处的简单的应用程序不需要其他东西来指向曲目,因此它显然适合选择依赖映射。(实际上,所有的人都会认为这个例子是专门为这个模式设立的。)

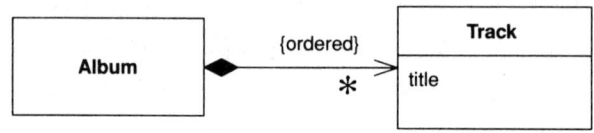

图12-7 拥有多个曲目的唱片可以通过依赖映射处理

这个曲目只包含标题。我把它定义为不变类。

```
class Track...

    private final String title;
    public Track(String title) {
        this.title = title;
    }
    public String getTitle() {
        return title;
    }
```

曲目保持在唱片类中。

```
class Album...

    private List tracks = new ArrayList();
    public void addTrack(Track arg) {
        tracks.add(arg);
    }
    public void removeTrack(Track arg) {
        tracks.remove(arg);
    };
    public void removeTrack(int i) {
        tracks.remove(i);
    }
    public Track[] getTracks() {
        return (Track[]) tracks.toArray(new Track[tracks.size()]);
    }
```

唱片映射器类处理针对曲目的所有SQL,因此它定义了访问曲目表的SQL语句。

```
class AlbumMapper...

    protected String findStatement() {
        return
           "SELECT ID, a.title, t.title as trackTitle" +
           "  FROM albums a, tracks t" +
           "  WHERE a.ID = ? AND t.albumID = a.ID" +
           "  ORDER BY t.seq";
```

}

无论什么时候唱片被加载,这些曲目也同时被加载到唱片中。

```
class AlbumMapper...

    protected DomainObject doLoad(Long id, ResultSet rs) throws SQLException {
        String title = rs.getString(2);
        Album result = new Album(id, title);
        loadTracks(result, rs);
        return result;
    }
    public void loadTracks(Album arg, ResultSet rs) throws SQLException {
        arg.addTrack(newTrack(rs));
        while (rs.next()) {
            arg.addTrack(newTrack(rs));
        }
    }
    private Track newTrack(ResultSet rs) throws SQLException {
        String title = rs.getString(3);
        Track newTrack = new Track (title);
        return newTrack;
    }
```

为了结构清晰,这里把曲目的加载放在一个独立的查询中。如果考虑到性能,可以考虑像12.2.4节中的例子那样在同一个查询中加载它们。

当唱片被更新时,所有的曲目都会被删除,然后被重新插入。

```
class AlbumMapper...

    public void update(DomainObject arg) {
        PreparedStatement updateStatement = null;
        try {
            updateStatement = DB.prepare("UPDATE albums SET title = ? WHERE id = ?");
            updateStatement.setLong(2, arg.getID().longValue());
            Album album = (Album) arg;
            updateStatement.setString(1, album.getTitle());
            updateStatement.execute();
            updateTracks(album);
        } catch (SQLException e) {
            throw new ApplicationException(e);
        } finally {DB.cleanUp(updateStatement);
        }
    }
    public void updateTracks(Album arg) throws SQLException {
        PreparedStatement deleteTracksStatement = null;
        try {
            deleteTracksStatement = DB.prepare("DELETE from tracks WHERE albumID = ?");
            deleteTracksStatement.setLong(1, arg.getID().longValue());
            deleteTracksStatement.execute();
            for (int i = 0; i < arg.getTracks().length; i++) {
                Track track = arg.getTracks()[i];
                insertTrack(track, i + 1, arg);
            }
        } finally {DB.cleanUp(deleteTracksStatement);
        }
    }
```

```
public void insertTrack(Track track, int seq, Album album) throws SQLException {
    PreparedStatement insertTracksStatement = null;
    try {
        insertTracksStatement =
            DB.prepare("INSERT INTO tracks (seq, albumID, title) VALUES (?, ?, ?)");
        insertTracksStatement.setInt(1, seq);
        insertTracksStatement.setLong(2, album.getID().longValue());
        insertTracksStatement.setString(3, track.getTitle());
        insertTracksStatement.execute();
    } finally {DB.cleanUp(insertTracksStatement);
    }
}
```

## 12.5 嵌入值（Embedded Value）

把一个对象映射成另一个对象表的若干字段。

| Employment |
|---|
| ID |
| person: person |
| period: DateRange |
| salary: Money |

| «table» Employments |
|---|
| ID: int |
| personID: int |
| start: date |
| end:date |
| salaryAmount: decimal |
| salaryCurrency: char |

许多小对象在OO系统里面很有意义，但作为表却在数据库里没有意义。比如流通的金钱对象和日期范围。尽管默认的想法是把一个对象保存为一个表，但没有人会想创建一个金钱值的表。

嵌入值把一个对象的值映射成该对象的所有者记录中的字段。在图中有一个雇佣对象，它有到日期范围对象和金钱对象的几个链接。在最终的表中，把那些对象的域映射成雇佣表中的域总比它们自己建立新记录要好。

### 12.5.1 运行机制

这种机制非常简单。当所有者对象（雇佣关系）被加载或保存时，依赖者对象（日期范围和金钱）也同时被加载或保存。依赖者类将没有自己的持久方法，因为所有的持久工作都由所有者完成。可以把嵌入值看成是依赖映射的一种特殊情况，在嵌入值中，该数值是一个依赖者对象。

### 12.5.2 使用时机

嵌入值是一种实现起来非常直接的模式，但是要了解在什么时候使用嵌入值却有一点复杂。

使用嵌入值最简单的情况是非常明显、简单的值对象，比如金钱和日期范围。由于值对象没有ID，因此可以很容易创建和删除它们而不用担心标识映射这样的东西来保持它们的同步。

实际上，所有的值对象都应该作为嵌入值来持久化，因为它们从不需要表与之对应。

使用嵌入值来保存像订单和发货对象这样的引用对象是否值得，是这个问题的一个灰色地带。主要的问题在于发货数据是否在订单上下文之外还有相关的内容。一种情况是数据的加载和存储。如果仅当加载订单时才加载发货数据，那么我们可以认为应该把这两者保存到同一个表中。另一个问题就是是否需要独立通过SQL来访问发货数据。如果通过SQL查询但又没有为查询使用独立的数据库，则这个问题可能就会很重要。

如果正在映射到一个已有的数据库方案，那么在一个表包含某种数据（而这个数据可以分成内存中的多个对象）时可以使用嵌入值。因为你想要通过一个独立的对象来表现出对象模型中的某种行为，所以这种情况可能会发生，但它仍然是数据库中的一个实体。在这种情况下要小心，对依赖者的任何改变都会把所有者标记为"脏"，如果在所有者中替换的是值对象，这就不会成为问题。

在多数情况下，我们都只在依赖者和所有者之间的关联在两端都是单值的（一对一关联）时候才在引用对象上使用嵌入值。在有多个候选依赖者并且它们的数字很小而且固定的情况下，有时候也会用到嵌入值。这样对每一个值就会有多个域对应。这会让表设计十分凌乱，并且在这样的表上进行SQL查询将十分麻烦，但它却能带来效率的提升。在这种情况下，序列化LOB通常是更好的选择。

由于很多判断何时使用嵌入值的逻辑和何时使用序列化LOB的逻辑是相同的，因此显然我们就会遇到在这两者之间抉择的问题。嵌入值的最大好处在于它允许SQL查询不遵循依赖者对象中的值。尽管在将来这些会被XML以及附加进SQL的基于XML的查询所取代，但现在如果想要在查询中使用依赖者值，就真的需要嵌入值。对于数据库的独立报告机制来说，这可能非常重要。

嵌入值只能用在相当简单的依赖者上。单独的或者几个独立的依赖者都可以工作得很好。序列化LOB则能在更复杂的结构（包括潜在的巨大对象子图）下工作。

### 12.5.3 进一步阅读

历史上嵌入值曾经有好几个名字。TOPLink称之为聚集映射（aggregate mapping），Visual Age称之为设计者（composer）。

### 12.5.4 例：简单值对象（Java）

这是用嵌入值进行映射的值对象的经典例子。我们从带有下面这些域的简单产品提供类开始。

```
class ProductOffering...

    private Product product;
    private Money baseCost;
    private Integer ID;
```

在这些域中，ID就是标识域，产品是一个普通的记录映射。我们将使用嵌入值来映射基本成本。并将通过使用活动记录进行全面映射来保持事物简单。

由于使用了活动记录，我们需要保存和加载的例程。这些常用例程在产品提供类中，因为它是所有者。而金钱类则根本没有持久性的行为。下面是加载方法。

```
class ProductOffering...

    public static ProductOffering load(ResultSet rs) {
        try {
            Integer id = (Integer) rs.getObject("ID");
            BigDecimal baseCostAmount = rs.getBigDecimal("base_cost_amount");
            Currency baseCostCurrency = Registry.getCurrency(rs.getString("base_cost_currency"));
            Money baseCost = new Money(baseCostAmount, baseCostCurrency);
            Integer productID = (Integer) rs.getObject("product");
            Product product = Product.find((Integer) rs.getObject("product"));
            return new ProductOffering(id, product, baseCost);
        } catch (SQLException e) {
            throw new ApplicationException(e);
        }
    }
```

下面是更新行为。而且，这是更新方法的一个简单变种。

```
class ProductOffering...

    public void update() {
        PreparedStatement stmt = null;
        try {
            stmt = DB.prepare(updateStatementString);
            stmt.setBigDecimal(1, baseCost.amount());
            stmt.setString(2, baseCost.currency().code());
            stmt.setInt(3, ID.intValue());
            stmt.execute();
        } catch (Exception e) {
            throw new ApplicationException(e);
        } finally {DB.cleanUp(stmt);}
    }
    private String updateStatementString =
        "UPDATE product_offerings" +
        "  SET base_cost_amount = ?, base_cost_currency = ? " +
        "  WHERE id = ?";
```

## 12.6 序列化LOB（Serialized LOB）

通过将多个对象序列化到一个大对象（LOB）中来保存一个对象图，并存储在一个数据库字段中。

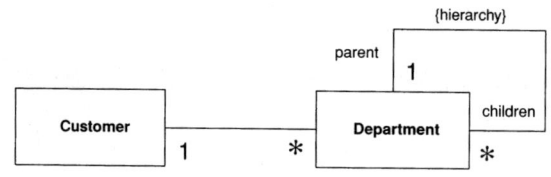

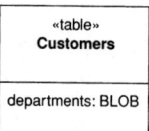

对象模型经常包含一些小对象组成的复杂图。这些结构中的很多信息并不是存在对象中，而是存在它们之间的链接关系中。考虑一下为所有的顾客保存组织结构的层次。一个对象模型很自然地显示出组合模式以表现组织结构的层次，并且你可以很容易地加入能够让你得到祖先、兄弟、后继和其他常见关系的方法。

把这些全部放进关系数据库方案中不是一件容易的事情。基本的方案是非常简单的——一个带有上级外键的组织结构表，但是对这个方案进行处理时需要许多连接，这就使得操作既非常难用也非常难看。

对象并不需要被保存成相互关联的数据表行。另一种保存形式就是序列化，这样一整张对象图就会被作为一个单独的大对象（LOB）写入到表中。序列化LOB就变成了一种备忘录（memento）[Gang of Four]的形式。

### 12.6.1 运行机制

有两种方法进行序列化：二进制形式（BLOB）或者文本字符形式（CLOB）。BLOB往往是最容易创建的，因为多数平台都包含了自动序列化对象图的能力。保存图是很容易的事情，仅仅需要在一个缓冲区中应用序列化，然后把这个缓冲区保存到相应的域中。

BLOB的好处在于易于编程（如果平台支持），并且使用最小的空间。缺点就是数据库必须支持二进制数据类型，而且没有对象就不能重新构造对象图，因此偶然查看这个字段是很难理解其意义的。最严重的问题可能就是版本问题。如果改变了部门类，可能就无法读出它以前的序列化部分，因为数据可以在数据库中保持相当长的一段时间，这可不是一件小事。

另外一种选择就是CLOB。在这种情况下，把部门图序列化到一个文本字符串中，让它带有你所需要的所有信息。文本字符串可以很容易就被查看数据行的人读懂，对偶然查看数据库是有帮助的。然而使用文本的方法会占用更多的空间，并且需要为使用的文本格式创建自己的解析器。CLOB还可能要比二进制序列化慢。

CLOB的许多缺点都可以使用XML克服。XML解析器随处可见，所以不需要自己写。并且XML是一种广泛使用的标准，所以当某些工具可用来做进一步操作时，你可以充分利用这些工具。XML不能解决的问题就是空间问题。实际上它使空间问题更加严重，因为它是一种非常冗长的格式。解决这个问题的办法之一是使用压缩的XML格式作为BLOB，当然这样失去了对于人的直接可读性，当空间真的成问题时这个方法可供选择。

使用序列化LOB的时候要小心ID问题。比如你想要通过序列化LOB得到一个订单中的顾客详细信息。不要把顾客LOB放到订单表中，否则顾客数据将会拷贝到每一个订单上，这样更新就成问题了。（如果你想要保存一个顾客数据的快照让它好像是在订单中，这实际上是件好事——它避免了时间关联（temporal relationships）。）如果你想要在经典的关系意义上为每一个订单更新顾客，就需要把LOB放在顾客表中，这样许多订单就可以和它链接起来。对于一个表，只含有ID和包含自身数据的LOB域并没有什么不妥。

通常，使用这个模式的时候要小心数据复制。复制的数据常常不是一个完整的序列化LOB，它可能是一个序列化LOB与其他的序列化LOB的交叠部分。因此要注意序列化LOB中保存的数据并且保证任何地方都不能访问到它，除了那个充当该序列化LOB拥有者的单独对象。

## 12.6.2 使用时机

序列化LOB还是用得比较少。XML使它更有吸引力，因为它遵从一种易于实现的文本化形式。它最大的缺点是不能使用SQL查询到它的结构。SQL扩展能在一个字段中访问XML数据，但是它们仍然不相同（或者可移植）。

这个模式最好在能够突出对象模型的一部分、并且用它作为LOB的时候使用。LOB可以被视作获得一系列对象的一种方法，这些对象一般不会在应用程序之外通过SQL例程来访问。此时，该对象图就可以挂钩到SQL方案中去了。

如果有LOB之外的对象引用隐藏在LOB里面的对象，序列化LOB的效率将十分低下。要处理这种情况就不得不使用某种形式的引用方案，这个引用方案支持到LOB内部对象的引用——这并非不可能，但是很难实现，以至于不值得这么做。同样，XML或者XPath多少可以减轻一些实现难度。

如果使用一个独立的数据库作为报表之用，并且其他所有的SQL都不访问这个数据库，那么可以把LOB转化为合适的表结构。报表数据库常常不规范的事实意味着适用于序列化LOB的结构同样适用于独立的报表数据库。

## 12.6.3 例：在XML中序列化一个部门层级（Java）

对于这个例子，我们将使用12.6节一开始概要部分草图上的部门和顾客概念，并且显示如何把所有的部门都序列化到一个XML CLOB。在写本书的时候，Java的XML处理从某种意义上说还有点原始和不稳定，因此这里的代码可能会与现在得出的代码有所不同（这里使用的是早期版本的JDOM）。

草图的对象模型转变为下面的类结构：

```
class Customer...

    private String name;
    private List departments = new ArrayList();

class Department...

    private String name;
    private List subsidiaries = new ArrayList();
```

对应于这个类结构的数据库只有一个表。

```
create table customers (ID int primary key, name varchar, departments varchar)
```

我们把顾客当作活动记录并将说明如何用插入行为写入数据。

```
class Customer...

    public Long insert() {
        PreparedStatement insertStatement = null;
        try {
            insertStatement = DB.prepare(insertStatementString);
            setID(findNextDatabaseId());
            insertStatement.setInt(1, getID().intValue());
            insertStatement.setString(2, name);
            insertStatement.setString(3, XmlStringer.write(departmentsToXmlElement()));
```

```
            insertStatement.execute();
            Registry.addCustomer(this);
            return getID();
        } catch (SQLException e) {
            throw new ApplicationException(e);
        } finally {DB.cleanUp(insertStatement);
        }
    }
    public Element departmentsToXmlElement() {
        Element root = new Element("departmentList");
        Iterator i = departments.iterator();
        while (i.hasNext()) {
            Department dep = (Department) i.next();
            root.addContent(dep.toXmlElement());
        }
        return root;
    }

class Department...

    Element toXmlElement() {
        Element root = new Element("department");
        root.setAttribute("name", name);
        Iterator i = subsidiaries.iterator();
        while (i.hasNext()) {
            Department dep = (Department) i.next();
            root.addContent(dep.toXmlElement());
        }
        return root;
    }
```

顾客有一个方法,用来把它的部门域序列化到一个单独的XML DOM。每一个部门也有一个方法用来把它自己(还有它递归的辅助单元)序列化到一个DOM。插入方法就得到部门的DOM,把它转化为一个字符串(经由一个utility类)并且把它放到数据库中。我们实际上并不关心字符串的结构。它对于人是可读的,但是我们不打算去查看它。

```
<?xml version="1.0" encoding="UTF-8"?>
<departmentList>
    <department name="US">
        <department name="New England">
            <department name="Boston" />
            <department name="Vermont" />
        </department>
        <department name="California" />
        <department name="Mid-West" />
    </department>
    <department name="Europe" />
</departmentList>
```

读出则是前述过程的简单逆转。

```
class Customer...

    public static Customer load(ResultSet rs) throws SQLException {
        Long id = new Long(rs.getLong("id"));
        Customer result = (Customer) Registry.getCustomer(id);
        if (result != null) return result;
        String name = rs.getString("name");
```

```
        String departmentLob = rs.getString("departments");
        result = new Customer(name);
        result.readDepartments(XmlStringer.read(departmentLob));
        return result;
    }
    void readDepartments(Element source) {
        List result = new ArrayList();
        Iterator it = source.getChildren("department").iterator();
        while (it.hasNext())
            addDepartment(Department.readXml((Element) it.next()));
    }

class Department...

    static Department readXml(Element source) {
        String name = source.getAttributeValue("name");
        Department result = new Department(name);
        Iterator it = source.getChildren("department").iterator();
        while (it.hasNext())
            result.addSubsidiary(readXml((Element) it.next()));
        return result;
    }
```

加载代码显然是插入代码的一个镜像。部门知道如何从一个XML元素中来创造自己（以及自己的辅助单元），顾客知道如何取得XML元素并且从它创建部门列表。加载方法使用了一个utility类来把来自数据库的字符串变为一个utility元素。

这里有个显而易见的危险，可能有人会在数据库中手动编辑XML并且让XML变得混乱，使得它对于加载程序不可读。更多的成熟工具能够支持把DTD或者XML模式作为有效性检验加到一个域中，这会对这种情况有所帮助。

## 12.7 单表继承（Single Table Inheritance）

将类的继承层次表示为一个单表，表中的各列代表不同类中的所有域。

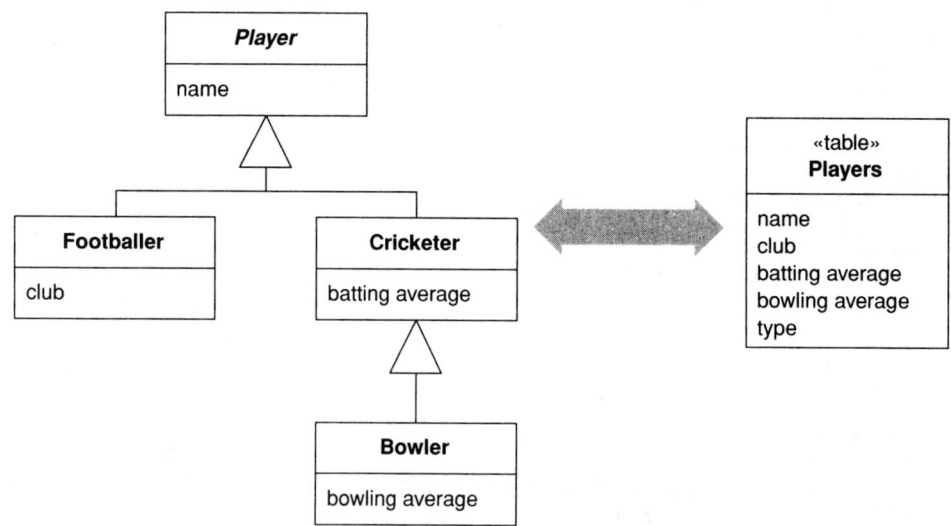

关系数据库并不支持继承，因此在把对象映射到数据库的时候必须考虑如何用关系数据库表来表现继承结构。当映射到关系数据库的时候，我们要努力减少连接操作的数量，在多个表中处理继承结构时连接操作的数量会迅速上升。单表继承把一个继承结构中所有类的所有域都映射到一个单表中。

### 12.7.1 运行机制

在这个继承映射方案中，我们使用一个表包含某个继承层次中所有类的所有数据。每个类负责把与之相关的数据保存在表的一行中。数据库中其他不相关的列则留空。最基本的映射行为遵循继承映射器的通用模式。

在往内存加载一个对象的时候，必须知道实例化哪个类来创建这个对象。为此，数据表中有一个域用来指示应该使用哪个类。它可能是类的名字也可能是一个代码域。代码域需要用一些代码来翻译才能映射到对应的类。当新的类加入到这个继承层次的时候，这段代码就需要扩展。如果把类名嵌入到表里，那么就可以直接使用这个名字来实例化。然而，类名会占用更多的空间，并且可能不易被那些直接使用数据库表的结构所处理。不过，它能更紧密地把类结构和数据库方案结合在一起。

加载数据的时候要首先读代码，看看需要实例化哪个类。保存数据的时候代码需要由层次关系中的超类写出。

### 12.7.2 使用时机

单表继承是把继承层次关系中的域映射到关系数据库中的模式之一。其他可选的模式有类表继承和具体表继承。

下面的是单表继承的优点：
- 在数据库中只需要关注一个表。
- 获取数据时不必进行连接操作。
- 任何对继承层次的重构（比如将一个域上移至超类或下移至子类）都不需要修改数据库。

可是，单表继承也有如下的缺点：
- 数据库表中的列有时对应到对象域，有时却并没有相应的域与之对应，这会使直接使用数据库表的用户感到迷惑。
- 只被某些子类使用的列会带来数据库空间的浪费。这个问题的严重性取决于特定的数据特性和数据库对空列的压缩方法。例如，Oracle对于整理闲置空间就十分有效，特别是可选列保存在数据库表合适位置的时候。每个数据库对这个问题都有自己的处理办法。
- 单表可能最终太大了，有许多索引并被频繁上锁，从而导致访问该表时效率低下。避免这个问题的办法是建立单独的索引表，该索引表要么列出所有具有特定属性行的键值，要么拷贝与某个索引相关的字段的一个子集。
- 所有的域只有一个名字空间，因此就必须保证在不同的域不能使用相同的名字。将类名作为域名的前缀或者后缀构成复合名字可以解决这个问题。

记住，你不需要为整个继承层次只用一种继承映射模式。将若干个相似的类映射为一张表，而对那些拥有许多特殊数据的类使用具体类继承，同样是不错的做法。

### 12.7.3 例：运动员的单表（C#）

就像其他那些继承的例子一样，这个例子也是基于继承映射器的一个例子，用到了图12-8中的类。每一个映射器都需要链接到ADO.NET数据集中的一个数据表。这个链接一般可以在映射器超类中实现。入口的数据属性是一个可以用一次查询加载的数据集。

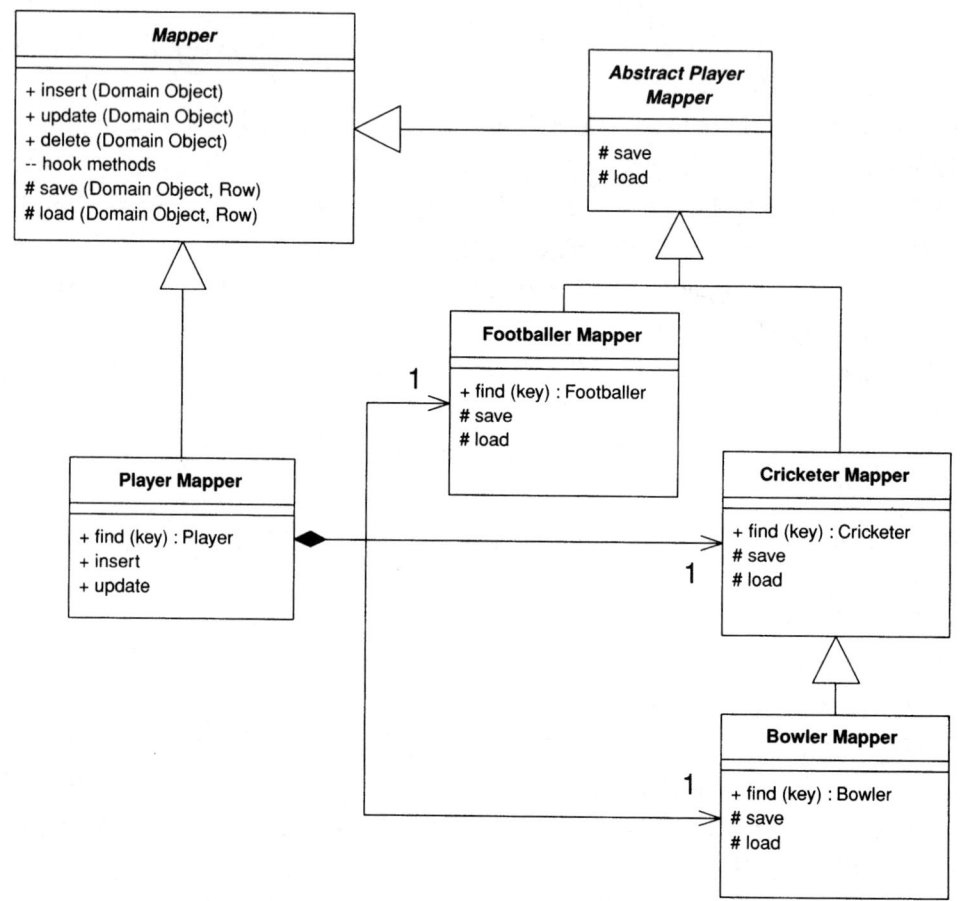

图12-8 继承映射器的泛化类图

```
class Mapper...

    protected DataTable table {
        get {return Gateway.Data.Tables[TableName];}
    }
    protected Gateway Gateway;
    abstract protected String TableName {get;}
```

由于只有一个表，因此这个表可以由抽象的运动员映射器来定义。

```
class AbstractPlayerMapper...
```

```
    protected override String TableName {
        get {return "Players";}
    }
```

每个类都需要一个类型代码来帮助映射器代码指出正在处理的是哪种运动员。类型代码在超类中定义，并在子类中实现。

class AbstractPlayerMapper...

```
    abstract public String TypeCode {get;}
```

class CricketerMapper...

```
    public const String TYPE_CODE = "C";
    public override String TypeCode {
        get {return TYPE_CODE;}
    }
```

运动员映射器中定义了三个域，分别与三个具体映射器类相对应。

class PlayerMapper...

```
    private BowlerMapper bmapper;
    private CricketerMapper cmapper;
    private FootballerMapper fmapper;
    public PlayerMapper (Gateway gateway) : base (gateway) {
        bmapper = new BowlerMapper(Gateway);
        cmapper = new CricketerMapper(Gateway);
        fmapper = new FootballerMapper(Gateway);
    }
```

## 12.7.4 从数据库中加载对象

每个具体的映射器类都有一个从数据中获取对象的查找方法。

class CricketerMapper...

```
    public Cricketer Find(long id) {
        return (Cricketer) AbstractFind(id);
    }
```

这里调用泛化行为来查找对象。

class Mapper...

```
    protected DomainObject AbstractFind(long id) {
        DataRow row = FindRow(id);
        return (row == null) ? null : Find(row);
    }
    protected DataRow FindRow(long id) {
        String filter = String.Format("id = {0}", id);
        DataRow[] results = table.Select(filter);
        return (results.Length == 0) ? null : results[0];
    }
    public DomainObject Find (DataRow row) {
        DomainObject result = CreateDomainObject();
        Load(result, row);
        return result;
```

```
        }
        abstract protected DomainObject CreateDomainObject();
class CricketerMapper...

        protected override DomainObject CreateDomainObject() {
            return new Cricketer();
        }
```

通过一系列的加载方法把数据加载到新对象,继承层次中的每个类都有一个。

```
class CricketerMapper...

        protected override void Load(DomainObject obj, DataRow row) {
            base.Load(obj,row);
            Cricketer cricketer = (Cricketer) obj;
            cricketer.battingAverage = (double)row["battingAverage"];
        }
class AbstractPlayerMapper...

        protected override void Load(DomainObject obj, DataRow row) {
            base.Load(obj, row);
            Player player = (Player) obj;
            player.name = (String)row["name"];
        }
class Mapper...

        protected virtual void Load(DomainObject obj, DataRow row) {
            obj.Id = (int) row ["id"];
        }
```

也可以通过运动员映射器来加载一个运动员。需要读取数据,并且要用类型代码来决定使用哪个具体的映射器。

```
class PlayerMapper...

            public Player Find (long key) {
                DataRow row = FindRow(key);
                if (row == null) return null;
                else {
                    String typecode = (String) row["type"];
                    switch (typecode){
                        case BowlerMapper.TYPE_CODE:
                            return (Player) bmapper.Find(row);
                        case CricketerMapper.TYPE_CODE:
                            return (Player) cmapper.Find(row);
                        case FootballerMapper.TYPE_CODE:
                            return (Player) fmapper.Find(row);
                        default:
                            throw new Exception("unknown type");
                    }
                }
            }
```

1. 更新对象

更新的基本操作对所有的对象都是一样的,所以可以在映射器超类中定义这个操作。

```
class Mapper...
    public virtual void Update (DomainObject arg) {
        Save (arg, FindRow(arg.Id));
    }
```

保存方法类似于加载方法——每个类都定义自己的保存方法来保存它所包含的数据。

```
class CricketerMapper...
    protected override void Save(DomainObject obj, DataRow row) {
        base.Save(obj, row);
        Cricketer cricketer = (Cricketer) obj;
        row["battingAverage"] = cricketer.battingAverage;
    }

class AbstractPlayerMapper...
    protected override void Save(DomainObject obj, DataRow row) {
        Player player = (Player) obj;
        row["name"] = player.name;
        row["type"] = TypeCode;
    }
```

运动员映射器将调用委托给适当的具体映射器。

```
class PlayerMapper...
    public override void Update (DomainObject obj) {
        MapperFor(obj).Update(obj);
    }
    private Mapper MapperFor(DomainObject obj) {
        if (obj is Footballer)
            return fmapper;
        if (obj is Bowler)
            return bmapper;
        if (obj is Cricketer)
            return cmapper;
        throw new Exception("No mapper available");
    }
```

2. 插入对象

插入类似于更新，唯一的区别就是在保存之前就要在表中创建好新的行。

```
class Mapper...
    public virtual long Insert (DomainObject arg) {
        DataRow row = table.NewRow();
        arg.Id = GetNextID();
        row["id"] = arg.Id;
        Save (arg, row);
        table.Rows.Add(row);
        return arg.Id;
    }

class PlayerMapper...
    public override long Insert (DomainObject obj) {
        return MapperFor(obj).Insert(obj);
    }
```

## 3. 删除对象

删除非常简单。在抽象映射器级或者在运动员映射器中定义删除方法。

class Mapper...

```
public virtual void Delete(DomainObject obj) {
    DataRow row = FindRow(obj.Id);
    row.Delete();
}
```

class PlayerMapper...

```
public override void Delete (DomainObject obj) {
    MapperFor(obj).Delete(obj);
}
```

## 12.8 类表继承（Class Table Inheritance）

用每个类对应一个表来表示类的继承层次。

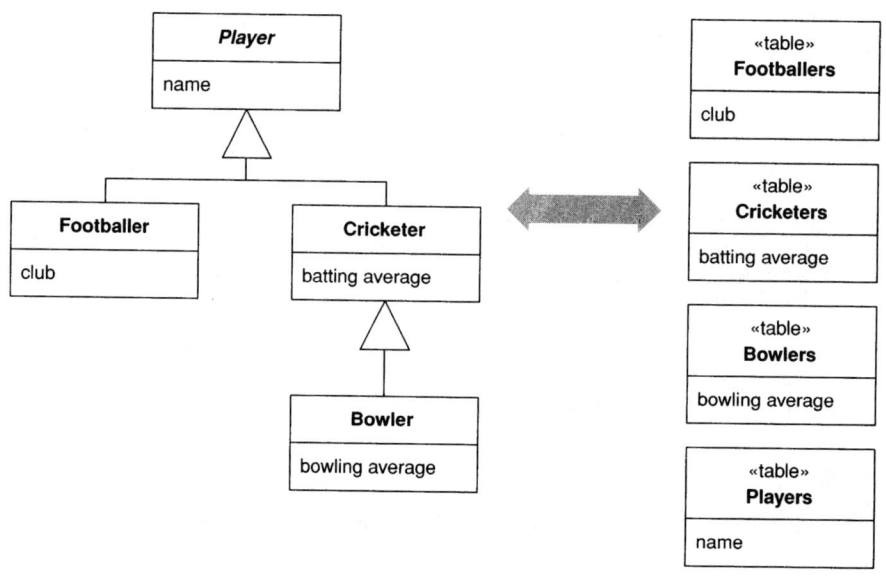

对象－关系不匹配的一个显而易见的事实是关系数据库不支持继承。我们想要让数据库结构能很清楚地映射到对象，并且允许在继承结构的任何地方建立链接。类表继承通过给继承结构中的每一个类各使用一个数据库表来支持这一点。

### 12.8.1 运行机制

直观地说，类表继承就是领域模型中对于每一个类都有一个表。领域类中的域直接映射到相应表中的字段。与其他的继承映射一样，继承映射器作为一种基本方法在此处适用。

这里存在一个问题，就是如何把对应的数据库表的行链接起来。一种可行的办法是使用公用的主键值。举个例子，足球运动员表中键值为101的行与运动员表中键值为101的行对应于同一个领域对象。由于超类表针对其他表中每一行都对应有一行，因此使用这种策略的话，主键必须在各表之间都是唯一的。另一种办法是每个表都有自己的主键并且使用超类表的外键把各行联系在一起。

类表继承实现中的最大问题是如何用一种有效的方式把数据从多个表中取回。显然对每个表进行一次调用很不明智，因为这样就会对数据库进行多次调用。在多个表上执行一次连接操作可以避免这个问题，然而受限于数据库的优化方式，在3~4个表上进行连接操作就会使处理速度慢下来。

此外，还有一个问题，即在任何指定的查询中，我们通常并不清楚具体需要连接哪些表。如果查找一个足球运动员，那么我们知道要使用足球运动员表。可是如果是查找一组运动员，我们要使用哪些表呢？为了在某些表没有数据的时候有效地连接，你需要使用外连接，这种操作不标准，通常也比较慢。另一个方法是先读取根表，然后使用一段代码来找出下一个应该读取哪个表，但这需要多次查询。

### 12.8.2 使用时机

类表继承、单表继承和具体表继承是继承映射的三个可选方案。

类表继承的长处是：
- 所有的列对每一行都是相关的，因此表更容易理解也没有浪费空间。
- 领域模型和数据库之间的关系非常简单明了。

类表继承的缺陷是：
- 为了加载一个对象需要访问多个表，这就意味着需要进行一次连接操作，或者进行多次查询并且在内存中将查询结果合并。
- 字段在层次中任何上下移动的重构都会导致数据库更改。
- 由于访问频繁，因此超类表可能会成为瓶颈。
- 高度的规范化使特殊查询难于理解。

对于一个类层次，并不是只能使用一个继承映射模式。可以对层次高的类使用类表继承，对层次比较低的类使用具体表继承。

### 12.8.3 进一步阅读

许多IBM的文档把这种模式称为根叶映射（Root-Leaf Mapping）[Brown et al.]。

### 12.8.4 例：运动员和他们的家属（C#）

这是对上面那张草图的实现。我们继续使用运动员这一熟悉的主题，仍然使用继承映射器（见图12-9）。

每一个类都需要定义一个表来保存它的数据以及一个类型代码。

```
class AbstractPlayerMapper...

    abstract public String TypeCode {get;}
    protected static String TABLENAME = "Players";
```

```
class FootballerMapper...
    public override String TypeCode {
        get {return "F";}
    }
    protected new static String TABLENAME = "Footballers";
```

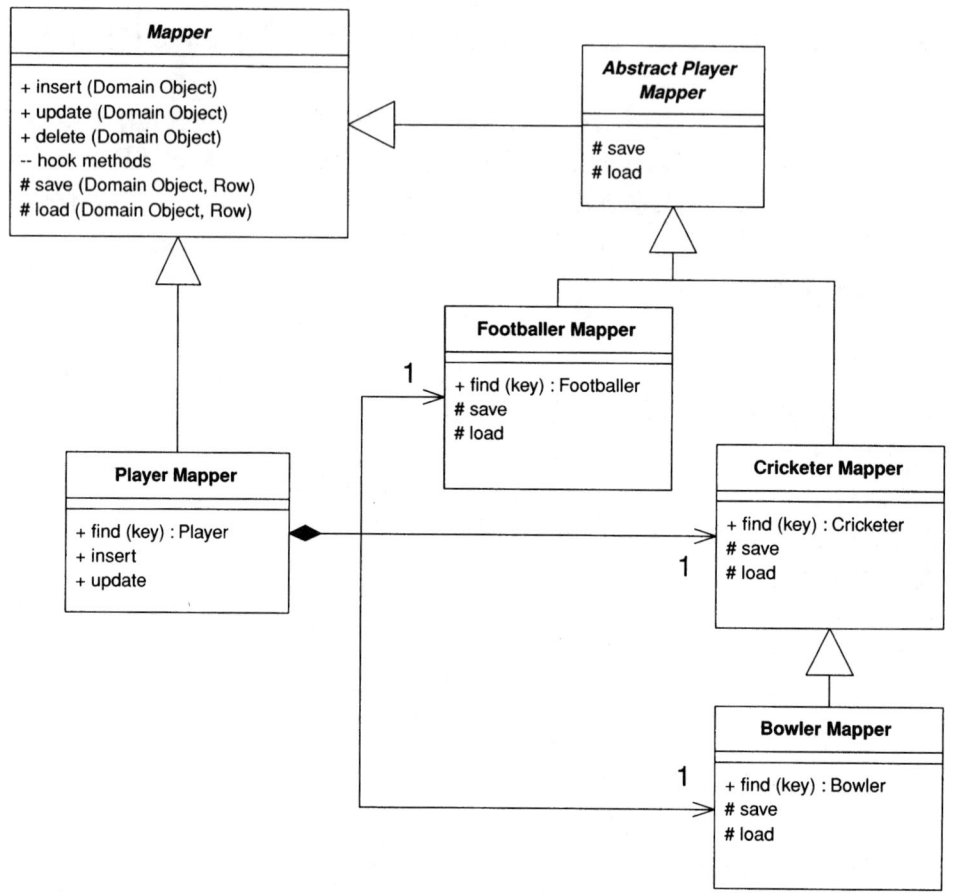

图12-9 继承映射器的泛化类图

不像其他的继承例子,这个例子并没有一个被覆盖的表名,因为这个类必须有它所对应的表名,哪怕这个实例是子类的实例。

1. 加载对象

如果你已经阅读了其他的映射模式,你就知道第一步要做的是具体映射器里的查找方法。

```
class FootballerMapper...
    public Footballer Find(long id) {
        return (Footballer) AbstractFind (id, TABLENAME);
    }
```

抽象查找方法查找与键值匹配的数据行,如果成功,就创建领域对象,并且调用它的加载方法。

```
class Mapper...
    public DomainObject AbstractFind(long id, String tablename) {
        DataRow row = FindRow (id, tableFor(tablename));
        if (row == null) return null;
        else {
            DomainObject result = CreateDomainObject();
            result.Id = id;
            Load(result);
            return result;
        }
    }
    protected DataTable tableFor(String name) {
        return Gateway.Data.Tables[name];
    }
    protected DataRow FindRow(long id, DataTable table) {
        String filter = String.Format("id = {0}", id);
        DataRow[] results = table.Select(filter);
        return (results.Length == 0) ? null : results[0];
    }
    protected DataRow FindRow (long id, String tablename) {
        return FindRow(id, tableFor(tablename));
    }
    protected abstract DomainObject CreateDomainObject();

class FootballerMapper...
    protected override DomainObject CreateDomainObject(){
        return new Footballer();
    }
```

每一个类都有一个加载方法，它加载由该类定义的数据。

```
class FootballerMapper...
    protected override void Load(DomainObject obj) {
        base.Load(obj);
        DataRow row = FindRow (obj.Id, tableFor(TABLENAME));
        Footballer footballer = (Footballer) obj;
        footballer.club = (String)row["club"];
    }

class AbstractPlayerMapper...
    protected override void Load(DomainObject obj) {
        DataRow row = FindRow (obj.Id, tableFor(TABLENAME));
        Player player = (Player) obj;
        player.name = (String)row["name"];
    }
```

就像其他的示例代码一样，不过在这个例子中更加明显，我们基于这样一个事实：ADO.NET数据集已经从数据库中取出数据，并且把它缓存到内存里。这允许我们多次访问基于表的数据结构，而不会带来过高的性能损耗。如果是直接对数据库进行操作，那么就必须减少这种加载。在这个例子中，可以通过创建一个跨越所有表的连接操作，然后再处理它。

运动员映射器决定它需要寻找哪种运动员，并且委托给正确的具体映射器。

```
class PlayerMapper...

    public Player Find (long key) {
        DataRow row = FindRow(key, tableFor(TABLENAME));
        if (row == null) return null;
        else {
            String typecode = (String) row["type"];
            if (typecode == bmapper.TypeCode)
                return bmapper.Find(key);
            if (typecode == cmapper.TypeCode)
                return cmapper.Find(key);
            if (typecode == fmapper.TypeCode)
                return fmapper.Find(key);
            throw new Exception("unknown type");
        }
    }
    protected static String TABLENAME = "Players";
```

2. 更新对象

更新方法在映射器超类中出现。

```
class Mapper...

    public virtual void Update (DomainObject arg) {
        Save (arg);
    }
```

它通过一系列保存方法来实现,层次结构中每一个类都有一个相对应的保存方法。

```
class FootballerMapper...

    protected override void Save(DomainObject obj) {
        base.Save(obj);
        DataRow row = FindRow (obj.Id, tableFor(TABLENAME));
        Footballer footballer = (Footballer) obj;
        row["club"] = footballer.club;
    }
```

```
class AbstractPlayerMapper...

    protected override void Save(DomainObject obj) {
        DataRow row = FindRow (obj.Id, tableFor(TABLENAME));
        Player player = (Player) obj;
        row["name"] = player.name;
        row["type"] = TypeCode;
    }
```

运动员映射器的更新方法覆盖了一般更新方法,从而转到正确的具体映射器。

```
class PlayerMapper...

    public override void Update (DomainObject obj) {
        MapperFor(obj).Update(obj);
    }
    private Mapper MapperFor(DomainObject obj) {
        if (obj is Footballer)
            return fmapper;
        if (obj is Bowler)
            return bmapper;
        if (obj is Cricketer)
```

```
            return cmapper;
        throw new Exception("No mapper available");
    }
```

3. 插入对象

插入对象的方法要在映射器超类中声明。它分两个阶段：创建新的数据库行、然后用保存方法来用必要的数据更新这些空行。

```
class Mapper...
    public virtual long Insert (DomainObject obj) {
        obj.Id = GetNextID();
        AddRow(obj) ;
        Save (obj);
        return obj.Id;
    }
```

每个类往它们各自的表中插入一行。

```
class FootballerMapper...
    protected override void AddRow (DomainObject obj) {
        base.AddRow(obj);
        InsertRow (obj, tableFor(TABLENAME));
    }

class AbstractPlayerMapper...
    protected override void AddRow (DomainObject obj) {
        InsertRow (obj, tableFor(TABLENAME));
    }

class Mapper...
    abstract protected void AddRow (DomainObject obj);
    protected virtual void InsertRow (DomainObject arg, DataTable table) {
        DataRow row = table.NewRow();
        row["id"] = arg.Id;
        table.Rows.Add(row);
    }
```

运动员映射器委托给合适的具体映射器。

```
class PlayerMapper...
    public override long Insert (DomainObject obj) {
        return MapperFor(obj).Insert(obj);
    }
```

4. 删除对象

要删除一个对象，每个类都要从数据库里对应的表中删除一行。

```
class FootballerMapper...
    public override void Delete(DomainObject obj) {
        base.Delete(obj);
        DataRow row = FindRow(obj.Id, TABLENAME);
        row.Delete();
    }
```

```
class AbstractPlayerMapper...

    public override void Delete(DomainObject obj) {
        DataRow row = FindRow(obj.Id, tableFor(TABLENAME));
        row.Delete();
    }
class Mapper...

    public abstract void Delete(DomainObject obj);
```

运动员映射器再次把所有困难的工作挑出来，委托给具体的映射器。

```
class PlayerMapper...

    override public void Delete(DomainObject obj) {
        MapperFor(obj).Delete(obj);
    }
```

## 12.9 具体表继承（Concrete Table Inheritance）

用每个具体类对应一个表来表示类的继承层次。

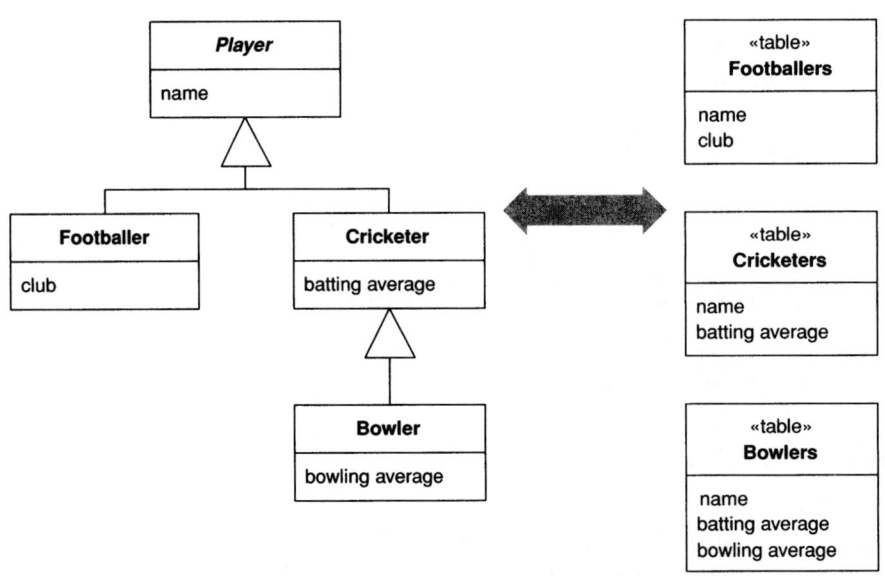

就像任何对象理论的推崇者会告诉你的一样，关系数据库不支持继承，这个事实使得对象－关系映射复杂化。从对象实例的观点来看数据表，一个明智的办法是把内存中的每一个对象映射为一个单独的数据库行。这就是具体表继承，对于继承层次中每一个具体类都有一个表与之对应。

我不得不承认给这个模式命名有一定困难。由于只有层次结构中的每一个叶结点类才有一个表与之对应，因此大多数人认为它是面向叶结点的。根据这个逻辑，我们可以称这个模式为"叶表继承"，并且"叶子"这个术语会在这个模式中经常用到。严格地说，不是叶子的具体类也能映射为一个表，因此我决定用相对正确的"具体表继承"来命名这个模式，即使这个名字并不太直观。

### 12.9.1 运行机制

具体表继承对继承层次中的每一个具体类使用一个数据库表。每个表中的列都对应着具体类和这个具体类的所有祖先类，因此超类中的任何域在子类的表中都会被复制。在这种继承方式下，它的基本行为就是继承映射器。

需要特别注意这种模式下的键。重要的是保证键不仅在一个表中是唯一的，而且在继承层次里所有的表中都是唯一的。使用这个模式经典的例子是你有一个运动员的集合，并且使用标识域作为表的键。如果键能在具体类所映射的表间被重复，那么对于一个实际的键值就会返回多个数据行。因此，需要一个键分配系统来记录表间键的使用情况；而且，不能依赖数据库的主键唯一机制。

如果要连接一个正被其他系统使用的数据库，事情就会变得极为糟糕。在多数情况下，都不能保证各表之间主键的唯一性。在这种情况下，要么避免使用超类的域，要么使用包含表ID的复合键。

可以通过不包含超类域的方法绕过一些问题，但是显然这样做连累了对象模型。另一种方法是在接口中为超类型建立一些访问器，但是在实现中为每个具体类型使用私有的域。随后，接口就组合来自几个私有域的值。如果公共接口是一个单值，它就会从那些不为空的私有值中任选一个。如果公共接口是一个集合值，它的返回值就是实现域中各个值的联合。

对于组合键，你可以针对标识域模式使用一个特殊的键对象来作为你的ID域。这个键既使用表主键又使用表名字来决定唯一性。

与这个问题相关的是数据库引用完整性。考虑图12-10中的对象模型。要实现引用完整性就需要有一个链接表，该表包含了关于慈善活动和运动员的外键列。问题在于并没有表与运动员对应，所以你不能为运动员的外键域创造一个引用完整性约束，因为外键域可以是足球运动员的，也可以是板球运动员的。这种情况下要么忽略引用完整性，要么使用多链接表，对数据库中每一个实际表都有一个链接表与之对应。另外，如果不能保证键唯一性，你也会有问题。

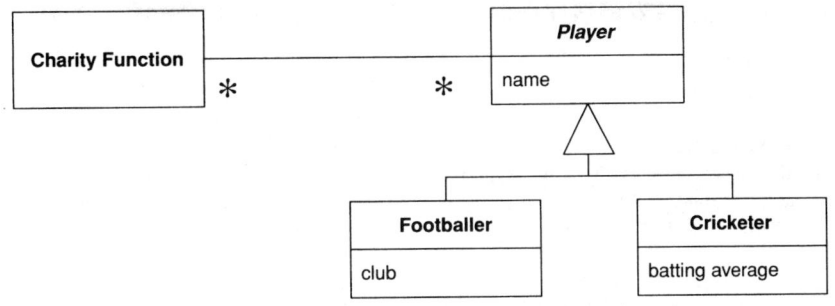

图12-10 具体表继承时导致引用完整性问题的一个模型

如果使用select语句查询运动员，就需要查看所有的表，来确定哪一个表包含了合适的值。这意味着要使用多次查询或者使用一个外连接，这两种方法会导致性能低下。如果事先知道需要的是什么类就不用担心性能问题，但是你必须使用具体类来提高性能。

这个模式经常被认为是走了**叶表继承**（leaf table inheritance）的路线。有些人更喜欢让每个叶子类对应一个表而不是让每个具体类对应一个表。然而，如果在继承层次里面没有任何具体超类，这两种方法是一回事。就算确实有具体超类，两者的区别也非常小。

### 12.9.2 使用时机

类表继承、单表继承和具体表继承是继承映射的三种可选方案。

具体表继承的长处是：
- 每个表都是自包含的，并且没有不相关的域。因此，在不使用这些对象的其他应用程序使用它时，它有很好的意义。
- 从具体映射器读取数据的时候不需要连接操作。
- 只有在类被访问的时候表才被访问，这样可以分散访问负载。

具体表继承的缺陷是：
- 主键很难处理。
- 不能把数据库关系加到抽象类中。
- 如果领域类中的某个域被提升到上一层或放置到下一层，就必须更改表定义。虽然你并不需要像类表继承那样改动那么多，但你也不能像单表继承那样完全避免改动。
- 如果一个超类中的域改变了，那么就需要改变每一个拥有这个域的表，因为超类的域在表间复制了多次。
- 超类上的一次查找需要检查所有表，这会导致多次数据库访问或者特殊连接操作。

记住这三种继承模式可以在一个层次中共存。因此，可以用具体表继承来处理1~2个子类，而用单表继承处理剩下的那些子类。

### 12.9.3 例：具体运动员（C#）

这是前面那个草图的实现。正如本章中所有继承的例子一样，我们使用的是继承映射器中基本的类设计，见图12-11。

每个映射器都与数据库表链接在一起，这个数据库表是数据的来源。在ADO.NET中，一个数据集保持这个数据表。

```
class Mapper...
    public Gateway Gateway;
    private IDictionary identityMap = new Hashtable();
    public Mapper (Gateway gateway) {
        this.Gateway = gateway;
    }
    private DataTable table {
        get {return Gateway.Data.Tables[TableName];}
    }
    abstract public String TableName {get;}
```

入口类在它的数据属性中保持数据集。可以通过适当的查询操作来加载数据。

```
class Gateway...
```

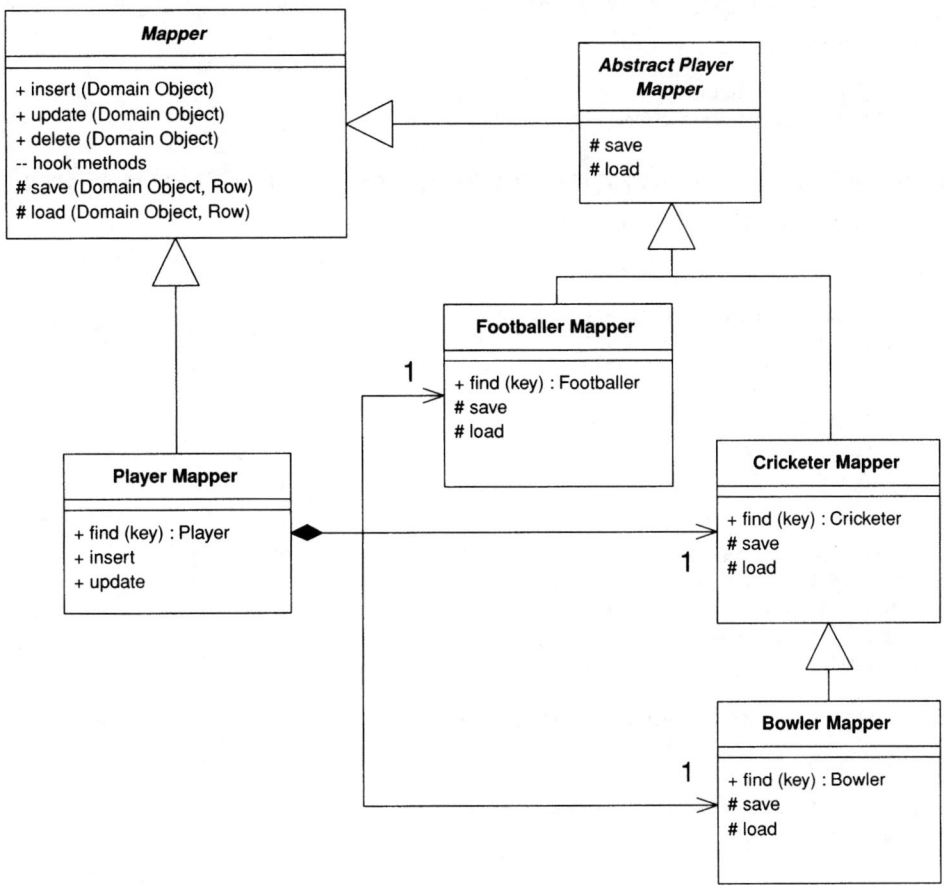

图12-11 继承映射器的泛化类图

每一个具体映射器都需要定义保存其数据的表的名字。

class CricketerMapper...

```
public override String TableName {
   get {return "Cricketers";}
}
```

运动员映射器对每一个具体映射器都有对应的域。

class PlayerMapper...

```
private BowlerMapper bmapper;
private CricketerMapper cmapper;
private FootballerMapper fmapper;
public PlayerMapper (Gateway gateway) : base (gateway) {
   bmapper = new BowlerMapper(Gateway);
   cmapper = new CricketerMapper(Gateway);
   fmapper = new FootballerMapper(Gateway);
}
```

**1. 从数据库中加载对象**

每一个具体映射器类都有一个查找方法,这个查找方法能通过给定的键值返回一个对象。

class CricketerMapper...

```
public Cricketer Find(long id) {
    return (Cricketer) AbstractFind(id);
}
```

超类中的抽象行为为该ID找到正确的数据库行,创建一个新的正确类型的领域对象,并且使用加载方法加载它的数据(加载稍后就说)。

class Mapper...

```
public DomainObject AbstractFind(long id) {
    DataRow row = FindRow(id);
    if (row == null) return null;
    else {
        DomainObject result = CreateDomainObject();
        Load(result, row);
        return result;
    }
}
private DataRow FindRow(long id) {
    String filter = String.Format("id = {0}", id);
    DataRow[] results = table.Select(filter);
    if (results.Length == 0) return null;
    else return results[0];
}
protected abstract DomainObject CreateDomainObject();
```

class CricketerMapper...

```
protected override DomainObject CreateDomainObject(){
    return new Cricketer();
}
```

从数据库中实际加载数据是由某个加载方法来完成的,或者是由多个加载方法来完成的:每个映射器类和它的所有超类都对应一个加载方法。

class CricketerMapper...

```
protected override void Load(DomainObject obj, DataRow row) {
    base.Load(obj,row);
    Cricketer cricketer = (Cricketer) obj;
    cricketer.battingAverage = (double)row["battingAverage"];
}
```

class AbstractPlayerMapper...

```
protected override void Load(DomainObject obj, DataRow row) {
    base.Load(obj, row);
    Player player = (Player) obj;
    player.name = (String)row["name"];
}
```

class Mapper...

```
protected virtual void Load(DomainObject obj, DataRow row) {
    obj.Id = (int) row ["id"];
}
```

这是使用具体类的映射器查找一个对象的逻辑。也可以使用超类的映射器：运动员映射器，使用它查找对象时要用到所有它对应的表。由于所有数据都已经在数据集的内存中，因此可以这样做：

```
class PlayerMapper...

    public Player Find (long key) {
        Player result;
        result = fmapper.Find(key);
        if (result != null) return result;
        result = bmapper.Find(key);
        if (result != null) return result;
        result = cmapper.Find(key);
        if (result != null) return result;
        return null;
    }
```

记住，只有当数据在内存中时这种方法才是合理的。如果需要访问数据库三次（或者为了更多子类而访问更多的次数），则这个过程将非常缓慢。对所有具体表进行连接会好一点，可以在一次数据库调用中访问数据。然而，大的连接也会十分缓慢，因此需要在应用程序中建立一些基准，来判断怎样可行和怎样不可行。而且这将是一个外连接，除了速度缓慢之外，它语义含糊、并且不可移植。

2. 更新对象

更新方法可以在映射器超类中被定义。

```
class Mapper...

    public virtual void Update (DomainObject arg) {
        Save (arg, FindRow(arg.Id));
    }
```

类似于加载，我们为每一个映射器类使用一系列保存方法。

```
class CricketerMapper...

    protected override void Save(DomainObject obj, DataRow row) {
        base.Save(obj, row);
        Cricketer cricketer = (Cricketer) obj;
        row["battingAverage"] = cricketer.battingAverage;
    }

class AbstractPlayerMapper...

    protected override void Save(DomainObject obj, DataRow row) {
        Player player = (Player) obj;
        row["name"] = player.name;
    }
```

运动员映射器需要找到要使用的正确的具体映射器，然后委托它完成更新调用。

```
class PlayerMapper...

    public override void Update (DomainObject obj) {
        MapperFor(obj).Update(obj);
    }
    private Mapper MapperFor(DomainObject obj) {
```

```
        if (obj is Footballer)
            return fmapper;
        if (obj is Bowler)
            return bmapper;
        if (obj is Cricketer)
            return cmapper;
        throw new Exception("No mapper available");
    }
```

3. 插入对象

插入方法在更新方法的基础上稍做修改。额外的行为是创建一个新的数据行,这个操作可以在超类中做。

```
class Mapper...

    public virtual long Insert (DomainObject arg) {
        DataRow row = table.NewRow();
        arg.Id = GetNextID();
        row["id"] = arg.Id;
        Save (arg, row);
        table.Rows.Add(row);
        return arg.Id;
    }
```

同样,运动员类将它委托合适的映射器。

```
class PlayerMapper...

    public override long Insert (DomainObject obj) {
        return MapperFor(obj).Insert(obj);
    }
```

4. 删除对象

删除操作非常简单明了。就像以前一样,我们在超类中定义了这样一个方法:

```
class Mapper...

    public virtual void Delete(DomainObject obj) {
        DataRow row = FindRow(obj.Id);
        row.Delete();
    }
```

并且在运动员映射器中也定义了一个委托方法。

```
class PlayerMapper...

    public override void Delete (DomainObject obj) {
        MapperFor(obj).Delete(obj);
    }
```

## 12.10 继承映射器(Inheritance Mappers)

用来组织可以处理继承层次的数据库映射器的一种结构。

当把内存中一个面向对象的继承层次映射到关系数据库的时候,必须使向数据库中保存和加载数据所需的代码量最小。当然我们也希望提供抽象和具体的映射行为,这些映射行为允许我们保存或加载超类或子类。

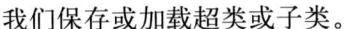

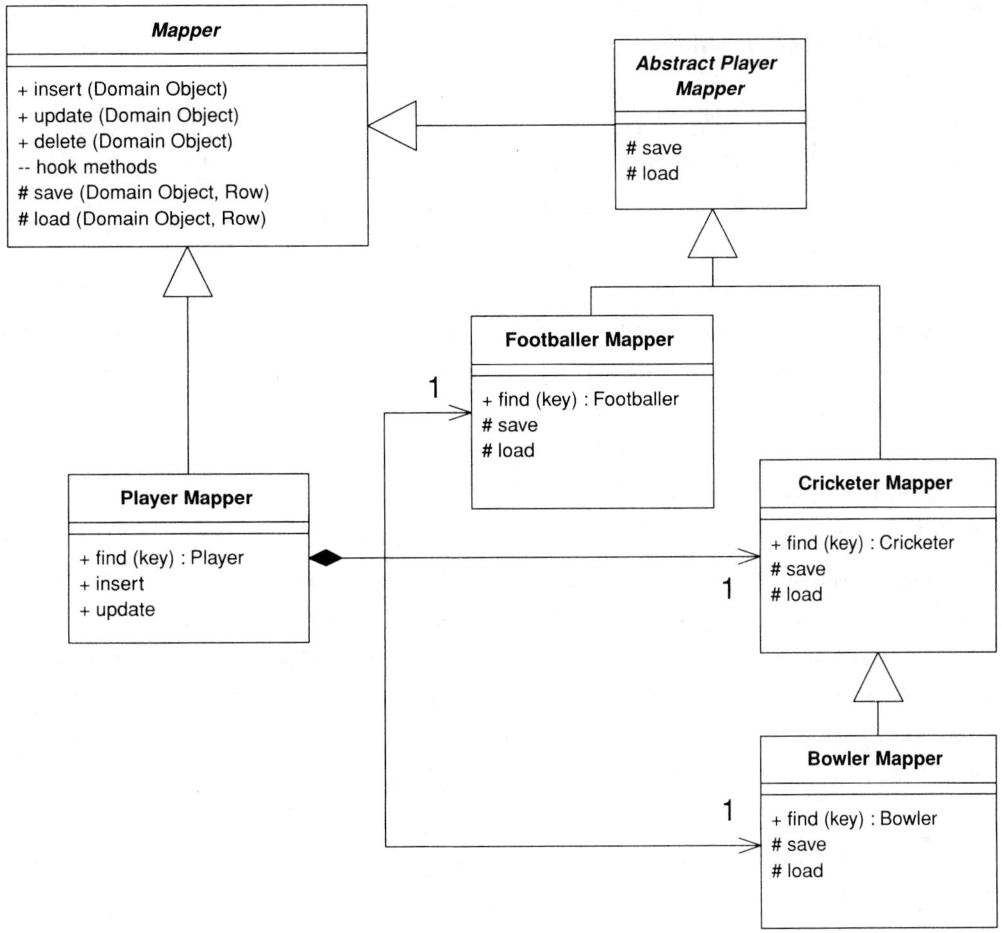

尽管行为的细节根据所采用的继承映射模式（单表继承、类表继承、具体表继承）有所区别，但是基本结构都是一样的。

### 12.10.1 运行机制

可以采用层次方式来组织映射器，这样每个领域类都有一个映射器来为它保存和加载数据。使用这种方式，你就有一个点，从这里你能够改变映射过程。这种方法对层次中知道如何映射具体对象的具体映射器来说非常好。然而，有时我们也需要为抽象类提供映射器，这可以用基本层次结构之外的映射器来实现，但是要委托给适当的具体映射器。

为了最好地解释映射器如何工作，我们从具体映射器说起。在这张草图中，具体映射器就是足球运动员、板球运动员和板球投球手的映射器。它们基本的行为包括查找、插入、更新和删除操作。

查找方法是在具体子类中声明的，因为它们要返回一个具体类。因此，投球手映射器的查找方法就应该返回一个投球手对象,而不是一个抽象类。一般OO语言不允许你改变已声明方法的返回值类型,因此不能在继承查找方法的同时却声明一个特殊的返回类型。当然可以返回抽象类型,但这样就需要类的使用者进行向下转型,最好还是避免这样做。(具有动态类型的语言就不存在这个问题。)

查找方法最基本的行为就是在数据库中找到合适的行,实例化正确类型的对象(这是由子类来决定的)并且用来自数据库的数据来加载对象。加载方法由层次中的每个映射器实现,它们分别为领域对象实现加载行为。这意味着投球手映射器的加载方法加载投球手类特有的数据,并且调用超类方法来加载板球运动员特有的数据,然后继续向上调用它的超类方法,等等。

插入和更新方法在操作方式上比较类似,都使用保存方法。可以在超类——实际上就是在层超类型上定义接口。插入方法创建一个新行,然后将领域对象中的数据用保存钩子方法保存起来。更新方法只保存数据,也使用保存钩子方法。这两种方法的操作方式与加载方法类似,每个类保存其特有的数据,并且调用超类保存方法。

这个方案使得编写用来保存层次中特定部分所需信息的适当映射器变得容易了。下一步是要支持加载和保存一个抽象类,在这个例子中就是一个运动员。最初的思想是在超类映射器中放入合适的方法,但事实上这种方法很蹩脚。具体映射器类可以使用抽象映射器的插入和更新方法,而运动员映射器的插入和更新方法却需要覆盖这些方法来调用一个具体映射器。结果是某种泛化和组合的结合,而这些结合会把你的脑子搞得一片混乱。

我倾向于把映射器分为两类。抽象运动员映射器负责向数据库中加载和保存特定的运动员数据。这是一个抽象类,它的行为只由具体映射器对象使用。另一个是独立的运动员映射器类,用于为运动员层的操作提供接口。运动员映射器提供了查找方法,并且覆盖了插入和更新方法。它的全部责任就在于找到应该由哪个具体映射器来处理任务,并且把任务委托给这个具体映射器。

尽管像这样一个宽泛的方案对继承映射的每种类型都有意义,但它们的实现细节却各不相同。因此,在这里不能列出示例代码。你可以在任何一个继承映射模式——单表继承、类表继承、具体表继承——的相关章节中找到很好的例子。

### 12.10.2 使用时机

这个通用方案对任何基于继承的数据库映射都有意义。当然,还有别的方案,比如在具体映射器间复制超类映射代码,以及把运动员接口塞到抽象运动员映射器类中。前一种简直就是犯罪,而后一种虽然有可能实现,但是会导致运动员映射器类混乱不堪。总的说来,对于这个模式,很难想到很好的替代方法。

# 第13章
# 对象-关系元数据映射模式

## 13.1 元数据映射（Metadata Mapping）

在元数据中保持关系-对象映射的详细信息。

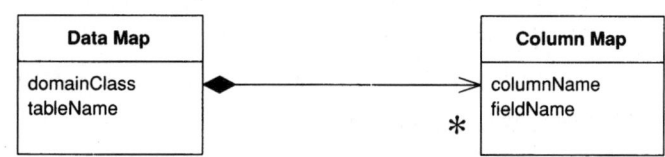

大部分用来处理对象-关系映射的代码都描述了如何把数据库中的域对应到内存对象中的域。产生的代码往往冗长而且被反复编写。元数据映射使开发者可以以一种简单的表格形式来定义映射，这些映射可由通用代码来处理，从而实现读取、插入和更新数据的细节。

### 13.1.1 运行机制

使用元数据映射最主要的决策是如何根据运行代码来表示元数据中的信息。有两种主要的途径：代码生成和反射编程。

使用**代码生成**（code generation）时需要写这样一个程序：输入是元数据，输出是映射实现类的源代码。这些类看上去是手写的，但事实上完全是在构建流程中生成的，通常恰好在编译前生成。产生的映射器类用服务器代码来部署。

如果使用代码生成的方法，应保证能将它完全合并到构建流程中，不管你用哪种构建脚本。生成的类不应该通过手工来编辑，因而也就不需要保存在源代码控制中。

**反射程序**（reflective program）可能要求对象有一个名为setName的方法，然后通过传递适当的参数，在setName方法中运行一个调用方法。通过把方法（和域）视为数据，反射程序可以从元数据文件中读入域和方法的名字，并用它们实现映射。我通常建议不要采用反射，部分原因是它慢，但主要原因是它往往会产生很难调试的代码。虽然这样，但实际上反射十分适合于数据库映射。从文件读入域和方法的名字可以充分利用反射的灵活性优势。

代码生成的方法缺乏动态性，因为对映射的任何改变都需要至少重新编译和重新部署软件的相关部分。对反射方法而言，只要改变映射数据文件，现有的类就会使用新的元数据。这样的操作甚至可以在程序运行时进行，例如当出现一个特殊类型的中断时重读元数据。事实表明，映射的变化应当很少，因为映射的变化意味着要改变数据库或代码。在现代环境中，重新部署一个应用程序的某部分变得容易了。

反射编程通常会受到速度的困扰，尽管这里这个问题在很大程度上取决于所使用的实际环境——在某些情况下反射调用的速度可能会呈数量级递减。但是，注意：反射是在SQL调用上下文中执行，考虑到远程调用速度慢，反射编程较慢的速度不会产生那么大的影响。和所有的性能问题一样，你需要在你的环境中测量影响系数到底有多大。

上述两种方法的调试都有点难。二者的优劣比较在很大程度上取决于开发者对生成代码和反射代码的习惯程度。生成代码更加显式，这样可以看到调试器中的运行情况。因此我通常更加愿意使用生成而不是反射。我认为生成方法通常更容易为那些水平还不太高的开发者所接受。（我想这会使我的水平下降。）

大部分情况下可以用单独的文件格式保存元数据。当前，XML是一种流行的选择，因为它提供了层次化结构，同时不必编写自己的语法分析器和其他工具。一个加载步骤会获得元数据并把它转变为编程语言结构，然后该结构驱动代码生成输出或反射映射。

在简单情况下，可以跳过外部文件格式而在源代码中直接创建元数据的描述。这样就不必做语法分析了，但它会使编辑元数据变得更困难一些。

另一种方法是在数据库本身中保存映射信息，这种方法把映射信息和数据保存在一起。如果数据库方案发生变化，映射信息仍然保存不变。

当决定用哪种方式来保存映射信息时，往往会忽略访问和语法分析的性能。如果使用代码生成方法，访问和语法分析仅会发生在构造阶段，而不是执行阶段。如果使用反射编程方法，通常在执行过程中进行访问和语法分析，但是在系统启动过程中只进行一次，接着可以保持在内存中。

让元数据保持多大程度的复杂性是最主要的决策之一。当面对一个通用关系映射问题时，元数据中要保存许多不同的因素，但很多项目根本不必用到完全通用的方案，因此它们的元数据简单得多。总之，就像你要长大一样，你需要不断改进你的设计，因为在元数据驱动的软件中增加新功能并不困难。

元数据面临的挑战之一是尽管在90%的情况下简单的元数据模式很有效，但总有一些特殊情况例外。为了处理这些少数情况，不得不大大增加元数据的复杂性。一个有效的方法是用手工编写的子类覆盖通用代码。这种特殊情况的子类要么是生成代码的子类，要么是反射例程的子类。由于这些特殊情况非常特别，很难用通用的术语描述如何安排各种要素来支持覆盖。我的建议是每种情况有自己的处理办法。当需要覆盖时，改变生成代码或反射代码，以便把要覆盖的单个方法隔离，接着在特殊情况下覆盖该方法。

### 13.1.2 使用时机

元数据映射能大大减少处理数据库映射所需的工作量。然而，为了准备元数据映射框架，要求做某种准备工作。同样，用元数据映射容易处理大多数情况，但也有一些例外使元数据变得复杂。

商业化对象－关系映射工具使用元数据映射并不使人感到奇怪——销售产品时，产生一个复杂的元数据映射常常是值得的。

如果正在建立自己的系统，应该亲自评估所做的权衡。比较一下使用手工代码增加新映射和使用元数据映射两种方式。如果使用反射，要考察由它引起的性能情况，有时它会使速度变慢，但有时不会。你自己的衡量将使你明白对你来说这是不是一个问题。

通过创建一个处理所有公共行为的层超类型，可以大大减少手写代码的额外工作量。用这种方法，针对每个映射，应该只有少量的异常分支例程要添加。通常，元数据映射将进一步减少异常分支例程的数量。

元数据映射会影响到软件重构，尤其是当使用自动化工具的时候。如果改变了私有域的名字，会出人意料地破坏应用程序。甚至自动的重构工具也不能发现隐藏在XML映射数据文件中的域名。使用代码生成稍微简单一些，因为查询机制能够发现它们的使用。另外，当重新生成代码的时候，所做的任何自动更新都会丢失。工具可以提醒你注意这个问题，但是只有你自己才能决定是否更改元数据。如果你使用反射，甚至不会得到警告。

另一方面，元数据映射能够使重构数据库更容易，因为元数据表示数据库方案的接口声明。因而，对数据库的修改可以被元数据映射中的变化所包含。

### 13.1.3 例：使用元数据和反射（Java）

本书中的大部分例子都使用显式代码，因为这样最容易理解。然而，这样也会导致编程变得冗长。冗长的编程暗示某些地方出了问题。通过使用元数据可以删掉许多冗长的编程。

#### 1. 元数据的保存

关于元数据的首要问题是如何保存元数据。这里，我把它保存在两个类中。数据映射对应从一个类到一个表的映射。这是一个简单的映射，但用它就可以阐明问题。

```
class DataMap...

    private Class domainClass;
    private String tableName;
    private List columnMaps = new ArrayList();
```

数据映射包含一个列映射的集合，列映射把表中的列映射到域。

```
class ColumnMap...

    private String columnName;
    private String fieldName;
    private Field field;
    private DataMap dataMap;
```

这不是一个很复杂的映射，我只使用了默认的Java类型映射，这意味着在域和列之间没有类型转换。我也强制保持表和类间的一一对应关系。

这些结构保存了映射关系。接下来的问题是怎样放置这些结构。本例将使用Java代码把它们置于特定的映射器类中。这样做看起来有点奇特，但可以获得元数据的主要优点——避免重复代码。

```
class PersonMapper...
    protected void loadDataMap(){
        dataMap = new DataMap (Person.class, "people");
        dataMap.addColumn ("lastname", "varchar", "lastName");
        dataMap.addColumn ("firstname", "varchar", "firstName");
        dataMap.addColumn ("number_of_dependents", "int", "numberOfDependents");
    }
```

在构造列映射器的过程中,建立了对域的链接。严格地说,这是最优的方法,所以可以不必计算域值。这样做还可以减少随后的访问次数。

```
class ColumnMap...
    public ColumnMap(String columnName, String fieldName, DataMap dataMap) {
        this.columnName = columnName;
        this.fieldName = fieldName;
        this.dataMap = dataMap;
        initField();
    }
    private void initField() {
        try {
            field = dataMap.getDomainClass().getDeclaredField(getFieldName());
            field.setAccessible(true);
        } catch (Exception e) {
            throw new ApplicationException ("unable to set up field: " + fieldName, e);
        }
    }
```

写一个例程来从XML文件或从元数据的数据库中加载映射并没有多少困难。我将这部分留给读者去实现。

现在,我们已经定义了映射,就可以使用它们了。元数据方法的优势在于实际操作事物的所有代码都在超类中,因此我不必像显式情况那样写映射代码。

2. 用ID进行查找

我将从用ID进行查找的方法开始讨论。

```
class Mapper...
    public Object findObject (Long key) {
        if (uow.isLoaded(key)) return uow.getObject(key);
        String sql = "SELECT" + dataMap.columnList() + " FROM " + dataMap.getTableName() + " WHERE
            ID = ?";
        PreparedStatement stmt = null;
        ResultSet rs = null;
        DomainObject result = null;
        try {
            stmt = DB.prepare(sql);
            stmt.setLong(1, key.longValue());
            rs = stmt.executeQuery();
            rs.next();
            result = load(rs);
        } catch (Exception e) {throw new ApplicationException (e);
        } finally {DB.cleanUp(stmt, rs);
        }
        return result;
```

```
    }
    private UnitOfWork uow;
    protected DataMap dataMap;
class DataMap...
    public String columnList() {
        StringBuffer result = new StringBuffer(" ID");
        for (Iterator it = columnMaps.iterator(); it.hasNext();) {
            result.append(",");
            ColumnMap columnMap = (ColumnMap)it.next();
            result.append(columnMap.getColumnName());
        }
        return result.toString();
    }
    public String getTableName() {
        return tableName;
    }
```

与其他例子相比，该选择语句的创建更动态，但是仍有必要以一种使数据库会话可以对它正确缓存的方式来准备。如果这样做有问题，列的列表可以在构造过程中被计算出来，并放入高速缓存中，因为装载数据映射的生命周期中不存在更新列的调用。在这个例子中，使用工作单元来处理数据库会话。

和本书中其他例子一样，我会把加载从查找中分离出来，因此我们可以使用来自其他查找方法的相同的加载方法。

```
class Mapper...
    public DomainObject load(ResultSet rs)
            throwsInstantiationException, IllegalAccessException, SQLException
    {
        Long key = new Long(rs.getLong("ID"));
        if (uow.isLoaded(key)) return uow.getObject(key);
        DomainObject result = (DomainObject) dataMap.getDomainClass().newInstance();
        result.setID(key);
        uow.registerClean(result);
        loadFields(rs, result);
        return result;
    }
    private void loadFields(ResultSet rs, DomainObject result) throws SQLException {
        for (Iterator it = dataMap.getColumns(); it.hasNext();) {
            ColumnMap columnMap = (ColumnMap)it.next();
            Object columnValue = rs.getObject(columnMap.getColumnName());
            columnMap.setField(result, columnValue);
        }
    }
class ColumnMap...
    public void setField(Object result, Object columnValue) {
        try {
            field.set(result, columnValue);
        } catch (Exception e) { throw new ApplicationException ("Error in setting " + fieldName, e);
        }
    }
```

这是一个典型的反射程序。仔细查看每一个列映射，并使用它们来加载领域对象中的域。我把loadFields方法分开，以说明在更复杂的情况下我们怎样扩展这个方法。如果我们有一个类和一个表，它们不保存元数据的简单假设，只要在子类映射器中覆盖loadFields方法，来任意地放入很复杂的代码中即可。这是元数据常用的技术——为比较古怪的情形提供一个异常分支来进行覆盖。通常，用子类来覆盖古怪的情形比建立很复杂的元数据来保存极少的特例要容易得多。

当然，如果我们有一个子类，我们还可以用它来避免向下转型。

```
class PersonMapper...

    public Person find(Long key) {
        return (Person) findObject(key);
    }
```

3. 写数据库

为了更新，我使用了一个单独的更新例程。

```
class Mapper...

    public void update (DomainObject obj) {
        String sql = "UPDATE " + dataMap.getTableName() + dataMap.updateList() + " WHERE ID = ?";
        PreparedStatement stmt = null;
        try {
            stmt = DB.prepare(sql);
            int argCount = 1;
            for (Iterator it = dataMap.getColumns(); it.hasNext();) {
                ColumnMap col = (ColumnMap) it.next();
                stmt.setObject(argCount++, col.getValue(obj));
            }
            stmt.setLong(argCount, obj.getID().longValue());
            stmt.executeUpdate();
        } catch (SQLException e) {throw new ApplicationException (e);
        } finally {DB.cleanUp(stmt);
        }
    }

class DataMap...

    public String updateList() {
        StringBuffer result = new StringBuffer(" SET ");
        for (Iterator it = columnMaps.iterator(); it.hasNext();) {
            ColumnMap columnMap = (ColumnMap)it.next();
            result.append(columnMap.getColumnName());
            result.append("=?,");
        }
        result.setLength(result.length() - 1);
        return result.toString();
    }
    public Iterator getColumns() {
        return Collections.unmodifiableCollection(columnMaps).iterator();
    }

class ColumnMap...

    public Object getValue (Object subject) {
```

```
            try {
                return field.get(subject);
            } catch (Exception e) {
                throw new ApplicationException (e);
            }
        }
```

插入使用类似的方案。

class Mapper...

```
    public Long insert (DomainObject obj) {
        String sql = "INSERT INTO " + dataMap.getTableName() + " VALUES (?" + dataMap.insertList()
            + ")";
        PreparedStatement stmt = null;
        try {
            stmt = DB.prepare(sql);
            stmt.setObject(1, obj.getID());
            int argCount = 2;
            for (Iterator it = dataMap.getColumns(); it.hasNext();) {
                ColumnMap col = (ColumnMap) it.next();
                stmt.setObject(argCount++, col.getValue(obj));
            }
            stmt.executeUpdate();
        } catch (SQLException e) {throw new ApplicationException (e);
        } finally {DB.cleanUp(stmt);
        }
        return obj.getID();
    }
```

class DataMap...

```
    public String insertList() {
        StringBuffer result = new StringBuffer();
        for (int i = 0; i < columnMaps.size(); i++) {
            result.append(",");
            result.append("?");
        }
        return result.toString();
    }
```

4. 多对象查找

有两条途径可以在一次查询中获得多个对象。如果想让一个通用映射器具备通用的查询能力，可以在一次查询中把SQL中的where子句作为参数。

class Mapper...

```
    public Set findObjectsWhere (String whereClause) {
        String sql = "SELECT" + dataMap.columnList() + " FROM " + dataMap.getTableName() + " WHERE "
            + whereClause;
        PreparedStatement stmt = null;
        ResultSet rs = null;
        Set result = new HashSet();
        try {
            stmt = DB.prepare(sql);
            rs = stmt.executeQuery();
            result = loadAll(rs);
        } catch (Exception e) {
            throw new ApplicationException (e);
```

```
        } finally {DB.cleanUp(stmt, rs);
        }
    return result;
   }
    public Set loadAll(ResultSet rs) throws SQLException, InstantiationException,
      IllegalAccessException {
        Set result = new HashSet();
        while (rs.next()) {
            DomainObject newObj = (DomainObject) dataMap.getDomainClass().newInstance();
            newObj = load (rs);
            result.add(newObj);
        }
        return result;
    }
```

另一种方法是在映射器子类型上提供特例查找器。

```
class PersonMapper...
    public Set findLastNamesLike (String pattern) {
        String sql =
            "SELECT " + dataMap.columnList() +
            " FROM " + dataMap.getTableName() +
            " WHERE UPPER(lastName) like UPPER(?)";
    PreparedStatement stmt = null;
    ResultSet rs = null;
    try {
        stmt = DB.prepare(sql);
        stmt.setString(1, pattern);
        rs = stmt.executeQuery();
        return loadAll(rs);
    } catch (Exception e) {throw new ApplicationException (e);
    } finally {DB.cleanUp(stmt, rs);
    }
 }
```

还有一种更进一步用于通用选择的方法是查询对象。

总之，元数据方法的最大优点是可以随时在数据映射中添加新的表和类，需要做的所有工作只是提供一个 `loadMap` 方法和任何可以想到的特殊的查找器。

## 13.2 查询对象（Query Object）

描述一次数据库查询的对象。

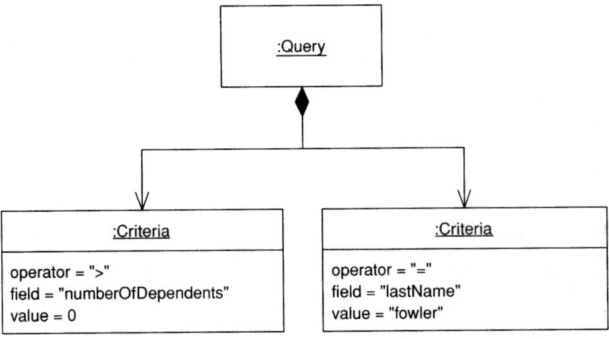

编程语言可以包含SQL语句，但许多开发者对此不太熟悉。而且，你需要了解数据库设计方案以便形成查询。可以通过创建特殊的、隐藏了SQL内部参数化方法的查找器方法来避免这一点。但是这样难以构造更多的特别查询。而且，如果数据库设计方案改变，就会需要复制到SQL语句中。

查询对象是一个解释器（interpreter）[Gang of Four]，也就是说，它是由多个对象组成的结构，该结构可以自身转化为一个SQL查询。你可以通过引用类和域而不是表和列来创建这个查询。采用这种方式，那些编写查询的人就能够设计独立于数据库方案的查询，并且数据库方案的变化也可以被封装在局部。

### 13.2.1 运行机制

查询对象是解释器模式在表示SQL查询上的应用。它的主要作用是使客户可以构造各种类型的查询，并把这些对象结构转换成适当的SQL字符串。

为了描述任意的查询，你需要一个灵活的查询对象。然而，应用程序经常能用远少于SQL全部功能的操作来完成这一任务，在此情况下你的查询对象会比较简单。它不能代表任何东西，但可以满足特定的需要。此外，当需要更多的功能而进行功能扩充时，通常不会比从零开始创建一个全能的查询对象更麻烦。因此，应该为当前的需求创建一个功能最小化的查询对象，并且随着需求的增加改进这个查询对象。

查询对象的一个共同特征是，它能够用内存对象的语言而不是用数据库方案来描述查询。这意味着我可以使用对象和域名而不用表和列名。如果对象和数据库具有相同的结构，这一点就不重要，如果二者有差异时，查询对象就很有用。为了实现这种视角的变化，查询对象需要知道数据库结构怎样映射到对象结构，这一功能实际上要用到元数据映射。

对于多个数据库，可以设计查询对象，使它能根据查询运行的数据库来产生不同的SQL。在最简单的层次上，这种方法可以屏蔽各种不同的SQL语法中恼人的差别。在更高的层次上，可以使用不同的映射来处理存储在不同数据库方案中的相同类。

查询对象的一种特别高级的用法是，根据数据库来消除对数据库的冗余查询。如果你发现你已经在先前一次会话中运行过相同的查询，你就可以使用查询对象来从标识映射中选择对象，这可以免去对数据库的一次访问。一种更高级的方法可以判断一次查询是否是先前某次查询的特殊情况，比如：一次查询和先前的一次查询相同，但是增加了一个由AND连接的子句。

具体怎样正确实现这些比较高级的特征已经超出了本书的讨论范围。但是O/R映射工具可能会提供这类特征。

查询对象的一个变种是允许用一个样例领域对象来指明一次查询。这样，可能有一个Person的对象，它的姓被置为Fowler，而其他所有属性为空。你可以把它看作类似于解释器风格查询对象的样例查询。该查询会返回数据库中所有姓为Fowler的人。这种方法很简单而且使用方便。但是，它对复杂查询就不灵了。

### 13.2.2 使用时机

查询对象是一种用于组装的高级模式，因此如果大部分项目有一个手工建立的数据源层，则这些项目将不会使用查询对象。只有在使用领域模型和数据映射器时，才会真正需要查询对象；你还会需要元数据映射以便认真使用查询对象。

然而，查询对象并不总是必需的，因为许多开发者喜欢用SQL，可以把许多数据库方案的细节隐藏在特定的查找器方法之后。

查询对象的优点带来了更高级的需求：保持数据库方案的封装性，支持多数据库，支持多模式，以及进行优化来避免多次查询。一些具有特别复杂数据源的项目组可能需要自己构建这些功能，但是大部分使用查询对象的人用商业工具来实现这些功能。我建议在绝大多数情况下购买工具比较好。

总而言之，你经常会发现，一个有限的查询对象就能满足你的需要，而不必让你在一个本不需要全功能查询对象的项目上构建一个全功能的查询对象。诀窍在于把功能削减到刚好满足你实际使用的需要。

### 13.2.3 进一步阅读

在 [Alpert et al.]关于解释器的讨论中会找到一个关于查询对象的实例。查询对象与[Evans and Fowler]和[Evans]中论述的规约模式联系也很紧密。

### 13.2.4 例：简单的查询对象(Java)

这是一个简单的查询对象例子——它对大部分情况没有什么用处，但是对了解查询对象是怎么一回事已经足够了。它能基于一组由AND连接的条件来查询单个表(用更专业一点的话来说，就是它可以处理基本谓词的连接)。

查询对象是用领域对象语言建立的而不是用表结构语言建立的。因此，查询知道它的目标类和对应于一个where子句的子句的条件集。

```
class QueryObject...
    private Class klass;
    private List criteria = new ArrayList();
```

简单的条件是取一个域、一个值和一个SQL操作符，并把它们进行比较。

```
class Criteria...
    private String sqlOperator;
    protected String field;
    protected Object value;
```

为了更容易创建正确的条件，可以提供一个适当的创建方法。

```
class Criteria...
    public static Criteria greaterThan(String fieldName, int value) {
        return Criteria.greaterThan(fieldName, new Integer(value));
    }
    public static Criteria greaterThan(String fieldName, Object value) {
        return new Criteria(" > ", fieldName, value);
    }
    private Criteria(String sql, String field, Object value) {
        this.sqlOperator = sql;
        this.field = field;
```

```
        this.value = value;
    }
```
按下面的方法可以形成一次查询，用依赖者来查找每一个符合条件的人。

```
class Criteria...
    QueryObject query = new QueryObject(Person.class);
    query.addCriteria(Criteria.greaterThan("numberOfDependents", 0));
```

因此，如果我有如下的Person对象：

```
class Person...
    private String lastName;
    private String firstName;
    private int numberOfDependents;
```

我可以通过为Person对象创建一次查询及增加一个查询条件，用依赖者来查找所有符合条件的人。

```
QueryObject query = new QueryObject(Person.class);
query.addCriteria(Criteria.greaterThan("numberOfDependents", 0));
```

这些已经充分描述了查询。现在查询需要通过把自身转换为SQL选择来执行。在这种情况下，假定此处的映射器类支持某个方法，这个方法根据where子句的一个字符串来查找对象。

```
class QueryObject...
    public Set execute(UnitOfWork uow) {
        this.uow = uow;
        return uow.getMapper(klass).findObjectsWhere(generateWhereClause());
    }

class Mapper...
    public Set findObjectsWhere (String whereClause) {
        String sql = "SELECT" + dataMap.columnList() + " FROM " + dataMap.getTableName() + " WHERE "
            + whereClause;
        PreparedStatement stmt = null;
        ResultSet rs = null;
        Set result = new HashSet();
        try {
            stmt = DB.prepare(sql);
            rs = stmt.executeQuery();
            result = loadAll(rs);
        } catch (Exception e) {
            throw new ApplicationException (e);
        } finally {DB.cleanUp(stmt, rs);
        }
      return result;
    }
```

这里使用了工作单元，它保存多个以类为索引的映射器以及一个使用了元数据映射的映射器。此处的代码和元数据映射中用来避免重复代码的例子中的代码是一样的。

为了生成where子句，查询通过条件进行迭代，每个条件都把自身打印出来，并把它们用AND连接起来。

```
class QueryObject...
    private String generateWhereClause() {
```

```
            StringBuffer result = new StringBuffer();
            for (Iterator it = criteria.iterator(); it.hasNext();) {
                Criteria c = (Criteria)it.next();
                if (result.length() != 0)
                    result.append(" AND ");
                result.append(c.generateSql(uow.getMapper(klass).getDataMap()));
            }
            return result.toString();
        }

class Criteria...

        public String generateSql(DataMap dataMap) {
            return dataMap.getColumnForField(field) + sqlOperator + value;
        }

class DataMap...

        public String getColumnForField (String fieldName) {
            for (Iterator it = getColumns(); it.hasNext();) {
                ColumnMap columnMap = (ColumnMap)it.next();
                if (columnMap.getFieldName().equals(fieldName))
                    return columnMap.getColumnName();
            }
            throw new ApplicationException ("Unable to find column for " + fieldName);
        }
```

除了带简单SQL操作符的条件外,我们也可以创建出完成更多功能的更复杂的条件。考虑一个对条件不敏感的模式匹配查询,类似于查找姓以F开头的所有人。我可以为所有带有这种依赖者的人构造一个查询对象。

```
QueryObject query = new QueryObject(Person.class);
query.addCriteria(Criteria.greaterThan("numberOfDependents", 0));
query.addCriteria(Criteria.matches("lastName", "f%"));
```

下面使用一个不同的条件类来构造where语句中一个更复杂的子句。

```
class Criteria...

        public static Criteria matches(String fieldName, String pattern){
            return new MatchCriteria(fieldName, pattern);
        }

class MatchCriteria extends Criteria...

        public String generateSql(DataMap dataMap) {
            return "UPPER(" + dataMap.getColumnForField(field) + ") LIKE UPPER('" + value + "')";
        }
```

## 13.3 资源库(Repository)

——由Edward Hieatt和Rob Mee编写。

协调领域和数据映射层,利用类似于集合的接口来访问领域对象。

具有复杂领域模型的系统常常受益于一个层,比如由数据映射器提供的层,它分离了领域对象和数据库访问代码的细节。在这种系统中,有必要在集中了查询构造代码的映射层之上建立另外一个抽象层。当存在大量的领域类或者繁重的查询时,这样做就显得更重要。在这些特定情况下,增加该层可以使重复的查询逻辑最小化。

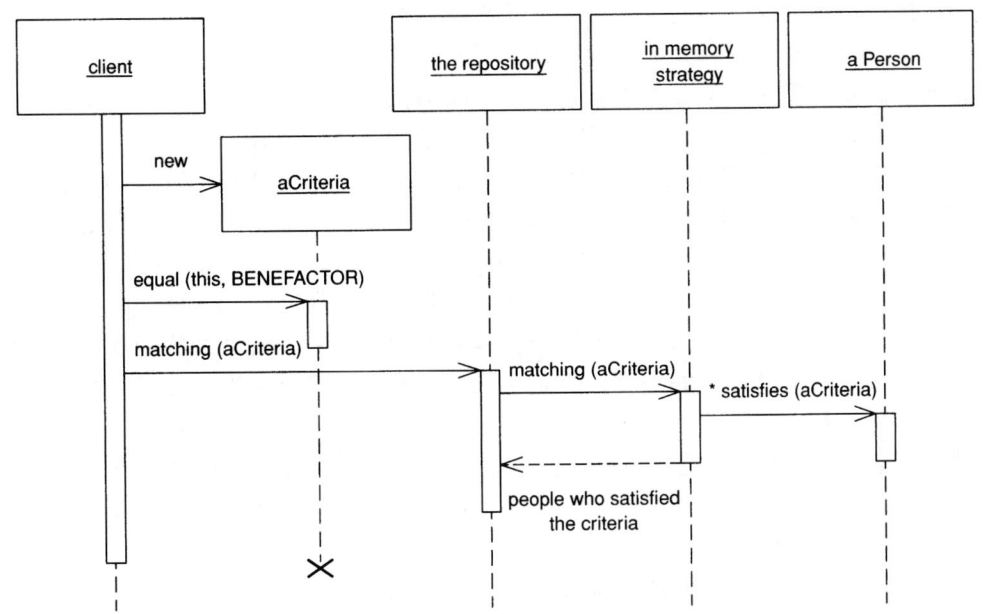

资源库协调领域和数据映射层,起到类似内存中领域对象集合的作用。客户对象以陈述的方式构建查询说明,并把它们提交给资源库以获取满足条件的对象。可以向资源库中增加对象,也可以从资源库中删除对象,就像这些对象来自一个简单的对象集合,并且由资源库封装的映射代码将根据实际情形执行相应的操作。从概念上说,资源库封装了保存在数据存储中的对象集以及在这些对象上执行的操作,提供一个更加符合面向对象观点的持久层实现。资源库也支持在领域和数据映射层之间实现彻底分离和单向依赖关系的目标。

### 13.3.1 运行机制

资源库是使用了本书中大量其他模式的一种高级模式。事实上,资源库看上去像面向对象数据库的一小块,从这个角度讲,它类似于查询对象,在此情况下开发小组往往会使用对象-关系映射工具而不是亲自创建它们。然而,如果开发小组已经采取了这一步,并创建了查询对象,则增加资源库功能就不难了。当和查询对象一起使用时,资源库不用增加很多操作就可以为对象-关系映射层添加很大程度的可用性。

不考虑隐藏在后台的所有机制,资源库表现为简单的接口。客户创建一个条件对象指定他们需要由查询返回的对象的特征。例如,要根据姓名来查找Person对象,首先创建一个条件对象,把每个单独条件设置成如:`criteria.equals(Person.LAST_NAME, "Fowler")`,及`criteria.like(Person.FIRST_NAME, "M")`。然后调用`repository.matching(criteria)`返回一个领域对象列表,该列表表示所有姓为Fowler、名字以M开头的人。可以在一个抽象的资源库上定义各种类似于matching(criteria)的便利方法;例如,当只需一个匹配的对象时,`soleMatch(criteria)`可返回查找到的那个对象而不返回集合。其他常见的方法包括byObjectId(id)，它可以通过简单的调用soleMatch实现。

对于使用资源库的代码而言，资源库看起来像一个简单的内存领域对象集合。领域对象本身通常不会被直接存储在资源库中，这一事实并没有暴露给客户代码。当然，使用资源库的代码应该清楚，这个表面上的对象集合可能实际上映射为一个具有成百上千条记录的产品表。在目录系统的ProductRepository上调用all()函数未必是一个好方法。

资源库用一个基于规约的对象选择方法来取代基于数据映射器类的特殊的查找器方法[Evans and Fowler]。这种方法与直接使用查询对象相比，后者的客户代码可能建立一个条件对象（规约模式的一个简单例子），在查询对象中直接提供add()函数，并执行查询。有了资源库，客户代码创建条件，然后把它们传递到资源库，由资源库选择其中和条件匹配的对象。从客户代码的角度说，不存在查询"执行"的概念；但要根据满足查询对象规约的条件来选择适当对象。这看上去或许只是术语上的差别，但是它阐明了对象与资源库进行交互的好处，这也是其概念威力的一个很大部分。

在外表之下，资源库把元数据映射和查询对象结合起来，自动由条件生成SQL代码。无论条件是否知道如何把自身增加到查询中，查询对象都知道怎样合并条件对象，或者由元数据映射自身控制交互是实现的细节。

资源库的对象源可能根本不是关系数据库，这样也没问题，资源库能顺利通过特定的策略对象取代数据映射部分。因为这个原因，资源库对存在多数据库方案或领域对象源的系统十分有用。另外，在以排他方式使用内存对象的测试过程中，有望获得比较快的速度。

资源库可以成为一种改善代码（这种代码会广泛使用查询）可读性和清晰性的好机制。例如，一个以具有许多查询页面为特征的基于浏览器的系统需要一个简洁的机制来处理由HttpRequest对象得到的查询结果。如果不能自动转换，该请求的处理程序代码通常能在不带来较多混乱的情况下把HttpRequest对象转换为条件对象；把条件提交给适当的资源库仅仅需要增加额外的一行或两行代码。

### 13.3.2 使用时机

在有许多领域对象类型和许多可能查询的大型系统中，资源库减少了用于处理所有要执行查询的代码总量。资源库改进了规约模式（这里以条件对象的形式），规约模式以纯面向对象的方式封装了要执行的查询。因此，可以删除所有对特例建立查询对象的代码。客户从来不必考虑SQL，而仅仅根据对象来写代码。

然而，在多数据源的情况下将真正看到资源库的作用。例如，假设有时我们想使用简单的内存数据存储，通常是在为了获得较好性能而想完全在内存中运行单元测试包的时候。没有数据库访问时，许多长的测试包运行得比较快。为单元测试创建固定的构件（fixture）同样比较简单，如果所做的只是构建一些领域对象并在建立时把它们放置在集合中，而不是保存在数据库中并在析构时删除它们。

当一个应用程序正常运行时，某些领域对象的确定类型应该一直被存储在内存中，对这种情况也可以考虑使用资源库。不变领域对象（那些不能被用户改变的对象）就是这样一个例子，这种对象一旦进入内存，就会一直保留在里面而且不会被再次查询。就像我们在本章后面将看到的，一个简单的资源库模式的扩展允许根据情况采用不同的查询策略。

另外一个可以使用资源库的例子是当把数据输入当作领域对象源使用时——比如，互联网上的一个ＸＭＬ流（或许使用ＳＯＡＰ）可以作为一个源使用。一个`XMLFeed RepositoryStrategy`可能被实现，它从feed中读取输入并从XML中创建领域对象。

### 13.3.3 进一步阅读

规约模式还没有成为一个真正很好的引用源。至今为止公开发表的论述中，最好的是[Evans and Fowler]。在[Evans]中有更好的论述，但目前尚未出版。

### 13.3.4 例：查找一个人所在的部门（Java）

从客户对象的角度来说，使用资源库是简单的。为了从数据库中取回它的依赖者，一个Person对象创建了一个条件对象来描述需要被匹配的查询条件，并把它发送到适当的资源库中。

```java
public class Person {
    public List dependents() {
        Repository repository = Registry.personRepository();
        Criteria criteria = new Criteria();
        criteria.equal(Person.BENEFACTOR, this);
        return repository.matching(criteria);
    }
}
```

共同的查询可以由特殊的资源库子类来提供。在前例中，我们可以建立资源库中的一个`PersonRepository`子类，并把查询条件的创建移到资源库中。

```java
public class PersonRepository extends Repository {
    public List dependentsOf(Person aPerson) {
        Criteria criteria = new Criteria();
        criteria.equal(Person.BENEFACTOR, aPerson);
        return matching(criteria);
    }
}
```

该Person对象接着直接在其资源库上调用`dependents()`方法。

```java
public class Person {
    public List dependents() {
        return Registry.personRepository().dependentsOf(this);
    }
}
```

### 13.3.5 例：资源库**交换策略**（Java）

因为资源库接口使领域层独立于数据源，所以我们可以重构资源库中查询代码的实现而不改变任何客户调用。事实上，领域代码不用理会领域对象的来源或目的地。在内存存储的情况下，我们想要改变`matching()`方法来从领域对象集合中选择满足条件的对象。然而，我们不希望永久改变数据存储，而是希望可以在数据存储间随心所欲地转换。为此需要更改`matching()`方法的实现以便委托给策略对象实现查询。显然，这样做的作用在于：我们可以有多重策略并能随意使用它们。在此例中用两个策略比较适当：用于查询数据库的关系策略（RelationalStrategy），用于查询内存中领域对象集合的内存策略（InMemoryStrategy）。每个策略都实现资源库策略（RepositoryStrategy）接口，这个接口显示了matching()方法，因此我们可以得到如下资源库类的实现。

```
abstract class Repository {
    private RepositoryStrategy strategy;
    protected List matching(Criteria aCriteria){
        return strategy.matching(aCriteria);
    }
}
```

RelationalStrategy通过从条件中创建查询对象、接着用它来查询数据库来实现matching()方法。我们可以由条件定义的域和值为策略设置相应的域和值，这里假设查询对象知道如何根据条件来放置自己。

```
public class RelationalStrategy implements RepositoryStrategy {
    protected List matching(Criteria criteria) {
        Query query = new Query(myDomainObjectClass());
        query.addCriteria(criteria);
        return query.execute(unitOfWork());
    }
}
```

InMemoryStrategy通过在领域对象集合上迭代、判断每一个领域对象是否满足条件来实现matching()方法。通过使用反射询问领域对象特定域的值，条件类可以判断其是否得到了满足。进行筛选的代码如下所示：

```
public class InMemoryStrategy implements RepositoryStrategy {
    private Set domainObjects;
    protected List matching(Criteria criteria) {
        List results = new ArrayList();
        Iterator it = domainObjects.iterator();
        while (it.hasNext()) {
            DomainObject each = (DomainObject) it.next();
            if (criteria.isSatisfiedBy(each))
                results.add(each);
        }
        return results;
    }
}
```

# 第14章
# Web表现模式

## 14.1 模型-视图-控制器（Model View Controller）

把用户界面交互分拆到不同的三种角色中。

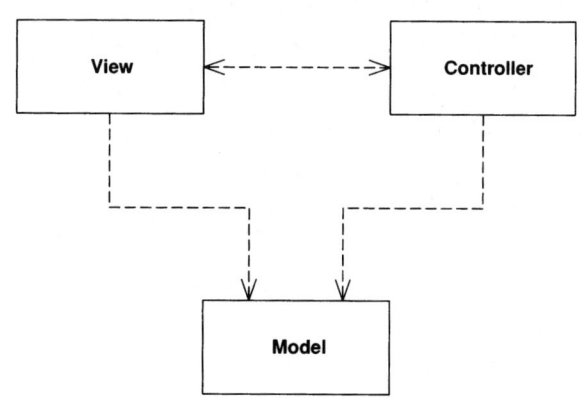

模型-视图-控制器（MVC）已经成为我们最常引用（以及最常误引用）的模式。MVC起源于20世纪70年代的后期，它开始时只是一个由Trygve Reenskaug为Smalltalk平台开发的框架。从那以后，在大多数UI框架和UI设计思路中，它都扮演着非常重要的角色。

### 14.1.1 运行机制

MVC包括三个角色。模型（Model）：一个表示领域信息的对象，它是一个不可见对象，包含除了用于UI的那部分数据和行为之外的所有的数据和行为。在纯面向对象概念里，模型是领域模型中的一个对象。你或许会有这样的想法：把一个事务脚本作为一个模型，假若它没有提供UI机制。这样的定义延伸了模型的概念，但是适合MVC的角色分解。

视图（View）表示UI中模型的显示。因此，假如我们的模型是一个客户对象，那么我们的视图可能充满着UI窗口小部件或是一个HTML页面，这些界面呈现模型的信息。视图仅仅显示信息，任何信息的变化都由MVC中的第三个成员来处理，这个成员就是控制器（Controller）。控制器获得用户输入，对模型进行操作并使视图得到适当的更新。从这个角度来看，UI是视图和控制器的结合体。

考虑MVC的时候，我关注两个主要的分离：从模型中分离表现和从视图中分离控制器。

**从模型中分离表现**是一个好的软件设计方案中最基本的启发式方法。这个分离很重要，原因如下：

- 从根本上讲，表现⊖和模型的关注点不同。当开发视图时，你考虑的是UI机制以及怎样布局一个好的用户界面。当你设计模型时，你考虑的是业务策略，或数据库交互。当然，当你设计两者之一时，你所用的资源与设计另一种时所用的资源可能是完全不一样的。常常人们更加喜欢其中的一种，并且他们专注于其中的一个方面。

- 根据上下文，对于同样的基本模型信息，人们喜欢从不同的角度看待。表现和视图的分离允许你开发多个表现——事实上，它们是完全不同的界面——但是使用相同的模型代码。最显著的是，可以在相同的模型上实现富客户、Web浏览器、远程API和命令行界面。甚至在一个Web界面上，你可以在同一应用程序的几个不同点上有不同的用户页面。

- 不可见对象通常比可见对象容易测试。把表现和模型分离，允许你轻松地测试所有的领域逻辑，而不必求助于类似笨拙的GUI脚本工具这样的东西。

这个分离的关键点是依赖的方向：表现依赖模型，但是模型不依赖表现。人们在模型中编程的时候，必须完全不知道是哪个表现在起作用，这样可以简化他们的任务，并且将来容易增加新的表现。同时，这意味着表现也可以自由变化而无需改变模型。

这个原理引入了一个常见的问题。在多窗口的富客户界面中，很可能将一个模型的多个视图同时显示在一个屏幕上。假如一个用户通过一个视图改变了模型，那么其他的视图也需要改变。要在不建立依赖的情况下达到这个目的，需要一个观察者（Observer）模式[Gang of Four]的实现，例如事件传播或监听者。视图充当模型的观察者：一旦发生改变，模型就会发送一个事件，表现层随之进行更新。

第二个分离，**视图和控制器的分离**，就不那么重要了。实际上，几乎Smalltalk的每个版本都没有让视图/控制器实现分离。为什么你会想分离它们，经典的例子是为了支持可编辑和不可编辑行为。可以在这两种情况下用一个视图和两个控制器实现，这里，控制器是视图的策略（strategies）[Gang of Four]。但是实践中大部分系统的每个视图只有一个控制器，所以这种分离常常没有做到。但是由于在Web界面上分离控制器和视图变得有用了，因此这种分离又重新开始流行。

实际上，大部分的GUI框架合并视图和控制器导致了对MVC的许多误引用。模型和视图是显而易见的，但是控制器在哪儿呢？通常的想法认为它位于模型和视图之间（像在应用控制器中一样）。实际上，这样并不能帮助将"控制器"这个单词用于两种上下文中。不管应用控制器有多少优点，它与MVC中的控制器完全不同。

为了用好这套模式，这些原理你需要了解，假如你想更深入了解MVC，请参见[POSA]。

### 14.1.2 使用时机

就像我曾说过的，MVC的价值主要在于两个分离。其中视图和模型的分离是最重要的软件

---

⊖ 在这个模式中，我考虑表现就是MVC视图和（输入）控制器的结合体。

设计准则之一。只有系统非常简单并且没有任何实际行为的时候，你才无需遵守这条准则。一旦你有了一些不可见的逻辑时就必须注意实现分离。但是，许多UI框架使得这样的分离变得困难，那并不意味着无需分离。

分离视图和控制器稍微次要一些。所以仅仅在的确有用时我才推荐这么做。对于胖客户端系统就从不如此，尽管这种分离在Web前端显得非常普遍。在Web设计中大部分的模式都基于这条准则。

## 14.2 页面控制器（Page Controller）

在Web站点上为特定页面或者动作处理请求的对象。

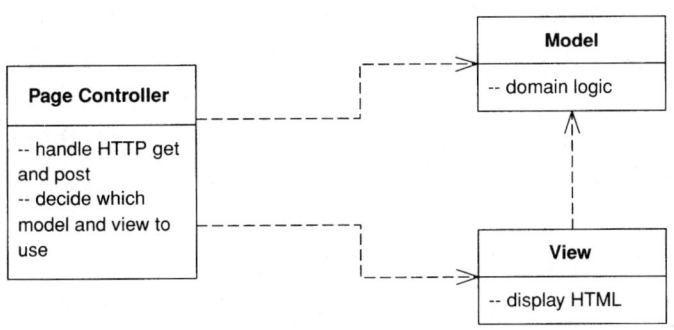

大多数人都有浏览静态网页的经历。当你打开一个静态网页时，你需要向Web服务器提交HTML网页的名称和其所在的路径。网站在服务器上为每一个页面都保留一份单独的文档。动态网页则来得更有趣一些，因为在路径名称和回应文件之间有着很复杂的关系。但是，用路径通向文件的方法来处理请求是一种很容易被理解的简单模型。

总的来说，页面控制器在Web站点上为每一个逻辑页面都准备了一个输入控制器。这个输入控制器可能是页面本身，因为它通常在服务器网页环境中，它也有可能是一个对应这个页面的单独对象。

### 14.2.1 运行机制

页面控制器最基本的思想是：为Web站点上的所有页面都在Web服务器上准备一个模块，这个模块充当控制器的角色。实际上，不是每个页面正好一个模块，因为，当你点击一个页面的时候，根据动态信息的不同，你可能得到不同的页面。更严格地说，控制器绑定在每一个动作上，这个动作可能是点击一个链接或者按钮。

页面控制器可以被构造成一个脚本（CGI脚本、servlet等）或一个服务器端页面（ASP、PHP、JSP等）。在使用服务器页面时，通常要结合页面控制器和模板视图，并把它们放在同一个文件中。比较而言，模板视图比页面控制器更好，因为要正确搭建模块是一件很麻烦的事。当网页的显示比较简单时，这不成问题。可是，从请求中提取出的数据如果有逻辑关系，或者决定哪个实际视图将被显示时也涉及逻辑关系的话，那么你就不得不最终在服务器页面中使用麻烦的scriptlet代码了。

解决scriptlet代码复杂性的一个办法是使用辅助对象。如果这样做，服务器页面要做的第一件事情就是调用辅助对象来处理所有的逻辑。处理完这些之后，辅助对象将控制权交回给原来的服务器页面，或者，它将重新定位到不同的服务器页面——充当一个视图的角色。这样，服务器页面就成为请求的处理程序，但是，大部分的控制器逻辑还是在辅助对象中。

另一种方法就是让脚本成为处理程序和控制器。在这种方法中，Web服务器将控制权交给脚本；脚本就肩负着控制器的责任，而且最后，它还要负责定向到一个合适的视图以显示结果。

页面控制器的基本责任有：
- URL解码并获取所有必要的数据，以便为下一步的动作计算出所有需要的信息。
- 创建和调用模型对象来处理数据。所有从HTML请求中得到的相关数据都应该被送到这个模型中，这就使得模型对象不需要和HTML请求有任何连接。
- 决定哪个视图将用来显示结果页面，并且把模型的相关信息传送给它。

页面控制器不一定是一个类，它可以调用多个辅助对象。如果有许多相似的任务要完成，这将非常有用。一个辅助类可以用来放置代码，使得这些代码不被到处复制。

我们可以使用服务器页面来处理一些URL，而使用脚本来处理另一些URL。如果一些URL没有或只有很少的控制器逻辑，则服务器页面是处理它们的最佳选择，因为服务器页面可以提供易于理解和修改的简单机制。一些具有复杂逻辑的URL应该用脚本来处理。我遇到过这样的一支团队，他们用同样的方法处理所有的事：要么都用服务器页面，要么都用脚本。他们这种一致性所带来的好处常常被带有过多scriptlet的服务器页面或大量一条一条只起传递作用的脚本所带来的麻烦抵消。

### 14.2.2 使用时机

主要的决策点是使用页面控制器还是使用前端控制器？在这两者中，页面控制器是我们非常熟悉的，并且它将引导我们使用一个很自然的结构化机制，在这中间，特定的动作将被特定的服务器页面或者脚本类所处理。而对于前端控制器而言，你必须在它的较大的复杂性和它所带来的各种好处之间进行抉择，而前端控制器的大部分好处在具有更大导航复杂性的Web站点中是很重要的。

页面控制器在站点只拥有简单控制器逻辑的时候工作得很好。在这种情况下,大部分的URL将被服务器页面处理，只有少数较复杂的URL由辅助对象处理。当你的控制器逻辑很简单时，前端控制器将增加许多开销。

通常，可能会有这样一个站点，在这个站点中，一些请求由页面控制器处理，而其他请求由前端控制器处理，尤其是当团队在不断重构时更是如此。实际上，这两种模式的混合并不会很困难。

### 14.2.3 例：Servlet控制器和JSP视图的简单演示（Java）

这是一个页面控制器显示信息的例子。在这里，我们将显示一些关于唱片艺术家的信息。

你可以通过下面的地址：`http://www.thingy.com/recordingApp/artist?name=danielaMercury` 来访问。

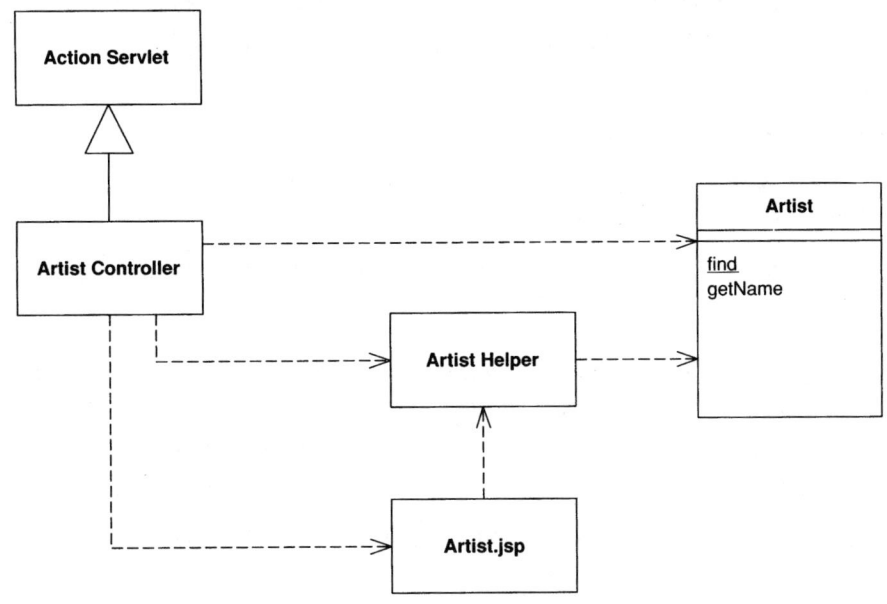

图14-1　页面控制器servlet和JSP视图的简单演示涉及的类

需要配置Web服务器，使它可以知道`/artist`是对`ArtistController`的一个调用。在Tomact中，你需要在`web.xml`文件中这样定义：

```xml
<servlet>
   <servlet-name>artist</servlet-name>
   <servlet-class>actionController.ArtistController</servlet-class>
</servlet>
<servlet-mapping>
   <servlet-name>artist</servlet-name>
   <url-pattern>/artist</url-pattern>
</servlet-mapping>
```

artist控制器需要实现处理请求的方法。

```
class ArtistController...

   public void doGet(HttpServletRequest request, HttpServletResponse response)
         throws IOException, ServletException {
      Artist artist = Artist.findNamed(request.getParameter("name"));
      if (artist == null)
         forward("/MissingArtistError.jsp", request, response);
      else {
         request.setAttribute("helper", new ArtistHelper(artist));
         forward("/artist.jsp", request, response);
      }
   }
```

虽然这是一个很简单的情况，但它涵盖了许多重要的要素。首先，控制器需要创建出一个必要的模型对象来做处理,在这个程序里,我们只需要找出一个正确的模型对象来显示。其次,控制器把正确的信息放入到HTTP请求中,这样JSP就可以正确显示。在这种情况下,控制器创建一个辅助对象并把这个对象放入到请求中。最后,控制器通过定向到一个模板视图来处理显示。定向是常见的行为,所以它很自然地放在所有页面控制器的超类中。

```
class ActionServlet...
    protected void forward(String target,
                HttpServletRequest request,
                HttpServletResponse response)
        throws IOException, ServletException
    {
        RequestDispatcher dispatcher = getServletContext().getRequestDispatcher(target);
        dispatcher.forward(request, response);
    }
```

模板视图和页面控制器之间最主要的耦合点是参数的名称,参数名称存在于请求中,用来传递JSP所需要的任何对象。

在这个程序中,控制器逻辑非常简单。当它的逻辑变得很复杂的时候,我们可以使用servlet作为控制器。我们可以让普通唱片和古典唱片有类似的行为,它们都有一个不同的模型对象并且由一个不同的JSP处理。为了处理这个行为,我们可以再使用控制器类。

```
class AlbumController...
    public void doGet(HttpServletRequest request, HttpServletResponse response)
        throws IOException, ServletException
    {
        Album album = Album.find(request.getParameter("id"));
        if (album == null) {
            forward("/missingAlbumError.jsp", request, response);
            return;
        }
        request.setAttribute("helper", album);
        if (album instanceof ClassicalAlbum)
            forward("/classicalAlbum.jsp", request, response);
        else
            forward("/album.jsp", request, response);
    }
```

注意:在这个程序中,我宁愿把一个模型对象当作辅助对象而不愿意创建一个单独的辅助对象类。如果辅助类对于模型类来说只是一个哑传送者,这样做很值得。如果你这样做的话,请确定模型类不包括任何依赖于servlet的代码。依赖于servlet的代码应该放在单独的辅助类中。

### 14.2.4 例:使用JSP充当处理程序(Java)

使用servlet作为控制器是一种行之有效的方法,但是更通用的方法是使用服务器页面本身作为控制器。使用这种方法的问题是,它将导致scriptlet代码出现在服务器页面的开始,就像你可能做过的那样,并且我认为scriptlet代码和好的软件设计有很大关系——类似职业摔跤和运动的关系。

尽管这样,当把控制权委托给辅助对象,并且当辅助对象开始履行控制器的职责时,你同样可以把服务器页面作为一个请求的处理程序。这样可以使一些简单的性质得以保留，比如说URL可以被服务器页面表示。我将为唱片的显示做这些动作，并使用这样形式的URL——`http://localhost:8080/isa/album.jsp?id=zero`。大部分的唱片直接被album.jsp处理，但是古典唱片则需要不同的显示页面——classica lalbum.jsp。

这个控制器的行为出现在JSP的辅助类中。辅助类对象在album.jsp中创建。

album.jsp...

```
<jsp:useBean id="helper" class="actionController.AlbumConHelper"/>
<%helper.init(request, response);%>
```

对init的调用设置了辅助对象，以执行控制器行为。

```
class AlbumConHelper extends HelperController...
    public void init(HttpServletRequest request, HttpServletResponse response) {
        super.init(request, response);
        if (getAlbum() == null) forward("missingAlbumError.jsp", request, response);
        if (getAlbum() instanceof ClassicalAlbum) {
            request.setAttribute("helper", getAlbum());
            forward("/classicalAlbum.jsp", request, response);
        }
    }
```

公共的辅助对象行为通常在辅助超类中定义。

```
class HelperController...
    public void init(HttpServletRequest request, HttpServletResponse response) {
        this.request = request;
        this.response = response;
    }
    protected void forward(String target,
                           HttpServletRequest request,
                           HttpServletResponse response)
    {
      try {
         RequestDispatcher dispatcher = request.getRequestDispatcher(target);
         if (dispatcher == null) response.sendError(response.SC_NO_CONTENT);
         else dispatcher.forward(request, response);
      } catch (IOException e) {
         throw new ApplicationException(e);
      } catch (ServletException e) {
         throw new ApplicationException(e);
      }
    }
```

这里的控制器行为和使用servlet之间最重要的区别有以下两点：第一，JSP的处理程序也是一个默认的视图，第二，除非控制器定向到不同的JSP页面，否则将回到原来的处理程序。当你的JSP页面在大部分时间中直接充当视图角色，并且没有定向要做的时候，这是非常有用的。辅助对象的初始化将除去模型的行为，并且为今后的视图产生一些事务。这是一个简单的模型，因为人们常常把一个Web网页和一个充当视图角色的服务器页面结合起来。通常，这种行为很自然地适应Web服务器的配置。

初始化处理程序的调用有一些笨拙。在使用JSP的环境中，使用定制标记可以很好地处理这种笨拙的行为。这种标记可以自动生成一个适当的对象，把这个对象放到请求中并且初始化它。这样，在JSP页面中你所需要的只是一个简单的标记。

```
<helper:init name = "actionController.AlbumConHelper"/>
```

接着，通过定制标记的实现来完成任务。

```
class HelperInitTag extends HelperTag...

    private String helperClassName;
    public void setName(String helperClassName) {
        this.helperClassName = helperClassName;
    }
    public int doStartTag() throws JspException {
        HelperController helper = null;
        try {
            helper = (HelperController) Class.forName(helperClassName).newInstance();
        } catch (Exception e) {
            throw new ApplicationException("Unable to instantiate " + helperClassName, e);
        }
        initHelper(helper);
        pageContext.setAttribute(HELPER, helper);
        return SKIP_BODY;
    }
    private void initHelper(HelperController helper) {
        HttpServletRequest request = (HttpServletRequest) pageContext.getRequest();
        HttpServletResponse response = (HttpServletResponse) pageContext.getResponse();
        helper.init(request, response);
    }

class HelperTag...

    public static final String HELPER = "helper";
```

如果我要使用这样的定制标记，我同样可以用它们来实现属性访问。

```
class HelperGetTag extends HelperTag...

    private String propertyName;
    public void setProperty(String propertyName) {
        this.propertyName = propertyName;
    }
    public int doStartTag() throws JspException {
        try {
            pageContext.getOut().print(getProperty(propertyName));
        } catch (IOException e) {
            throw new JspException("unable to print to writer");
        }
        return SKIP_BODY;
    }

class HelperTag...

    protected Object getProperty(String property) throws JspException {
        Object helper = getHelper();
        try {
            final Method getter = helper.getClass().getMethod(gettingMethod(property), null);
```

```
                return getter.invoke(helper, null);
        } catch (Exception e) {
            throw new JspException
                ("Unable to invoke " + gettingMethod(property) + " - " + e.getMessage());
        }
    }
    private Object getHelper() throws JspException {
        Object helper = pageContext.getAttribute(HELPER);
        if (helper == null) throw new JspException("Helper not found.");
        return helper;
    }
    private String gettingMethod(String property) {
        String methodName = "get" + property.substring(0, 1).toUpperCase() +
            property.substring(1);
        return methodName;
    }
```

（你可能会认为，这里应该使用Java Beans机制而不是仅仅使用反射调用一个getter。当然，你也可能是对的——相信你有足够的智慧来计算出怎样变换不同的方法来实现它。）

采用已定义的getting标记，我可以把信息从辅助对象中提取出来。这样标记更简短，并且减少了我的拼写错误。

```
<B><helper:get property = "title"/></B>
```

### 14.2.5 例：代码隐藏的页面控制器（C#）

在.NET中，Web系统被设计成与页面控制器和模板视图模式协同工作，虽然你可以用其他方法来处理Web事件。在下一个例子中，将首选使用.NET的风格，运用表模块在领域的顶部建立表现层，并且把数据集作为层之间消息的主要传送者。

现在，我将给出一个关于一局板球比赛的页面，这个页面将显示比赛的分数和速率。我知道，好多人都没有这种运动的相关知识，现在就让我进行一些必要的解释：比赛分数是板球选手分数，速率就是他所得到的分数和他所面对的球相除所得的商值。分数和球数都存储在数据库中；速率值的计算需要借助于一种应用程序——一个很小的但是从教学角度来讲非常有用的一部分领域逻辑。

设计中，处理程序将使用ASP.NET编写的Web页面，它放在.aspx文件中。.aspx文件和其他服务器页面一起，允许你直接把程序设计逻辑作为小脚本插入到页面中。因为你知道，我宁愿喝得醉醺醺也不愿意写scriptlet，这一点我不会改变。在这里，我的救星是ASP.NET的**代码隐藏**（code behind）机制，它允许你将一个符合规则的文件和类关联到aspx页面，在aspx页面头部进行标注。

```
<%@ Page language="c#" Codebehind="bat.aspx.cs" AutoEventWireup="false" trace="False"
    Inherits="batsmen.BattingPage" %>
```

这个网页也被作为一个代码隐藏类的子类建立起来，这样它就可以使用超类中所有的属性和方法。网页对象负责处理请求，并且代码隐藏机制可以通过定义`Page_load`方法来定义代码实现的功能。如果大部分的页面都遵循一个通用的流程，我就可以定义一个层超类型，它拥有模板方法（template method）[Gang of Four]。

class CricketPage...

```
    protected void Page_Load(object sender, System.EventArgs e) {
        db = new OleDbConnection(DB.ConnectionString);
        if (hasMissingParameters())
            errorTransfer (missingParameterMessage);
        DataSet ds = getData();
        if (hasNoData (ds))
            errorTransfer ("No data matches your request");
        applyDomainLogic (ds);
        DataBind();
        prepareUI(ds);
    }
```

模板方法把请求的处理过程分为几个通用的步骤。用这种方式，我们可以定义一个通用的流程来处理请求，同样我们还需要一些页面控制器来提供针对特定步骤的实现。如果这样做，当你写完了一些页面控制器后，就会知道为了模板方法将会使用哪一些通用的流程。如果一些页面所做的事情完全不同，还可以通过覆盖Page_Load方法来处理。

第一个任务就是参数的验证。在更为真实的例子中，这说明需要对各种表单值进行初始的完整性检查，但是在这个例子中我们只对URL http://localhost/batsmen/bat.aspx?team=England&innings=2&match=905解码。因此，在这里唯一需要验证的就是数据库查询需要的各种参数存在。像往常一样，我对出错处理尽量简化，除非某个人向我提供一套参数验证的好模式——因此，在这里有一个特殊的页面定义了一系列命令参数并且层超类型拥有检查它们的逻辑。

class CricketPage...

```
    abstract protected String[] mandatoryParameters();
    private Boolean hasMissingParameters() {
        foreach (String param in mandatoryParameters())
            if (Request.Params[param] == null) return true;
        return false;
    }
    private String missingParameterMessage {
        get {
            String result = "<P>This page is missing mandatory parameters:</P>";
            result += "<UL>";
            foreach (String param in mandatoryParameters())
                if (Request.Params[param] == null)
                    result += String.Format("<LI>{0}</LI>", param);
            result += "</UL>";
            return result;
        }
    }
    protected void errorTransfer (String message) {
        Context.Items.Add("errorMessage", message);
        Context.Server.Transfer("Error.aspx");
    }
```

class BattingPage...

```
    override protected String[] mandatoryParameters() {
        String[] result = {"team", "innings", "match"};
        return result;
    }
```

下一步要做的就是从数据库中抽取数据，并把它们放到ADO.NET的断接的数据集对象中。在这个程序中，这是一个对batting表的查询。

```
class CricketPage...
    abstract protected DataSet getData();
    protected Boolean hasNoData(DataSet ds) {
        foreach (DataTable table in ds.Tables)
            if (table.Rows.Count != 0) return false;
        return true;
    }
class BattingPage...
    override protected DataSet getData() {
        OleDbCommand command = new OleDbCommand(SQL, db);
        command.Parameters.Add(new OleDbParameter("team", team));
        command.Parameters.Add(new OleDbParameter("innings", innings));
        command.Parameters.Add(new OleDbParameter("match", match));
        OleDbDataAdapter da = new OleDbDataAdapter(command);
        DataSet result = new DataSet();
        da.Fill(result, Batting.TABLE_NAME);
        return result;
    }
    private const String SQL =
        @"SELECT * from batting
            WHERE team = ? AND innings = ? AND matchID = ?
            ORDER BY battingOrder";
```

现在，轮到领域逻辑上场了，它被组织成表模块。然后，控制器把检索到的数据集送入表模块中处理。

```
class CricketPage...
    protected virtual void applyDomainLogic (DataSet ds) {}
class BattingPage...
    override protected void applyDomainLogic (DataSet dataSet) {
        batting = new Batting(dataSet);
        batting.CalculateRates();
    }
```

在这里，控制器作为页面处理程序的一部分。这样做意味着：在典型的模型-视图-控制器中，控制器应该让视图来负责显示工作。在这样的设计中，`BattingPage`充当着控制器和视图的角色，并且把最后一次对`prepareUI`的调用作为视图行为一部分。现在可以和使用这种模式的例子说再见了。然而，我猜想你可能会发现现在还不是中止这个例子的时候，当然，你将会在后续的介绍（见14.4节）中再看到这个例子。

## 14.3 前端控制器（Front Controller）

为一个Web站点处理所有请求的控制器。

在一个复杂Web站点中，处理一个请求时，你需要做很多相似的工作，包括：安全认证、国际化、为特定用户提供特殊视图。如果输入控制器的行为分散在多个对象中，这种行为的相当

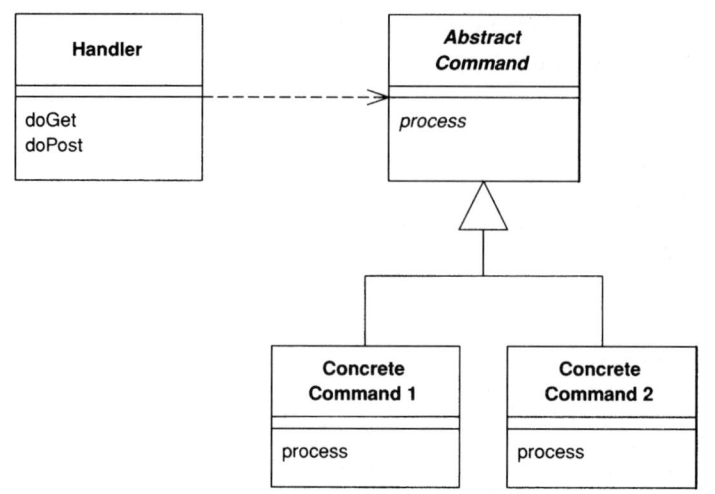

一部分最终会在各处被复制。同样，在运行时改变行为也很难。

前端控制器通过引导请求经过一个处理程序对象来统一所有的请求处理。这个对象可以执行一些通用的行为，并且可以在程序运行时使用decorators来修改这些行为。然后，处理程序就调度一些command对象来处理某一请求的特定行为。

### 14.3.1 运行机制

一个前端控制器处理一个Web站点的所有调用，它通常由两部分组成：一个Web处理程序和一个command层次结构。Web处理程序是一个实际上接收来自Web服务器的post或get请求的对象。它从URL中得到足够的信息，并且决定下一步的动作是什么，然后，委托command执行动作（见图14-2）。

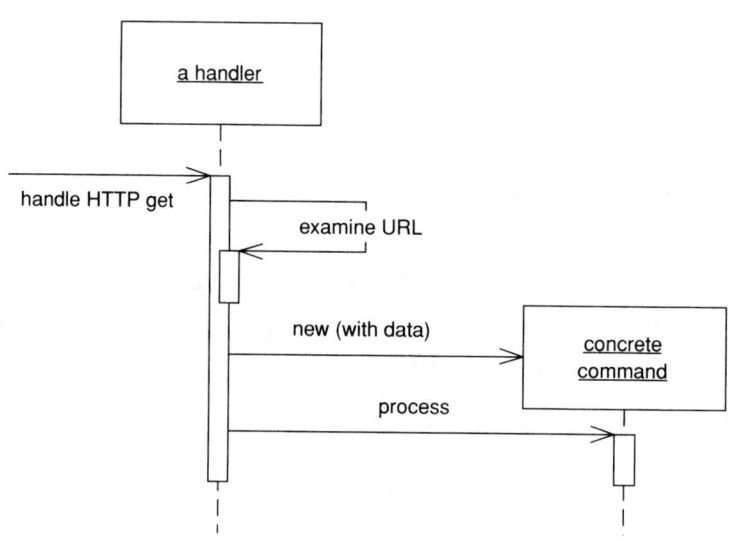

图14-2　前端控制器的运行机制

Web处理程序几乎都是作为一个类而不是一个服务器页面来实现的，因为它们不产生任何回应消息。command同样也是如此，实际上，它不需要一点Web环境的知识，虽然它经常传递HTTP消息。Web处理程序本身常常是一个相当简单的程序，这个程序除了决定运行哪个command不做任何事情。

Web处理程序可以动态或静态地决定运行哪一个command。其中的静态行为包括解析URL并使用条件逻辑；动态行为包括提取URL中的某个标准部分和用动态实例化去创建一个command类。

静态方法的好处有以下三点：简明清晰的逻辑；在调度时可以执行编译时错误检查；在分析URL的时候可以拥有更多的灵活性。动态方法的好处是允许你在不改动Web处理程序的情况下增加新的command。

使用动态调用，你可以把command类的名字放入到URL中，或者你可以使用属性文件把这个名字绑定到URL上。属性文件是另外一个要编辑的文件，但是，它通常会使你很容易地在不对Web页面进行大量搜索的情况下就改变类的名字。

对于前端控制器来说，一个非常有用的模式是截取筛选器（Intercepting Filter），这种模式在[Alur et al.]中有说明。基本上，这是一个装饰（decorator），用来对前端控制器的处理程序进行包装。它允许你建立一条筛选器链（或者筛选器管道）去处理诸如认证、登录、现场识别的问题。使用筛选器将允许你在配置时动态地创建要使用的筛选器。

Rob Mee给我展示了一个大不一样的前端控制器，它使用了两阶段的Web处理程序，分为一个退化的Web处理程序和一个调度程序。退化的Web处理程序从HTTP参数中提取基本的数据，并把这些数据送入到调度程序中，这样就可以实现调度程序和Web服务器框架的完全分离。这还会使测试更加容易，因为测试的代码可以脱离Web服务器而直接应用于调度程序。

请记住处理程序和command都是控制器的一部分。因此，command能够（并且应该）为应答选择一个可用的视图，处理程序的责任就是选择一个适当的command去执行相关任务。当这些都做完之后，处理程序就闲着了。

### 14.3.2 使用时机

前端控制器相对于和它等价的页面控制器来说，是一个更复杂的设计。因此，我相信你需要一些理由来认为它值得使用。

Web服务器只需要配置一个前端控制器；Web处理程序会处理余下的调度工作。这样就简化了Web服务器的配置，这对于一些很难配置的网页来说非常有用。利用动态command，不用改变任何东西就可以添加新的command。同时移植也变得容易了，因为只需要用针对具体Web服务器的方法去注册处理程序。

因为你为每个请求都创建了一个新的command对象，所以你不必为多线程问题担心。用这种方法，可以避免令人头痛的多线程编程；但是，你要保证不共享任何其他对象，例如模型对象。

前端控制器的一个不容置疑的优点是它允许你提炼出重复代码，不然它们会在页面控制器中复制。然而，公平地说，你同样可以用一个超类页面控制器来进行这些提炼。

这里仅仅只有一个控制器，所以可以用装饰（decorator）模式[Gang of Four]很容易地在程序运行时增加它的动作。可以把decorator用于认证、字符编码、国际化等，可以使用配置文件增加它们，甚至是在服务器正在运行的时候增加它们。（[Alur et al.]中把这种方法命名为截取筛选器，并且做了详细的介绍。）

### 14.3.3 进一步阅读

[Alur et al.]给出一个怎样使用Java来实现前端控制器的详细说明，里面还介绍了截取筛选器，它可以和前端控制器很好地结合在一起顺利运行。

大量用Java实现的Web框架使用这种模式。一个精彩的例子出现在[Struts]中。

### 14.3.4 例：简单的显示（Java）

在这个简单的例子中使用前端控制器完成新颖的任务，即：显示有关唱片艺术家的信息。我们将使用动态命令和以下形式的URL——`http://localhost:8080/isa/music?name=barelyWorks&command=Artist`。

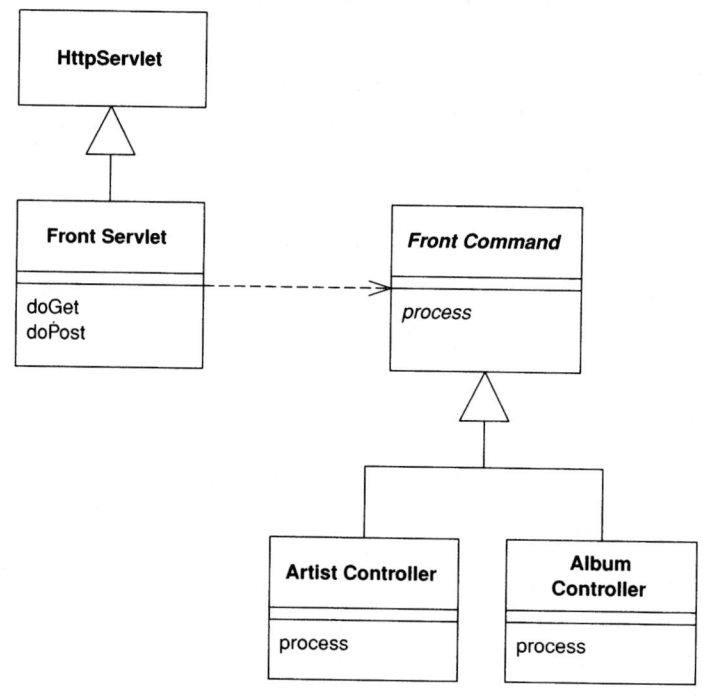

图14-3 实现前端控制器的类

我们将从以下这个处理程序开始，这个处理程序被作为一个servlet来实现。

```
class FrontServlet...
    public void doGet(HttpServletRequest request, HttpServletResponse response)
        throws IOException, ServletException {
        FrontCommand command = getCommand(request);
```

```
        command.init(getServletContext(), request, response);
        command.process();
    }
    private FrontCommand getCommand(HttpServletRequest request) {
        try {
            return (FrontCommand) getCommandClass(request).newInstance();
        } catch (Exception e) {
            throw new ApplicationException(e);
        }
    }
    private Class getCommandClass(HttpServletRequest request) {
        Class result;
        final String commandClassName =
            "frontController." + (String) request.getParameter("command") + "Command";
        try {
            result = Class.forName(commandClassName);
        } catch (ClassNotFoundException e) {
            result = UnknownCommand.class;
        }
        return result;
    }
```

这个例子的逻辑简单易懂。处理程序尝试着去实例化一个对象，并把command的名字和"Command"字符串的结合作为对象的名称。一旦它得到一个新的command，处理程序就用来自HTTP服务器的必要信息初始化它。在这个简单例子中，我传入了所需要的信息。你可能需要传入更多的信息，例如HTTP中的会话。如果找不到command，我就使用特殊情况模式传回一个不知名的command。因为经常会这样，所以特殊情况允许你省掉许多额外的错误检查。

Command共享少量的数据和行为，这些数据和行为都需要用Web服务器的信息来初始化。

```
class FrontCommand...

    protected ServletContext context;
    protected HttpServletRequest request;
    protected HttpServletResponse response;
    public void init(ServletContext context,
                    HttpServletRequest request,
                    HttpServletResponse response)
    {
        this.context = context;
        this.request = request;
        this.response = response;
    }
```

它们还可以提供通用的command行为（例如定向方法），并定义一个抽象过程的command，让真正执行动作的command在需要时来覆盖这个抽象的command。

```
class FrontCommand...

    abstract public void process()throws ServletException, IOException ;
    protected void forward(String target) throws ServletException, IOException
    {
        RequestDispatcher dispatcher = context.getRequestDispatcher(target);
        dispatcher.forward(request, response);
    }
```

至少在这个例子中，command对象非常简单。它只实现了处理方法，包括在模型对象上调用适当的行为、把视图所需要的信息放入到请求中和定向到模板视图。

```
class ArtistCommand...

    public void process() throws ServletException, IOException {
        Artist artist = Artist.findNamed(request.getParameter("name"));
        request.setAttribute("helper", new ArtistHelper(artist));
        forward("/artist.jsp");
    }
```

Unknown Command则只会生成令人厌烦的错误页面。

```
class UnknownCommand...

    public void process() throws ServletException, IOException {
        forward("/unknown.jsp");
    }
```

## 14.4 模板视图（Template View）

通过在HTML页面中嵌入标记向HTML发送消息。

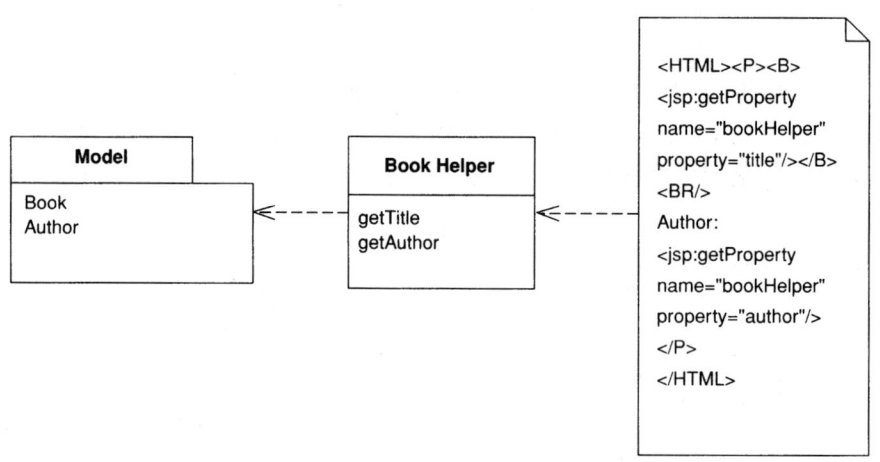

通常，你可能很难想像编写一个程序来拼出HTML的难度。虽然，现在的程序设计语言在创建文本方面比以前的程序设计语言好（我们许多人还记得使用Fortran和标准Pascal来处理字符是多么困难），但是创建和连接字符串依旧是很困难的。如果没有多少文本工作，当然没什么问题，但是在HTML网页中有许多文本要处理。

静态HTML网页对于不同的请求都不需要改变自身——你可以用所见即所得的编辑器来打造静态网页。我们中的一部分人习惯用纯文本编辑器，他们觉得只是输入文本和标记要比在编程语言中串起字符串更加容易。

当然，在这里我们要讨论的主题是动态网页——这些网页也许会对数据库进行查询，并把结果放入HTML网页中。这些网页会根据不同的查询结果呈现出不同的样式，这就导致常规的HTML编辑器不再适合进行网页设计。

对于这个问题，最好的工作方式就是像创建静态页面一样创建动态页面，但是在这些页面中插入标记，这些标记可以被解释成收集动态信息的调用。因为处理特定响应时，网页中的静态部分充当着模板的角色，所以我称这种方式为模板视图。

### 14.4.1 运行机制

模板视图的基本思想就是在静态网页中插入标记。在用网页处理一些请求的时候，标记会被一些计算的结果（比如数据库的查询结果）所代替。用这样的方法网页可以被布局成通用的样式，这样的样式既可以让不是程序员的人使用，又可以采用所见即所得的编辑器。标记随后才与真正的程序进行交互以取得处理后的结果。

许多工具都使用模板视图。这种模式并不是关于如何创建一个网页的问题，而是关于如何选取并使用更为有效的网页，以及如何对网页设计进行更改的问题。

1. 插入标记

把标记插入到HTML中的方法有很多。其中一种就是使用类似HTML的标签。这种方法可以很好地适应所见即所得的编辑器，因为编辑器很清楚：任何在两个尖括号（＜＞）中的东西都是很特殊的，所以它会忽略其中的内容或者以特殊的方法对待它们。如果标签遵循XML的书写方式，你还可以在结果文档上使用XML工具（当然，前提是假设你的HTML是XHTML）

另外一种插入标记的方法是在正文中使用特殊的文本标记。所见即所得的编辑器把这种标记当作普通的文本，同样也会忽略它们，但可能会做一些烦人的拼写检查工作。这种方法的优点是它的语法要比HTML/XML的语法更简单。

许多环境都提供大量供你使用的标签，但是越来越多的平台现在给你自定义标签和标记的能力，所以你可以自定义标签和标记来满足自己特殊的需要。

模板视图最流行的一种方式是**服务器页面**，例如ASP、JSP或者PHP。这种方式的确比基本的模板视图方式有了进步，这种方式允许你把任意的程序设计逻辑（称之为scriptlet）放到网页中。然而，在我看来，这种特性可真是一个大问题。当你使用服务器页面技术时，最好尽量只使用最基本的模板视图行为。

把大量scriptlet放入到网页中的最明显缺点是它削弱了非编程人员修改网页的可能性，尤其是当使用了图形设计器时这一点更为严重。然而，在网页中嵌入scriptlet的最大问题是页面并非程序中的良好模块。即使使用面向对象的编程语言，页面构造也丧失了许多结构特性，而这些结构特性正是能使你有可能以面向对象或过程风格进行模块设计的那些特性。

更糟糕的一点是，在网页中放入大量的scriptlet很容易混合企业应用的不同层次。当领域逻辑在服务端页面出现的时候，组织它们还会变得异常困难，并且它们在不同的服务器页面间很容易被复制。总而言之，服务器页面的代码是我近年来所见过的最糟糕的代码。

2. 辅助对象

避免使用scriptlet的关键在于在每个网页中提供一个常规的对象作为辅助对象，这个辅助对象拥有所有真实的程序设计逻辑。网页中你只需要调用它，这样简化了网页——这才是真正的模板视图。用这种方法就可以允许非编程人员去修改网页，并使程序员的精力集中在辅助对象上。依靠你正在使用的实际工具，你通常可以把一个网页中的所有模板缩减为HTML/XML标签，这些标签使得网页更加一致并且对工具有了更好的支持。

这听起来是一条很简单、很值得去做的建议，但是大量的脏读问题使事情变得很复杂。最简单的是那些从系统中获取信息，并把这些信息放到网页中正确的位置上的标签。它们很容易被转换成对辅助对象的调用来产生文本，（或者用其他什么东西，简单地转换成文本），然后引擎把文本放到页面上）。

3. 条件显示

一个非常棘手的问题是带有条件的网页行为。在这方面，最简单的例子就是在网页中只有某个条件成立了才显示某些东西。这些条件可能是某种形式的条件标签，如：<IF condition="$pricedrop > 0.1">...show some stuff </IF>。当使用如上面所示的条件标签后，所带来的麻烦是：不得不将这些模板本身转换成某种程序设计语言。这将导致你再次面对把scriptlet嵌入到网页中所遇到的所有同样问题。如果需要完全使用编程语言，你也许会使用scriptlet，但你应该知道，我并不看好这种编写方式。

因此，我认为纯条件标签不太好，是一种你应该尽量避免的东西。你也不能总是逃避，但你应该尽力提出一些更具体的东西，而不是通用的<IF>标签。

如果你正在有条件地显示某些文本，一个选择是把条件放在辅助对象中，那么页面也将总是把请求返回的结果放入到辅助对象中。如果条件不成立，辅助对象将会返回一个空的字符串，但在这种方式中辅助对象将掌握所有的逻辑。使用这种方法可以在对返回的文本没有标记时工作得很好，同样，它也可以在返回大量被浏览器忽略的空标记时工作得很好。

如果你希望用粗体字来高亮显示一个销售很好的产品，那么这种方法行不通。在这样的情况下，你总是需要把名字显示出来，但有时候你需要的是特殊的标记。得到标记的一种方法是让辅助对象来产生标记。这样，网页脱离了所有的逻辑，代价是把高亮显示机制的选择权从网页设计人员移交给编程代码。

为了使HTML的选择权放在网页设计中，你需要某种形式的条件标签。当然，这不会是简单的<IF>标签。一种好的方法是使用焦点标签，而不是下面这段代码所使用的那样：

```
<IF expression = "isHighSelling()"><B></IF>
<property name = "price"/>
<IF expression = "isHighSelling()"></B></IF>
```

你应该这样使用：

```
<highlight condition = "isHighSelling" style = "bold">
    <property name = "price"/>
</highlight>
```

在上面两段代码中，重要的一点是，条件是在辅助对象的单个布尔属性基础上建立的。在网页中放置一些较复杂的表达式实际上就是给网页本身添加逻辑。

另一个例子是要根据系统所处的不同地理位置在网页中增加一些特殊的信息。考虑这样的一个例子：系统只在美国或者加拿大才显示某些文本，那么不要用下面的方法：

```
<IF expression = "locale = 'US' || 'CA'"> ...special text </IF>
```

下面这样会更好一些：

```
<locale includes = "US, CA"> ...special text </locale>
```

### 4. 迭代

对一个集合（标签集合）的迭代表达了相似的问题。如果你需要一张表，表中的每一行对应订单的每一项，那么你需要一种可以很容易为每一行显示信息的结构。在这里，你将难逃迭代使用集合标签的厄运，但幸运的是，它通常很简单，简单到刚好够用。

通常你所能使用的标签种类常常被所处的环境所制约。一些环境仅仅提供给你一些固定的模板，这样你就可能受到限制，不能使用这里提供的方法。然而，在其他一些环境下，你可能会有更多的选择，它们中有很多允许你定义自己的标签库。

### 5. 什么时候运行它

从模板视图的名字中你可以很容易知道，这种模式的主要功能是在模型-视图-控制器中扮演视图的角色。对于许多系统，模板视图应该只承担视图的角色。但在一些很简单的系统中，它扮演控制器甚至是模型的角色，这一点是可以理解的，虽然我在努力把模型从中分离出去。当模板视图所承担的责任超过了视图的范围时，那么尤为重要的是一定要保证让辅助对象而不是页面来处理这些责任。控制器和模型的责任包括程序逻辑，它像随处可见的程序逻辑一样都应放在辅助对象中。

任何模板系统都需要由服务器页面进行的额外处理。这一点可以通过在建立网页后对其进行编译，也可以在接受第一次请求时编译网页，还有一种可行的方法就是通过在每次请求时解释网页的方法来实现。很显然，如果解释很慢的话，最后一种方法并不理想。

在使用模板视图的时候，另一个要注意的地方是异常。如果让异常处理按照它自己的方式工作，你可能会发现网页并不完全受自己控制，因为网页可以由于某种异常而导致一些出乎意料的输出。你需要知道Web服务器是怎样处理异常的；如果它做了些很奇怪的事情，那么要在辅助类中自己去抓住所有异常（这是另外一个让我藐视scriptlet的原因）。

### 6. 使用脚本

如今，服务器页面已经成为模板视图的一种最常用的形式，但是你还是可以在模板视图中编写脚本。我看到Perl语言很多地方都使用这种方法。更为鲜明的例子是Perl语言的CGI.pm。它的技巧是避免字符串的结合，通过函数调用并在应答消息中放置正确的标签来实现。使用这种方法，你就可以用自己的编程语言来编写脚本，并且还可以避免混淆程序设计逻辑和字符串输出。

### 14.4.2 使用时机

为实现模型-视图-控制器中的视图，你需要在使用模板视图还是使用转换视图中做出抉择。使用模板视图的好处是通过观察网页的结构可以组合网页的内容。这对于大多数人来说既易学又易用。特别是模板视图能很好地支持图形设计者设计网页、程序员在辅助对象上编程这种方式。

模板视图也有两个弱点。第一，普通的实现使得网页很容易被插入复杂的逻辑，这就导致了网页很难维护，尤其当维护人员是一个非编程人员时。你需要一个好的规则使网页保持简洁，并且便于显示，同时把逻辑放入辅助对象中。第二个弱点是模板视图要比转换视图难测试，大部分模板视图的实现设计成在服务器端页面中工作，这将导致模板视图难以甚至不可能测试。

相比之下，转换视图的实现很容易测试并且不需要运行服务器页面。

关于视图，你依旧需要考虑两步视图。根据模板样式的不同，你可能会使用特殊的标签来实现这种模式。然而，你可能会发现，选择转换视图来实现这种模式会更简单。如果需要两步视图，那么你需要重新考虑你的选择了。

### 14.4.3 例：分离的控制器，使用JSP充当视图（Java）

当仅仅使用JSP充当视图的时候，常常从控制器调用JSP而不是直接从Servlet容器中调用JSP。因此，把信息传给JSP就显得尤为重要，因为这些信息是JSP决定显示什么的重要依据。一个解决传递消息的好办法是让控制器创建一个辅助对象，并使用HTTP请求把这个辅助对象传给JSP。我们将用来自页面控制器的简单示例来展示这种方法。Servlet的Web-handing方法如下所示：

```
class ArtistController...

    public void doGet(HttpServletRequest request, HttpServletResponse response)
        throws IOException, ServletException {
        Artist artist = Artist.findNamed(request.getParameter("name"));
        if (artist == null)
            forward("/MissingArtistError.jsp", request, response);
        else {
            request.setAttribute("helper", new ArtistHelper(artist));
            forward("/artist.jsp", request, response);
        }
    }
```

就模板视图而言，它所关注的主要行为是创建一个辅助对象，并把它放入到请求中。服务器页面可以使用useBean标签接触到辅助对象。

```
<jsp:useBean id="helper" type="actionController.ArtistHelper" scope="request"/>
```

在适当的地方使用辅助对象，我们就可以访问我们需要显示的那些信息。这些模型信息在创建辅助对象的时候被赋给辅助对象。

```
class ArtistHelper...

    private Artist artist;
    public ArtistHelper(Artist artist) {
        this.artist = artist;
    }
```

可以使用辅助对象从模型中取得一些适当的信息。在最简单的情况下，我们提供一种方法来获取某种简单数据，例如艺术家的名字。

```
class ArtistHelper...

    public String getName() {
        return artist.getName();
    }
```

之后，可以用Java表达式来访问这个数据。

```
<B> <%=helper.getName()%></B>
```

或者，使用属性来访问这个数据。

```
<B><jsp:getProperty name="helper" property="name"/></B>
```

选择表达式方法还是使用property方法取决于谁会修改网页。程序员会觉得表达式的方法更为容易和简单，但是HTML的使用者或许不能控制表达式。非编程人员将可能更喜欢使用标签，因为标签很符合HTML的通用形式并且不太会出现莫名其妙的错误。

一种去掉糟糕scriptlet代码的方法是使用辅助对象。如果你希望显示一名艺术家的唱片列表，那么你需要执行一个循环，这个循环由服务器端页面中的scriptlet来完成。

```
<UL>
<%
    for (Iterator it = helper.getAlbums().iterator(); it.hasNext();) {
        Album album = (Album) it.next();%>
    <LI><%=album.getTitle()%></LI>
<% } %>
</UL>
```

坦白地说，这种把Java和HTML混合在一起所产生的代码可读性很差。另一种选择是把for循环移到辅助对象中。

```
class ArtistHelper...
    public String getAlbumList() {
        StringBuffer result = new StringBuffer();
        result.append("<UL>");
        for (Iterator it = getAlbums().iterator(); it.hasNext();) {
            Album album = (Album) it.next();
            result.append("<LI>");
            result.append(album.getTitle());
            result.append("</LI>");
        }
        result.append("</UL>");
        return result.toString();
    }
    public List getAlbums() {
        return artist.getAlbums();
    }
```

我发现这种方法很容易使用，因为HTML的数量相当小。它同样允许你使用属性去取得列表。许多人不喜欢在辅助对象中放置HTML代码。我也一样，但是如果让我在使用这种方法和使用scriptlet的方法中进行抉择，我宁愿选择在辅助对象中放入HTML的方法。

最好的方法是为迭代使用特殊的标签。

```
<UL><tag:forEach host = "helper" collection = "albums" id = "each">
    <LI><jsp:getProperty name="each" property="title"/></LI>
</tag:forEach></UL>
```

这是一种非常棒的改进，因为它使得scriptlet远离JSP，并且让HTML远离辅助对象。

### 14.4.4 例：ASP.NET服务器页面（C#）

这个例子延续了我在介绍页面控制器模式中使用的例子（见14.2.5节）。在这里我要给你一些提示,这个例子将显示一场板球比赛的一局中板球运动员所得到的分数。对于那些以为板球(cricket)是蟋蟀(注:一种产生噪音的小昆虫)的人,我将不再多费唇舌宣传这种世界上最经久不衰的运动。让我们进入正题,这个页面将显示下面三部分必不可少的信息。

- 一个标志比赛的ID号。
- 显示哪支球队的分数和这些分数所对应哪些局。
- 一个显示每位板球运动员姓名、分数和速率的表格。

如果不明白这些统计数据的意思,那么你也不用太担心。板球比赛到处充满着统计数据——或许,对人类来说,这些统计数据的最大贡献就是为一些古怪的纸张提供一些古怪的数据。

在页面控制器的讨论中涉及怎样处理一个Web请求的问题。概括起来说,充当控制器和视图的对象是ASP.NET网页(aspx页面)。为了不在控制器代码中使用scriptlet,你需要定义一个单独的代码隐藏类(code behind class)。

```
<%@ Page language="c#" Codebehind="bat.aspx.cs" AutoEventWireup="false" trace="False"
    Inherits="batsmen.BattingPage" %>
```

网页可以直接访问代码隐藏类的方法和属性。而且,这些代码可以定义一个`Page_Load`方法去处理请求。在下面的例子中,我已经在层超类型上把`Page_Load`定义为一种模板方法[Gang of Four]。

```
class CricketPage...

    protected void Page_Load(object sender, System.EventArgs e) {
        db = new OleDbConnection(DB.ConnectionString);
        if (hasMissingParameters())
            errorTransfer (missingParameterMessage);
        DataSet ds = getData();
        if (hasNoData (ds))
            errorTransfer ("No data matches your request");
        applyDomainLogic (ds);
        DataBind();
        prepareUI(ds);
    }
```

为了实现模板视图的用途,对于上面的程序代码,除了最后两行,其他行我都可以忽略。`DataBind()`方法允许你把不同网页上的变量正确地绑定到它们底层的数据源上。在不复杂的环境下,我们可以使用这种方法,但当我们所处的环境非常复杂时,上面代码中的最后一行将调用特定页面的代码隐藏类的方法,这个方法将准备好一些对象以备使用。

网页中比赛的ID号,球队和单局比赛都是单一的数值,我们可以用在HTTP中嵌入参数的方法把这些数据传到网页中。我可以通过在代码隐藏类中使用属性来提供这些数值。

```
class BattingPage...

    protected String team {
        get {return Request.Params["team"];}
    }
    protected String match {
        get {return Request.Params["match"];}
    }
    protected String innings {
```

```
        get {return Request.Params["innings"];}
    }
    protected String ordinalInnings{
        get {return (innings == "1") ? "1st" : "2nd";}
    }
```

使用已定义的属性，就可以在网页中使用这些数值了。

```
<P>
    Match id:
    <asp:label id="matchLabel" Text="<%# match %>" runat="server" font-bold="True">
    </asp:label> 
</P>
<P>
    <asp:label id=teamLabel Text="<%# team %>" runat="server" font-bold="True">
    </asp:label> 
    <asp:Label id=inningsLabel Text="<%# ordinalInnings %>" runat="server">
    </asp:Label> innings</P>
<P>
```

表格对我们来说显得稍微复杂了一点，但实际上它很容易，因为我们正在使用的是Visual Studio中的图形设计工具。Visual Studio提供了一个数据网格控件，这个控件可以被绑定到数据集的单个数据表上。我可以在由Page_Load方法调用的prepareUI()方法中来做这种绑定。

class BattingPage...

```
    override protected void prepareUI(DataSet ds) {
        DataGrid1.DataSource = ds;
        DataGrid1.DataBind();
    }
```

batting类是一个表模块，它为数据库中的batting表提供领域逻辑。它的数据属性是从某个表中取出数据，而这个表由表模块提供的领域逻辑所扩充。这里面被扩充的是速率，这个值并不存储在数据库中，而是由数据库中的值计算出来的。

使用ASP.NET中的数据网格就可以在Web页面中显示你所选择的数据项，并且可以附带这个表的样式信息。下面的例子中，你可以选择显示名字、比赛和速率项。

```
<asp:DataGrid id="DataGrid1" runat="server" Width="480px" Height="171px"
    BorderColor="#336666" BorderStyle="Double" BorderWidth="3px" BackColor="White"
    CellPadding="4" GridLines="Horizontal" AutoGenerateColumns="False">
    <SelectedItemStyle Font-Bold="True" ForeColor="White" BackColor="#339966"></
    SelectedItemStyle>
    <ItemStyle ForeColor="#333333" BackColor="White"></ItemStyle>
    <HeaderStyle Font-Bold="True" ForeColor="White" BackColor="#336666"></HeaderStyle>
    <FooterStyle ForeColor="#333333" BackColor="White"></FooterStyle>
    <Columns>
        <asp:BoundColumn DataField="name" HeaderText="Batsman">
            <HeaderStyle Width="70px"></HeaderStyle>
        </asp:BoundColumn>
        <asp:BoundColumn DataField="runs" HeaderText="Runs">
            <HeaderStyle Width="30px"></HeaderStyle>
        </asp:BoundColumn>
        <asp:BoundColumn DataField="rateString" HeaderText="Rate">
            <HeaderStyle Width="30px"></HeaderStyle>
        </asp:BoundColumn>
    </Columns>
```

```
<PagerStyle HorizontalAlign="Center" ForeColor="White" BackColor="#336666"
    Mode="NumericPages"></PagerStyle>
</asp:DataGrid></P>
```

对于这种数据网格来说，HTML显得有些过于危险，但是在Visual Studio中你不需要直接操纵它，而是就像在网页的其余部分中所做的那样，你只需要在开发环境中通过一张属性表单来操纵它。

让Web网页上有Web形式的控件，能理解ADO.NET中数据集和数据表单的提取，是这个方案的亮点，也是局限。它帮助你把信息转换成数据集。在这方面还要感谢Visual Studio中提供的许多工具。它的局限性是只有在使用诸如表模块这样的模式时，它的工作方式才是无缝的。如果你工作在非常复杂的领域逻辑中，那么领域模型将会变得很有用。为了利用便利的工具，领域模型需要创建一个它自己的数据集。

## 14.5 转换视图 (Transform View)

一个视图，它一项一项地处理领域数据，并且把它们转换成HTML。

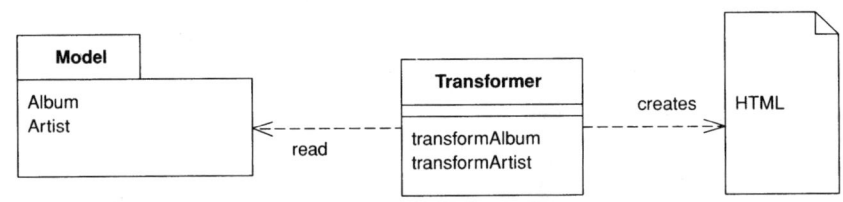

当你向领域层和数据源层请求数据的时候，你将会得到所有需要的数据。但是，这些数据没有格式化，并且你还需要一个合适的Web页面来显示这些数据。在模型-视图-控制器中视图的任务就是向Web网页发送这些数据。那么使用转换视图意味着把这种视图当作一种转换，它把模型中的数据作为输入并且把HTML作为输出。

### 14.5.1 运行机制

转换视图的核心思想是写一个查看面向领域的数据并将其转换成HTML内容的程序。这个程序将访问领域数据的结构，它能识别领域数据中的每种形式，为它们写出特殊的HTML。如果用一种强制性的方法来思考，你可能用一个名为 `renderCustomer` 的方法去得到Customer对象并把这个对象发送到HTML中。如果在Customer中包括许多的订单，那么这种方法可以用名为 `renderOrder` 的方法遍历这些订单。

转换视图和模板视图之间最重要的不同点是组织视图的方式不同。模板视图的组织是围绕输出的，而转换视图的组织是围绕为每种输入元素所准备的单独转换而形成的。这些转换由某些类似简单循环的东西所控制，它们查看每一个输入元素，并为输入的元素寻找合适的转换，最后实施转换。典型的转换视图的规则可以以任何顺序排列，而且不影响输出结果。

你可以使用任何语言来编写转换视图。然而，最有优势的一种语言是XSLT。有趣的是，这种语言是函数式编程语言，它相似于Lisp语言、Haskell语言和其他一些没有成为IS主流的语言。

因此它拥有不同的结构。例如，XSLT不是显式地调入程序，而是在领域数据中识别元素并随后调用适当的绘制转换。

为了进行XSLT的转换，我们需要从XML数据开始。最简单的情况是领域逻辑返回的类型是XML，或者是一些可以自动转换成XML的类型——例如，一个.NET对象。如果这些都没有，那我们需要自己创建XML，可能还要通过组装一个数据传输对象来实现，这个对象可以把自身序列化为XML。用这样的方法，我们就可以使用一个方便的API来装配数据。在更简单的例子中，一个事务脚本可以直接返回XML。

要进行转换的XML不一定要求是字符串，除非在通信时我们需要字符串的形式。通常，创建一个DOM并把它交给转换，往往更容易、更快捷。

我们一旦有了XML，我们就把XML放入一个XSLT engine中，这一点变得越来越有商业价值。转换逻辑在XSLT的样式表中捕获，同样也可以放入到转换器中。然后，转换器应用样式表把输入的XML变化成输出的HTML，我们可以直接把产生的结果放入HTTP的应答消息中。

### 14.5.2 使用时机

选择转换视图还是模板视图主要取决于从事视图软件工作的团队偏爱哪一种环境。在这里，工具的选择很关键。越来越多的HTML编辑器可以用来写模板视图。但是，至今为止，XSLT的相关工具都是很复杂的。XSLT同样也是一种很难掌握的糟糕语言，这是由它的函数式编程风格和它糟糕的XML语法引起的。

XSLT的一大好处是它在几乎任何Web平台上的可移植性。你可以使用相同的XSLT来转换从J2EE或.NET上产生的XML代码，因而对于从不同数据源来的数据你都可以给出一个通用的HTML视图。

如果你需要在XML文档中建立一个视图，那么使用XSLT常常很容易。在其他一些环境中，通常需要把XML文档转换成一个对象或者陷入XML DOM，那样会很复杂，XSLT非常适合XML，这一点毋庸置疑。

转换视图避免了模板视图的两个大问题。转换视图可以更容易地把转换焦点放在绘制的HTML上，因此可以避免在视图中引入太多其他逻辑。它还可以很容易地运行转换视图并捕获测试的输出。这使得测试视图变得很容易而且你不再需要一个Web服务器来运行测试。

转换视图可以直接把面向领域的XML转换成HTML。如果需要对你的Web站点的整体外观进行完全改版，那上面这种方法可以强迫你去改变多个转换程序。使用通用的转换——例如XSLT，可以降低难度。实际上，使用转换视图比使用模板视图更容易调用通用转换。如果你需要为一些相同的数据做全局的转换或者支持相同数据的多重外观，那么可以考虑两步视图，它使用一个两阶段的处理进程。

### 14.5.3 例：简单的转换（Java）

建立一个简单的转换包括准备Java代码，用来调用正确的样式表来形成应答。它还包括准备一个样式表去格式化应答消息。对页面的大部分应答都是差不多的，所以我们有理由使用前端控制器。在这里，我仅仅描述命令，你应该去回顾一下前端控制器，看一看命令对象是怎样适应请求-应答处理过程的其余部分。

命令对象所做的所有工作就是调用模型上的方法来得到一个XML输入文档，然后再把这个XML文档送到XML处理器中。

```
class AlbumCommand...
    public void process() {
        try {
            Album album = Album.findNamed(request.getParameter("name"));
            Assert.notNull(album);
            PrintWriter out = response.getWriter();
            XsltProcessor processor = new SingleStepXsltProcessor("album.xsl");
            out.print(processor.getTransformation(album.toXmlDocument()));
        } catch (Exception e) {
            throw new ApplicationException(e);
        }
    }
```

XML文档如下所示：

```
<album>
    <title>Stormcock</title>
    <artist>Roy Harper</artist>
    <trackList>
        <track><title>Hors d'Oeuvres</title><time>8:37</time></track>
        <track><title>The Same Old Rock</title><time>12:24</time></track>
        <track><title>One Man Rock and Roll Band</title><time>7:23</time></track>
        <track><title>Me and My Woman</title><time>13:01</time></track>
    </trackList>
</album>
```

XML文档的翻译是由一个XSLT程序来执行。每个模块都要去匹配XML中特殊的部分，并且产生合适的输出放入HTML中。在下面的例子中，我将保持格式简单，以便更好地显示最关键的部分。下面的模板匹配了XML文件中的基本元素。

```
<xsl:template match="album">
    <HTML><BODY bgcolor="white">
    <xsl:apply-templates/>
    </BODY></HTML>
</xsl:template>
<xsl:template match="album/title">
    <h1><xsl:apply-templates/></h1>
</xsl:template>
<xsl:template match="artist">
    <P><B>Artist: </B><xsl:apply-templates/></P>
</xsl:template>
```

这些模板很适合处理表格，表格用不同的颜色来突出中间隔开的行。这个例子很好地证明：在某些情况下使用级联样式表做不到，而使用XML就很合理。

```
<xsl:template match="trackList">
    <table><xsl:apply-templates/></table>
</xsl:template>
<xsl:template match="track">
    <xsl:variable name="bgcolor">
        <xsl:choose>
```

```
        <xsl:when test="(position() mod 2) = 1">linen</xsl:when>
        <xsl:otherwise>white</xsl:otherwise>
    </xsl:choose>
</xsl:variable>
<tr bgcolor="{$bgcolor}"><xsl:apply-templates/></tr>
</xsl:template>
<xsl:template match="track/title">
    <td><xsl:apply-templates/></td>
</xsl:template>
<xsl:template match="track/time">
    <td><xsl:apply-templates/></td>
</xsl:template>
```

## 14.6 两步视图（Two Step View）

用两个步骤来把领域数据转换成HTML：第一步，形成某种逻辑页面；第二步，把这些逻辑页面转换成HTML页面。

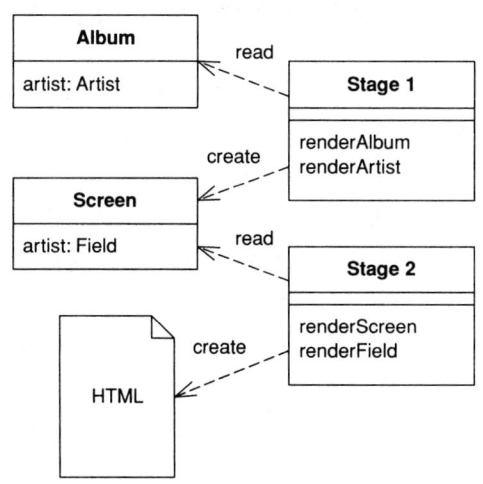

如果你的Web应用程序包括许多页面，那么你总是希望这些页面都有一致的风格和组成形式。如果站点中每个页面看起来都不尽相同，用户浏览页面就会感觉混乱。你或许希望可以轻松地对网站中所有的页面进行全局性的外观改变，但是由于表现层的决定经常在许多页面或转换模块中重复，因此当你使用诸如模板视图和转换视图这样的通用方法时，它们会把事情搞得更糟。一个全局性的变化将迫使你去改变好几个文件。

两步视图通过把转换分解成两个阶段来解决这个问题。首先，它把模型中的数据转换成不带任何详细格式信息的逻辑表示；其次，再把这个逻辑表示转换成需要的实际格式。通过这样的方法，当要进行全局性的变化时，你只需要改变上述两个阶段中的第二阶段。同样，通过上述的方法，你或许可以支持多重输出的外观和感觉，每种用一个第二阶段。

### 14.6.1 运行机制

这种模式的关键之处在于要把向HTML的转换过程分成两个阶段来处理。第一阶段，把信息装配到一个逻辑屏幕结构中，该结构可以作为显示元素的参考，但不包含HTML。第二阶段，获得面向表现的结构，并把它放入HTML中。

这种中间形式是一种逻辑屏幕。它的元素可以是字段、标题、页脚、表格、选项和其他一些类似的东西。因此，它肯定是面向表现的并且一定会使得屏幕的实现遵循一个明确的样式。你可以把面向表现的模型想像成这样一种东西：它可以定义你可能拥有的不同的小窗口部件，它还可以定义这些小窗口部件所包含的数据，但是这些小窗口和数据却都不详细说明HTML的外观。

这种面向表现的结构由针对每个屏幕的特殊代码组装而成。两阶段中第一阶段的职责有以下三个：第一，去访问一个面向领域的模型，这个模型或许是一个数据库——真实的领域模型，或许是一个面向领域的数据传输对象；第二，为屏幕提取相关的信息；第三，随后把这个信息放入面向表现的结构中。

第二阶段的职责则是把面向表现的结构转换成HTML。它知道面向表现结构中的每个元素以及怎样把这些元素转换成HTML。因此，一个有许多屏幕的系统将被一个单一的第二阶段转换成HTML，确保了所有的HTML显示格式的抉择都将在同一个地方完成。当然，前提是结果画面必须能从面向表现的结构中推导出来。

有许多方法可以建立两步视图，其中一种最简单的方法是使用两步XSLT。单步XSLT是转换视图中的方法。在这种方法中，每个页面都有一个XSLT样式表，这个样式表可以把面向领域的XML转换成HTML。在两步方法中则有两个XSLT样式表，第一阶段的样式表把面向领域的XML转换成面向表现的XML，第二阶段的样式表则把面向表现的XML转换成HTML。

另一种方法是使用类。这里，你可以把面向表现的结构定义成一系列的类：表类、行类等。这样，第一阶段的职责是获得领域信息和并将这些类实例化进入一个用来模拟逻辑屏幕的结构。第二阶段的职责则是把这些类转换成HTML，第二阶段的工作可以通过让每一个面向表现的类来自己产生HTML，也可以通过一个独立的HTML renderer类来完成。

上述的两种方法都是基于转换视图的。你同样也可以使用基于模板视图的方法，也就是通过逻辑屏幕的思想来获取模板——例如：

```
<field label = "Name" value = "getName" />
```

模板系统将会把这些逻辑标签转换成HTML。用这样的方法，在一个页面中将不会包含HTML而只会包含这些逻辑屏幕标签。结果，你可能会生成一个XML的文档，当然，这意味着你将失去使用所见即所得的HTML编辑器的能力。

关于两步视图的绘制，参见图14-4和图14-5。

### 14.6.2 使用时机

两步视图的主要价值来源于它分离开第一和第二阶段，使你可以很容易地进行全局性的改变。这让我们想到两种情况：多外观Web应用和单一外观Web应用。多外观应用现在使用得很少，但是这种应用正在逐步增长。这其中，多重结构提供相同的基础功能，每一个结构都拥有它自己的样式。一个关于这方面的现有例子是航空公司的旅游站点，当浏览这些网页的时候，你可以从网页间的布局和设计中分辨出它们都是一个基本站点的变体。我怀疑许多航空公司需要的都是同样的功能，但是希望用不同的外观来表示。

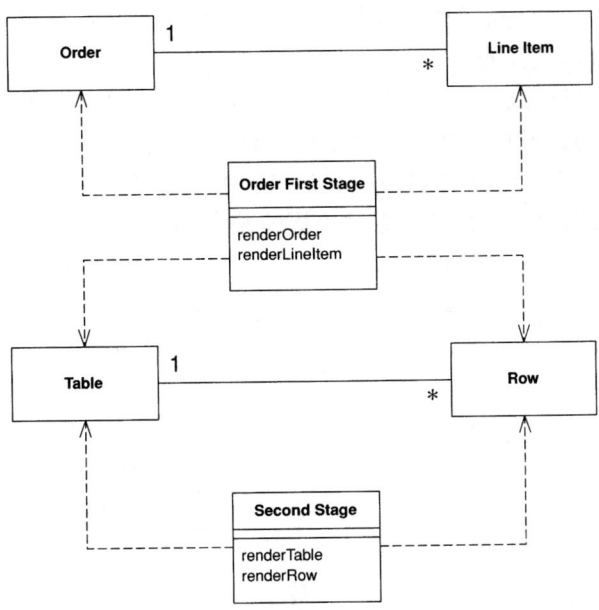

图14-4 两步视图绘制的样例类

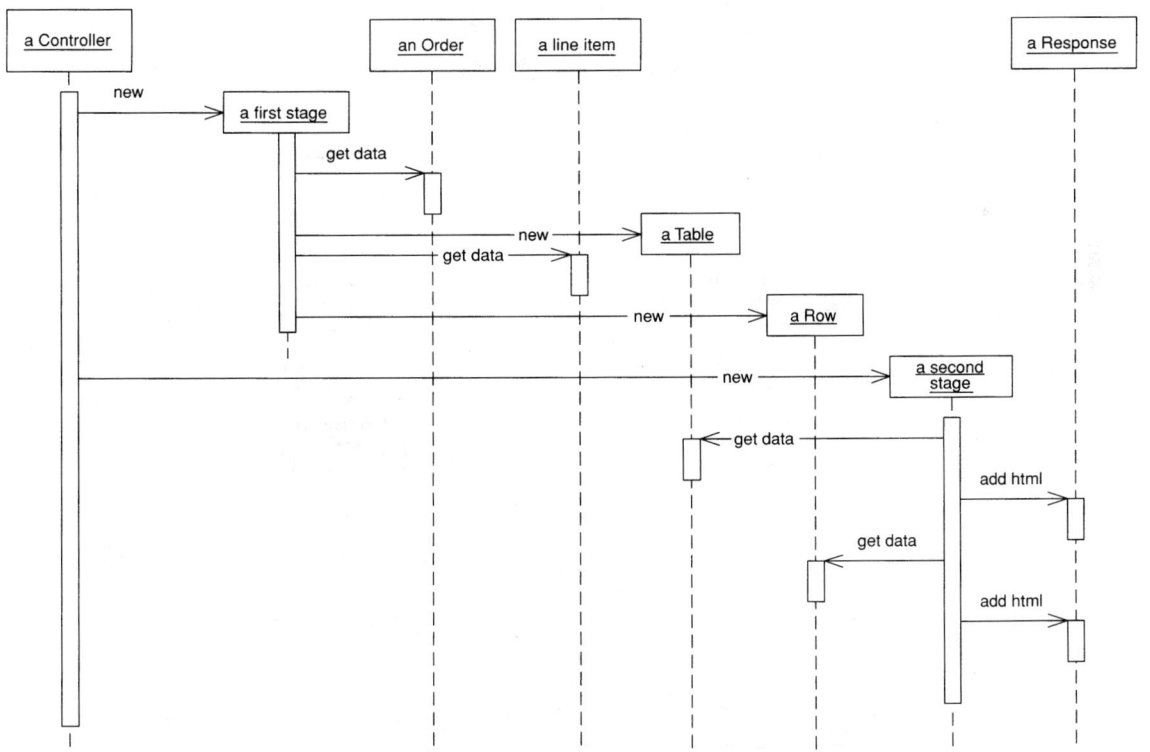

图14-5 两步视图绘制的顺序图

单一外观的应用更为普遍。只需要面向一种组织结构，而且它们需要整个站点有一致的外观。所以这种方法最容易被优先考虑。

使用一个单阶视图（可以是模板视图，也可以是转换视图）时，需要为每一个Web网页建一个视图模块（见图14-6）。使用两步视图，你可以有两个阶段：针对每个页面，有一个第一阶段模块；针对整个应用，有一个第二阶段模块（见图14-7）。使用两步视图的好处是很容易改变你网站的样式，因为第二阶段的变化会在总体上影响整个站点。

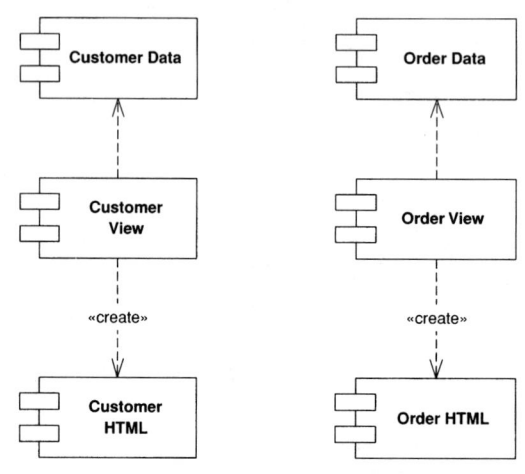

图14-6 单一外观的单阶视图

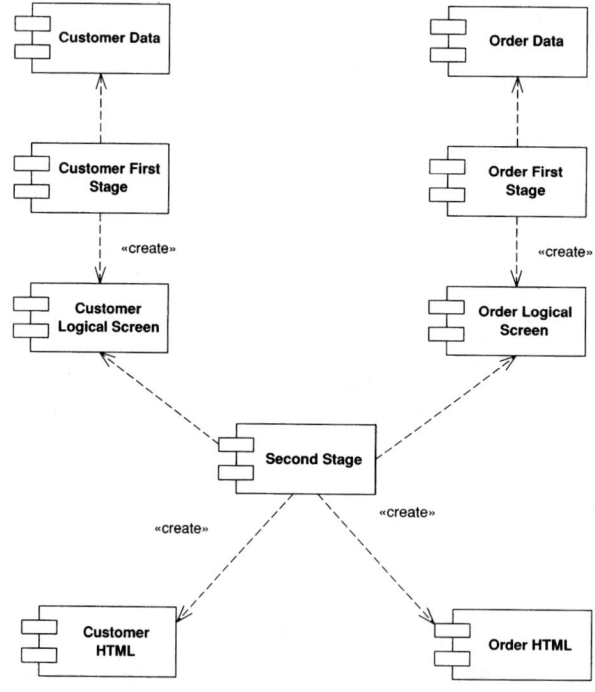

图14-7 单一外观的两阶视图

使用多外观应用时，这种优点合二为一，因为针对屏幕和外观的每个结合都有一个单阶视图（见图14-8）。因此，10个屏幕和3种外观会需要30个单阶视图模块。然而，当你使用两步视图时（见图14-9），只需要10个第一阶段模块和3个第二阶段模块。当需要的屏幕和外观越来越多时，这种节约就会越大。

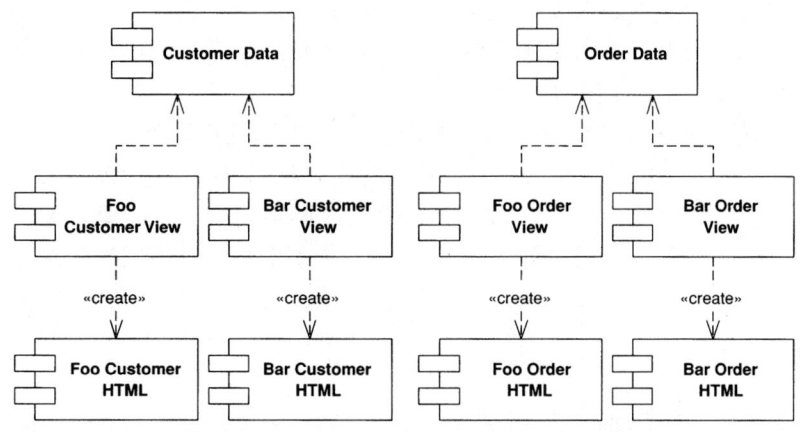

图14-8　两种外观的单阶视图

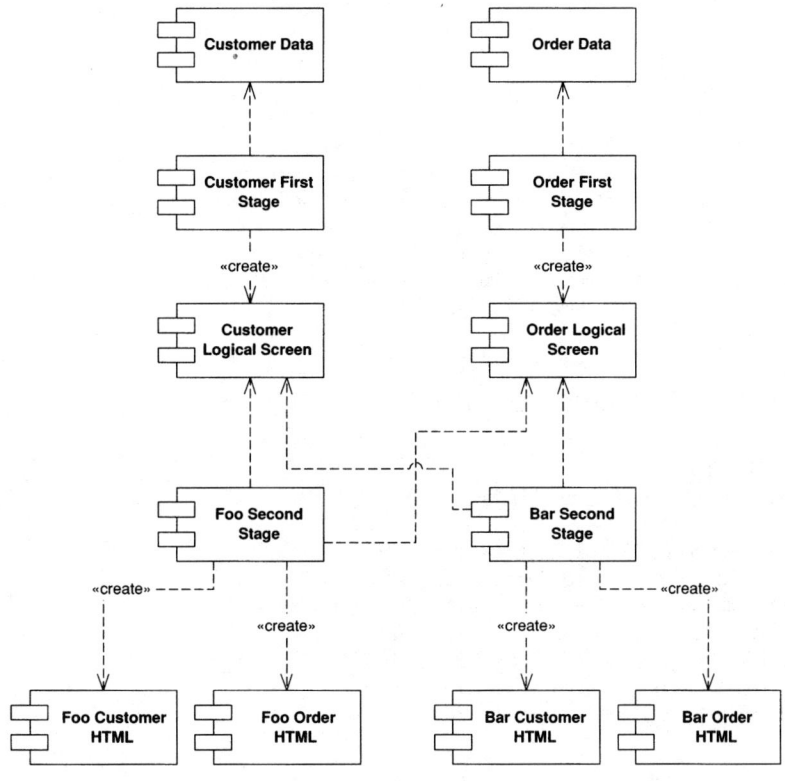

图14-9　两种外观的两阶视图

然而，上面的诸多好处完全依赖于你能使面向表现的结构在多大程度上真正满足外观的需求。在一个复杂站点中，每一个页面都可能有不同的外观，在这样的情况下，两步视图不是很好，因为在每两个屏幕之间很难发现足够的共同特征来得到一个足够简单的面向表现结构。实际上，面向表现的结构约束着站点的设计，并且对于许多站点来说这种限制很大。

两步视图的另一个缺点是需要使用工具。现在有许多工具让没有编程能力的设计者使用模板视图设计网页，但是两步视图要求程序设计人员去写绘制器和控制器对象。因此，程序设计人员不得不卷入任何设计的变化中。

同样，两步视图因它的多重层次而呈现出更为困难的编程模型，虽然你一旦习惯使用它，它对你来说就不再困难并且可以帮助你减少重复的规范代码（boilerplate code）。

多重外观的一个变化是：它可以为不同的设备提供不同的第二阶段，使你可以同时为一个浏览器和一个PDA各准备一个第二阶段。这里的限制通常是两种不同的外观必须遵循着一个相同的逻辑屏幕，但是，当设备之间的差异非常大的时候，就可能会出现一些问题。

### 14.6.3　例：两阶XSLT（XSLT）

针对两步视图的这种方法使用一个两阶XSLT转换。第一阶段把与特定领域相关的XML转换成逻辑屏幕XML；第二阶段则把逻辑屏幕XML转换成HTML。

初始的面向领域的XML如下所示：

```
<album>
    <title>Zero Hour</title>
    <artist>Astor Piazzola</artist>
    <trackList>
        <track><title>Tanguedia III</title><time>4:39</time></track>
        <track><title>Milonga del Angel</title><time>6:30</time></track>
        <track><title>Concierto Para Quinteto</title><time>9:00</time></track>
        <track><title>Milonga Loca</title><time>3:05</time></track>
        <track><title>Michelangelo '70</title><time>2:50</time></track>
        <track><title>Contrabajisimo</title><time>10:18</time></track>
        <track><title>Mumuki</title><time>9:32</time></track>
    </trackList>
</album>
```

第一阶段XSLT处理器把XML转换成下面这种面向屏幕的XML：

```
<screen>
    <title>Zero Hour</title>
    <field label="Artist">Astor Piazzola</field>
    <table>
        <row><cell>Tanguedia III</cell><cell>4:39</cell></row>
        <row><cell>Milonga del Angel</cell><cell>6:30</cell></row>
        <row><cell>Concierto Para Quinteto</cell><cell>9:00</cell></row>
        <row><cell>Milonga Loca</cell><cell>3:05</cell></row>
        <row><cell>Michelangelo '70</cell><cell>2:50</cell></row>
        <row><cell>Contrabajisimo</cell><cell>10:18</cell></row>
        <row><cell>Mumuki</cell><cell>9:32</cell></row>
    </table>
</screen>
```

为了实现这个目的，我们需要如下的XSLT程序：

```
<xsl:template match="album">
    <screen><xsl:apply-templates/></screen>
</xsl:template>
<xsl:template match="album/title">
    <title><xsl:apply-templates/></title>
</xsl:template>
<xsl:template match="artist">
    <field label="Artist"><xsl:apply-templates/></field>
</xsl:template>
<xsl:template match="trackList">
    <table><xsl:apply-templates/></table>
</xsl:template>
<xsl:template match="track">
    <row><xsl:apply-templates/></row>
</xsl:template>
<xsl:template match="track/title">
    <cell><xsl:apply-templates/></cell>
</xsl:template>
<xsl:template match="track/time">
    <cell><xsl:apply-templates/></cell>
</xsl:template>
```

面向屏幕的XML是非常易懂的,为了使之转换成HTML,我们用一个第二阶段的XSLT程序。

```
<xsl:template match="screen">
    <HTML><BODY bgcolor="white">
    <xsl:apply-templates/>
    </BODY></HTML>
</xsl:template>
<xsl:template match="title">
    <h1><xsl:apply-templates/></h1>
</xsl:template><xsl:template match="field">
    <P><B><xsl:value-of select = "@label"/>: </B><xsl:apply-templates/></P>
</xsl:template>
<xsl:template match="table">
    <table><xsl:apply-templates/></table>
</xsl:template>
<xsl:template match="table/row">
    <xsl:variable name="bgcolor">
        <xsl:choose>
            <xsl:when test="(position() mod 2) = 1">linen</xsl:when>
            <xsl:otherwise>white</xsl:otherwise>
        </xsl:choose>
    </xsl:variable>
    <tr bgcolor="{$bgcolor}"><xsl:apply-templates/></tr>
</xsl:template>
<xsl:template match="table/row/cell">
    <td><xsl:apply-templates/></td>
</xsl:template>
```

为了使两个阶段结合,我使用前端控制器来协助分离做这项工作的代码。

class AlbumCommand...

```
public void process() {
    try {
        Album album = Album.findNamed(request.getParameter("name"));
        album = Album.findNamed("1234");
```

```
            Assert.notNull(album);
            PrintWriter out = response.getWriter();
            XsltProcessor processor = new TwoStepXsltProcessor("album2.xsl", "second.xsl");
            out.print(processor.getTransformation(album.toXmlDocument()));
    } catch (Exception e) {
            throw new ApplicationException(e);
    }
}
```

通过两阶方法和转换视图中的单阶方法的对比，我们可以看出二者的区别。如果你想改变某一行的显示颜色，那么转换视图将需要编辑所有的XSLT程序，但是在两步视图中，只需要更改第二阶段的XSLT程序。你可能使用可调用的模板去做类似的事情，但是这将需要相当数量的XSLT gymnastics来实现。两步视图的缺点是最终的HTML将会受到面向屏幕的XML的强烈制约。

### 14.6.4 例：JSP和定制标记（Java）

虽然从概念上说，XSLT方法是一种实现两步视图的最简单方法，但还有许多其他的方法值得看看。在下面的例子中我将使用JSP和定制标记。虽然，在功能方面和易用性这两者都比不上XSLT，但是我将着重展示一个模式是怎样用不同的方法来表示它自身的。这个例子的提出确实有一些勉强，因为在这方面的领域中，我还从来没有见过有人用过。但我认为这个例子还是很有启发性的，它会给你这样一个观点：什么是可能实现的。

两步视图的最关键原则是两个操作——选择显示什么和选择HTML来显示——是完全分离的。下面例子中，第一阶段被JSP页面和它的辅助对象来处理；第二阶段被一系列定制标记来处理。第一阶段最有趣的部分是JSP页面。

```
<%@ taglib uri="2step.tld" prefix = "2step" %>
<%@ page session="false"%>
<jsp:useBean id="helper" class="actionController.AlbumConHelper"/>
<%helper.init(request, response);%>
<2step:screen>
<2step:title><jsp:getProperty name = "helper" property = "title"/></2step:title>
<2step:field label = "Artist"><jsp:getProperty name = "helper" property = "artist"/></2step:field>
<2step:table host = "helper" collection = "trackList" columns = "title, time"/>
</2step:screen>
```

我在使用了辅助对象的JSP页面中使用页面控制器，你可以在此浏览页面控制器来更多地了解这方面的知识。这里重要的是查看作为2step名字空间一部分的标记。它们被我用来调用第二阶段。还请注意：这里的JSP页面没有HTML；这里有的标识要么是第二阶段的标记，要么是用于从辅助对象获取值的bean操作标记。

每个第二阶段标记都有一个实现来生成某个逻辑屏幕元素所必需的HTML。在这方面最简单的例子是标题。

```
class TitleTag...

    public int doStartTag() throws JspException {
        try {
            pageContext.getOut().print("<H1>");
        } catch (IOException e) {
            throw new JspException("unable to print start");
        }
```

```
            return EVAL_BODY_INCLUDE;
        }
        public int doEndTag() throws JspException {
            try {
                pageContext.getOut().print("</H1>");
            } catch (IOException e) {
                throw new JspException("unable to print end");
            }
            return EVAL_PAGE;
        }
```

对那些不允许的情况，一个定制标记通过实现hook方法来工作，这些hook方法在加标记文本的开始和结束部分被调用。这个标记使用<H1>标记来简单地包装自己的本身内容。对于更为复杂的标记（比如field），可以带上一个属性，这个属性使用一个setting方法绑定到标记类上。

```
class FieldTag...

        private String label;
        public void setLabel(String label) {
            this.label = label;
        }
```

一旦值被设置，你就可以在输出中使用这个值。

```
class FieldTag...

        public int doStartTag() throws JspException {
            try {
                pageContext.getOut().print("<P>" + label + ": <B>");
            } catch (IOException e) {
                throw new JspException("unable to print start");
            }
            return EVAL_BODY_INCLUDE;
        }
        public int doEndTag() throws JspException {
            try {
                pageContext.getOut().print("</B></P>");
            } catch (IOException e) {
                throw new JspException("how are checked exceptions helping me here?");
            }
            return EVAL_PAGE;
        }
```

`Table`是一个非常复杂的标记。它既允许JSP的编译者决定将哪几项放入到table中，又可以使用高亮度来显示被选中的行。这个标记的实现扮演第二阶段的角色，因此高亮度的显示在这里实现，使得系统内的所有改变都可以全局性地实现。

下面的`Table`标签保存了这样一些属性：集合属性的名字、集合属性所属的对象、以及逗号分隔的列名列表。

```
class TableTag...

        private String collectionName;
        private String hostName;
        private String columns;
        public void setCollection(String collectionName) {
            this.collectionName = collectionName;
```

```
    }
    public void setHost(String hostName) {
        this.hostName = hostName;
    }
    public void setColumns(String columns) {
        this.columns = columns;
    }
```

我做了一个辅助方法来从一个对象中取出一个属性。使用各种各样的类来支持Java bean要比调用"getsomething"方法好，但是在下面的例子中我将使用"getsomething"方法。

class TableTag...

```
    private Object getProperty(Object obj, String property) throws JspException {
        try {
            String methodName = "get" + property.substring(0, 1).toUpperCase() +
                property.substring(1);
            Object result = obj.getClass().getMethod(methodName, null).invoke(obj, null);
            return result;
        } catch (Exception e) {
            throw new JspException("Unable to get property " + property + " from " + obj);
        }
    }
```

这个标记没有一个内容。当这个标记被调用时，它从请求属性中抽取出要求显示的已命名集合，并且迭代遍历这个集合产生对应的表格行。

class TableTag...

```
    public int doStartTag() throws JspException {
        try {
            JspWriter out = pageContext.getOut();
            out.print("<table>");
            Collection coll = (Collection) getPropertyFromAttribute(hostName, collectionName);
            Iterator rows = coll.iterator();
            int rowNumber = 0;
            while (rows.hasNext()) {
                out.print("<tr");
                if ((rowNumber++ % 2) == 0) out.print(" bgcolor = " + HIGHLIGHT_COLOR);
                out.print(">");
                printCells(rows.next());
                out.print("</tr>");
            }
            out.print("</table>");
        } catch (IOException e) {
            throw new JspException("unable to print out");
        }
        return SKIP_BODY;
    }
    private Object getPropertyFromAttribute(String attribute, String property)
            throws JspException
    {
        Object hostObject = pageContext.findAttribute(attribute);
        if (hostObject == null)
            throw new JspException("Attribute " + attribute + " not found.");
        return getProperty(hostObject, property);
```

```
    }
    public static final String HIGHLIGHT_COLOR = "'linen'";
```
在进行迭代期间，表格中的其他行被设置为亚麻色的背景来高亮显示新产生的某些行。

为了打印每一行，我在这个集合的对象上使用了列名作为属性值。

```
class TableTag...
    private void printCells(Object obj) throws IOException, JspException {
        JspWriter out = pageContext.getOut();
        for (int i = 0; i < getColumnList().length; i++) {
            out.print("<td>");
            out.print(getProperty(obj, getColumnList()[i]));
            out.print("</td>");
        }
    }
    private String[] getColumnList() {
        StringTokenizer tk = new StringTokenizer(columns, ", ");
        String[] result = new String[tk.countTokens()];
        for (int i = 0; tk.hasMoreTokens(); i++)
            result[i] = tk.nextToken();
        return result;
    }
```

相对于XSLT的实现，上面的这种方法对于站点布局的一致性来说有着更少的约束。某一页面的作者将发现可以更容易地加入一些个性化的HTML元素。当然，在允许对设计密集型页面进行调整的同时，它也会导致一些不熟悉运行机制的用户的滥用。好的约束可以帮助我们防止错误。团队不得不在约束和自由之间权衡。

## 14.7 应用控制器 (Application Controller)

一个用来处理屏幕导航和应用程序流的集中控制点。

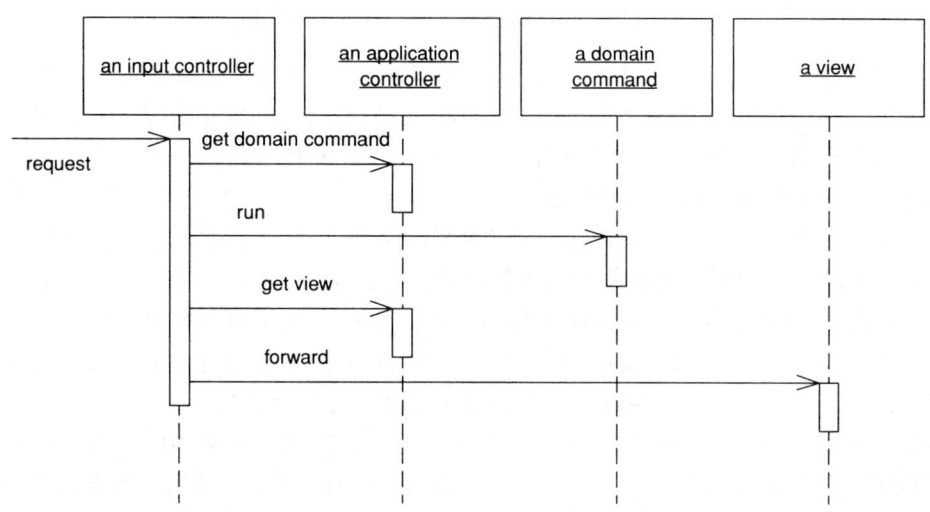

许多应用程序都包括大量重要的屏幕逻辑，这些逻辑将在不同的地方应用。在一个应用程序中，可能在某一确定的时间点上调用一个确定的屏幕。这是导航风格的交互，在此，用户将会按照一系列确定的顺序来访问屏幕。另外一种可能是只有在某种确定的条件下我们才能看到某一屏幕，或者根据我们先前的输入来选择不同的屏幕。

在某种程度上，各种模型-视图-控制器中的输入控制器可以做出一些决定，但是随着应用程序复杂性的提高，当不同屏幕的若干控制器都需要知道在某一特定环境下需要做什么时，这种方法会导致代码的重复。

你可以通过把所有的流逻辑放入到应用控制器中来避免产生大量的重复代码。之后，输入控制器向应用控制器请求正确的命令来执行，这个命令是相对于模型的；同样，输入控制器还要从应用控制器中得到正确的视图，这个视图要根据应用程序的上下文而定。

### 14.7.1 运行机制

应用控制器有两个主要的职责：决定运行哪个领域逻辑和决定用哪种视图来显示应答消息。为了完成上述的功能，一个应用控制器通常要维持两个指向类的引用集合：一个指向领域命令，这个对象可以在领域层执行；另外一个指向视图（见图14-10）。

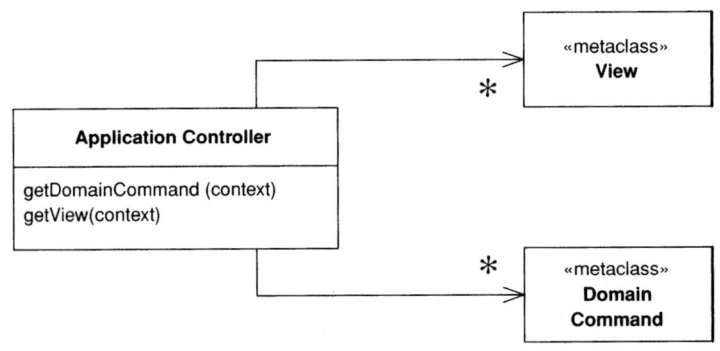

图14-10 一个应用控制器有两个指向类的引用集合：一个指向领域逻辑，另外一个指向视图

针对领域命令和视图，应用控制器需要找到一种方法来存储它所要调用的一些东西。命令（Command）[Gang of Four]模式是一个好的选择，因为它可以让你很容易地获取并且运行一段代码。具有函数概念的编程语言可以使用函数指针。另外一种方法是维护一个字符串，这个字符串可以被用于反射机制来调用某些方法。

领域命令可以是一个命令对象，这个对象将作为应用控制器层的一部分。领域命令还可以是指向一种事务脚本的引用，或是领域层中的领域对象方法。

如果你正在使用服务器页面作为你的视图，那么你可以使用服务器页面的名字。如果你正在使用一个类，那么为反射调用使用一个命令或者一个字符串是有意义的。同样也可以使用一个XSLT转换，这样应用控制器将维持一个指向这个转换器的字符串。

应用控制器和表现层其余部分的分离程度应该多大，需要由你来决定。应用控制器是否需要依赖UI机制是首先要做出的抉择。或许，它会直接访问HTTP会话数据，重定向一个服务器页面，或者调用富客户类上的方法。

虽然我曾经看过直接的应用控制器，但是我还是希望应用控制器和UI机制之间没有瓜葛。

这样会使测试应用控制器更方便，因为我们不需要依赖UI，这对我们来说很有好处。把它们分离对于支持多外观的应用控制器同样也很有用。基于上述的种种原因，人们更愿意把应用控制器作为表现层和领域层之间的一个中间层。

一个应用程序可以拥有多个应用控制器，每一个应用控制器都要处理应用程序的一部分。这样就允许你把复杂的逻辑分开，并放入到各个类中。在这种情况下，我通常把工作分割开，并把它们放入到用户界面的各个区域中，然后，为每一个区域都创建一个单独的应用控制器。一个简单的应用程序只需要一个应用控制器。

如果你有多种表现，如：Web前端、富客户端和PDA，你或许能对每个表现层使用相同的应用控制器，但是，不要觉得这样很好。通常来说，不同的UI需要不同的屏幕数据流来实现真正可用的用户界面。然而，重用一个应用控制器可能会减少开发工作量，但这些减少的工作量可能以糟糕的UI作为代价。

通常把UI当作一个状态机，在这里，根据程序中的某个关键对象的状态来决定某个事件将触发哪个应答消息。在这种情况下，应用控制器有责任使用元数据来表现状态机控制流。元数据可以通过程序语言调用来建立（最简单的方法），还可以被存储在一个单独的配置文件里面。

你可能发现，仅处理某个请求的领域逻辑被放到了一个应用控制器中。像你所怀疑的那样，我极力反对这种观点。然而，领域逻辑和应用逻辑之间的界限却是非常混乱的。比如说：我正在操作保险业的程序，可能只是因为申请者是一个吸烟者就需要显示一个不同的屏幕来回答申请者提出的问题。那么这到底是应用逻辑还是领域逻辑呢？如果我只会碰到少数的这种情况，我可能会把这样的逻辑放入到应用控制器中，但是，如果这种情况会发生在多个不同地方，我就需要设计领域模型来解决如何分离这两种逻辑的问题。

### 14.7.2 使用时机

如果你的应用程序的流程和导航足够简单，以致于任何人都可以以任何顺序来访问你的任何屏幕，则应用控制器对你而言是没有任何价值的。应用控制器真正优势在于它网页访问顺序的明确规定和根据对象的状态来显示不同视图的性质。

当你的应用程序的流程发生变化时，如果你发现自己在许多不同的地方在做同样的修改工作，那么这是一个让你使用应用控制器的良好信号。

### 14.7.3 进一步阅读

关于这种模式的更多的详细资料来自[Knight and Dai]。虽然他们的观点不是特别新颖，但是我发现他们的解释非常清楚、引人注目。

### 14.7.4 例：状态模型应用控制器 (Java)

状态模型是一种考察用户界面的通用方法。当你需要根据某个对象的不同状态来决定以不同方式反应事件时，这种模型就特别适合。在这个例子中，我为关于资产的一对命令使用了一个简单的状态模型（见图14-11）。ThoughtWork的租约专家可能会为我这个模型的过分简单而晕倒，但是它可以作为一个基于状态的应用控制器的例子。

在接触到代码之前，我们有以下几条规定：

- 当接收到一条return命令并且处在On lease状态的时候，将会显示一个页面，这个页面用来捕获返回的资产的信息。
- 在In Inventory状态时不允许产生return事件，所以要显示一个"不合法动作"的页面。
- 当收到一个damage命令时，将要显示的页面要根据当前的状态是In Inventory还是On lease而定。

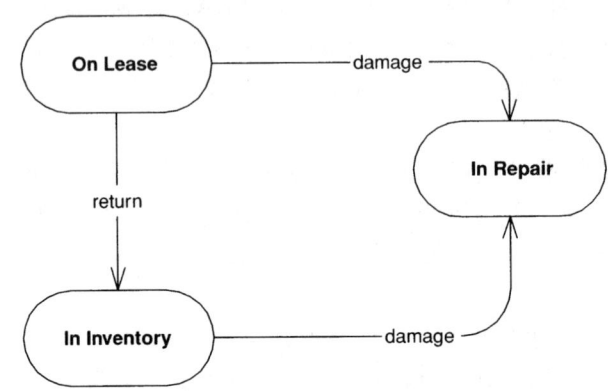

图14-11 一项资产的简单状态图

输入控制器是一个前端控制器，它服务于如下请求：

```
class FrontServlet...

    public void service(HttpServletRequest request, HttpServletResponse response)
        throws IOException, ServletException
    {
        ApplicationController appController = getApplicationController(request);
        String commandString = (String) request.getParameter("command");
        DomainCommand comm =
            appController.getDomainCommand(commandString, getParameterMap(request));
        comm.run(getParameterMap(request));
        String viewPage =
            "/" + appController.getView(commandString, getParameterMap(request)) + ".jsp";
        forward(viewPage, request, response);
    }
```

上述service方法的流程非常直截了当：为一个给定的请求找寻一个合适的应用控制器，向应用控制器请求领域命令，然后执行领域命令；接着向应用控制器请求一个视图，最后定向到这个视图。

在这个例子中，我假设存在大量的应用控制器，所有的应用控制器都实现相同的接口。

```
interface ApplicationController...

    DomainCommand getDomainCommand (String commandString, Map params);
    String getView (String commandString, Map params);
```

对于我们的命令，一个合适的应用控制器是资产应用控制器。它使用应答类来维持指向领域命令和视图的引用。对于领域命令，我使用一个指向类的引用；对于视图，我使用一个字符串，这样前端控制器将转向到这个字符串所指向的JSP页面的URL。

```
class Response...

    private Class domainCommand;
    private String viewUrl;
    public Response(Class domainCommand, String viewUrl) {
        this.domainCommand = domainCommand;
        this.viewUrl = viewUrl;
    }
    public DomainCommand getDomainCommand() {
        try {
            return (DomainCommand) domainCommand.newInstance();
        } catch (Exception e) {throw new ApplicationException (e);
        }
    }
    public String getViewUrl() {
        return viewUrl;
    }
```

应用控制器通过一张映射表保持与Response对象的关联，这张映射表的索引是命令字符串和资源状态（见图14-12）。

```
class AssetApplicationController...

    private Response getResponse(String commandString, AssetStatus state) {
        return (Response) getResponseMap(commandString).get(state);
    }
    private Map getResponseMap (String key) {
        return (Map) events.get(key);
    }
    private Map events = new HashMap();
```

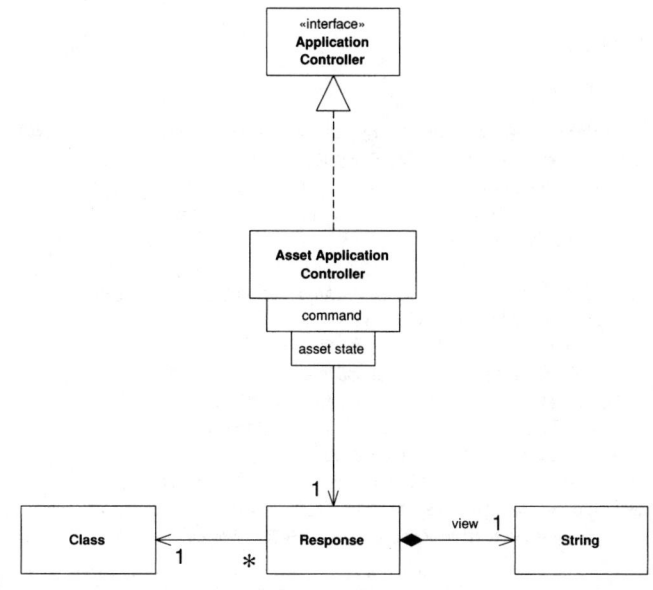

图14-12 资产应用控制器怎样存储指向领域命令和视图的引用

当要请求一个领域命令时,控制器将首先查看request来计算出资产的ID号,然后到领域中确定那个资产的状态,接下来的工作是寻找合适的领域命令类,实例化这个类,最后并返回新的对象。

```
class AssetApplicationController...

    public DomainCommand getDomainCommand (String commandString, Map params) {
        Response reponse = getResponse(commandString, getAssetStatus(params));
        return reponse.getDomainCommand();
    }
    private AssetStatus getAssetStatus(Map params) {
        String id = getParam("assetID", params);
        Asset asset = Asset.find(id);
        return asset.getStatus();
    }
    private String getParam(String key, Map params) {
        return ((String[]) params.get(key))[0];
    }
```

所有的领域命令都遵循一个简单接口,这个接口允许前端控制器来执行它们。

```
interface DomainCommand...

    abstract public void run(Map params);
```

一旦领域命令做完了它需要做的工作,应用控制器会在需要得到视图时再次发挥作用。

```
class AssetApplicationController...

    public String getView (String commandString, Map params) {
        return getResponse(commandString, getAssetStatus(params)).getViewUrl();
    }
```

在这种情况下,应用控制器就不需要传给JSP全部的URL。它只是返回一个字符串,接着这个字符串将会被前端控制器转换成一个URL。我之所以这样做是为了避免在应答中复制URL的路径。这样做同样会使今后的添加工作更为容易。

应用控制器可以用代码加载。

```
class AssetApplicationController...

    public void addResponse(String event, Object state, Class domainCommand, String view) {
        Response newResponse = new Response (domainCommand, view);
        if ( ! events.containsKey(event))
            events.put(event, new HashMap());
        getResponseMap(event).put(state, newResponse);
    }
    private static void loadApplicationController(AssetApplicationController appController) {
        appController = AssetApplicationController.getDefault();
        appController.addResponse("return", AssetStatus.ON_LEASE,
                        GatherReturnDetailsCommand.class, "return");
        appController.addResponse("return", AssetStatus.IN_INVENTORY,
                        NullAssetCommand.class, "illegalAction");
        appController.addResponse("damage", AssetStatus.ON_LEASE,
                        InventoryDamageCommand.class, "leaseDamage");
        appController.addResponse("damage", AssetStatus.IN_INVENTORY,
                        LeaseDamageCommand.class, "inventoryDamage");
    }
```

或者把它从一个文件加载,这不是什么高难的科学,但是即使如此,我还是把它留给你自己完成。

# 第15章
# 分布模式

## 15.1 远程外观 (Remote Facade)

为细粒度对象提供粗粒度的外观来改进网络上的效率。

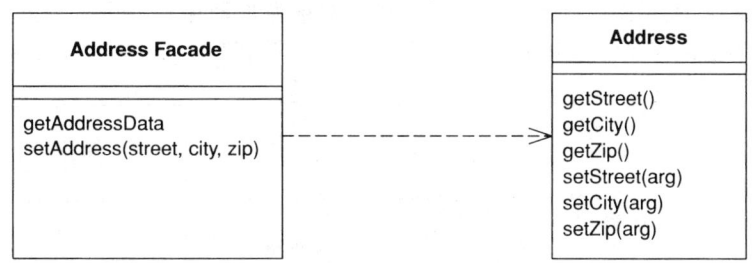

在面向对象模型中,经常有很多规模较小的对象,它们有较小的方法。这样就提供了很多机会来控制和替换某些行为,还可以用良好的命名使应用程序更容易理解。然而,这种小粒度动作将导致大量对象间的交互,而且这些交互通常需要很多的方法调用。

在一个单一的地址空间内,小粒度的交互工作得很好,但是当你在两个进程之间做调用时这种良好的状态就不存在了。远程调用的开销很大,因为有许多事情要做:数据可能需要编组,可能需要安全检查,发送的数据包需要路由。如果两个进程所处的机器恰巧在地球的两端,那么光速也是一个不能忽略的因素。一个残酷的事实是,进程间调用的开销比进程内调用的开销更大——即使两个进程都在同一台机器上。不能忽略这种性能上的开销。

那么,任何对象可能被作为远程对象使用时,经常需要一个粗粒度的接口来减少完成某些任务所需要的调用次数。这不仅会影响你的方法调用,同样还会影响你的对象。现在,一个调用中就会包括访问和更改订单及订单行的功能,而不会像以前那样分开调用,这会完全影响你的对象结构。你将不得不放弃小粒度对象和小粒度方法所带来的清晰意图和小粒度控制所带来的好处。编程变得困难,并且会使生产率下降。

一个远程外观是一个粗粒度的外观(facade)[Gang of Four],它建立在大量的细粒度对象之上。所有细粒度对象都没有远程接口,并且远程外观不包括领域逻辑。远程外观所要完成的功能是把粗粒度的方法转换到低层的细粒度对象上。

### 15.1.1 运行机制

传统的面向对象方法中，不同的对象有着明确的责任，远程外观解决了这种方法中的分布式问题，并且已经成为解决这种问题的标准模式。我认为细粒度对象非常适合解释复杂的逻辑，因此我敢担保，任何复杂的逻辑都可以放到细粒度对象中，设计这些细粒度对象是为了在一个进程内进行协作。为了有效地对它们进行远程访问，我使用一个单独的外观对象作为远程接口。就像远程接口这个名字所暗示的那样，这个外观可以被认为是在粗粒度对象和细粒度对象之间的一层薄薄的皮肤。

在一个简单的情况中，例如地址对象中，远程外观中用一个getter函数和一个setter函数代替了常规地址对象中所有的getting和setting方法，这通常被称作**批量访问器**（bulk accessors）。当客户调用批量setter方法时，地址外观首先从setting方法中读取数据，并且在真正的地址对象上调用一系列单个的访问器（见图15-1），仅此而已。在这种方法中，所有的验证和计算逻辑都放置在地址对象中，在这里，对象可以被清晰地分解，并且其他细粒度对象可以使用这些对象。

在更复杂的情况中，单个远程外观可以充当许多细粒度对象的一个远程入口。例如，订单外观可以用来取得和更新一个订单和所有订单行的信息，或许还包括取得和更新某个用户的数据。

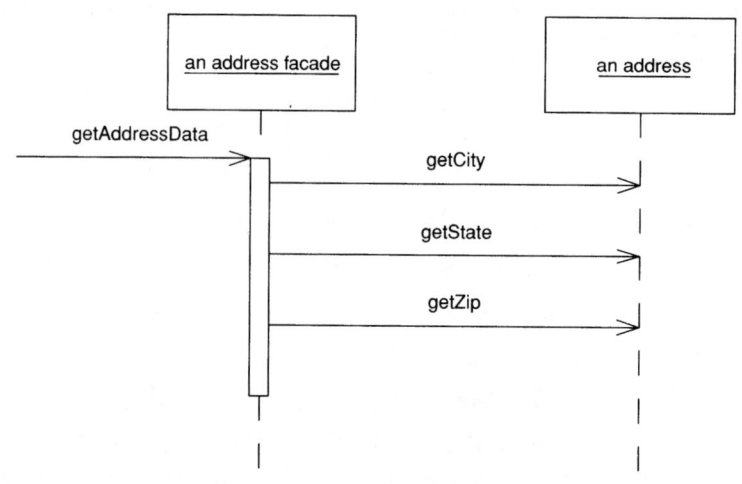

图15-1 对外观的一次调用将引起从外观到领域对象的多次调用

为了这样传输大量的数据，需要一种能很容易地通过网线传输的方式。如果你的细粒度对象在传输的两端，并且它们是序列化的，那么可以直接通过制作一个拷贝来传输它们。这样，在上面的例子中，`getAddressData`方法拷贝原始的地址对象。`setAddressData`方法会收到这个对象并且使用它来更新实际的地址对象中的数据。（这假设原始的地址对象需要维持它自身的一致性，因而它不能简单地用新地址来替代。）

但是，通常你不能这样做。你可能不希望在多个进程中都复制你的领域类，或者由于对象间复杂的关系结构，你可能很难序列化它们。用户也可能不需要整个模型，它们需要的可能只是一个子集。在这种情况下，你应该很清楚应该使用数据传输对象作为传输的基础。

我已经给出远程外观与单个领域对象相对应的草图。它很容易理解并且也不罕见，但是可以说这种情况并不常常发生。一个远程外观可能有多个方法，每一个方法都要从服务对象中取得信息。因此，`getAddressData`和`setAddressData`可能是在一个类似`CustomerService`的类上定义的方法，`CustomerService`包括`getPurchasingHistory`和`updateCreditData`方法。

粒度的大小也是远程外观必须考虑的问题。一些人喜欢非常小的远程外观，他们可能为每一个用例都建立一个远程外观。我更倾向于粗粒度的结构和较少的远程外观。对一个中等大小的应用程序来说，我只会使用一个远程外观，甚至对于一个大型的应用程序，我也只会有6个左右的远程外观。这就意味着，每一个远程外观都包含许多许多的方法，但是因为这些方法都比较小，所以我认为这不是一个问题。

远程外观的设计都是基于特定客户的需要——大部分的需要都是希望通过用户界面来观看和更新信息。在这种情况下，你可能会有单个远程外观服务于屏幕，其中每一个方法都包括取出和存储数据的操作。比如说你要改变订单的状态，那么点击屏幕上的按钮，就会调用外观的方法。在远程外观中大量的不同方法实际上在底层的对象上都调用了非常相同的方法。这一点是可以理解的，并且非常常见。外观的设计就是要使外部用户的使用简单化，而不是为了简化内部系统。因此，如果客户进程认为这是一条不同的命令，那么它就是一条不同的命令，即使相对于底层的命令它是一样的。

远程外观有有状态和无状态之分。无状态的远程外观可以组成池，这样就可以提高资源的利用率和效率，尤其是在B2C的情况下。然而，如果交互包括使用会话的状态信息，那么就需要把会话的状态信息存储在某个地方，可以通过使用客户会话状态或者数据库会话状态模式来完成，还可以通过实现服务器会话状态来完成。当使用有状态的远程外观时，远程外观必须维持每一个状态，这可以通过实现服务器会话状态来很容易地完成，但是这也可能导致性能问题，尤其是在有成千上万的用户同时访问时。

除了提供一个粗粒度的接口以外，远程外观还增加了其他几个功能。例如，它的方法中可以提供安全检查。一个访问控制列表可以很明确地告诉你哪个用户可以调用哪个方法。远程外观同样也提供事务控制。远程外观中的方法可以开启一个事务，当做完许多工作后提交事务。每次调用都是一次完整的事务，因为当结果返回到客户的时候，你不会希望这次事务还在运行中，因为这种长时间的运行将会使事务变得效率很低。

对于远程外观而言，最大的错误之一就是把领域逻辑放在其中。我再三强调："远程外观没有领域逻辑。"任何外观都应该是一层薄薄的皮肤并且只负责很小一部分责任。如果你需要工作流或协作的领域逻辑，把它放入到细粒度对象中，或者创建一个单独非远端的事务脚本来包含它。整个应用程序要能够在不使用远程外观或者不复制任何代码的情况下，在本地运行。

1. 远程外观和会话外观

最近几年，会话外观（Session Façade）[Alur et al.]模式已经出现在J2EE社团中。在最初的草稿中，我认为远程外观和会话外观是同一个模式，只是名字不同。然而，实际上它们有着本质的区别。远程外观所有的工作都围绕在一个简单的接口上——因此我很反对把领域逻辑放入其中。相对而言，大部分会话外观的描述都包括把逻辑放入其中，尤其是工作流这种类型的逻辑。这在很大程度上是由于使用J2EE会话beans的公用方法包装了实体beans的缘故。实体beans的任何协作将不得不由另外一个对象来负责，因为它们不是可重入的。

最终，我看到在会话外观的远端接口中放入了几个事务脚本。这是非常合理的，但是同样的事情却不能发生在远程外观中。实际上，我要说的是：因为会话外观包含领域逻辑，所以它完全不能被称做是一个外观。

2. 服务层

对于外观来说，一个熟悉的概念是服务层。它们之间最大的不同是服务层不需要是远端的，因此并不需要只有粗粒度方法<sup>⊖</sup>。为了简化领域模型，你的动作通常终止于粗粒度的方法上，但这是为了使结构更为清晰而不是为了网络的效率。而且，服务层并不需要使用数据传输对象。通常，它返回给客户一个真正的领域对象。

如果一个领域模型同时在进程内和远程使用，那么你可以有一个服务层并在这个服务层上分出一个单独的远程外观层。如果进程只是在远程执行，那么这种方法将会很容易把服务层转换成远程外观，并且在服务层中不包含任何应用逻辑。如果服务层中包含了一些应用逻辑，那么我将使远程外观成为一个单独的对象。

### 15.1.2 使用时机

当你需要远程访问细粒度对象模型的时候，你就应该使用远程外观。你可以在保持细粒度对象所带来好处的同时得到粗粒度接口所带来的种种优点。

这种模式最常用的地方是在表现和领域模型之间，通常它们处在不同的进程中。如果应用程序和Web服务器处在不同的进程中，那么可以在swing UI和服务器领域模型之间使用它，也可以在servlet和服务器对象模型之间使用它。

在不同机器上的不同进程交互中常常会碰到远程外观，然而在同一机器上的进程间调用的开销也非常大，因此需要一个粗粒度的接口来为进程间的通信服务，而不管进程在哪里。

如果所有的访问都在一个单一的进程中，那么就不需要这样的转变。因此，我将不会使用这种模式为客户领域模型和它的表现之间的通信服务，同样，也不会使用这种模式为运行在Web服务器上的CGI脚本和领域模型之间的通信服务。通常你不会看到远程外观使用事务脚本，因为事务脚本天生是粗粒度的。

远程外观这种模式意味着同步——也就是说，一个远程过程的调用是分布式的。你通常可以通过异步和基于消息的远程通信来大大改善应用程序的响应速度。实际上，异步的方法有着许多引人注目的优点，但是关于异步模式的讨论超出了本书的范围。

### 15.1.3 例：使用Java语言的会话bean来作为远程外观（Java）

如果你工作在Enterprise Java平台上，那么对于分布式的外观而言，一个好的选择可以是会话bean，并且会话bean可以是有状态的或者无状态的。在这个例子中，我将在EJB(Enterprise Java Beans)的容器中运行一连串的POJO(plain old Java object)，并且通过会话bean来远程访问它

---

⊖ 原书这里为"细粒度方法"，但根据作者在个人网站上公布的勘误表，现改为"粗粒度方法"。——编辑注

们，这个会话bean被设计成一个远程外观。会话bean并不是很复杂，即使你从来没有接触过，也不会有问题。

在这之前，有几件事我要说清楚。首先，我很诧异很多人相信在EJB的容器中不能运行普通对象。我听到过这样的疑问："领域对象是实体beans吗？"答案是它们可以是也可以不是。简单的Java对象同样也会工作得很好，就像下面的例子所显示的那样。

第二点我要指出的就是这并不是使用会话beans的唯一方法。它们也可以被用来保存事务脚本。

在这个例子中，我将着眼于一个访问音乐唱片的远端接口。其中的领域模型由许多细粒度的对象组成，包括艺术家、唱片和曲目。围绕在领域模型周围的是其他几个包，这些包为应用程序提供数据源（见图15-2）。

在下面的图中，dto包中包含了数据传输对象，它们有助于通过网线把数据传给客户。它们只有简单的访问器行为和以二进制或XML文本格式的方法序列化自己的能力。remote包中是组装器对象，它在领域对象和数据传输对象之间传输数据。如果你对它们的运行机制感兴趣，可以先看看关于数据传输对象的讨论。

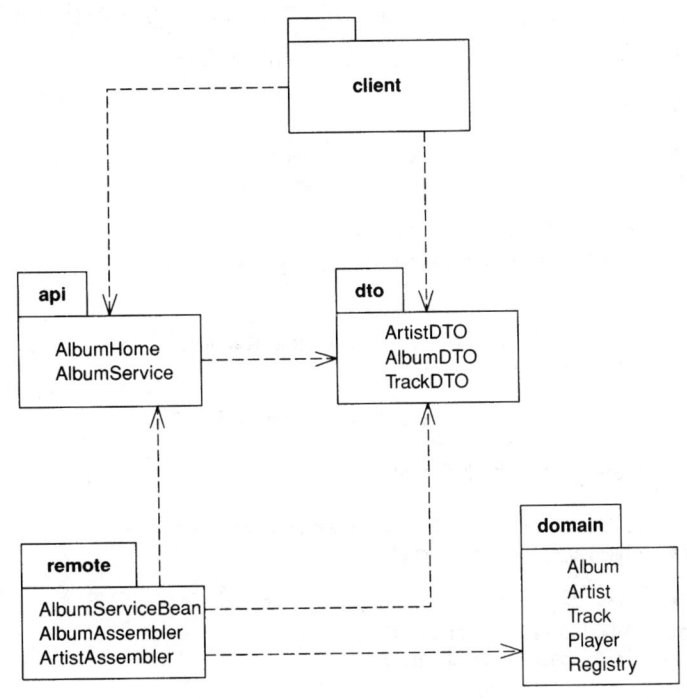

图15-2 关于远端接口的包图

为了更好地解释外观，假设我可以对数据传输对象的数据进行存储并且可以在远端接口中集中这些数据。单一的Java会话bean有三个实际的类。这三个类中的两个搭建远端的API（实际上是Java接口）；另外一个类则实现此API。这两个接口是`AlbumService`本身和home对象`AlbumHome`。home对象由命名服务（naming service）来使用，用来访问分布式的外观，但那是EJB中的细节，在这里我将略过不讲。我们感兴趣的地方是远程外观本身，`AlbumService`。

`AlbumService`的接口在API的包中声明以便由客户来使用,这是一个方法列表。

class AlbumService...

```
String play(String id) throws RemoteException;
String getAlbumXml(String id) throws RemoteException;
AlbumDTO getAlbum(String id) throws RemoteException;
void createAlbum(String id, String xml) throws RemoteException;
void createAlbum(String id, AlbumDTO dto) throws RemoteException;
void updateAlbum(String id, String xml) throws RemoteException;
void updateAlbum(String id, AlbumDTO dto) throws RemoteException;
void addArtistNamed(String id, String name) throws RemoteException;
void addArtist(String id, String xml) throws RemoteException;
void addArtist(String id, ArtistDTO dto) throws RemoteException;
ArtistDTO getArtist(String id) throws RemoteException;
```

注意:即使在这么一个短小的例子中我也看到领域模型中两个不同类——艺术家和唱片——的方法。同样,在相同的方法中我也看到了一些细微的不同。其中一些方法可能是使用数据传输对象或XML字符串来把数据送进远端服务器中。这就允许客户根据自身的种类和自身的连接来选择不同的形式。就像你看到的那样,即使一个很小的应用也会导致产生许多的方法。

幸运的是,方法自身都很简单,下面是操纵唱片的方法:

class AlbumServiceBean...

```
public AlbumDTO getAlbum(String id) throws RemoteException {
    return new AlbumAssembler().writeDTO(Registry.findAlbum(id));
}
public String getAlbumXml(String id) throws RemoteException {
    AlbumDTO dto = new AlbumAssembler().writeDTO(Registry.findAlbum(id));
    return dto.toXmlString();
}
public void createAlbum(String id, AlbumDTO dto) throws RemoteException {
    new AlbumAssembler().createAlbum(id, dto);
}
public void createAlbum(String id, String xml) throws RemoteException {
    AlbumDTO dto = AlbumDTO.readXmlString(xml);
    new AlbumAssembler().createAlbum(id, dto);
}
public void updateAlbum(String id, AlbumDTO dto) throws RemoteException {
    new AlbumAssembler().updateAlbum(id, dto);
}
public void updateAlbum(String id, String xml) throws RemoteException {
    AlbumDTO dto = AlbumDTO.readXmlString(xml);
    new AlbumAssembler().updateAlbum(id, dto);
}
```

如上面的程序所示,每个方法实际上什么也没有做,只是把工作委托给另外一个对象,因此只有一到两行。这很好地说明一个分布式的外观应该具有什么样的性质:一个长长的由非常短的方法组成的列表,并且这些方法之间几乎没有任何逻辑关系。外观只是一种包装机制。

我们将以一个短小的测试程序来完成这个例子。在单个进程中尽可能多地测试是非常有用的。在下面的程序中,我可以直接为会话bean的实现编写测试程序:程序的运行不需要配置EJB容器。

```
class XmlTester...
    private AlbumDTO kob;
    private AlbumDTO newkob;
    private AlbumServiceBean facade = new AlbumServiceBean();
    protected void setUp() throws Exception {
        facade.initializeForTesting();
        kob = facade.getAlbum("kob");
        Writer buffer = new StringWriter();
        kob.toXmlString(buffer);
        newkob = AlbumDTO.readXmlString(new StringReader(buffer.toString()));
    }
    public void testArtist() {
        assertEquals(kob.getArtist(), newkob.getArtist());
    }
```

这是一个运行在内存中的JUnit测试，它展示给我们怎样在容器外创建一个会话bean的实例，怎样在它上面测试，并且允许进行更快的回归测试。

### 15.1.4 例：Web Service（C#）

我曾经和Addison-Wesley出版公司的编辑Mike Hendrickson仔细讨论过这本书，他问我是否把一些和Web service相关的东西放进来了。我真的很憎恨流行的东西——在我写书时疲于跟上的所谓最新潮流，等你读到的时候会变得相当滑稽。不过，这个例子也说明一个模式的内核是怎样在新技术不断出现的情形下保持它的价值。

Web service只是一个为远程应用而提供的接口（为了良好度量而额外包括一个低速的字符串解析步骤）。有了这样的基本观念，那么我们就将按照以下的步骤来搭建程序：以细粒度的风格构建程序所需要的功能，然后在细粒度模型上加一层远程外观用以操纵Web services。

在这个例子中，我还将重复使用先前所描述的基本问题，但是只关注单一唱片的信息请求。图15-3给出各个不同的类。它们被分解成类似的组：唱片服务（album servie）——远程外观；两个数据传输对象；领域模型中的三个对象；一个把数据从领域模型中取出并放入到数据传输对象中的组装器。

领域模型简单得令人觉得非常简单；实际上，为解决这种类型的问题，你最好使用表数据入口来直接建立一个数据传输对象。然而，那样将会破坏这个远程外观层次处在领域模型之上的例子。

```
class Album...
    public String Title;
    public Artist Artist;
    public IList Tracks {
        get {return ArrayList.ReadOnly(tracksData);}
    }
    public void AddTrack (Track arg) {
        tracksData.Add(arg);
    }
    public void RemoveTrack (Track arg) {
        tracksData.Remove(arg);
    }
    private IList tracksData = new ArrayList();
```

class Artist...

    public String Name;

class Track...

    public String Title;
    public IList Performers {
        get {return ArrayList.ReadOnly(performersData);}
    }
    public void AddPerformer (Artist arg) {
        performersData.Add(arg);
    }
    public void RemovePerformer (Artist arg) {
        performersData.Remove(arg);
    }
    private IList performersData = new ArrayList();

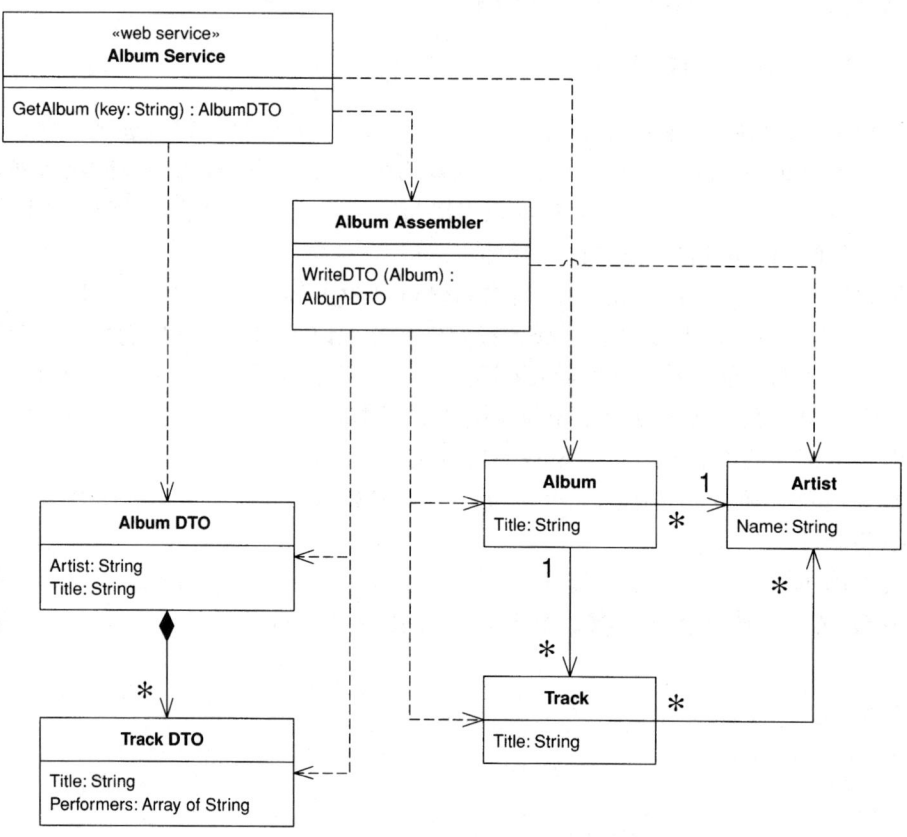

图15-3  唱片Web service的类图

我使用数据传输对象通过线路传输数据。它们只是数据持有者，出于Web service的考虑，把结构变得更扁平。

    class AlbumDTO...

        public String Title;

```
        public String Artist;
        public TrackDTO[] Tracks;
class TrackDTO...

        public String Title;
        public String[] Performers;
```

因为这是.NET，所以不需要编写任何代码来序列化和恢复到XML文件。.NET的框架会提供一个适当的序列化器类来完成这些工作。

这是Web service，因此我还是需要在WSDL中声明数据传输对象的结构。Visual Studio工具将会为我生成WSDL，由于我比较懒，所以让它那么做。下面将要给出的是和数据传输对象相对应的XML模式定义。

```xml
<s:complexType name="AlbumDTO">
    <s:sequence>
        <s:element minOccurs="1" maxOccurs="1" name="Title" nillable="true" type="s:string" />
        <s:element minOccurs="1" maxOccurs="1" name="Artist" nillable="true" type="s:string" />
        <s:element minOccurs="1" maxOccurs="1" name="Tracks"
            nillable="true" type="s0:ArrayOfTrackDTO" />
    </s:sequence>
</s:complexType>
<s:complexType name="ArrayOfTrackDTO">
    <s:sequence>
        <s:element minOccurs="0" maxOccurs="unbounded" name="TrackDTO"
            nillable="true" type="s0:TrackDTO" />
    </s:sequence>
</s:complexType>
<s:complexType name="TrackDTO">
    <s:sequence>
        <s:element minOccurs="1" maxOccurs="1" name="Title" nillable="true" type="s:string" />
        <s:element minOccurs="1" maxOccurs="1" name="Performers"
            nillable="true" type="s0:ArrayOfString" />
    </s:sequence>
</s:complexType>
<s:complexType name="ArrayOfString">
    <s:sequence>
        <s:element minOccurs="0" maxOccurs="unbounded" name="string"
            nillable="true" type="s:string" />
    </s:sequence>
</s:complexType>
```

因为是XML，所以这些数据结构定义可真冗长，但是它们相当称职。

为了从领域模型中获取数据，并把数据传送给数据传输对象，我需要一个组装器。

```
class AlbumAssembler...

    public AlbumDTO WriteDTO (Album subject) {
        AlbumDTO result = new AlbumDTO();
        result.Artist = subject.Artist.Name;
        result.Title = subject.Title;
        ArrayList trackList = new ArrayList();
        foreach (Track t in subject.Tracks)
            trackList.Add (WriteTrack(t));
        result.Tracks = (TrackDTO[]) trackList.ToArray(typeof(TrackDTO));
        return result;
    }
```

```
    public TrackDTO WriteTrack (Track subject) {
        TrackDTO result = new TrackDTO();
        result.Title = subject.Title;
        result.Performers = new String[subject.Performers.Count];
        ArrayList performerList = new ArrayList();
        foreach (Artist a in subject.Performers)
           performerList.Add (a.Name);
        result.Performers = (String[]) performerList.ToArray(typeof (String));
        return result;
    }
```

我们所需要的最后一部分代码是服务定义本身。它最初来自C#的类。

```
class AlbumService...

    [ WebMethod ]
    public AlbumDTO GetAlbum(String key) {
        Album result = new AlbumFinder()[key];
        if (result == null)
           throw new SoapException ("unable to find album with key: " +
                       key, SoapException.ClientFaultCode);
        else return new AlbumAssembler().WriteDTO(result);
    }
```

当然，这不是真正的接口定义——它真正来自WSDL文件。下面是相关的代码。

```xml
<portType name="AlbumServiceSoap">
   <operation name="GetAlbum">
      <input message="s0:GetAlbumSoapIn" />
      <output message="s0:GetAlbumSoapOut" />
    </operation>
</portType>
<message name="GetAlbumSoapIn">
   <part name="parameters" element="s0:GetAlbum" />
</message>
<message name="GetAlbumSoapOut">
   <part name="parameters" element="s0:GetAlbumResponse" />
</message>
<s:element name="GetAlbum">
   <s:complexType>
      <s:sequence>
         <s:element minOccurs="1" maxOccurs="1" name="key" nillable="true" type="s:string" />
      </s:sequence>
   </s:complexType>
</s:element>
<s:element name="GetAlbumResponse">
   <s:complexType>
      <s:sequence>
         <s:element minOccurs="1" maxOccurs="1" name="GetAlbumResult"
             nillable="true" type="s0:AlbumDTO" />
      </s:sequence>
   </s:complexType>
</s:element>
```

如你预期的那样，WSDL看起来比较复杂。现在，你就可以通过发送SOAP消息来调用服务了，SOAP消息的格式如下所示。

```xml
<?xml version="1.0" encoding="utf-8"?>
```

```
<soap:Envelope xmlns:xsi="http://www.w3.org/2001/XMLSchema-instance"
         xmlns:xsd="http://www.w3.org/2001/XMLSchema"
         xmlns:soap="http://schemas.xmlsoap.org/soap/envelope/">
  <soap:Body>
    <GetAlbum xmlns="http://martinfowler.com">
      <key>aKeyString</key>
    </GetAlbum>
  </soap:Body>
</soap:Envelope>
```

这个例子中真正重要的不是非常酷的SOAP和.NET演示，而是基本的分层方法。在设计应用的时候不考虑分布，然后，把分布的能力用远程外观和数据传输对象放在顶层。

## 15.2 数据传输对象（Data Transfer Object）

*一个为了减少方法调用次数而在进程间传输数据的对象。*

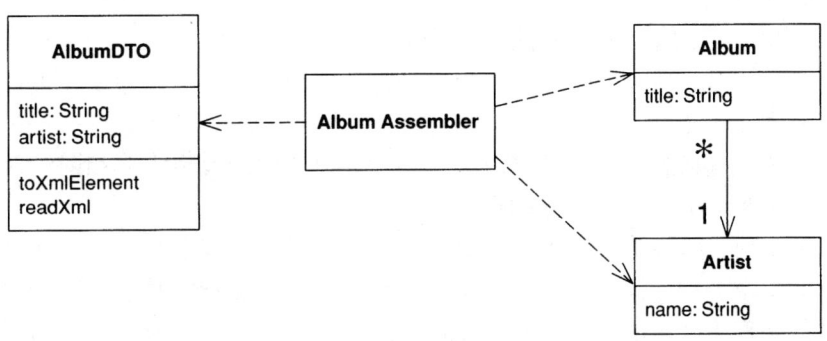

当使用远端接口时，例如你正在使用远程外观，每一次调用的代价都非常大。结果是：你需要减少调用的次数，这就意味着每一次调用都会传输大量数据。大量数据传输的方法可以通过使用大量参数来实现。然而，这对程序来说非常笨拙。实际上，对于许多语言都难以实现，例如Java就只能返回一个值。

解决的办法是创建一个数据传输对象，这个对象将保留所有调用需要用到的数据。它需要被序列化以便能在连接中传输。通常，在服务器方使用一个组装器，这个组装器负责在DTO和任何领域对象之间传输数据。

Sun团体中的许多人使用术语"值对象"来命名这种模式。然而，我使用它表示别的东西。请阅读18.6节中关于这方面的讨论。

### 15.2.1 运行机制

在很多方面，数据传输对象都是我们被告之永远不要写的对象之一。它经常只不过是一堆域以及它们的getter和setter方法。这种对象的价值在于它允许你在一次调用中传输几部分的信息，这是分布式系统的本质。

无论何时，只要远端对象需要某些数据，它将询问一个合适的数据传输对象。通常，数据传输对象存储的数据量会远远大于远端对象所需要的数据量，但是它应该存储所有这些数据以备将来之需。由于远程调用的时延开销，我们宁可每次多传输一些数据以避免错误，也不愿意为了某些错误做多次的调用。

　　数据传输对象通常不仅仅包含一个服务器对象。它从所有的服务器对象中集结所有远端对象可能需要的数据。因此，如果远端对象请求订单对象的数据，那么返回的数据传输对象中将包含订单数据、用户数据、订单项数据、订单项的产品数据和发送信息的数据——各种各样的资料。

　　通常不能从领域模型中传输对象。这是因为对象常常在复杂的Web中连接起来，并且如果能够序列化的话也很难。你通常还不想在客户端[注]看到领域对象类，因为这样就等于在这里拷贝了整个领域模型。你应该从领域对象中传输一个简单格式的数据。

　　在数据传输对象中的域都是非常简单和原始的，比如像字符串和日期这样的简单类，或者是其他一些数据传输对象。任何在数据传输对象之间的结构都应该非常简单——是一种分层的结构，而不像你在领域模型中看到的那么复杂的结构。在数据传输对象中保存着这么多简单的属性是为了序列化它们，并且可以使传输的双方更容易理解。因此，任何我们提及到的数据传输对象类和其他的一些类都必须被传输的双方知道。

　　有一点很清楚，那就是数据传输对象的设计是围绕特定客户端的需要来进行的。这也就是你常常看到数据传输对象和Web页面或GUI屏幕相关联的原因。你也可能看到为一个订单服务的多个数据传输对象，这依赖于特殊的屏幕。当然，如果不同的表现需要相同的数据，你可以很明确地只使用一个数据传输对象来处理所有的工作。

　　一个要考虑的相关问题是，是用单一数据传输对象来处理整个交互，还是用不同数据传输对象来处理不同请求。用不同的数据传输对象使得我们很容易看清楚在每次调用中传输了什么数据，但是这样会产生大量的数据传输对象。单一数据传输对象会减少编码的工作量，但是会使我们很难掌握每次调用所传输的数据。对于我自己，如果数据有许多相似之处，那我更倾向于单一的数据传输对象；但是如果有特殊请求的话，我也愿意使用不同的数据传输对象。做任何事情都要灵活一些，这里没有一成不变的规则，因此我会使用单一的数据传输对象来处理大部分的交互，并且在需要的时候使用不同的数据传输对象。

　　另一个类似的问题是，是为请求方和发送方各自准备一个数据传输对象，还是共用一个单一的数据传输对象来负责交互。就像我上面所说的那样，任何事情并没有统一的规则，因此，如果数据在双方是非常一致的话，那么使用单一的数据传输对象，相反，如果双方的数据不同，那么你要为请求方和发送方各准备一个数据传输对象。

　　一些人喜欢使用不可变的数据传输对象。在这种情况下，当你从客户端收到一个数据传输对象后，创建并且回传一个不同的数据传输对象，即使它们属于相同的类。另外一些人则修改请求的数据传输对象。对这两种方式，我不是很强调谁对谁错，但是总的来说我更愿意使用可变的数据传输对象，因为逐步放入数据更容易，即使你为应答创建了一个新对象。有一些观点赞同使用不可变数据传输对象，这与值对象的命名混淆有关。

　　数据传输对象的常见格式是记录集，它是一系列的表格记录，可能是通过SQL语句查询得到的。实际上，记录集就是一个为SQL数据库服务的数据传输对象。架构师们常用它来贯穿设计。

---

　　　　[注]　原书在这里为"服务器端"，但根据作者在个人网站上公布的勘误表，现改为"客户端"。——编辑注

领域模型可以生成一个关于数据的记录集，并把它传送给客户端，客户端会认为这些数据是直接通过SQL取出来的。如果客户端有绑定到记录集上的工具，那么这种方法将会非常有用。记录集可以完全通过领域逻辑来创建，但是更大的可能是由SQL语句的查询来生成，并且在传送到表现以前被领域逻辑所修改。这种风格可以认为是表模块模式。

数据传输对象的另外一种格式是常见的集合数据结构。我曾看到数组运用在这种场合，但是我并不赞成这么做，因为数组的索引会使程序编得更晦涩。最好的集合是字典，因为可以使用有意义的字符串作为关键字来进行查询。问题是我们将失去清晰的接口和强类型所带来的好处。但是，如果你手头没有生成器，字典值得考虑，而且它比自己手写一个显式的对象更容易。然而，如果有生成器，我认为你最好使用清晰的接口，尤其是当你认为它将用于不同组件之间的通信协议时。

1. 序列化数据传输对象

除了简单的getter和setter函数以外，数据传输对象还负责把自己序列化成某种格式以便在网络上传输。选择的格式要根据如下三个因素：连接的两端是什么，连接上能运行的是什么，序列化的难易程度。大量平台都为它们简单的对象提供序列化方法。例如，Java有内建的二进制序列化方法，.NET也有内建的二进制和XML序列化方法。如果有内建的序列化方法，通常就已经够用了，因为数据传输对象的结构都是很简单的，并且不必处理领域模型中对象间的复杂性。如果可能，我通常使用自动化机制。

如果你没有自动化机制，那么你可以自己来创建一个。我已经看到过几种代码生成器，它们有着简单的记录描述并且生成合适的类来保持数据，它们还负责提供访问器并读写数据序列化方法。必须要注意的是，要使生成器的复杂程度和你真正需要的复杂程度相吻合。开始的时候手写类是一个好主意，并且这些类有助于你编写生成器。

同样可以使用反射编程来处理序列化。那样你只要一次编写序列化和反序列化的程序并把它们放入到超类中就可以了。但是，这样做可能会有性能上的开销，因此必须计算开销是否很大。

必须选择一个可以在连接双方工作的机制。如果两端都归你控制，可以选择其中最简单的一个；如果不是这样，那么你就需要在不归你控制的端点上提供一个连接器，然后就可以在连接的双方使用简单的数据传输对象，并且还可以使用连接器来适应外来组件。

对于数据传输对象来说，一个最常见的问题是，你是使用文本序列化格式还是二进制序列化格式。文本序列化非常容易读也非常容易学。XML是现今最流行的一种文本序列化格式，因为你可以很方便地通过工具来创建和分析XML文档。但是文本格式对于传送相同的数据来说会耗费大量带宽，并且会带来很大的性能开销。

序列化的一个重要因素是连接双方的数据传输对象的同步。从理论上说，无论何时服务器改变了数据传输对象的定义，客户也都应该可以同时更新它的数据。但在实际中，情况并不是这样。用一个过时客户来访问一个服务器时总会带来一定的问题，但是序列化机制会或多或少使问题更麻烦。使用纯粹的二进制序列化将会使数据传输对象的通信完全丢失，因为此时任何结构上的变化都会导致反序列化的错误和失败。即使一个无关紧要的变化，例如增加一个选择域，都会产生这样的问题。最终，直接使用二进制序列化将会引入大量的问题，并且使得通信变得非常脆弱。

另外的一些序列化方法可以避免这样的缺点。其中之一就是XML序列化，它可以使得对象对于变化更具有弹性。还有一种方法就是具有容错能力的二进制方法，例如使用字典来序列化数据。虽然我不喜欢使用字典作为数据传输对象，但是在进行数据的二进制序列化的时候，它还是非常有用的，因为它为同步机制带来了许多容错性和弹性。

2. 从领域对象组装一个数据传输对象

一个数据传输对象并不知道如何与领域对象相关联。原因在于它应当被部署在连接的两端。基于这一点，数据传输对象不应依赖于领域对象。同样，领域对象也不应依赖于数据传输对象，因为当修改接口格式时数据传输对象的结构也会随之变化。作为一条通用的规则，领域模型应当独立于外部接口。

为此，有必要建立一个分离的组装器对象，它将负责从领域模型组装一个数据传输对象或者从一个数据传输对象更新领域模型。组装器是映射器模式的一个例子，它在数据传输对象和领域对象之间建立映射关系。

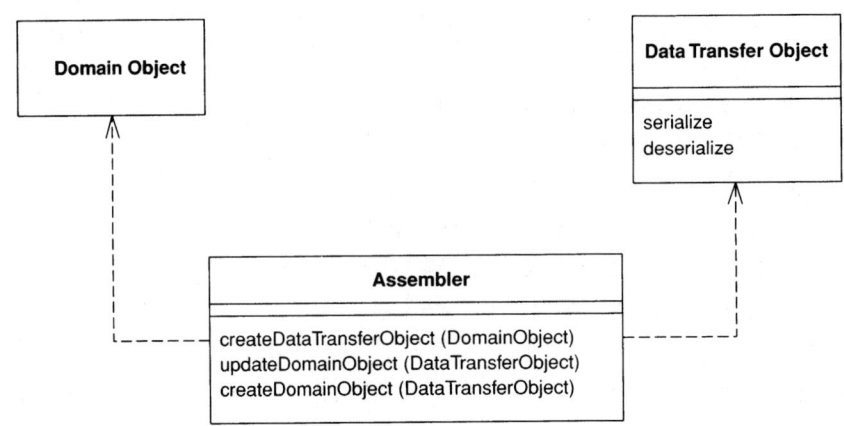

图15-4 组装器对象可以保持领域模型与数据传输对象二者的相互独立性

可以同时有多个组装器对象共享同一数据传输对象。一个典型的例子是，使用相同数据在不同场景下有不同的更新语义。区分组装器对象的另一原因是，数据传输对象可以很容易地从一个简单的数据描述中自动生成。但生成组装器却困难得多，事实上这通常是不可能的。

### 15.2.2 使用时机

当你需要在一个方法调用中在两个进程之间传输多个数据项时，应使用数据传输对象模式。

数据传输对象模式有数个可选的替代方案，虽然我不喜欢这些方案。一种方案是不使用任何对象，仅仅简单地使用一个有着多个参数的set方法，或者使用一个有若干按引用传递的参数的get方法。问题在于许多语言（如Java）仅仅允许一个对象作为返回值，因此尽管这种方法可以用来更新，但不能在未启用回调机制的情况下用来检索信息。

另一种替代方案是直接使用某种字符串表示形式，而非使用对象作为其接口。这时的问题在于：程序所有其他部分与字符串表示形式耦合。如果在某个外部接口后隐藏具体的表示形式则会更好一些，这样若想用二进制结构来代替字符串，就不需要改变程序的其他部分。

特别是，当你想使用XML在组件间通信时创建一个数据传输对象是值得的。XML DOM是操作瓶颈，使用一个数据传输对象来封装它则好得多，尤其是此时数据传输对象极易生成。

数据传输对象的另一常见用途是作为不同软件层中各种组件的通用数据源。每个组件对数据传输对象做一些修改，然后将它传递到下一层。COM和.NET中的记录集就是一个典型的例子，每一层都知道如何处理基于记录集的数据，而不管它直接来自SQL数据库还是已经被其他层修改过。.NET对此进行了扩充，提供了内建机制来将记录集序列化为XML。

虽然本书关注的是同步系统，但数据传输对象也有值得一提的异步用途。这发生在某一接口既会被同步又会被异步调用时。同步情况下，照常返回一个数据传输对象；异步情况下，创建一个数据传输对象的延迟加载并返回之。每当需要表示异步调用的结果时，可以使用延迟加载。数据传输对象的使用者只有当其尝试访问调用结果时才会阻塞。

### 15.2.3 进一步阅读

[Alur et al.]以值对象为名讨论了该模式，前文中我已说过它就是所谓的数据传输对象；我所指的值对象则是一种完全不同的模式。这是一个名字冲突，许多人都使用"值对象"来指代我所指称的另一种模式。它仅仅在J2EE社团中用来指代数据传输对象模式。因此，我使用此术语众所公认的含义。

值对象组装器（Value Object Assembler）模式[Alur et al.]是关于组装器的讨论。我并未将其列为单独的模式，尽管这里使用"组装器"名字而非基于映射器模式的一个名字。

[Marinescu]讨论了数据传输对象模式及其若干实现上的变种。[Riehle et al.]讨论了序列化的各种灵活方式，包括在不同形式的序列化之间切换。

### 15.2.4 例：传输唱片信息（Java）

本示例中使用图15-5所示的领域模型。所需传输的数据是图中那些相互关联的对象的信息，数据传输对象的结构如图15-6所示。

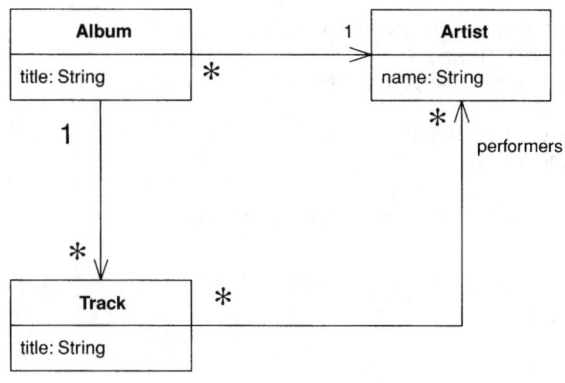

图15-5　艺术家和唱片的类图

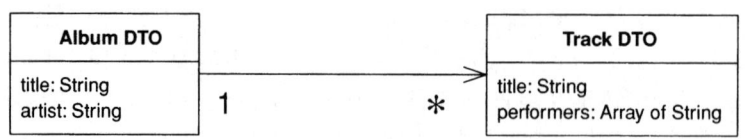

图15-6 数据传输对象的类图

数据传输对象在很大程度上简化了这一结构。艺术家（artist）类的相关数据被放到了album DTO类中，一个曲目（track）的表演者（performer）被表示成一个字符串数组。这种为数据传输对象而进行的结构分解是很典型的。两个数据传输对象分别对应唱片（album）和唱片中的每一个曲目（track）。此时并不需要艺术家的数据传输对象，因为其所有信息都已集成到了现有的两个数据传输对象中。只有曲目是可以传输的对象，因为在一个唱片中会有许多曲目，每一曲目又可以容纳若干数据项。

以下为从领域模型生成一个数据传输对象的代码。组装器将被某些处理远程接口的对象（如远程外观）调用。

```
class AlbumAssembler...

    public AlbumDTO writeDTO(Album subject) {
        AlbumDTO result = new AlbumDTO();
        result.setTitle(subject.getTitle());
        result.setArtist(subject.getArtist().getName());
        writeTracks(result, subject);
        return result;
    }
    private void writeTracks(AlbumDTO result, Album subject) {
        List newTracks = new ArrayList();
        Iterator it = subject.getTracks().iterator();
        while (it.hasNext()) {
            TrackDTO newDTO = new TrackDTO();
            Track thisTrack = (Track) it.next();
            newDTO.setTitle(thisTrack.getTitle());
            writePerformers(newDTO, thisTrack);
            newTracks.add(newDTO);
        }
        result.setTracks((TrackDTO[]) newTracks.toArray(new TrackDTO[0]));
    }
    private void writePerformers(TrackDTO dto, Track subject) {
        List result = new ArrayList();
        Iterator it = subject.getPerformers().iterator();
        while (it.hasNext()) {
            Artist each = (Artist) it.next();
            result.add(each.getName());
        }
        dto.setPerformers((String[]) result.toArray(new String[0]));
    }
```

从数据传输对象更新领域模型则棘手一些。本例中创建一个新的唱片与更新已有的唱片是有区别的。以下为创建代码：

```
class AlbumAssembler...

    public void createAlbum(String id, AlbumDTO source) {
```

```
        Artist artist = Registry.findArtistNamed(source.getArtist());
        if (artist == null)
            throw new RuntimeException("No artist named " + source.getArtist());
        Album album = new Album(source.getTitle(), artist);
        createTracks(source.getTracks(), album);
        Registry.addAlbum(id, album);
    }
    private void createTracks(TrackDTO[] tracks, Album album) {
        for (int i = 0; i < tracks.length; i++) {
            Track newTrack = new Track(tracks[i].getTitle());
            album.addTrack(newTrack);
            createPerformers(newTrack, tracks[i].getPerformers());
        }
    }
    private void createPerformers(Track newTrack, String[] performerArray) {
        for (int i = 0; i < performerArray.length; i++) {
            Artist performer = Registry.findArtistNamed(performerArray[i]);
            if (performer == null)
                throw new RuntimeException("No artist named " + performerArray[i]);
            newTrack.addPerformer(performer);
        }
    }
```

读取DTO涉及一些决策。此处值得注意的是如何处理所读到的艺术家的名字。本例中要求艺术家应当已经存在于一个创建唱片时生成的注册表中，所以如果不能在其中找到一个艺术家，则出错。另一个不同的创建方法则可能在数据传输对象中提及艺术家时才决定去创建相应的艺术家。

针对本例，有一个不同的方法用于更新一张已有的唱片：

class AlbumAssembler...

```
    public void updateAlbum(String id, AlbumDTO source) {
        Album current = Registry.findAlbum(id);
        if (current == null)
            throw new RuntimeException("Album does not exist: " + source.getTitle());
        if (source.getTitle() != current.getTitle()) current.setTitle(source.getTitle());
        if (source.getArtist() != current.getArtist().getName()) {
            Artist artist = Registry.findArtistNamed(source.getArtist());
            if (artist == null)
                throw new RuntimeException("No artist named " + source.getArtist());
            current.setArtist(artist);
        }
        updateTracks(source, current);
    }
    private void updateTracks(AlbumDTO source, Album current) {
        for (int i = 0; i < source.getTracks().length; i++) {
            current.getTrack(i).setTitle(source.getTrackDTO(i).getTitle());
            current.getTrack(i).clearPerformers();
            createPerformers(current.getTrack(i), source.getTrackDTO(i).getPerformers());
        }
    }
```

更新时可以决定是仅仅更新已有的领域对象还是析构已有对象并生成一个新的对象取而代之。问题在于是否有别的对象与被更新的对象相关联。本例代码我对唱片采用更新已有对象的方法，因为有别的对象引用它和它的曲目。而对曲目的标题和表演者则采取除旧迎新的方法。

另外一个问题则是有关艺术家的变迁。是改变已有艺术家的名字呢还是改变唱片所链接的艺术家呢？同样，此问题取决于用例需求，本例中是将之链接到一个新的艺术家。

本例使用了本地二进制列化，这就要求必须小心翼翼地保持两端的数据传输对象的同步。如果更改了服务器端数据传输对象的数据结构而未在客户端做相应修改，数据传输过程就会出错。为序列化使用一个映射（map）将可以提高传输的容错性。

```
class TrackDTO...
    public Map writeMap() {
        Map result = new HashMap();
        result.put("title", title);
        result.put("performers", performers);
        return result;
    }
    public static TrackDTO readMap(Map arg) {
        TrackDTO result = new TrackDTO();
        result.title = (String) arg.get("title");
        result.performers = (String[]) arg.get("performers");
        return result;
    }
```

这样处理后，若在服务器端增加一个域而在客户端保持不变，虽然新的域不会被客户端读取，但其他数据均可正确传输。

当然，编写这种序列化和去序列化的例程是单调乏味的。使用一个反射例程（例如在层超类型上的反射例程）则可以在很大程度上避免这一点。

```
class DataTransferObject...
    public Map writeMapReflect() {
        Map result = null;
        try {
            Field[] fields = this.getClass().getDeclaredFields();
            result = new HashMap();
            for (int i = 0; i < fields.length; i++)
                result.put(fields[i].getName(), fields[i].get(this));
        } catch (Exception e) {throw new ApplicationException (e);
        }
        return result;
    }
    public static TrackDTO readMapReflect(Map arg) {
        TrackDTO result = new TrackDTO();
        try {
            Field[] fields = result.getClass().getDeclaredFields();
            for (int i = 0; i < fields.length; i++)
                fields[i].set(result, arg.get(fields[i].getName()));
        } catch (Exception e) {throw new ApplicationException (e);
        }
        return result;
    }
```

这样的例程可以很好地处理大多数情况（但还必须增加额外代码来处理简单类型数据）。

### 15.2.5 例:使用XML实现序列化 (Java)

当我写这一节时,Java中的XML处理依然在不断变动之中,相关的API仍不稳定,正在逐渐向好的方向发展。本节的内容在未来可能会过时或者完全离题,但"转换成XML"的基本思想是类似的。

首先是获得数据传输对象的数据结构;然后需要决定如何序列化数据传输对象。在Java中可以简单地通过使用一个标记接口来实现二进制序列化。对一个数据传输对象而言这一工作是完全自动化的,因此它是我的首选。但是,基于文本的序列化也是经常需要的。此处的例子中,我使用XML。

本例中使用JDOM而非W3C标准接口,是因为前者在处理XML时更为容易。我对每一个数据传输对象类编写了方法以实现读取和写入其所对应的XML元素。

```java
class AlbumDTO...

    Element toXmlElement() {
        Element root = new Element("album");
        root.setAttribute("title", title);
        root.setAttribute("artist", artist);
        for (int i = 0; i < tracks.length; i++)
            root.addContent(tracks[i].toXmlElement());
        return root;
    }
    static AlbumDTO readXml(Element source) {
        AlbumDTO result = new AlbumDTO();
        result.setTitle(source.getAttributeValue("title"));
        result.setArtist(source.getAttributeValue("artist"));
        List trackList = new ArrayList();
        Iterator it = source.getChildren("track").iterator();
        while (it.hasNext())
            trackList.add(TrackDTO.readXml((Element) it.next()));
        result.setTracks((TrackDTO[]) trackList.toArray(new TrackDTO[0]));
        return result;
    }

class TrackDTO...

    Element toXmlElement() {
        Element result = new Element("track");
        result.setAttribute("title", title);
        for (int i = 0; i < performers.length; i++) {
            Element performerElement = new Element("performer");
            performerElement.setAttribute("name", performers[i]);
            result.addContent(performerElement);
        }
        return result;
    }
    static TrackDTO readXml(Element arg) {
        TrackDTO result = new TrackDTO();
        result.setTitle(arg.getAttributeValue("title"));
        Iterator it = arg.getChildren("performer").iterator();
        List buffer = new ArrayList();
        while (it.hasNext()) {
            Element eachElement = (Element) it.next();
            buffer.add(eachElement.getAttributeValue("name"));
```

```
        }
        result.setPerformers((String[]) buffer.toArray(new String[0]));
        return result;
    }
```

当然，这些方法仅仅在XML DOM中创建元素。要实现序列化，尚需读取和写入文本。由于曲目只会在唱片的上下文中被传输，因此只需编写这个唱片代码。

```
class AlbumDTO...
    public void toXmlString(Writer output) {
        Element root = toXmlElement();
        Document doc = new Document(root);
        XMLOutputter writer = new XMLOutputter();
        try {
            writer.output(doc, output);
        } catch (IOException e) {
            e.printStackTrace();
        }
    }
    public static AlbumDTO readXmlString(Reader input) {
        try {
            SAXBuilder builder = new SAXBuilder();
            Document doc = builder.build(input);
            Element root = doc.getRootElement();
            AlbumDTO result = readXml(root);
            return result;
        } catch (Exception e) {
            e.printStackTrace();
            throw new RuntimeException();
        }
    }
```

虽然JAXB不是什么高新技术，但若其能令此节内容过时，我还是会很高兴。

# 第16章
# 离线并发模式

## 16.1 乐观离线锁（Optimistic Offline Lock）

——由David Rice撰写

通过冲突监测和事务回滚来防止并发业务事务中的冲突。

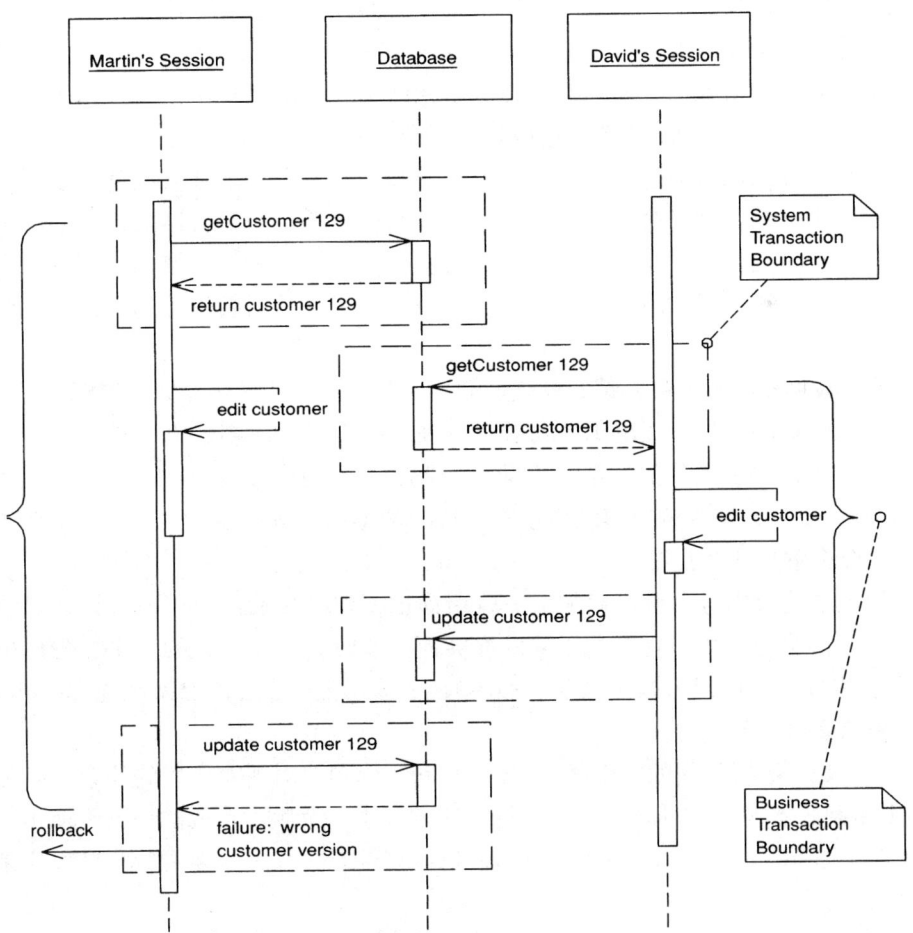

一个业务事务的执行常常要跨越一系列的系统事务。而一旦超出单个系统事务的范围，就不能仅依靠数据库管理程序来确保业务事务将会使记录数据处于一致的状态中。当两个会话同时处理同样的记录时很难保证数据的完整性，还可能丢失对数据的更新。当某个会话正在编辑数据时，其他的会话很可能读到不一致的数据。

用乐观离线锁可以解决这个问题，方法是要验证由一个会话提交的相关修改不会与其他会话中的修改发生冲突。一个成功的预提交验证在某种意义上可以理解为得到一个锁，用来表示它能够成功完成对数据的修改。只要这个验证和对数据的修改在同一个系统事务中进行，就可以保证数据的一致性。

悲观离线锁假设会话冲突的可能性很大，从而对系统并发性进行限制。而乐观离线锁假设会话冲突的可能性很小。认为会话冲突不经常发生，这使多个用户同时对一份数据进行处理成为可能。

### 16.1.1 运行机制

乐观离线锁通过检查在会话读取一条记录后没有其他的会话修改该数据来保证数据的一致性。可以在任何时候获取一个乐观离线锁，但它只在获得该锁的系统事务过程中有效。因此，业务事务为了不破坏记录数据，必须对它在每个系统事务中的变更集成员申请乐观离观锁。也就是说，只要系统事务中有对数据库的修改，就需要获取乐观离线锁。

最常见的实现方式是为每条记录关联一个版本号。当某条记录被装载时，该版本号与其他会话状态一样，由会话本身来维护。获取乐观离线锁的本质就是将会话数据中的版本号与当前记录数据的版本号相比较。一旦验证成功，所有变化（包括版本号的增加）就可以提交。防止不一致的记录数据是通过增加版本号来完成的，因为一个拿着旧版本号的会话无法获得乐观离线锁。

在基于关系数据库的系统中，锁的检查是通过在所有的更新或删除记录的SQL语句中加上对版本号的判别来完成的。用一条SQL语句就可以同时获取锁和更新数据。最后的一步是检查业务事务执行的SQL语句所返回的行数。行数为1代表成功，0代表记录被更改过或已经被删除。返回行数为0时，要将系统事务回滚以防止不一致的数据进入数据库。这样一来，业务事务必须要么被取消，要么解决冲突并重试。

除了增加记录的版本号，可以再加上一些诸如谁在何时最后修改了一条记录等信息，以便对冲突进行管理。当通知用户更新由于并发冲突而失败时，一个恰当的应用能告诉用户谁在什么时候修改过该数据。使用修改时戳代替版本计数是糟糕的方法，因为系统时钟非常不可靠，特别是在应用跨多台服务器时。

另一个方法是在进行更新的SQL语句中的where子句包含对所有字段的检查。好处是不用在where语句中用到版本字段，可以在无法为数据库表加上一个版本字段的情况下使用。问题在于会导致UPDATE语句后跟上很长的where语句，也会有性能损失，这要看数据库程序是否聪明地利用主键索引了。

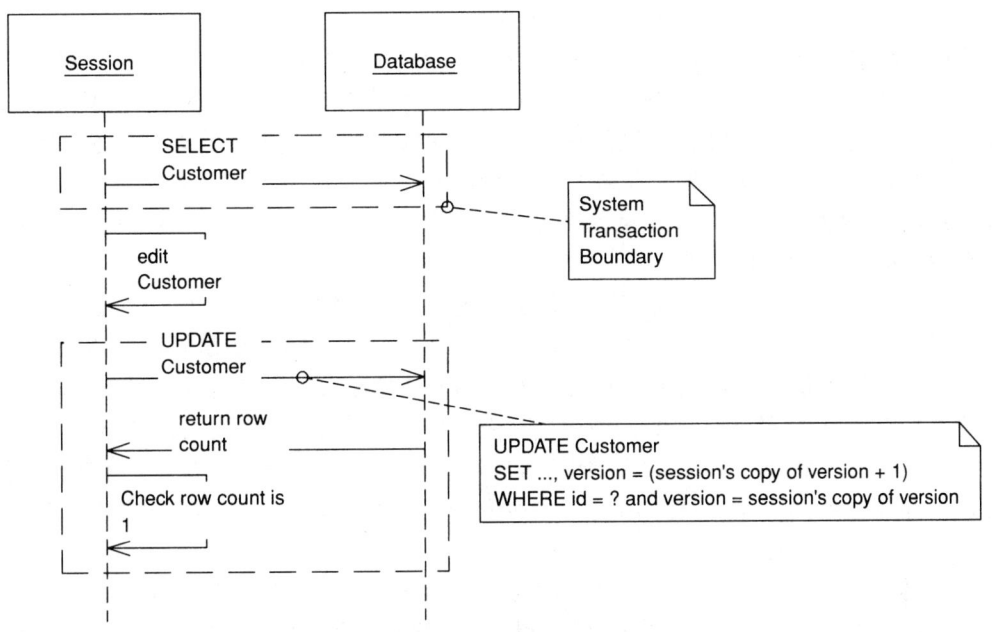

图16-1 UPDATE中的乐观锁检查

通常实现乐观离线锁是通过在UPDATE和DELETE语句中加上版本号检查来实现的，但这样不能防止不一致读。例如在一个账单系统中增加账单并计算销售税。某个会话增加一张账单，然后查找顾客的地址来计算税率。但在生成账单的同时，一个进行顾客信息维护的会话编辑了顾客的地址信息。由于税率与住址有关，生成账单时使用的税率就不正确了，但由于账单生成会话不会修改地址信息，因而就不会检测到冲突。

乐观离线锁没有理由不能检测不一致读。上面的例子中，生成账单的会话要能知道它的正确性依赖于顾客的地址信息。因此，它应该对地址也进行版本检查，可以把地址也加到修改语句中，或者维持一张需要进行版本检查的项目列表。后者需要的工作量大一些，但生成的代码更明显地表明了意图。如果通过重读版本号而不是人为的更新来检测不一致读，就要特别注意系统事务的隔离等级。重读版本号需要有可重复读（repeatable read）或更强的隔离等级。不然，在更低的隔离等级下，就必须对版本号进行增量操作。

通过版本检查来防止不一致读似乎过分了一些。通常一个事务只依赖于一个数据行的存在与否，或者仅仅是其中的一个字段。这种情况下，因为在业务事务的竞争中更新失败的情况变少了，所以或许更应该通过条件判断而不是版本控制来提高系统的灵活性。对并发问题理解得更透彻，就能在代码中更好地处理它们。

粗粒度锁能通过对一组对象使用单个锁来解决某些不一致读的问题。另一种办法是简单地把有问题的业务事务的所有步骤都放在一个长事务中执行。由于实现简单，在某些地方使用长事务还是值得的。

当事务所依赖的不是某些特定的记录，而是动态的查询结果时，检测不一致读就比较困难了。可行的方法是记住开始时的记录值，然后在提交时再与数据库中的当前值比较，这相当于获取一个乐观离线锁。

与其他锁模式一样，对于企业应用中某些棘手的并发和时序问题，乐观离线锁本身并不能提供充分的解决方案。必须再次强调，在企业应用中的并发管理问题更是一个领域问题，而不只是技术问题。上面所说的顾客地址问题真的是一个冲突吗？使用旧的顾客信息计算税率也可能是允许的，但究竟应该使用哪个版本呢？这就是一个业务问题。或者考虑一个集合。当两个会话同时向集合中加入元素时会发生什么呢？典型的乐观离线锁模式无法防止这种情况发生，尽管非常明显这违反了业务规则。

有一个大家比较熟悉的使用乐观离线锁的系统：源代码管理系统（SCM）。当SCM检测到冲突时，它通常会自动合并修改并重新提交。一个高效的合并策略能使乐观离线锁非常强大，不仅因为系统的并发度很高，还因为用户基本上不需要重做任何工作。当然，SCM与企业应用之间最大的差别在于SCM只需要实现一种合并而企业应用要实现数百种。有一些合并可能太复杂不值得编程实现。其他则可能值得用任何方式实现。尽管很少这样做，合并业务数据是可能的。实际上，合并业务数据与业务自身相关。本书将不再讨论这个话题，但要明白在乐观离线锁中加入合并机制之后的强大功能。

乐观离线锁仅仅在业务事务提交时最后的系统事务中报告冲突。但通常提前通知冲突会更有效。可以提供`checkCurrent()`方法随时检查是否有其他人改动了数据。虽然不能保证不冲突，但提前通知冲突来停止一个复杂的过程也是值得的。随时使用`checkCurrent()`检测冲突以提前终止事务是有用的，但要记住，它并不保证提交时不会失败。

### 16.1.2 使用时机

乐观的并发管理适用于业务事务冲突率低的情况。如果冲突很可能发生，在用户结束工作提交数据时才通知冲突就不是很友好了。用户最终会认为业务事务总是会失败而停止使用该系统。悲观离线锁在冲突率很高或者冲突的代价很高时更适用。

由于乐观锁更容易实现，也不会总像悲观离线锁那样总是报错，应该在任何系统的业务事务冲突管理中优先考虑。悲观锁可以作为乐观锁的补充，因此不要考虑何时使用乐观锁，而应该考虑什么情况下光有乐观锁还不够。并发管理的正确目标是尽量增加对数据的并发访问，同时减少冲突。

### 16.1.3 例：领域层与数据映射器（Java）

最小的乐观离线锁例子只用到一个有版本号字段的数据库表，UPDATE和DELETE语句用该版本字段进行检查。当然，可能你正在构建更复杂的应用，因此这里提供一个使用领域模型和数据映射器的实现。这样会更多地显示出使用乐观离线锁时会遇到的问题。

第一件要做的事情是确认领域层超类型能记录所有用于实现乐观离线锁所用到的信息——即修改时间和版本号。

```
class DomainObject...
    private Timestamp modified;
    private String modifiedBy;
    private int version;
```

数据存放在关系数据库中，因此每张表必须存储版本号和修改时间。下面是顾客表结构描述和支持乐观离线锁的标准CRUD（建查改删）SQL语句。

```
table customer...

    create table customer(id bigint primary key, name varchar, createdby varchar,
        created datetime, modifiedby varchar, modified datetime, version int)

SQL customer CRUD...

    INSERT INTO customer VALUES (?, ?, ?, ?, ?, ?, ?)
    SELECT * FROM customer WHERE id = ?
    UPDATE customer SET name = ?, modifiedBy = ?, modified = ?, version = ?
        WHERE id = ? and version = ?
    DELETE FROM customer WHERE id = ? and version = ?
```

一旦有了多个表和领域对象，就需要为数据映射器引进层超类型来处理冗长的、重复的O/R（对象/关系）映射。这不仅节省了写数据映射器时的工作量，还允许使用隐含锁来防止开发人员因忘了为加锁机制写代码而搅乱加锁策略。

首先要转移到抽象映射器的工作是构造SQL语句，这要求提供关于数据库表的元数据信息。另一个方法是编程让映射器在运行时构造SQL语句。这里将构造SQL语句作为练习留给读者。在下面的抽象映射器中，假设了数据表一些列的名称和位置。这可能对遗留数据不太可行。抽象映射器需要具体的映射器提供一些关于列的元数据信息。

一旦抽象映射器有了SQL语句，就可以进行CRUD（建查改删）操作了。下面的例子说明了查找方法是怎么执行的：

```
class AbstractMapper...

    public AbstractMapper(String table, String[] columns) {
        this.table = table;
        this.columns = columns;
        buildStatements();
    }
    public DomainObject find(Long id) {
        DomainObject obj = AppSessionManager.getSession().getIdentityMap().get(id);
        if (obj == null) {
            Connection conn = null;
            PreparedStatement stmt = null;
            ResultSet rs = null;
            try {
                conn = ConnectionManager.INSTANCE.getConnection();
                stmt = conn.prepareStatement(loadSQL);
                stmt.setLong(1, id.longValue());
                rs = stmt.executeQuery();
                if (rs.next()) {
                    obj = load(id, rs);
                    String modifiedBy = rs.getString(columns.length + 2);
                    Timestamp modified = rs.getTimestamp(columns.length + 3);
                    int version = rs.getInt(columns.length + 4);
                    obj.setSystemFields(modified, modifiedBy, version);
                    AppSessionManager.getSession().getIdentityMap().put(obj);
                } else {
                    throw new SystemException(table + " " + id + " does not exist");
                }
```

```
        } catch (SQLException sqlEx) {
            throw new SystemException("unexpected error finding " + table + " " + id);
        } finally {
            cleanupDBResources(rs, conn, stmt);
        }
    }
    return obj;
}
protected abstract DomainObject load(Long id, ResultSet rs) throws SQLException;
```

这里需要注意一些问题。首先，映射器检查标识映射以确定对象没有读取过。不使用标识映射将导致在一次业务事务中的不同时候读取同一个对象的不同版本，从而导致版本检查混乱，同时应用也会产生无法预料的结果。一旦获取了一个结果集，映射器调用每个具体映射器必须实现的抽象读取方法取出数据字段并返回该对象。映射器调用抽象领域对象的`setSystemFields()`方法设置版本和修改信息。虽然说更适合用构造器来设置这些值，但这样做需要将数据版本信息的处理交给每个具体的映射器和领域对象处理，从而弱化了隐含锁。

下面是一个具体映射器中的`load()`方法：

```
class CustomerMapper extends AbstractMapper...

    protected DomainObject load(Long id, ResultSet rs) throws SQLException {
        String name = rs.getString(2);
        return Customer.activate(id, name, addresses);
    }
```

抽象映射器对修改和删除操作进行类似的处理。这时需要检查每次数据库操作返回的行数值是否为1。如果没有更新的行，就无法获取乐观锁，映射器必须抛出并发处理异常。下面是删除操作的处理过程：

```
class class AbstractMapper...

    public void delete(DomainObject object) {
        AppSessionManager.getSession().getIdentityMap().remove(object.getId());
        Connection conn = null;
        PreparedStatement stmt = null;
        try {
            conn = ConnectionManager.INSTANCE.getConnection();
            stmt = conn.prepareStatement(deleteSQL);
            stmt.setLong(1, object.getId().longValue());
            int rowCount = stmt.executeUpdate();
            if (rowCount == 0) {
                throwConcurrencyException(object);
            }
        } catch (SQLException e) {
            throw new SystemException("unexpected error deleting");
        } finally {
            cleanupDBResources(conn, stmt);
        }
    }
    protected void throwConcurrencyException(DomainObject object) throws SQLException {
        Connection conn = null;
        PreparedStatement stmt = null;
        ResultSet rs = null;
        try {
```

```
            conn = ConnectionManager.INSTANCE.getConnection();
            stmt = conn.prepareStatement(checkVersionSQL);
            stmt.setInt(1, (int) object.getId().longValue());
            rs = stmt.executeQuery();
            if (rs.next()) {
                int version = rs.getInt(1);
                String modifiedBy = rs.getString(2);
                Timestamp modified = rs.getTimestamp(3);
                if (version > object.getVersion()) {
                    String when = DateFormat.getDateTimeInstance().format(modified);
                    throw new ConcurrencyException(table + " " + object.getId() +
                        " modified by " + modifiedBy + " at " + when);
                } else {
                    throw new SystemException("unexpected error checking timestamp");
                }
            } else {
                throw new ConcurrencyException(table + " " + object.getId() +
                    " has been deleted");
            }
        } finally {
            cleanupDBResources(rs, conn, stmt);
        }
    }
```

抽象映射器也需要知道在并发异常处理中检查版本信息的SQL语句。映射器需要在构造CRUD（建查改删）的SQL语句时构造好它。比如：

checkVersionSQL...

    SELECT version, modifiedBy, modified FROM customer WHERE id = ?

如果在一个业务事务中涉及多个系统事务，这样的代码起不到多大的作用。需要记住,最重要的是，获取乐观离线锁的动作必须与提交记录数据在同一个系统事务中完成，才能保证数据一致性。如果将版本检查直接绑定到进行修改和删除的语句中，则没有这个问题。

对比一下在粗粒度锁中对版本对象的使用例程。粗粒度锁可以解决一致读的问题，一个简单的非共享版本对象就能检测出不一致读，因为它很容易加上进行乐观检查的 `increment()` 或 `checkVersionIsLatest()` 方法。下面是一个工作单元的例子，因为不知道数据的隔离等级，使用了较严格的方式进行一致读检查：

```
class UnitOfWork...

    private List reads = new ArrayList();
    public void registerRead(DomainObject object) {
        reads.add(object);
    }
    public void commit() {
        try {
            checkConsistentReads();
            insertNew();
            deleteRemoved();
            updateDirty();
        } catch (ConcurrencyException e) {
            rollbackSystemTransaction();
            throw e;
        }
```

```
}
public void checkConsistentReads() {
    for (Iterator iterator = reads.iterator(); iterator.hasNext();) {
        DomainObject dependent = (DomainObject) iterator.next();
        dependent.getVersion().increment();
    }
}
```

请注意当工作单元在检测到并发冲突时将回滚系统事务。应该在发生任何异常时都将系统事务回滚。不要忘了这一步！除了使用版本对象，另一种方法是将版本检查加到映射表接口中。

## 16.2 悲观离线锁（Pessimistic Offline Lock）

——由David Rice撰写

每次只允许一个业务事务访问数据以防止并发业务事务中的冲突。

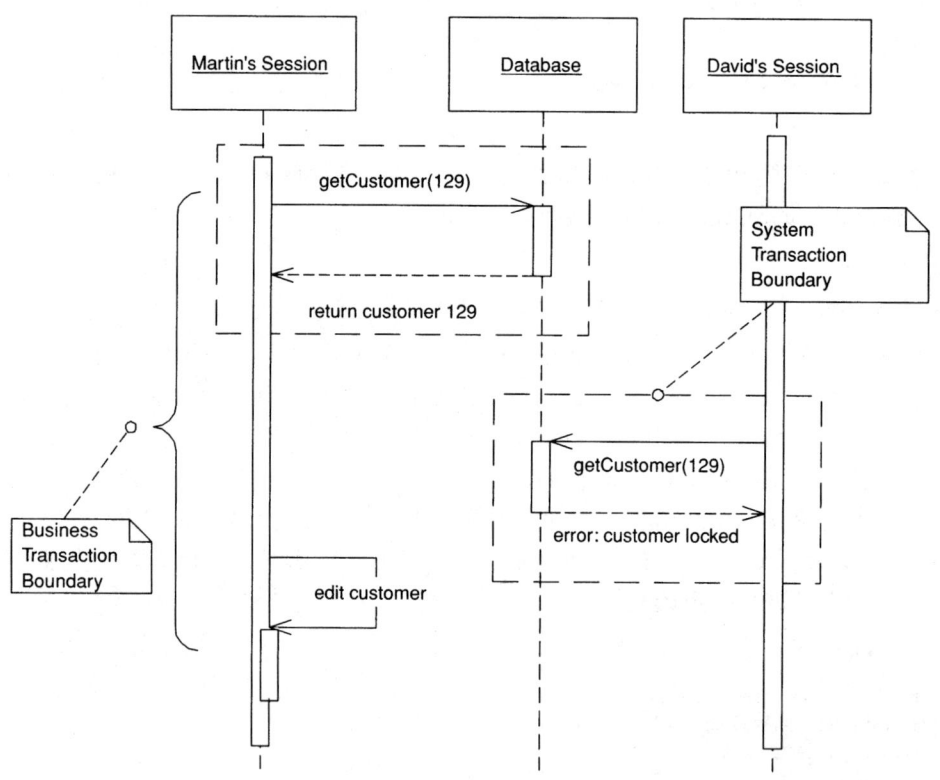

由于离线并发处理牵涉到为跨多个请求的业务事务操作数据，因此最简单的方案似乎是为整个业务事务保持一个系统事务。很不幸，由于事务系统不适合于处理长事务，因此这种方案不能很好地应用。由于这个原因，只能使用多个系统事务，自己来管理对数据的并发访问。

应该首先使用乐观离线锁。然而，它也有自己的问题。如果多个人在业务事务中访问同一数据，其中只有一个人能正常提交，而其他人则必定失败。由于只在业务事务结束时才检测冲突，因此那些提交失败的人不得不重做所有的工作，而其中的大多数会发现提交再次失败，他们只是在浪费时间而已。如果用户在进行冗长的业务事务时总是失败，系统很快就会没人用了。

悲观离线锁从一开始就避免冲突，它要求业务事务在对数据进行操作前必须获取该数据的锁。因此在大多数情况下，一旦开始了一个业务事务，就能确信不会由于并发冲突而打回提交的数据。

### 16.2.1 运行机制

通过3步来实现悲观离线锁：决定需要使用哪种锁，构建一个锁管理对象，定义业务事务使用锁的过程。另外，如果将悲观离线锁作为乐观离线锁的补充来使用，需要决定对哪些记录类型加锁。

就锁类型而言，第一个选择是使用**独占写锁**（exclusive write lock），只在业务事务获取锁是为了编辑会话数据时才需使用该锁。它通过避免两个业务事务同时编辑一份数据来消除冲突。这种锁模式忽略了对数据的读，因此如果对数据读出的要求不是很高时，应该使用这种方式。

如果业务事务必须读出最新的数据，而不在乎它是否要修改该数据，应使用**独占读锁**（exclusive read lock）。这要求业务事务仅仅为了读出数据才获取锁。很显然这样的策略势必严重限制系统的并发性。对大多数企业系统而言，互斥写锁比互斥读锁能提供更好的并发性。

第三种策略结合了上面两种锁，既提供互斥读锁的限制，又有互斥写锁的并发性。称为**读/写锁**（read/write lock），它比上面两种方式要复杂一些。读锁和写锁的关系是获得两种方式长处的关键：

- 读锁和写锁是互斥的。如果有其他的业务事务获取了记录的读锁，那么该记录就不能再加上写锁；如果有其他的业务事务获取了记录的写锁，那么该记录就不能再加上读锁。
- 并发的读锁是允许的。一个读锁能防止其他的业务事务修改记录，因此尽管记录加了读锁，允许其他的会话读数据并没有坏处。

正是同时允许多个读锁增加了系统的并发性。缺点是这种模式实现起来有点麻烦，而且也给领域专家在给系统建模时增加了麻烦。

在选择合适的锁类型时，应考虑到尽量增加系统的并发度，满足业务需求和减小编码的复杂度。还要记住要让领域建模人员和系统分析师明白加锁策略。加锁不只是一个技术问题；选择错误的锁类型，把所有的东西都加锁，或者加上了不适当的锁，会导致一个低效的悲观离线锁策略。低效的悲观离线锁策略是指那些在业务事务涌现的时候不能阻止冲突或降低多用户系统的并发性使其看起来像一个单用户系统的策略。错误的加锁策略是不能靠运用适当的技术实现挽回的。实际上，在领域模型中引入悲观离线锁也不是一个坏主意。

一旦选好了锁的类型，就可以定义锁管理对象了。锁管理对象负责授予或拒绝业务事务对获取或释放锁的请求。为了完成工作，它需要知道锁住的是什么和锁的所有者是谁——业务事务。很可能你的业务事务概念无法唯一标志，这使将业务事务传递给锁管理对象有些困难。在这种情况下可以参考一下会话的概念，因为这时很可能有一个现成的会话对象。"会话"和"业务事务"被认为是可互换的概念。只要业务事务在一个会话中是依次执行的，那么会话就可以看成是悲观离线锁的所有者。代码实例中会体现这一点。

锁管理对象不应包含一张所有者映射表以外的太多东西。简单的锁管理对象可能只有一张内存散列表，或者是一张数据库表。无论如何，只能有且仅有一张关于锁的表。因此，如果表在内存中，就应该使用单子（Singleton）模式[Gang of Four]。如果应用服务器进行了集群，内存中的锁映射表是无法工作的，除非将它固定在单个服务器实例上。在集群应用服务器的环境中，最好使用基于数据库的锁管理对象。

锁，不管是用内存对象还是用数据库的SQL语句实现，必须是锁管理对象的私有属性。业务事务只能与锁管理对象打交道，决不能直接操作锁对象。

现在应该定义业务事务使用锁管理对象的协议了。协议必须说明对什么加锁，何时加锁，何时释放锁，以及在无法获得锁时的动作。

对什么加锁取决于何时加锁，因此首先讨论何时加锁。通常，业务事务应该在读取数据前获取锁，因为没有理由在不能保证加锁的是最新数据的情况下去获取锁。由于是在一个系统事务中获取锁的，也可能不用关心加锁和读数据顺序的情况。这取决于锁的类型，如果使用的隔离等级是顺序的或可重复读的事务，那么加锁和读数据的顺序就不那么重要了。一种方法是在获取了悲观离线锁后进行一次乐观的检查。必须确信被加锁的数据是最新的，因而经常是在读数据之前获取锁。

现在，对什么加锁呢？似乎应该对记录或对象，或者任何东西加锁，但实际上通常只对ID，或主键加锁，它们用来查找对象。这样可以在加载数据之前获得锁。锁住对象也能达到目的，只要不在获取锁之后违反该对象的约束。

最简单的锁释放方式是在业务事务结束时释放。在业务事务结束前释放锁也是可以的，这取决于锁的类型和在事务中使用该对象的意图。然而，除非有非常特别的理由要求提前释放锁，比如一个特别讨厌的系统灵活性原因，否则应该在事务结束时再释放锁。

业务事务可能会在一开始就由于无法获取锁而终止。这对用户应该是可接受的，因为悲观离线锁就是尽可能早检测出冲突。开发和设计人员可以让程序不用等到最后再去获取锁来突出这一点。尽可能在用户刚开始工作时就获取所有的锁。

对任何想加锁的对象，对锁表的访问必须序列化。对内存中的锁表，很容易通过编程语言提供的机制将对锁管理对象的访问序列化。如果需要比这样更大的并发度，就会使问题变得非常复杂。

如果锁表存储在数据库中，第一条要注意的就是在一个系统事务中操作它们。要充分利用数据库系统提供的序列化能力。在独占读锁和独占写锁中，最好对存放加锁对象的ID列设置唯一性约束。在数据库中存放读/写锁要麻烦一些，因为除了向表中插入数据，还要进行读操作，这就必然导致不一致读。一个序列化隔离等级的系统事务能保证不产生不一致读。而使用这样的系统事务会影响性能，但只对获取锁的事务采用序列化读，而对其他的事务采用弱一些的隔离等级能消除部分影响。另一种选择是看能否采用存储过程来解决问题。并发管理是非常棘手的工作，因此不要害怕在关键时候把工作交给数据库完成。

锁管理时的顺序性导致了性能瓶颈。可以考虑一下加锁的粒度，因为锁越少瓶颈越少。粗粒度锁中讨论了锁映射表的粒度。

在一个使用悲观锁模式的系统事务中，比如"SELECT FOR UPDATE ..."或实体EJB，很可能出现死锁，因为这些锁机制会一直等到锁可用为止。考虑下面这种情况下的死锁：两个用户都需要资源A和B。如果其中一个获得了资源A的锁，而另一个获得了资源B的锁，两个事务都将永远等待对方的资源。在处理跨系统的事务时，等待一个锁是没有什么意义的，尤其当一个业务事务可能用上20分钟。没人愿意等待这样的锁。不等待也可以，因为编写等待方法要涉及超时控制，使问题一下就复杂化了。只需让锁管理对象在锁不可用时抛出异常就行了，这样就没有和死锁打交道的麻烦了。

最后需要处理的是那些丢失的会话中锁的超时。如果客户端在事务进行的中途垮掉了，这个丢失的事务就无法完成，从而无法释放它占有的锁。对Web应用来说，这是个大问题，因为用户经常放弃会话。理想情况是让用应用服务器的超时机制来处理，而不是应用自己来处理。Web应用服务器提供HTTP会话管理。超时可以通过注册一个监听对象在HTTP会话无效时释放它所占有的锁。另一个方法是给每个锁加一个时戳，定期清除哪些超过一定时间的锁。

### 16.2.2 使用时机

悲观离线锁适合用在冲突率很高的并发会话中。用户不用丢弃已经完成的工作。悲观锁也适合用在冲突处理代价很高的情况下，而不管冲突的发生率如何。对系统中的每一个实体加锁必然导致频繁的数据竞争，因此要记住悲观离线锁只是作为乐观离线锁的补充，只在真正需要的时候才使用悲观离线锁。

如果不得不使用悲观离线锁，还应当考虑一下长事务。使用长事务绝不是好方法，但有些情况下要比使用悲观离线锁要好，实现也简单一些。请在选择前做一下负载测试。

当业务事务能在单个的系统事务中完成时，不要使用这里介绍的方法。很多应用服务器和数据库服务器的系统事务自带了悲观锁机制，其中包括数据库中"SELECT FOR UPDATE"的SQL语句和应用服务器中的实体EJB。为什么在没有必要的情况下还去考虑超时、锁可见性等问题呢？理解这些锁类型有助于实现悲观离线锁。但是也要知道反过来是不成立的！这里所讨论的东西不足以教会大家写一个数据库管理程序或事务监视器。本书中所有的离线锁技术都要求系统中有一个真正的事务监视器。

### 16.2.3 例：简单锁管理对象（Java）

本例中先构造一个独占读锁的锁管理对象——它们在读或修改对象时使用。然后演示锁管理对象怎样处理业务事务中跨系统的事务。

第一步是定义锁管理器的界面。

```
interface ExclusiveReadLockManager...

    public static final ExclusiveReadLockManager INSTANCE =
        (ExclusiveReadLockManager) Plugins.getPlugin(ExclusiveReadLockManager.class);
    public void acquireLock(Long lockable, String owner) throws ConcurrencyException;
    public void releaseLock(Long lockable, String owner);
    public void releaseAllLocks(String owner);
```

注意：`lockable`的类型为长整数，`owner`的类型为字符串。`lockable`用长整数是因为数据库中每张表都有一个全局唯一的长整型主键，从而可以作为`lockable`的ID（必须对所有对象都是唯一的）。owner ID是一个字符串，因为本例是一个Web应用，而HTTP会话ID是一个很好的lock owner值。

这里的锁管理对象直接与数据库中的锁表而不是锁对象打交道。注意，这是我们自己的一个叫`lock`的数据库表，与应用中其他的表一样，不属于数据库内部的锁机制。获取一个锁就是成功的向lock表中插入一行数据。释放锁就是删除插入的那一行数据。下面是lock表的模式和锁管理对象的部分实现：

```
table lock...
    create table lock(lockableid bigint primary key, ownerid bigint)

class ExclusiveReadLockManagerDBImpl implements ExclusiveLockManager...
    private static final String INSERT_SQL =
        "insert into lock values(?, ?)";
    private static final String DELETE_SINGLE_SQL =
        "delete from lock where lockableid = ? and ownerid = ?";
    private static final String DELETE_ALL_SQL =
        "delete from lock where ownerid = ?";
    private static final String CHECK_SQL =
        "select lockableid from lock where lockableid = ? and ownerid = ?";
    public void acquireLock(Long lockable, String owner) throws ConcurrencyException {
        if (!hasLock(lockable, owner)) {
            Connection conn = null;
            PreparedStatement pstmt = null;
            try {
                conn = ConnectionManager.INSTANCE.getConnection();
                pstmt = conn.prepareStatement(INSERT_SQL);
                pstmt.setLong(1, lockable.longValue());
                pstmt.setString(2, owner);
                pstmt.executeUpdate();
            } catch (SQLException sqlEx) {
                throw new ConcurrencyException("unable to lock " + lockable);
            } finally {
                closeDBResources(conn, pstmt);
            }
        }
    }
    public void releaseLock(Long lockable, String owner) {
        Connection conn = null;
        PreparedStatement pstmt = null;
        try {
            conn = ConnectionManager.INSTANCE.getConnection();
            pstmt = conn.prepareStatement(DELETE_SINGLE_SQL);
            pstmt.setLong(1, lockable.longValue());
            pstmt.setString(2, owner);
            pstmt.executeUpdate();
        } catch (SQLException sqlEx) {
            throw new SystemException("unexpected error releasing lock on " + lockable);
        } finally {
            closeDBResources(conn, pstmt);
        }
    }
```

锁管理对象中没有列出的方法包括公有的`releaseAllLocks()`和私有的`hasLock()`方法。顾名思义，`releaseAllLocks()`释放某个所有者占有的所有锁。而`hasLock()`则查询数据库检查某个所有者是否已经占有了该锁。会话试图多次锁住一个对象的情况并不少见。这意味着在acquireLock()中必须首先检查该所有者是否已经占有了该对象的锁。由于lock表经常存在数据竞争，这些重复的读操作势必会降低系统的性能。因此有必要在会话中缓存已经存在的锁，但这样做时要小心。

现在，用一个简单的Web应用来获取客户记录。首先建立一个框架以便进行业务事务处理。Web层以下的层会用到一些用户会话的概念，因此我们不能完全依靠HTTP会话。为了与HTTP会话区分开，我们称之为应用会话。应用会话要记录自己的ID，用户名和用于缓存业务事务已经读取或创建对象的标识映射。为了能找到它们，还要将它们与当前线程关联起来。

```
class AppSession...

    private String user;
    private String id;
    private IdentityMap imap;
    public AppSession(String user, String id, IdentityMap imap) {
        this.user = user;
        this.imap = imap;
        this.id = id;
    }

class AppSessionManager...

    private static ThreadLocal current = new ThreadLocal();
    public static AppSession getSession() {
        return (AppSession) current.get();
    }
    public static void setSession(AppSession session) {
        current.set(session);
    }
```

下面将使用前端控制器来处理请求，因此需要定义命令。每个命令开始都必须决定是创建一个新的事务还是继续处理已有的事务。即创建一个新的应用会话还是找到当前的应用会话。这里使用一个抽象的命令来提供建立业务事务环境的方法。

```
interface Command...

    public void init(HttpServletRequest req, HttpServletResponse rsp);
    public void process() throws Exception;

abstract class BusinessTransactionCommand implements Command...

    public void init(HttpServletRequest req, HttpServletResponse rsp) {
        this.req = req;
        this.rsp = rsp;
    }
    protected void startNewBusinessTransaction() {
        HttpSession httpSession = getReq().getSession(true);
        AppSession appSession = (AppSession) httpSession.getAttribute(APP_SESSION);
        if (appSession != null) {
            ExclusiveReadLockManager.INSTANCE.relaseAllLocks(appSession.getId());
        }
        appSession = new AppSession(getReq().getRemoteUser(),
                    httpSession.getId(), new IdentityMap());
        AppSessionManager.setSession(appSession);
        httpSession.setAttribute(APP_SESSION, appSession);
        httpSession.setAttribute(LOCK_REMOVER,
```

```
                new LockRemover(appSession.getId()));
    }
    protected void continueBusinessTransaction() {
        HttpSession httpSession = getReq().getSession();
        AppSession appSession = (AppSession) httpSession.getAttribute(APP_SESSION);
        AppSessionManager.setSession(appSession);
    }
    protected HttpServletRequest getReq() {
        return req;
    }
    protected HttpServletResponse getRsp() {
        return rsp;
    }
```

注意到：当建立一个新的应用会话时，要删除已有会话占有的锁。还为HTTP会话安装了事件监听器，以便在HTTP会话过期时删除应用会话占有的锁。

```
class LockRemover implements HttpSessionBindingListener...
    private String sessionId;
    public LockRemover(String sessionId) {
        this.sessionId = sessionId;
    }
    public void valueUnbound(HttpSessionBindingEvent event) {
        try {
            beginSystemTransaction();
            ExclusiveReadLockManager.INSTANCE.relaseAllLocks(this.sessionId);
            commitSystemTransaction();
        } catch (Exception e) {
            handleSeriousError(e);
        }
    }
```

命令对象中包括标准业务逻辑和锁管理，而且每个命令必须在单个系统事务中执行。为了保证这一点，可以用一个事务命令对象装饰它[Gang of Four]。要确认单个请求中所有的加锁和标准领域业务都在一个系统事务中进行。确定一个系统事务范围的方法依赖于部署环境。在发生并发异常时必须回滚系统事务，在这种情况下，对发生所有其他的异常也要回滚，才能保证在发生冲突时维持数据的一致性。

```
class TransactionalComamnd implements Command...
    public TransactionalCommand(Command impl) {
        this.impl = impl;
    }
    public void process() throws Exception {
        beginSystemTransaction();
        try {
            impl.process();
            commitSystemTransaction();
        } catch (Exception e) {
            rollbackSystemTransaction();
            throw e;
        }
    }
```

现在的任务是编写控制器servlet和具体的命令类。控制器servlet负责为每个命令加上事务控制。具体的命令类负责建立事务环境，执行领域逻辑和在适当的时候获取和释放锁。

```
class ControllerServlet extends HttpServlet...

    protected void doGet(HttpServletRequest req, HttpServletResponse rsp)
                    throws ServletException, IOException {
        try {
            String cmdName = req.getParameter("command");
            Command cmd = getCommand(cmdName);
            cmd.init(req, rsp);
            cmd.process();
        } catch (Exception e) {
            writeException(e, rsp.getWriter());
        }
    }
    private Command getCommand(String name) {
        try {
            String className = (String) commands.get(name);
            Command cmd = (Command) Class.forName(className).newInstance();
            return new TransactionalCommand(cmd);
        } catch (Exception e) {
            e.printStackTrace();
            throw new SystemException("unable to create command object for " + name);
        }
    }

class EditCustomerCommand implements Command...

    public void process() throws Exception {
        startNewBusinessTransaction();
        Long customerId = new Long(getReq().getParameter("customer_id"));
        ExclusiveReadLockManager.INSTANCE.acquireLock(
            customerId, AppSessionManager.getSession().getId());
        Mapper customerMapper = MapperRegistry.INSTANCE.getMapper(Customer.class);
        Customer customer = (Customer) customerMapper.find(customerId);
        getReq().getSession().setAttribute("customer", customer);
        forward("/editCustomer.jsp");
    }

class SaveCustomerCommand implements Command...

    public void process() throws Exception {
        continueBusinessTransaction();
        Customer customer = (Customer) getReq().getSession().getAttribute("customer");
        String name = getReq().getParameter("customerName");
        customer.setName(name);
        Mapper customerMapper = MapperRegistry.INSTANCE.getMapper(Customer.class);
        customerMapper.update(customer);
        ExclusiveReadLockManager.INSTANCE.releaseLock(customer.getId(),
                        AppSessionManager.getSession().getId());
        forward("/customerSaved.jsp");
    }
```

上面的命令类将防止任何两个会话同时操作同一个顾客信息。应用中其他处理顾客信息的命令都必须做到要么获取锁，要么处理已经被当前业务事务中的前面命令锁住的顾客信息。由于在锁管理对象中用`hasLock()`检查了是否已经加过锁，可以简单地在每个命令中都申请锁。

这可能会影响性能，但能保证确实锁住了对象。隐含锁讨论了锁机制的其他一些很简单的想法。

框架代码量似乎超出了与领域代码量的比例。实际上，悲观离线锁至少要涉及应用会话、业务事务、锁管理和系统事务，这是一个挑战。上面的例子更多是为了说明问题而不是提供设计框架，因为它们很多地方都不健壮。

## 16.3 粗粒度锁（Coarse-Grained Lock）

——由David Rice和Matt Foemmel撰写

用一个锁锁住一组相关的对象。

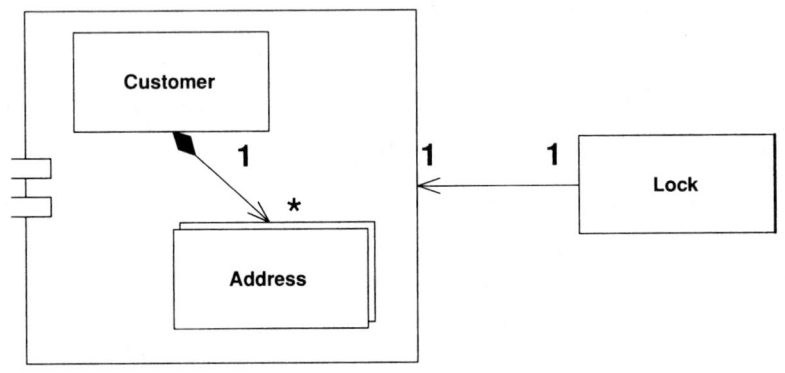

通常，总是按组来修改多个对象。也许有一个顾客和他的一组相关地址信息。如果这样的话，应该在需要锁住其中任意一个时将其他的都锁住。为每个对象都加上一个锁是很麻烦的。首先，任何想对它们进行操作的人都必须编写代码找到所有这些对象以便给它们加锁。这对于顾客及其地址信息来说非常简单，但当处理更多的对象时麻烦就来了。而且当一组中的对象变得非常复杂时会怎么样呢？当框架管理锁的获取时，又应该在哪里进行呢？如果加锁策略要求必须读出对象以对其加锁，如乐观离线锁，则锁住一大批对象必然会降低性能。而在悲观离线锁中处理一大堆的锁是件麻烦事，还会增加对锁表的竞争。

粗粒度锁是覆盖多个对象的单个锁，这样不但简化了加锁行为本身，而且让你不必为了给它们加锁而加载所有的对象。

### 16.3.1 运行机制

实现粗粒度锁的第一步是为一组对象建立一个控制点。这使得只需要用一个锁就可以锁住一堆对象，然后尽量提供最直接的方法查找到它们的锁，从而减少在获取锁时为了标识该组而读取的对象数目。

用乐观离线锁让组中的每个对象共享同一个版本号（见图16-2）来建立一个控制点，这意味着它们共享同一个版本号，而不是说它们的版本相同。增加这个版本号时，就成为一个锁住组中的所有对象的**共享锁**（shared lock）。要在模型中指明该组的每个对象，自然最小化了到控制点的路径。

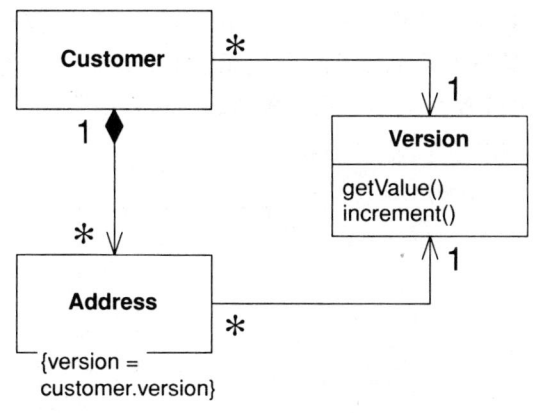

图16-2 共享一个版本

一个共享的悲观离线锁要求组中的每个成员共享某种锁标记，通过这个锁标记来锁住它们。由于悲观离线锁常常作为乐观离线锁的补充来使用，一个共享的版本对象很适合作为锁标记（见图16-3）。

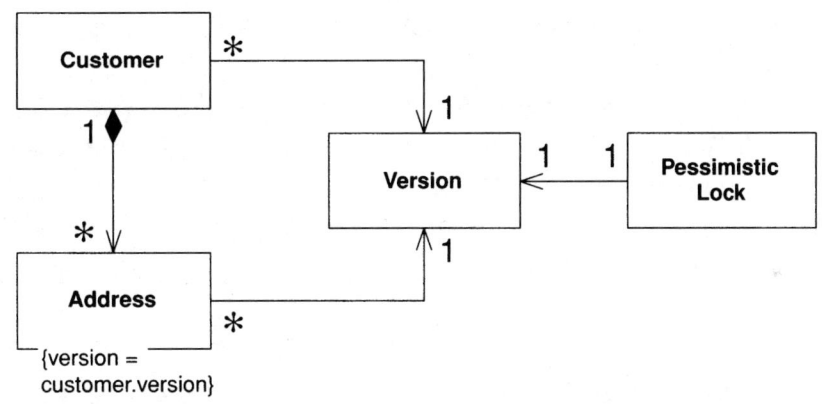

图16-3 锁住一个共享版本

Eric Evans和David Siegel [Evans]把一簇相关对象看成一个**聚集**（aggregate），作为数据修改的基本单位。每个聚集有唯一的、提供对集合中各成员访问的**根对象**，以及定义聚集中究竟包含什么的**边界对象**。聚集的特性需要使用粗粒度锁，因为对其中任何一个成员的访问都要对整体加锁。锁住一个聚集提供了另一种我们称之为**根对象锁**的共享锁（见图16-4）。按照定义，锁住根对象就锁住了聚集中所有的对象。根锁提供了单一控制点。

要使用根锁来作为粗粒度锁，就必须为聚集对象提供到根对象的导航方法。这允许在要对聚集中某个对象加锁时，加锁机制能找到它对应的根对象并锁住该根对象。有很多方法可以实现这种导航。可以让聚集中的每个对象维持一个到根对象的直接导航，还可以用一系列的中间关系。比如，在一个层次结构中，最高层对象显然就是根对象，可以将它的分支对象直接连接到该根对象。另外，也可以让每个节点访问它的直接父节点，从而可以依次到达根对象。在对象层次很多时，后一种方法会影响性能，因为中途的每个节点都需要被访问以确定它是否有父节点。记住使用延迟加载来读取导航到根所需的中间对象。这不仅能防止读取一些当前根本不需要的对象，也能防止在双向关系中导航时产生无限循环。要注意对一个聚集的延迟加载可能变成跨多个系统事务，最后导致系统不一致。显然这不是我们所希望的。

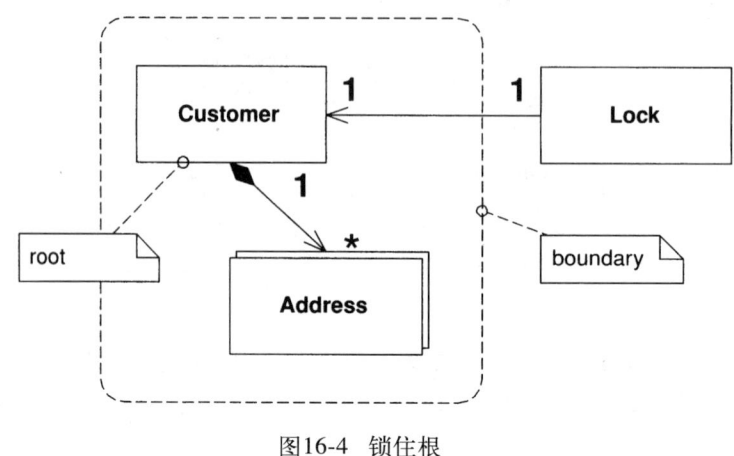

图16-4　锁住根

注意，一个共享锁也可以按照聚集锁的方式工作，因为对聚集中的每个对象加锁肯定要对根对象加锁。

用共享锁或根对象锁实现粗粒度锁都有一定的折中。当使用关系数据库时，共享锁会导致几乎所有的查询语句都要和版本表进行联接运算。而导航到根对象时要读取很多对象也会影响性能。悲观离线锁和根对象锁是一种奇怪的组合。在向根对象导航时，可能要重新读取一些对象以保证它们是最新的。而且，经常发生的是，针对遗留数据构建的系统可能会给实现提出一些限制。有很多实现锁的方法，细微的差别更多。请确认在应用中选择了合适的方法。

### 16.3.2　使用时机

使用粗粒度锁最明显的理由是为了满足业务需要。在使用聚集锁时也是这样。考虑一个拥有一些资产的租约对象。在一个用户修改租约的同时允许其他用户修改资产，在业务上没有任何意义。锁住租约或资产中的任何一个时都应该将租约和资产同时锁住。

使用粗粒度锁的一个好处是获取和释放锁的代价很小。这是使用它们的最大的好处。共享锁可以在聚集[Evans]的概念之上使用，但要仔细应付诸如性能等非功能需求。在使用粗粒度锁时，警惕不要创建一些不自然的对象关系。

### 16.3.3　例：共享的乐观离线锁（Java）

本例包括一个使用层超类型的领域模型，一个关系数据库作为持久介质和一些数据映射器。

首先是创建版本的类和表。为了简化问题，这里创建了一个通用的版本类，不仅存放它的数据，还提供一个静态的查询方法。注意例子中使用了标识映射来缓存会话中用到的版本对象。如果一些对象共享一个版本，让它们指向同一个版本类的实例是很重要的。因为版本类是领域模型的一部分，将操作数据库的代码放在其中并不太好，在这里，把对数据库操作分离到一个映射层中的任务作为读者的练习。

table version...

```
create table version(id bigint primary key, value bigint,
    modifiedBy varchar, modified datetime)
```

class Version...

```
private Long id;
private long value;
private String modifiedBy;
private Timestamp modified;
private boolean locked;
private boolean isNew;
private static final String UPDATE_SQL =
    "UPDATE version SET VALUE = ?, modifiedBy = ?, modified = ? " +
    "WHERE id = ? and value = ?";
private static final String DELETE_SQL =
    "DELETE FROM version WHERE id = ? and value = ?";
private static final String INSERT_SQL =
    "INSERT INTO version VALUES (?, ?, ?, ?)";
private static final String LOAD_SQL =
    "SELECT id, value, modifiedBy, modified FROM version WHERE id = ?";
public static Version find(Long id) {
    Version version = AppSessionManager.getSession().getIdentityMap().getVersion(id);
    if (version == null) {
        version = load(id);
    }
    return version;
}
private static Version load(Long id) {
    ResultSet rs = null;
    Connection conn = null;
    PreparedStatement pstmt = null;
    Version version = null;
    try {
        conn = ConnectionManager.INSTANCE.getConnection();
        pstmt = conn.prepareStatement(LOAD_SQL);
        pstmt.setLong(1, id.longValue());
        rs = pstmt.executeQuery();
        if (rs.next()) {
            long value = rs.getLong(2);
            String modifiedBy = rs.getString(3);
            Timestamp modified = rs.getTimestamp(4);
            version = new Version(id, value, modifiedBy, modified);
            AppSessionManager.getSession().getIdentityMap().putVersion(version);
        } else {
            throw new ConcurrencyException("version " + id + " not found.");
        }
    } catch (SQLException sqlEx) {
        throw new SystemException("unexpected sql error loading version", sqlEx);
    } finally {
        cleanupDBResources(rs, conn, pstmt);
    }
    return version;
}
```

版本类还知道如何创建自己。把数据库的插入操作从创建过程中分离出来，从而允许延迟到至少有一个所有者插入到数据库时再执行插入操作。每个领域对象的数据映射器都可以在插入相应领域对象时安全地调用版本类的插入方法。版本类检查它是否是新的对象，以保证只被插入一次。

```java
class Version...

    public static Version create() {
        Version version = new Version(IdGenerator.INSTANCE.nextId(), 0,
            AppSessionManager.getSession().getUser(), now());
        version.isNew = true;
        return version;
    }
    public void insert() {
        if (isNew()) {
            Connection conn = null;
            PreparedStatement pstmt = null;
            try {
                conn = ConnectionManager.INSTANCE.getConnection();
                pstmt = conn.prepareStatement(INSERT_SQL);
                pstmt.setLong(1, this.getId().longValue());
                pstmt.setLong(2, this.getValue());
                pstmt.setString(3, this.getModifiedBy());
                pstmt.setTimestamp(4, this.getModified());
                pstmt.executeUpdate();
                AppSessionManager.getSession().getIdentityMap().putVersion(this);
                isNew = false;
            } catch (SQLException sqlEx) {
                throw new SystemException("unexpected sql error inserting version", sqlEx);
            } finally {
                cleanupDBResources(conn, pstmt);
            }
        }
    }
```

下一步，使用increment()方法增加数据库中的版本号。经常是一组被修改的对象共享同一个锁，因此版本对象应在增量之前先检查它是否已经锁住。在调用数据库请求之后，increment()方法要确认数据库中的值确实改变了。返回的行数为0，说明并发出现冲突，应该抛出异常。

```java
class Version...

    public void increment() throws ConcurrencyException {
        if (!isLocked()) {
            Connection conn = null;
            PreparedStatement pstmt = null;
            try {
                conn = ConnectionManager.INSTANCE.getConnection();
                pstmt = conn.prepareStatement(UPDATE_SQL);
                pstmt.setLong(1, value + 1);
                pstmt.setString(2, getModifiedBy());
                pstmt.setTimestamp(3, getModified());
                pstmt.setLong(4, id.longValue());
                pstmt.setLong(5, value);
                int rowCount = pstmt.executeUpdate();
                if (rowCount == 0) {
```

```
                    throwConcurrencyException();
                }
                value++;
                locked = true;
            } catch (SQLException sqlEx) {
                throw new SystemException("unexpected sql error incrementing version", sqlEx);
            } finally {
                cleanupDBResources(conn, pstmt);
            }
        }
    }
    private void throwConcurrencyException() {
        Version currentVersion = load(this.getId());
        throw new ConcurrencyException(
            "version modified by " + currentVersion.modifiedBy + " at " +
            DateFormat.getDateTimeInstance().format(currentVersion.getModified()));
    }
```

根据上面的代码，只能在提交业务事务的系统事务中调用 increment() 方法。采用 isLocked 标志使得在之前的事务中已经加锁过对象时，再次加锁会失败。这样做是可行的，因为乐观锁加锁的时机是在每次系统事务提交时。

在使用这个模式时，可能需要知道在经过一次系统事务后，当前会话中的数据是否最新。可以在版本类中加一个 checkCurrent() 方法检查现有的乐观离线锁是否无需更新就可用。

只有执行删除的 SQL 语句将版本对象从数据库删除的方法没有在例子中说明。如果返回的行数为0，需要抛出并发异常。这是因为可能在删除某版本的数据时并没有获取乐观离线锁。决不应该出现这种情况。最大的麻烦是决定何时删除共享的版本。如果是在聚集中共享版本对象，只需要在删除根对象的时候删除该版本对象。其他的情况下就复杂一些了。一个方法是让版本对象维持一个引用计数，当引用计数为0时即可被删除。这会使版本对象复杂化。一旦版本对象变复杂了，可能就要把它看成一个真正的领域对象了。虽然这样做好像有道理，但是，它显然是一个没有版本信息的特殊领域对象。

现在看如何使用这个共享的版本对象。领域层超类型包括一个版本对象，而不是一个简单的计数器。每个数据映射器都可以在读取领域对象时设置版本。

```
class DomainObject...

    private Long id;;
    private Timestamp modified;
    private String modifiedBy;
    private Version version;
    public void setSystemFields(Version version, Timestamp modified, String modifiedBy) {
        this.version = version;
        this.modified = modified;
        this.modifiedBy = modifiedBy;
    }
```

创建版本对象时，考虑一个由顾客与其地址信息组成的聚集。顾客的创建方法将创建一个共享的版本对象。顾客类中将有一个 addAddress() 方法创建地址信息，共享顾客类的版本对象。抽象数据库映射表将在插入领域对象前插入版本对象。注意：版本对象保证自己只被插入一次。

```
class Customer extends DomainObject...

    public static Customer create(String name) {
        return new Customer(IdGenerator.INSTANCE.nextId(), Version.create(),
                name, new ArrayList());
    }

class Customer extends DomainObject...

    public Address addAddress(String line1, String city, String state) {
        Address address = Address.create(this, getVersion(), line1, city, state);
        addresses.add(address);
        return address;
    }

class Address extends DomainObject...

    public static Address create(Customer customer, Version version,
            String line1, String city, String state) {
        return new Address(IdGenerator.INSTANCE.nextId(), version, customer,
                    line1, city, state);
    }

class AbstractMapper...

    public void insert(DomainObject object) {
        object.getVersion().insert();
```

版本对象的增量需要在数据映射器修改或删除对象前调用。

```
class AbstractMapper...

    public void update(DomainObject object) {
        object.getVersion().increment();

class AbstractMapper...

    public void delete(DomainObject object) {
        object.getVersion().increment();
```

由于这是一个聚集，在删除顾客信息时要删除它所有的地址信息。这样可以在删除这些信息后马上删除版本对象。

```
class CustomerMapper extends AbstractMapper...

    public void delete(DomainObject object) {
        Customer cust = (Customer) object;
        for (Iterator iterator = cust.getAddresses().iterator(); iterator.hasNext();) {
            Address add = (Address) iterator.next();
            MapperRegistry.getMapper(Address.class).delete(add);
        }
        super.delete(object);
        cust.getVersion().delete();
    }
```

### 16.3.4 例：共享的悲观离线锁（Java）

这时需要某种加锁标志，用它与被加锁的一群对象关联起来。正如前面所说的，将悲观离线锁作为对乐观离线锁的补充来使用，因此可以用共享的版本对象作为加锁标志。下面将用同样的代码来说明共享的版本对象。

唯一的问题是为了获得版本必须读取一些数据。如果在读取数据后再去获取悲观离线锁，怎样才能知道数据是最新的呢？最简单的方法是在获取悲观离线锁的同一个系统事务中对版本号进行增量。一旦该系统事务提交，所得的悲观锁有效，也能确定读出的是共享版本的最新数据，不管是在系统事务的什么地方读取的。

```
class LoadCustomerCommand...
    try {
        Customer customer = (Customer) MapperRegistry.getMapper(Customer.class).find(id);
        ExclusiveReadLockManager.INSTANCE.acquireLock
            (customer.getId(), AppSessionManager.getSession().getId());
        customer.getVersion().increment();
        TransactionManager.INSTANCE.commit();
    } catch (Exception e) {
        TransactionManager.INSTANCE.rollback();
        throw e;
    }
```

版本增量可以放到锁管理对象中完成。至少想用实现版本增量的代码来增强[Gang of Four]锁管理对象。当然，如果要为最终产品编代码，需要比例子中更健壮的异常和事务处理。

### 16.3.5 例：根对象乐观离线锁（Java）

本例做了几乎和上例一样的假设，包括一个领域层超类型和数据映射器。这里用到了版本对象，但不是共享的。它只提供一个 increment() 方法来在数据映射器之外获取乐观离线锁。本例也使用了工作单元来提交一组修改。

这里的聚集中包含父子关系的对象，可以用到根对象的导航来找到根对象。在领域和数据模型中需要反映这一关系。

```
class DomainObject...
    private Long id;
    private DomainObject parent;
    public DomainObject(Long id, DomainObject parent) {
        this.id = id;
        this.parent = parent;
    }
```

一旦需要加锁，可以在工作单元提交前获取根对象锁。

```
class UnitOfWork...
    public void commit() throws SQLException {
        for (Iterator iterator = _modifiedObjects.iterator(); iterator.hasNext();) {
            DomainObject object = (DomainObject) iterator.next();
            for (DomainObject owner = object; owner != null; owner = owner.getParent()) {
                owner.getVersion().increment();
            }
        }
        for (Iterator iterator = _modifiedObjects.iterator(); iterator.hasNext();) {
            DomainObject object = (DomainObject) iterator.next();
```

```
        Mapper mapper = MapperRegistry.getMapper(object.getClass());
        mapper.update(object);
    }
}
```

## 16.4 隐含锁（Implicit Lock）

——由David Rice撰写

允许框架或层超类型代码来获取离线锁。

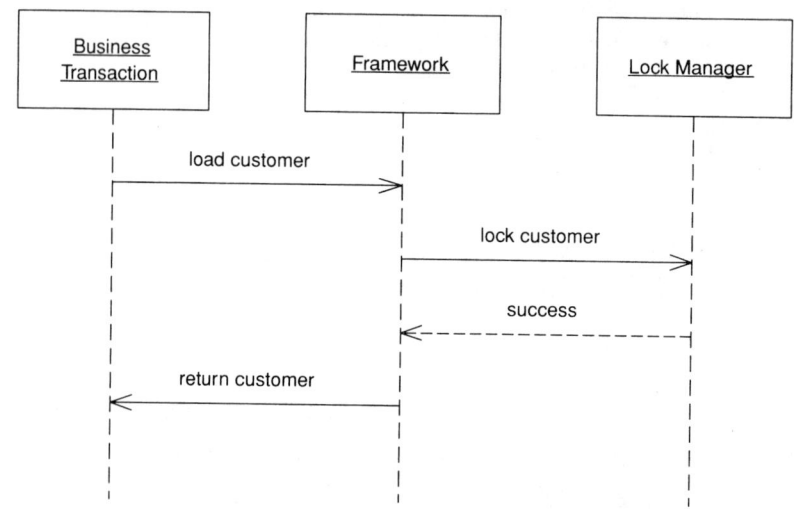

对于任何加锁模式，关键是要与它们的应用紧密结合。在获取锁时少写一行代码，可能会导致整个离线锁设置失去作用。读数据时没有获取锁将导致不能读出最新的数据；忘记使用版本计数将导致无意中覆盖了别人的修改。通常，如果在某处对数据加了锁，那么必须在每个地方对该数据加锁。忽略应用的加锁策略将产生不一致的数据。不释放锁虽然不会毁坏数据，但它最终会导致系统中止。因为离线并发管理难以测试，所以可能所有的测试包都发现不了其中的错误。

一种解决方法是不给开发人员犯这种错误的机会。必需的加锁任务不应该显式地由开发人员完成，而应该隐含地由应用完成。大多数企业应用都使用了一些框架、层超类型和代码生成的组合，这样就很容易在其中加入隐含锁。

### 16.4.1 运行机制

实现隐含锁就是要分解代码，在应用程序框架中完成那些绝对不能跳过的锁机制。由于没有更好的词可以表达，我们就用"框架"来表达对层超类型、框架类和其他生成代码的组合。代码生成工具是另一种强制加锁的方法。这完全不是破天荒的想法。当不断在程序中编写同样的加锁机制代码时，可能就会选择这样做。但代码生成经常表现得很糟糕，因此只稍微提一下。

第一步是要列出业务事务中的哪些任务必须在加锁的情况下工作。对于乐观离线锁来说，任务包括为每条记录数据存储版本计数，在修改操作的SQL语句中包含版本检查和修改数据时的版本增量等等。对于悲观离线锁来说，任务包括为读取数据而进行的一系列获取锁的动作——

典型的如互斥读锁和读/写锁中进行读的部分——和在业务事务或会话结束时释放所有锁的动作。

应注意在悲观离线锁的任务中,不包括只为编辑数据而获取锁的操作——它们是互斥写锁和读/写锁中进行写的部分。当业务事务需要修改数据时它们是必需的,但由于锁可能无效,隐含地获取它们会带来两个问题。其一,隐含地获取一个写锁,比如在工作单元中注册修改过的对象,不能预先告知锁的无效性,从而无法在一开始就通知用户取消工作。应用自身无法知道应该在什么时候去获取锁。一个无法迅速终止的事务与悲观离线锁的初衷相悖——用户不必重做自己的工作。

其二,也是同样重要的,这种锁最大限度地限制了系统的并发度。不使用隐含锁时,我们会考虑将问题从技术方面转到业务领域时对并发的影响。仍需要在修改数据前确认已经获取了写锁。框架所做的工作就是保证在提交修改前已经获得了写锁。提交时没有获得锁的情况应看成是程序员的失误,这时框架至少要报告断言失败。建议不用断言而抛出一个并发异常,因为没有人想在作为产品的系统中关闭断言选项后再发生这样的错误。

这里给出几条关于使用隐含锁的忠告。虽然它允许开发人员忽略大部分的加锁机制,但不能忽略它们的因果关系。比如,如果开发人员使用了悲观锁模式的隐含锁,而且等待锁可用,那么必须考虑死锁的可能。隐含锁的一个问题是一旦程序员没有注意到锁,业务事务就可能莫名其妙地失败。

让锁起作用就是选择最好的方式让框架隐含地完成加锁的机制。请参阅乐观离线锁中关于隐含使用该锁的例子。实现一个高质量的隐含锁需要注意的东西太多,以至于无法在这里一一讲到。

### 16.4.2 使用时机

除了最简单的、没有框架的应用以外,隐含锁基本上都适用。因为对于程序员来说,忘记显式地加锁的可能性还是很大的,没有必要冒这个风险。

### 16.4.3 例:隐含的悲观离线锁(Java)

考虑一个适用独占读锁的系统。系统中使用了领域模型和数据映射器在领域对象和关系数据库之间进行调节。使用独占读锁的框架必须在业务事务对任何领域对象进行操作之前获取锁。

所有在业务事务中用到的领域对象都通过 find() 方法从数据映射器获得。无论业务事务是直接用 find() 方法还是间接通过导航方法。现在可以给数据映射器类装饰[Gang of Four]上获取锁的功能。写一个加锁的映射表用于在查找对象前获取锁。

```java
interface Mapper...

    public DomainObject find(Long id);
    public void insert(DomainObject obj);
    public void update(DomainObject obj);
    public void delete(DomainObject obj);
class LockingMapper implements Mapper...

    private Mapper impl;
    public LockingMapper(Mapper impl) {
```

```
    this.impl = impl;
}
public DomainObject find(Long id) {
    ExclusiveReadLockManager.INSTANCE.acquireLock(
        id, AppSessionManager.getSession().getId());
    return impl.find(id);
}
public void insert(DomainObject obj) {
    impl.insert(obj);
}
public void update(DomainObject obj) {
    impl.update(obj);
}
public void delete(DomainObject obj) {
    impl.delete(obj);
}
```

因为在一次会话里经常多次查找一个对象，上面代码中的锁管理对象必须在获取锁之前检查会话是否已经取得了锁。如果使用独占写锁而不是独占读锁，就要重新写一个数据映射器的装饰类，以便在修改和删除时检查是否已经取得了锁。

使用装饰类的一个好处是，被装饰的对象根本就不用知道它的功能被加强了。可以在注册表里加上这些装饰类。

```
LockingMapperRegistry implements MappingRegistry...

    private Map mappers = new HashMap();
    public void registerMapper(Class cls, Mapper mapper) {
        mappers.put(cls, new LockingMapper(mapper));
    }
    public Mapper getMapper(Class cls) {
        return (Mapper) mappers.get(cls);
    }
```

当业务事务得到一个数据映射器时，它认为将会调用一个标准的更新方法，但实际上的动作如图16-5所示。

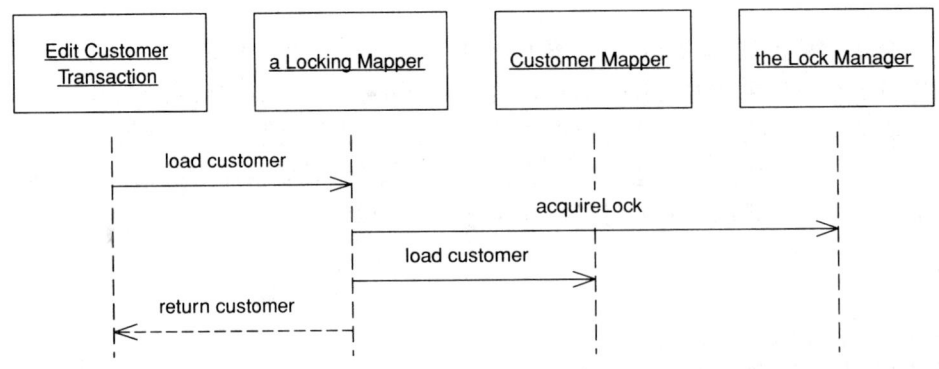

图16-5　加锁的映射表

# 第17章
# 会话状态模式

## 17.1 客户会话状态（Client Session State）

将会话状态保存在客户端。

### 17.1.1 运行机制

即使是最面向服务器的设计也至少要用到一些客户会话状态，哪怕只是用来记录会话标识号。有的应用中可以考虑把所有的会话状态都存放在客户端，这种情况下，客户每次请求时都把所有的会话数据传给服务器，服务器在每次响应时把所有的会话状态传给客户。这样的服务器可以是完全无状态的。

通常使用数据传输对象来传输数据。数据传输对象可以在网络上序列化，因此，即使是很复杂的数据也可以传输。

客户也需要存储数据。大客户的应用可以用自己的数据结构（如界面上的域等）来存储——虽然我宁愿用这些时间去喝杯啤酒也不愿这样做。通常用一些不可视的对象会更好一些，比如用数据传输对象或者一个领域模型。无论选择哪种，都不成什么问题。

如果使用HTML，情况就复杂一些。一般有三种方法：URL参数、表单的隐藏域和Cookie。

URL参数对于小量数据比较容易使用。实际上所有请求页面的URL都会带上一个会话状态作为参数。一个明显的限制是URL的长度，对只有少数几个数据项的参数可以很方便地处理，这也是经常用它来传递会话标识号的原因。一些平台会自动通过重写URL来加上会话标识号。但改变URL会影响浏览器收藏夹，因此不主张在供顾客使用的系统中使用。

表单隐藏域是一些不会在Web浏览器中显示出来的表单域。使用标记<INPUT type = "hidden">来定义隐藏域。服务器在每次响应时将会话状态序列化到一些隐藏域中，就能在每次接收客户请求时读到它们。一般需要将数据格式化以便放在隐藏域中。XML显然是一种标准的方式，但它太啰嗦了。可以将数据转化成文本传输。请注意隐藏域只是说在用户界面上不会显示，但可以通过查看页面源代码看到它们。

注意有过时或固定页面的混合站点。如果导航到它们，你会丢掉所有的会话数据。

最后一种，也是最有争议的一种方式是使用Cookie，它自动在服务器与客户传输。与使用隐藏域一样，可以把会话数据序列化后放在Cookie中。Cookie的大小一般是有限制的。而且，有些用户不愿意使用Cookie而把它关闭了。如果这样，基于Cookie站点就不能工作了。然而现在越来越多的站点都是基于Cookie的，关闭Cookie的情况减少了，对一个只在机构内部使用的系统来说更不成问题。

需要说明的是Cookie并不比别的方式更安全，数据也会被发掘出来。另外Cookie只工作在同一个域名的站点中，如果一个站点中包含了多个域名，Cookie不会在它们之间传递。

一些系统可以探测客户是否支持Cookie，如果不支持就采用URL重写的方式。这样，可以很方便地处理小数据量的会话状态。

### 17.1.2 使用时机

客户会话状态有一定的优点。特别是支持无状态服务器对象，从而提供最大的集群性能和容错恢复。当然，如果客户崩溃了，它所有的会话数据就丢失了，但用户通常认为这合乎情理。

客户会话状态受数据量的影响非常大。它可以很漂亮地处理小数据量的会话状态。一旦数据量大了，何处保存数据的问题和在每次请求时传输所有的数据导致的延时会令人无法忍受，特别是在使用HTTP客户时。

再就是安全问题。所有送到客户的数据都很容易泄漏或被篡改。只能通过加密来保证数据安全，但每次处理请求都要进行加密解密会影响性能。如果不加密，就必须保证不传输需要保证安全的数据。由于数据会被篡改，不要指望传出去的数据会原封不动的传回来。因此要对所有接收的数据进行检查。

几乎总是用客户会话状态来处理会话标识号。幸运的是，它一般只是一个数字，没有上面的问题。但仍要注意会话被盗用，因为会有恶意用户尝试通过改变其会话标识号来窃取别人的会话数据。大多数平台可以提供一个随机选取的会话ID来减少这种风险；如果不行，还可以通过一个散列函数来运行一个简单的会话ID。

## 17.2 服务器会话状态（Server Session State）

将会话状态以序列化形式存放在服务器端。

### 17.2.1 运行机制

这种模式里面最简单的一种方法是把会话数据放在应用服务器的内存中。可以将会话数据以会话标识号作为键标识存放在内存映射表中。只需要客户给出会话标识号，服务器就可以从映射表中取出会话数据。

当然，这种方法假设应用服务器有足够的内存进行处理，而且只能有一个应用服务器——即，没有集群——如果这个应用服务器崩溃了，所有的会话数据就会丢失得无影无踪。

在很多应用中这些都不成问题。然而对有些应用，就成问题了。有一些解决的方法，这些方法一般是对上面最简单的方法做些变化。

首先要解决会话数据占用内存资源的问题。实际上，这是服务器会话状态最大的缺点。办法就是不把会话数据放在内存中，而是序列化到备忘录[GoF]持久保存起来。这又带来两个问题：

以什么样的形式持久化服务器会话状态和持久化到哪儿？

使用的形式越简单越好，因为服务器会话状态就是为了简化编程。一些平台提供一个简单的二进制序列化机制，这个机制让你可以很轻易地序列化对象图。还可以序列化到其他形式，比如说文本——最流行的是XML文档。

二进制的形式通常会简单些，因为不需要怎么编程，而用文本形式至少要处理一下。二进制序列化更省空间，虽然一般不用担心磁盘空间不够，但越大的序列化映像需要越长的时间装入内存。

使用二进制序列化有两个问题。第一个问题是序列化后的内容不便于人工阅读——当人们想读它的时候就成问题了。第二个问题是版本问题。如果对类进行了修改，比如在序列化之后又给类加了一个数据域，就无法读出以前序列化的数据。当然，不会有很多会话真的需要经历服务软件升级，除非是24/7的集群服务器一边运行着一边在升级。

现在只有将会话状态持久化到哪儿的问题了。最可能的方案是放在应用服务器上，文件系统或本地数据库。这是最简单的方法，但无法支持有效的集群和故障恢复。为了支持这些方面，服务器会话状态需要放到能公共访问的地方，如共享服务器。这样既可以支持集群和故障恢复，代价是需要更长的时间激活服务器——尽管使用高速缓存可以很好地减少这个代价。

这样下去导致似乎要将服务器会话状态序列化到数据库中，用一个以会话标识号为键值的表。表中需要有一个序列化LOB存放序列化后的会话状态。数据库对大对象的处理性能各异，因此使用这种方式的性能与数据库有很大关系。

现在，我们处于使用服务器会话状态和数据库会话状态之间。它们的界限很模糊，不过这里以是否将服务器会话状态中的数据转化为表格形式来区分它们。

如果将服务器会话状态存放到数据库中，还要对作废的会话进行处理，尤其在一个面向顾客的应用中。一种方法是用一个监督进程检查并删除过期的会话，但这样会造成很多与会话表的连接。Kai Yu提供了他使用的一个好方法：将会话表分成12段，每两个小时轮换一次，轮换时先删除时间最旧的段中所有的数据，并把所有新的数据放到该段中。虽然这样会把那些超过24个小时的会话强制删除，但实际上不用去担心这样极少数的情况。

这些变化需要的工作越来越多，好在应用服务器开始自动提供支持了。这样一来，只有那些应用服务器厂商们需要处理这些麻烦的问题。

### Java实现

最常用的服务器会话状态技术是使用HTTP会话或使用有状态会话bean。HTTP会话是让Web服务器保存会话状态的一种简单方法。大多数情况下需要进行服务器映射，从而无法进行故障恢复。有些厂商正在实现共享HTTP会话支持，从而可以将HTTP会话存放到对集群中所有应用服务器可见的数据库中（当然也可以自己去实现）。

另一个方法是使用有状态会话bean，它需要一个EJB服务器。EJB容器负责持久和钝化处理，因此很容易实现。主要的缺点是规范中没有要求禁止进行服务器映射。虽然有一些应用服务器提供这种功能。如，IBM的WebSphere支持将有状态会话bean序列化到DB2数据库中的BLOB字段，从而让集群中的所有应用服务器可以访问它。

很多人提出，既然无状态会话bean性能更好，应该尽量避免使用有状态会话bean。坦白地说，这是胡说。可以对在应用中使用有状态和无状态会话bean分别进行负载测试，看是否有区别。ThoughtWorks用负载测试程序模拟几百个用户并发使用系统，没有发现有状态会话bean对性能有影响。如果性能不是很重要，应该使用有状态会话bean，因为它们更简单。有些别的原因导致需要谨慎使用有状态会话bean——故障恢复会成问题，这要看你的厂商，而性能差异只在负载很大的情况下才会体现出来。

另一个方法是使用实体bean。总体上看，实体bean很成问题，但可以用它来存放序列化LOB的会话数据。这样做很简单，而且绕过了实体bean的很多缺点。

### .NET实现

服务器会话状态可以很容易地使用内建的会话状态功能实现。默认情况下，.NET将会话状态放在服务器进程内。也可以换成通过状态服务存取，可以在本机也可以在远程。如果使用远程的状态服务，可以在重启Web服务器后依然使用原来的会话数据。通过在配置文件中指定是使用进程内方式还是使用状态服务，因此不必要修改应用程序。

### 17.2.2 使用时机

服务器会话状态最大的好处是简单。大多数情况下根本不需要编程。是否只需要这样做要看使用内存的方案是否能满足需求，如果不满足，再看看应用服务器能帮什么忙。

即使不用它们，也可以通过少量的工作达到目标。将会话状态直接存成数据库中的BLOB字段要比把它们转化成表格形式要简单得多。

需要编程的地方主要在会话维护上，特别在需要自己支持集群和故障恢复的情况下。这样会比其他方式复杂得多，尤其当会话数据不是很多或者这些数据很容易转换成表的时候。

## 17.3 数据库会话状态（Database Session State）

将会话数据作为已提交的数据保存到数据库中。

### 17.3.1 运行机制

当客户向服务器发出请求时，服务器要先从数据库中读出请求所需的数据，进行处理，然后再将数据存回数据库中。

为了从数据库读数据，服务器对象需要知道会话的一些信息，至少要知道客户传来的会话标识号。通常情况下，这些信息是一些用来从数据库读取信息的关键字值。

用到的数据不外乎只与当前交互有关的会话状态和会影响其他交互的已提交到数据库中的数据。

关键问题之一是会话状态是会话的局部数据，通常不能在整体提交到数据库之前影响系统的其他部分。因此，当正在处理一份订单信息，而要将其中间状态存到数据库时，要把它和其他的订单分别看待。这是因为不希望在查询的结果中出现那些还没有确定的订单信息，如可供租借的图书信息和每天的收入信息。

那么怎样区别对待会话数据呢？在每个数据行中加上一个说明是否是会话数据的字段是一个办法。最简单的形式只要一个`isPending`的布尔字段。但最好还是将一个会话ID保存为一个临时字段，从而很容易得到一个特定会话的所有数据。所有的查询语句都要加上判断

sessionID不为空的子句来获取真正的记录数据，或者建一个视图来过滤数据。

使用会话ID字段是一个影响很大的方案，因为所有用到记录数据库的应用都要知道这个字段的含义。视图有时可以暂时避免一下，但会带来它们自己的一些开销。

第二种方法是用一些单独的临时表。当数据库中有订单表和订单项表时，就加上临时订单表和临时订单项表。将会话数据临时存放到这些临时表中；当它们提交时再转到真实的表中。这避免了许多的影响。当然，需要在数据库映射代码中加上选择表的逻辑，肯定会增加一些复杂度。

记录数据通常有完整性规则，而临时表中的数据没有。这样使得临时表允许在需要时加上规则，在不需要时忽略这些规则。审查规则也同样没有作用到临时对象上。于是就有根据会话的不同位置选择不同审查规则的问题，而这个问题通常只出现在服务器对象中。

如果使用临时表，它们必须是真实表的精确副本。这样可以使映射逻辑尽量类似。两个表使用相同的字段名称，在临时表中加上一个会话标识号字段以便找到会话数据。

还需要一个在会话取消时清除会话数据的机制。可以通过会话标识号找到该会话的所有数据，删除掉它们。对于用户突然取消的会话，需要有超时控制。一个隔几分钟运行一次的监督线程可以查找过期的会话数据。这需要在数据中有一个记录所有会话最近活动时间的表。

对数据更新的回滚变得非常复杂。如果在会话中更新了一个允许回滚的订单，回滚怎样操作呢？一个办法是不允许会话中途取消。对记录数据的修改在每次请求结束时部分地更新记录数据。这个方法很简单，也符合用户的观点。另一个替代方案比较麻烦，不管是使用标记字段还是使用临时表。很容易把所有有改动的数据拷贝到临时表中，在临时表中修改，然后在会话提交时送回到真实表中。也可以在使用标记字段时这样做，但要求将会话标识作为关键字的一部分。这样可以在同一张表里存放原来关键字相同的新旧数据，不过会使数据看起来乱糟糟的。

如果只在会话处理对象中使用临时表，那么将数据变成表格没有什么大的作用，最好采用序列化LOB。这种情况下，就回到了服务会话状态。

也可以不使用任何临时表来避免使用它们所遇到的问题。在设计系统时，将所有的数据都看成记录数据。当然这种方法并不总是可行，而且要让设计人员考虑每项临时数据也非常麻烦。而且，这时采用数据库会话状态会更简单。

### 17.3.2 使用时机

数据库会话状态是一种处理会话状态的方法，应该与服务器会话状态和客户会话状态比较一下。

首先考虑一下性能。使用无状态的对象可以提高服务器性能，使缓冲和集群变得容易。但要在处理每个请求时多花时间进行数据库读/写。可以通过缓存一些数据来减少数据库操作的开销，如果在读数据时缓存命中，就省了读的时间，但写数据时仍然要费时间。

其次考虑编程量，多数编程用来处理会话状态。如果没有会话数据，而且每次请求都可以直接提交成记录数据，就最适合用这种模式，因为没有任何编程量和性能损失（如果缓冲了服务器对象）。

在选择数据库会话状态和服务器会话状态时，关键取决于在特定应用服务器上使用服务器会话状态便于集群和故障恢复的程度。至少在一般情况下，使用数据库会话状态进行集群和故障恢复要更直接一些。

# 第18章
# 基本模式

## 18.1 入口（Gateway）

入口是一个封装外部系统或资源访问的对象。

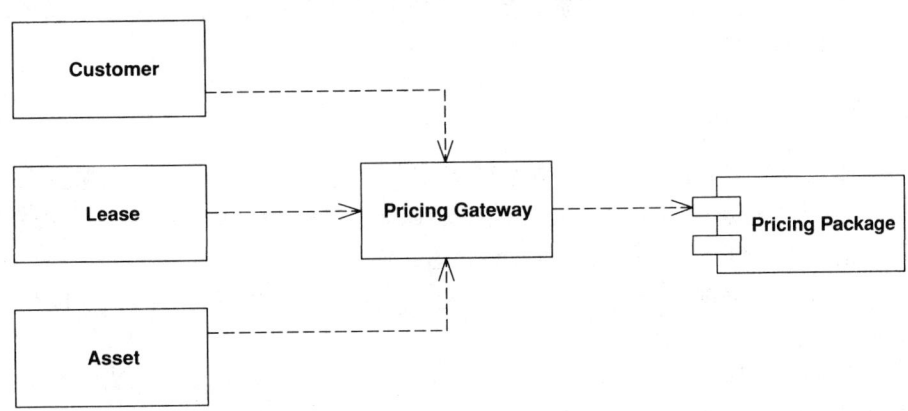

有用的软件很少是与世隔绝的。即使是最纯粹的面向对象系统通常也要处理一些不是对象的事物，例如关系数据库表、CICS事务和XML数据结构。

当访问这种外部资源时，通常要获得它们的API。但是，这些API可能具有天然的复杂性，因为它们必须考虑到资源自身的特性。任何人要理解一个资源就必须首先通晓其API——无论是针对关系数据库的JDBC和SQL，还是针对XML的W3C和JDOM，皆是如此。这不仅使得软件可读性差，也使得软件的修改变得很困难，例如在将来的某时将关系数据库中的一些数据转移到XML消息中就会很棘手。

解决这一问题的途径十分简单。将所有特定API的代码封装到一个类中，这个类的接口看起来像一个常规对象。其他对象通过这个入口来访问资源，入口类对象将简单的方法调用转变成相应的特定API。

### 18.1.1 运行机制

事实上这是一个十分简单的包装器（wrapper）模式。封装外部资源，创建一个简单的API，并用入口将对该API的调用转移到外部资源上。

入口的重要用途之一是它可以作为使用服务桩的一个极佳位置。你可以经常修正入口的设计，以使它可以更容易使用服务桩模式。不要对此心怀恐惧——一个使用得当的服务桩可以使得系统易于测试，因而降低了编程的难度。

应尽可能保持入口简单。入口的基本功能包括适配外部服务和提供一个设置服务桩的良好位置。入口应在完成这些功能的前提下最小化，任何更复杂的逻辑应放在入口的客户中。

一般而言，使用代码自动生成器来创建入口是不错的主意。通过定义外部资源的结构，就可以生成一个对它进行封装的入口类。你可以使用关系元数据来创建一个关系表的包装器类，或者使用一个XML模式或DTD来生成一个XML文档的入口代码。所生成的入口代码虽然并不精致，但是至少是可用的。更复杂的操作可以放到其他的对象中。

有时需要用多个对象来构造入口。常见的形式是使用两个对象：一个后端和一个前端。后端封装对外部资源操作的代码，但并不简化其API。前端将外部资源的复杂API转化成应用程序可用的、更为简单的操作。如果封装外部服务并将之适配成你所需的形式相当复杂，这种方法很有用，因为每一个类处理一部分职责。反之，如果对外部服务的封装工作很简单，则一个类就可以完成封装和所需的适配。

### 18.1.2 使用时机

如果必须通过一个复杂的接口与可能位于系统之外的事物交互，你应当考虑入口模式。使用入口将复杂性封装起来，而不要让复杂性蔓延到整个系统中。使用入口几乎没有什么弊端，同时又可以使系统中入口类之外的代码可读性显著提高。

通过为服务桩部署提供一个清晰的位置，入口模式使得系统更易于测试。即使外部系统的接口易于使用，入口仍然是使用服务桩的首选点。

入口一个显而易见的优点是使你用一种资源来替换另一种资源变得更为容易。对资源的任何变化都只需要修改入口类即可——变化不会传播到系统中的其余部分。入口是一种简单而高效的变更保护形式。在许多情况下，关于是否使用入口的争论都将焦点集中在这一灵活性上。但是，需要重申的是，即使你认为资源不会发生任何变化，你仍可以从使用入口模式所带来的简单性和可测试性中获益。

如果你有数个子系统，将它们解耦的另一种选择是映射器。但是，映射器远比入口复杂。因此，我使用入口来完成大部分外部资源访问。

我得承认，我曾经犹豫过是否将入口作为一个全新的模式，或是仅仅将其作为已有的模式（如外观（Facade）和适配器（Adapter）[Gang of Four]）的变体。基于以下一些有意义的区别，我决定将它独立出来：

- 外观模式对较复杂的API进行简化，其通常由服务的作者提供，而且是通用的。入口则是客户方为了其特定应用而撰写的。此外，一个外观通常暗示一个与原始接口不同的接口，但在入口中可以只是简单地照搬被包装的接口，这种入口用于将来替换资源或测试目的。
- 适配器模式修改某一已经实现的接口，使其与另一个你所用到的接口相匹配。入口模式中通常没有一个已存在的接口，虽然你可能会使用一个适配器来将一个实现映射到一个入口类的接口上。此时适配器是入口类实现的一部分。

- 调停者模式通常用来将多个对象解耦，使得它们无需互相引用，而只要与调停者发生关联。入口模式中通常只涉及两个对象，而且被包装的资源并不知道入口的存在。

### 18.1.3 例：私有消息服务的入口（Java）

我曾与同事Mike Retting讨论过本模式，他向我描述了如何将这一模式应用到与企业应用集成（EAI）软件的接口交互中。我们认为这是一个很好的入口模式示例。

为了简单性起见，我们为一个使用消息服务发送消息的接口创建一个入口。接口中仅有一个方法。

```
int send(String messageType, Object[] args);
```

第一个参数是一个指明消息类型的字符串，第二个参数则是消息本身。消息系统允许你发送任何类型的消息，因此有必要使用一个这样的通用接口。当你配置消息系统时，你要指定系统将会发送的消息类型及其参数的类型。例如，我们可能用字符串"CNFRM"来代表确认消息，参数包括一个字符串型的ID号、一个整型的总额和一个字符串型的订单号。消息系统会检查参数的合法性，错误的消息或消息类型正确但参数错误都会产生一个错误。

消息系统的这种通用接口有其长处，也是必须的，很灵活，但是也难以使用，因为它不是显式的。你无法通过接口的定义来确定哪些消息类型是合法的，或者哪些参数对某一特定消息类型是必需的。我们希望接口中的方法具有如下的形式：

```
public void sendConfirmation(String orderID, int amount, String symbol);
```

这样如果某个领域对象需要发送消息，它可以通过如下的方式来进行：

```
class Order...

   public void confirm() {
      if (isValid()) Environment.getMessageGateway().sendConfirmation(id, amount, symbol);
   }
```

`sendConfirmation`方法的名字告诉了我们要发送的是什么消息，其参数也指明了类型和参数名。它的使用比通用方法要容易得多。创建一个更方便的接口是入口的职责。虽然这的确意味着每次我们在消息系统中增加或改变消息类型时，都需要改变入口类，但我们使用通用接口时也需要改变调用代码。至少这种方式下编译器可以帮助我们定位客户和检查错误。

还有一个问题有待解决。当我们在接口使用过程中产生一个错误时，接口会以返回一个错误码的形式来指明。0表示成功，其他数字表示失败，而且不同的数字表示不同的错误。C程序员通常是这样来处理错误的，但Java却非如此。在Java中通过抛出一个异常来指示错误，因此入口类的方法应当掷出异常而非返回错误码。

我们并不在此处给出可能发生的错误全集，而只挑选其中的两个错误：发送消息时指定了未知的消息类型和发送消息时有一个参数是空的。返回码在消息接口中定义：

```
public static final int NULL_PARAMETER = -1;
public static final int UNKNOWN_MESSAGE_TYPE = -2;
public static final int SUCCESS = 0;
```

这两种错误有天壤之别。未知消息类型错误是入口类内部的错误，因为任何客户都只是调用一个显式方法，客户方不可能引发这种错误。但客户可以传入一个空的参数，从而引发空参数错误。这一错误并不是一个受控异常（checked exception），因为它说明的是客户方程序员的错误，你不必为之写一个专门的处理程序。事实上，入口也可以自己检查参数是否空值，但没有这样做的必要，因为消息系统可以检测到这种错误。

　　基于上述理由，入口必须完成两个操作：将显式接口转换成通用接口，将返回码转换成异常。

```
class MessageGateway...

    protected static final String CONFIRM = "CNFRM";
    private MessageSender sender;
    public void sendConfirmation(String orderID, int amount, String symbol) {
        Object[] args = new Object[]{orderID, new Integer(amount), symbol};
        send(CONFIRM, args);
    }
    private void send(String msg, Object[] args) {
        int returnCode = doSend(msg, args);
        if (returnCode == MessageSender.NULL_PARAMETER)
            throw new NullPointerException("Null Parameter passed for msg type: " + msg);
        if (returnCode != MessageSender.SUCCESS)
            throw new IllegalStateException(
                    "Unexpected error from messaging system #:" + returnCode);
    }
    protected int doSend(String msg, Object[] args) {
        Assert.notNull(sender);
        return sender.send(msg, args);
    }
```

　　到目前为止，`doSend`方法尚未使用，它是为入口的另一重要功能——测试所准备的。在没有消息发送服务的情况下，我们仍可以对使用了入口的对象进行测试。为此我们需要创建一个服务桩。这种情况下，入口桩是真正入口的一个子类，并且覆写了基类中的`doSend`方法。

```
class MessageGatewayStub...

    protected int doSend(String messageType, Object[] args) {
        int returnCode = isMessageValid(messageType, args);
        if (returnCode == MessageSender.SUCCESS) {
            messagesSent++;
        }
        return returnCode;
    }
    private int isMessageValid(String messageType, Object[] args) {
        if (shouldFailAllMessages) return -999;
        if (!legalMessageTypes().contains(messageType))
            return MessageSender.UNKNOWN_MESSAGE_TYPE;
        for (int i = 0; i < args.length; i++) {
            Object arg = args[i];
            if (arg == null) {
                return MessageSender.NULL_PARAMETER;
            }
        }
        return MessageSender.SUCCESS;
    }
    public static List legalMessageTypes() {
        List result = new ArrayList();
```

```
        result.add(CONFIRM);
        return result;
    }
    private boolean shouldFailAllMessages = false;
    public void failAllMessages() {
        shouldFailAllMessages = true;
    }
    public int getNumberOfMessagesSent() {
        return messagesSent;
    }
```

可以通过捕获消息的数目这一简单方法来帮助我们确定入口是否能和如下的测试代码正常工作。

```
    class GatewayTester...
    public void testSendNullArg() {
        try {
            gate().sendConfirmation(null, 5, "US");
            fail("Didn't detect null argument");
        } catch (NullPointerException expected) {
        }
        assertEquals(0, gate().getNumberOfMessagesSent());
    }
    private MessageGatewayStub gate() {
        return (MessageGatewayStub) Environment.getMessageGateway();
    }
    protected void setUp() throws Exception {
        Environment.testInit();
    }
```

通常在创建入口时会将其保存在一个众所周知的地方，从而保证其他的类可以定位它。这里我使用了一个静态的环境接口。你可以使用一个插件来实现配置时的实际服务和服务桩之间的切换，也可以在测试程序的setup例程中初始化环境，令其指向服务桩。

在本例中，我使用了入口的子类来作为消息服务的桩。另一种方法是对服务本身子类化（或重新实现）。测试时将入口连接到消息发送服务桩。如果服务的重新实现并不困难，可以采用这种方式。你可以在服务子类化或入口子类化之间选择，有时甚至同时使用二者：使用入口子类来测试入口的客户，使用服务子类来测试入口自身。

## 18.2 映射器（Mapper）

在两个独立的对象之间建立通信的对象。

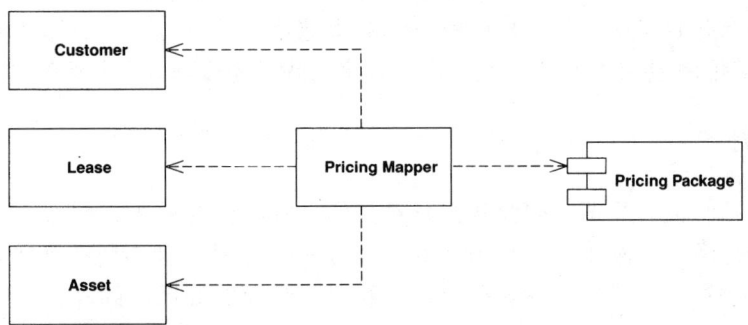

有时你会需要在两个子系统之间建立通信，但这两个子系统又必须相互隔离。这种情况发生的原因可能是你无法修改这两个已有的子系统，或者是你可以但并不愿意在两个子系统之间建立依赖关系，甚至不愿意在它们与另一独立部件之间建立依赖关系。

### 18.2.1 运行机制

映射器是子系统之间的绝缘层，控制着这些子系统之间的通信细节，但其存在并不为任何一个子系统所感知。

映射器通常需要在层与层之间进行数据交换。这种数据交换一旦被激活，工作方式就是显而易见的。映射器的使用难点在于如何激活，因为你无法在被映射子系统中的任何一方直接调用它。有时可以使用一个第三方的子系统来完成映射并调用映射器。另一个可选的方案是让映射器成为某个子系统的观察者（observer）[Gang of Four]。通过监视子系统中发生的事件，映射器就可以调用了。

映射器的工作方式取决于它所映射的层的类型。我们最常见的映射器是数据映射器，你可以参考这一模式以获得更多的映射器使用的细节。

### 18.2.2 使用时机

从本质上来说，映射器的作用是将系统的不同部分解耦。当你想做到这一点时，可以在映射器或入口之间选择。入口无论在代码编写还是后期使用都比映射器简单得多，因此它是最常见的选择。

所以，只有当你需要确保没有任何一方子系统依赖于子系统之间的交互时，才应使用映射器。只有在一种情况下，即子系统之间的交互很复杂，且这一交互多少独立于两个子系统的主要目标时，这一点才很重要。例如，在企业级应用程序中，我们通常会发现映射器用于与数据库的交互，即数据映射器。

在隔离不同部件的用途方面，映射器类似于调停者（Mediator）[Gang of Four]。但是，即使使用一个调停者的多个对象之间并不互相认识，但它们知道调停者的存在；而映射器隔离的对象甚至不能感知到映射器的存在。

## 18.3 层超类型（Layer Supertype）

*某一类型充当一层中所有类型的超类型。*

以下这种情况并非罕见：某一层中所有的对象都具有某些方法，但你并不希望这些方法在系统内被多次复制而产生冗余代码。此时你可以将这些行为移到一个通用的层超类型中。

### 18.3.1 运行机制

层超类型的思想极为简单，因此我们只对其作一些简要的阐述。在这一模式中，存在一个层中所有对象的超类——例如，Domain Object类是一个领域模型中所有领域对象的超类。共有的接口都被重构到这一超类中，例如磁盘操作和对标识域的处理。同样，在所有领域对象有一个公共超类的前提下，映射层中所有的数据映射器也可以有一个超类。

如果你在一层中有多种对象，则可以有多个层超类型。

### 18.3.2 使用时机

当软件某一层中所有对象有公共特性时就可以使用层超类型。由于我经常需要使用这些公共特性，所以我常自动地使用这一模式。

### 18.3.3 例：领域对象（Java）

领域对象可以有一个公共的超类，该超类为ID的处理提供支持。

```java
class DomainObject...
   private Long ID;
   public Long getID() {
      return ID;
   }
   public void setID(Long ID) {
      Assert.notNull("Cannot set a null ID", ID);
      this.ID = ID;
   }
   public DomainObject(Long ID) {
      this.ID = ID;
   }
   public DomainObject() {
   }
```

## 18.4 分离接口（Separated Interface）

在一个包中定义接口，而在另一个与这个包分离的包中实现这个接口。

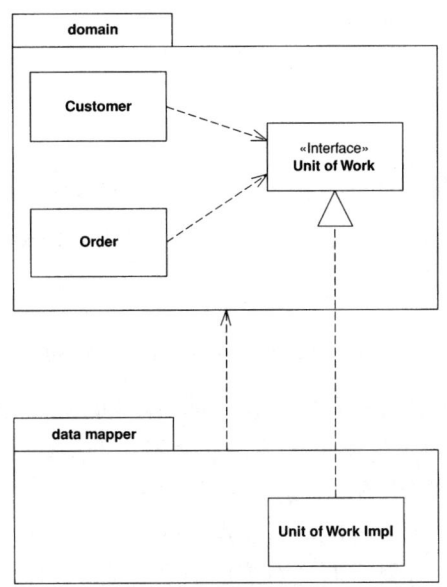

当开发系统时，你可通过减少系统部件之间的耦合程度来改进设计质量。减少耦合的一个较好方法是将类分组，然后组织成包，并限制包间的依赖关系。这样你就可以对包间调用加入某些规则，这些规则用来确定一个包中的类能否调用另一个包中的类——例如规则之一说明领域层的类不能调用表现包中的类。

但是，你可能需要调用某些与包之间一般性依赖关系有冲突的方法。在这种情况下，可以使用分离接口模式：在一个包中定义接口，但在另一个包中实现这个接口。此时，与接口有依赖关系的客户完全无法感知到实现的存在。分离接口为入口提供了一个良好的插入点。

### 18.4.1 运行机制

该模式的使用很简单，核心在于利用了以下事实：实现类对接口存在依赖关系，反之却不然。这就意味你可以将接口和实现放在不同的包中，实现包到接口包存在依赖关系。其他的包可以只依赖于接口包而与实现包没有依赖关系。

当然，如果接口脱离了实现的话，软件就无法工作了。这可以通在编译时使用另一个独立的包来将接口与实现链接起来，也可以在软件配置时使用插件模式。

你可以将接口直接放在客户所在的包中或者放到第三方的包中（见图18-1）。如果只有一个客户，或者所有客户都在同一个包中，则可将接口也放在这一包中。此时由客户包的开发者负责定义接口，客户包可以与任何包含了接口实现的包协同工作。如果你有多个客户包，则定义一个第三方的接口包是更好的选择。如果你不想把接口定义留给客户包的开发者时，例如希望接口定义由实现包的开发者完成时，也可将接口类放到一个独立的包中。

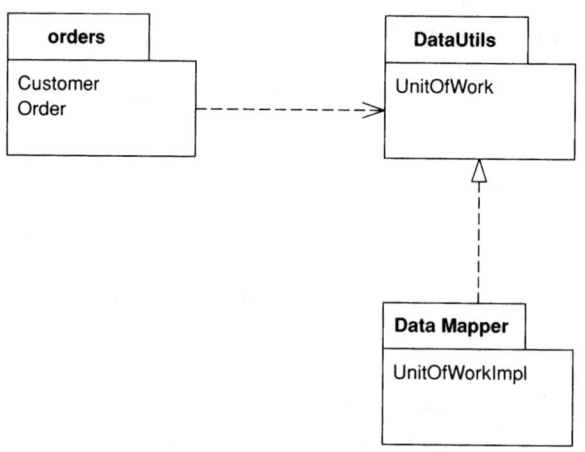

图18-1　将分离接口放在第三方的包中

必须考虑接口所使用程序语言的特性。对于如Java和C#这一类有"接口"概念的语言，在定义接口时自然应使用interface关键字。但是，这并不一定是最佳的选择。抽象类也可以定义出好的接口，因为它可以提供一般性的但又是可选的实现。

分离接口的难点之一在于如何实例化其实现。这通常需要与实现类有关的信息。通常使用的方法是使用一个独立的工厂对象，而且对工厂而言也有一个分离接口，你同样需要将工厂的接口与其实现绑定。插件是一个实现这一绑定的好方法，它不仅可以使消除依赖关系，而且可以推迟到配置时再决定使用哪一个实现类。

如果你不想使用插件，一个简单的方法是让另一个包在应用程序启动时实例化实现类，这个包与接口及其实现皆有关联。而对于任何一个使用分离接口的对象，它们既可以在启动时实例化自身，也可以实例化工厂包。

### 18.4.2 使用时机

当你需要打破系统两个部分之间的依赖关系时，可以使用分离接口。以下为一些例子：
- 你为通常的情况编写了一些抽象代码，并把这些代码放到了一个框架包中。框架包需要调用一些特定应用代码。
- 一层中的某些代码需要调用另一层中的代码，但调用者又不应知道被调用者的存在，例如领域层代码调用数据映射器就是这种情况。
- 你需要调用另一开发小组开发的函数，但是又不想与他们所提供API产生依赖关系。

我碰到过许多开发者，他们为编定的每一个类都使用了分离接口。我觉得这有些过犹不及，尤其对普通应用程序的开发而言。保持接口和实现的分离需要额外的工作，特别是你一般还需要创建接口和实现的工厂类。对于应用程序的开发来说，我建议只有当你希望打破依赖关系，或者同一接口有多个独立的实现才使用一个分离接口。如果你把接口和实现放在一起，再在将来某一时刻分开它们也不只过是一个简单的软件重构，完全可以将它推迟到你必须如此时再实施。

在某种程度上，这种模式下依赖关系的管理显得有些过于复杂。一般情况下，在创建对象时与实现类建立依赖关系，而后只使用接口就已经够了。但当你想要实施某些依赖规则时就会出现问题，例如要在编译时进行依赖关系的核查。此时所有的依赖关系都必须被移除。对于较小的系统，是否实施依赖规则无关紧要，但对大型系统而言，依赖规则的实施却是极有价值的。

## 18.5 注册表（Registry）

*一个众所周知的对象，其他对象可以通过该对象找到公共的对象和服务。*

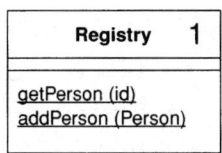

当你希望定位某一对象时，通常会从另一个与其有关联关系的对象入手，通过关联来查找目标对象。例如，如果你希望找到某一客户所有的订单，你就应从客户对象入手，通过它所提供的某个方法来获得订单对象。但是，在某些情况下，可能并没有合适的初始对象。可能知道客户的ID号而并没有指向客户对象的引用。此时，你需要某种查找方法——即一个查找器——但仍存在问题：你如何才能获得这个查找器？

注册表实际上是一个全局对象，或者至少看起来是这样——即使它实际上可能并非如此。

### 18.5.1 运行机制

与其他对象一样，你必须从接口及实现两个方面来考虑注册表的设计。与许多对象一样，二者是完全不同的，虽然人们经常错误地认为二者应当一致。

首先要考虑的是接口。对于注册表而言，我倾向于在接口中使用静态方法。类的静态方法在应用程序中任何地方都能很容易找到。而且，可以将所需的逻辑封装在静态方法中，包括对其他方法的委托，可以是静态的，也可以是实例。

但是，方法的静态性并不意味着你的数据也必须保存在静态域中。事实上，除了保存常数以外，我几乎不会使用任何静态域。

在决定以何种方式保存数据之前，你应当先考虑数据的作用域。注册表中的数据可以根据不同的执行上下文而改变。一些数据的作用域贯穿整个进程；一些只是对线程而言是全局的；一些对某次会话是全局的。不同作用域要求不同的实现，但它们的接口是一致的。应用程序员并不需要知道调用某个静态方法后返回的是进程作用域还是线程作用域的数据。你可以对不同的作用域有不同的注册表，但也可以只有一个注册表，这个注册表在不同的作用域有不同的方法。

如果你的数据对整个进程是全局的，就可以选择静态域。但是，我极少使用静态的变量，因为他们不允许替换。为了特定的目的而对注册表进行替换是极其有用的，尤其是在测试的时候（插件是实现替换的极佳途径）。

所以，对于进程作用域的注册表，通常的选择是使用单子（Singleton）[Gang of Four]。在注册表类中有一个静态域来保存注册表的实例。当人们使用单子时，经常直接访问这一内部数据（`Registry.soleInstance.getFoo()`），但我更倾向于使用隐藏这个单子对象的静态方法（`Registry.getFoo()`）。在C风格的程序语言中允许静态方法访问实例的私有数据，因此这种方式可以良好地工作。

单子在单线程应用程序中得到了广泛的使用，但是在多线程应用程序中可能会成为麻烦的根源，因为极有可能出现多个线程以不可预知的方式对同一对象进行操作的情况。可以用同步操作来解决这一问题，但是编写同步代码极其困难，在排除掉所有的bug之前你可能就已经精神崩溃了。基于这一理由，我不建议你在多线程环境下对可修改的数据使用单子模式。对于只读的常量而言，这一模式却可以工作得很好，因为不可修改的数据不会引起线程间的冲突。例如，类似于美国州名列表的数据就可以通过一个作用域为进程的注册表来实现。这种数据可以在进程启动时被加载，在运行时不会被修改，或者仅仅在某些罕见的进程中断情况下被更新。

线程作用域的数据是一种常见的注册表数据，数据库的连接就是一个很好的例子。此时许多环境会为你提供某种形式的线程专有存储（thread-specific storage），例如Java的线程局部存储（thread local storage）。另外一种方法是使用字典技术，字典以线程为键，其值即为线程的数据对象。一个连接请求会在字典中引发以当前线程为依据的查询。

需要注意的是，从使用的角度而言，线程作用域的数据与进程作用域的数据应该没有任何区别。在线程作用域的数据中，我仍然使用类似于`Registry.getDbConnection()`的方法，与进程作用域时是一致的。

字典查询技术也可用于会话作用域的数据。每个会话有一个ID，此ID在一个请求开始时记录到线程作用域的注册表中。对该会话数据的后续访问就可以通过一个以会话为关键字的映射（map）结构来定位数据，即根据线程专有存储中的会话ID来索引。

如果你在线程作用域的注册表中使用静态方法，当多个线程使用这些方法时，可能会遇上性能方面的问题。这种情况下直接访问线程中的注册表实例可以避免造成瓶颈。

一些应用程序可能只有一个注册表；一些则可能会有多个。注册表通常是根据系统层或执行上下文来分割。我倾向于以他们的使用方式而非实现来分割。

### 18.5.2 使用时机

尽管包含了对方法的封装，注册表从本质上而言仍是一个全局数据，因此用起来并不是那么容易。尽管经常在应用程序中见到可以使用注册表的某些形式，我还是尽可能通过常规的对象间引用来访问对象。基本上只有当没有其他可行途径时才可以使用注册表。

有许多可取代注册表的方法。一种途径是通过参数形式来传送经常要用到的数据。问题在于把参数加到方法调用中，但这一参数可能不是直接由被调用的方法所使用，而是调用树中更深几层的某一方法所需的。90%的时间被浪费到了这种无谓的参数传递之中，而使用注册表就可以避免这一开销。

我所见过的另一种可取代注册表的方法是为在对象创建时把指向公共数据的引用传给它。虽然这会导致构造函数会有额外的参数，但至少只有构造函数才会有这一开销。虽然许多时候它仍是得不偿失的，但当你的数据只被一部分类使用时，可以试一试这种方法。

注册表的弊端之一在于每次你增加一种新类型的数据时，注册表类必须修改。这就是为什么许多人宁愿直接使用映射来存储全局数据的原因。我倾向于使用注册表这种显式的类，因为它提供的方法是显式的，这种方式下你不会为该使用什么键值来查询你所需要的东西而迷惑，可以通过查看类的源代码或生成的文档来确定哪些是可行的。而使用映射时，只有在系统中找出所有从映射中读取或向其写入数据的地方后，才能确定使用了哪些键值，否则你就不得不依赖于那些很容易过时的文档。显式的类也允许你在静态类型的程序语言中保持类型安全。类也使得你可以封装注册表结构，从而当系统增长时很容易重构。映射是未封装的，因此难以隐藏其实现，当你不得不改变数据的执行作用域时这一点会变得尤其糟糕。

注册表还是有其用武之地的，但是务必牢记：任何全局数据在被证明无辜之前都符合"有罪推定"原则。

### 18.5.3 例：单子注册表（Java）

考虑某一应用程序，它从数据库中读取数据，然后将对它们进行处理并转换成信息。设想一个相当简单的系统，该系统使用行数据入口来访问数据。这一系统有一个查找器对象来封装数据库查询。查找器最好以实例的方式组织（而非静态），这样我们就可以通过覆盖生成可供测试用的服务桩。我们需要一个地方来放置这些查找器，注册表是一个显而易见的选择。

单子注册表是单子模式 [Gang of Four] 的一个简单例子。在单子中你使用一个静态变量来保存唯一的实例。

```
class Registry...
    private static Registry getInstance() {
        return soleInstance;
    }
    private static Registry soleInstance = new Registry();
```

所有存储在注册表中的数据都存储在这个注册表实例中。

```
class Registry...
    protected PersonFinder personFinder = new PersonFinder();
```

为了更易于访问，我将public方法声明为静态的。

```
class Registry...
    public static PersonFinder personFinder() {
        return getInstance().personFinder;
    }
```

可以通过简单创建一个新的唯一实例来重新初始化注册表。

```
class Registry...
    public static void initialize() {
        soleInstance = new Registry();
    }
```

当希望使用服务桩来测试时，我使用一个子类。

```
class RegistryStub extends Registry...
    public RegistryStub() {
        personFinder = new PersonFinderStub();
    }
```

查找器的服务桩直接返回硬编码的人员行数据入口的实例。

```
class PersonFinderStub...
    public Person find(long id) {
        if (id == 1) {
            return new Person("Fowler", "Martin", 10);
        }
        throw new IllegalArgumentException("Can't find id: " + String.valueOf(id));
    }
```

在注册表类中加入了一个在桩模式下初始化注册表的方法，但将所有与桩有关的行为置于子类中，这样有助于我将所有的测试代码分离出来。

```
class Registry...
    public static void initializeStub() {
        soleInstance = new RegistryStub();
    }
```

### 18.5.4 例：线程安全的注册表（Java）

——由Matt Foemmel和Martin Fowler撰写

前面的简单例子无法在多线程环境下工作，多线程环境下不同的线程需要各自的注册表。

Java提供了线程专有存储变量[Schmidt]，这些变量对线程而言是局部的，因此称其为线程局部变量。你可以使用它们来创建每个线程自己唯一的注册表。

```
class ThreadLocalRegistry...

    private static ThreadLocal instances = new ThreadLocal();
    public static ThreadLocalRegistry getInstance() {
        return (ThreadLocalRegistry) instances.get();
    }
```

注册表类中必须包含获取和释放注册表实例的方法。通常在一个事务或会话的边界调用它们。

```
class ThreadLocalRegistry...

    public static void begin() {
        Assert.isTrue(instances.get() == null);
        instances.set(new ThreadLocalRegistry());
    }
    public static void end() {
        Assert.notNull(getInstance());
        instances.set(null);
    }
```

然后，就可以和以前一样在注册表中保存人员查找器。

```
class ThreadLocalRegistry...

    private PersonFinder personFinder = new PersonFinder();;
    public static PersonFinder personFinder() {
        return getInstance().personFinder;
    }
```

调用注册表时，在begin和end方法之间就是使用注册表的全程。

```
try {
    ThreadLocalRegistry.begin();
    PersonFinder f1 = ThreadLocalRegistry.personFinder();
    Person martin = Registry.personFinder().find(1);
    assertEquals("Fowler", martin.getLastName());
} finally {ThreadLocalRegistry.end();
}
```

## 18.6 值对象（Value Object）

> 一个如货币或日期范围这样的小而简单的对象，判等时并不根据标识ID。

在由多种类型对象组成的对象系统中，区分引用对象和值对象是有用的。二者之中值对象通常规模小一些；它类似于许多非纯粹面向对象程序设计语言中的原始类型。

### 18.6.1 运行机制

要给出引用对象和值对象之间区别的定义并不是一件容易的事。通常来说，我们倾向于认为值对象是小对象，如货币对象或日期对象，而引用对象是大的对象，如订单或顾客。这种定义方式是简捷而非正式的。

引用对象和值对象的关键区别在于它们判别两个对象是否相等的方法。引用对象的判等是基于标识——可能是程序设计系统的内部标识，如面向对象的程序设计语言内建的标识，或者是某种类型的ID号，如关系数据库中的主键。而值对象的判等则是根据类内部的属性值。例如，如果两个日期对象的日、月、年值均相同，则这两个对象相等。

在对这两种对象进行处理时其区别就表露无遗。值对象较小而且易于创建，因此它们作为参数传递时通常是传值而不是传引用。你并不会真正去关心系统中有多少个值为2001年3月18日的对象。你也不会去关心两个对象引用是否实际上指向同一个物理对象，或者它们是否拥有不同的但值相等的拷贝。

许多程序语言并没有专门支持值对象的机制。在这种情况下，使值对象能正常工作的方法之一是令其不变——即值对象一旦创建，其属性域就不会变化。这样做是为了避免别名bug。当两个对象引用共享同一值对象时，如果拥有者之一改变了对象的值，就会发生别名bug。例如，Martin的受雇日期为3月18日，而Cindy的受雇日期也是这一天。如果Martin后来将他的受雇日期中的月份改为5月，Cindy的受雇日期也会发生改变。不管这一改变是否正确，它并不是人们所预期的。通常对于这种小的值，人们的习惯思维是用一个令Martin的日期对象引用直接指向一个新的日期对象来改变受雇日期。使值对象不变符合这种预期。

值对象不应作为完整记录而持久化，应当把它作为嵌入值或序列化LOB。值对象较小，因此嵌入值往往是最佳的选择，因为它允许SQL查询使用值对象中的数据。

如果正在做大量的二进制序列化工作，你会发现对值对象的序列化进行优化可以改善性能，特别是在Java这类对值对象并不区别对待的语言中。

值对象的示例可以参见货币模式。

### .NET实现

.NET对值对象有良好的支持机制。在C#中通过声明一个对象为结构而不是类就将它标记为值对象。编程环境在处理这一对象会采用值语义。

### 18.6.2 使用时机

当某事物的判等不是基于其标识时，你就可以将其作为值对象处理。对于任何小且易于创建的对象也可以考虑使用值对象。

#### 名字争议

我已经多次见到用术语"值对象"命名本模式。但最近我发现J2EE社团中 [Alur et al.] 使用这一术语指称数据传输对象，这在设计模式界引发了一场混乱。在模式的命名上经常发生名字争议，这只是其中之一。最近 [Alur et al.] 决定改用术语"传输对象"。

我在本书中仍沿用"值对象"来命名本模式，这样可以与我以前的文章保持一致。

## 18.7 货币（Money）

*表示一个货币值。*

世界上大部分计算机都用于处理与货币有关的数据，而在主流程序设计语言中货币居然没有成为一种重要的数据类型，这一直令我感到很困惑。这种数据类型的缺失会导致一系列问题，

```
         ┌─────────────────┐
         │      Money      │
         ├─────────────────┤
         │ amount          │
         │ currency        │
         ├─────────────────┤
         │ +, -, *         │
         │ allocate        │
         │ >, >, <=, >=, = │
         └─────────────────┘
```

其中最明显的与币种有关。如果你的所有计算只在某一币种上进行，这还不是一个大问题。但一旦涉及多个币种，例如希望把美元金额与日元金额相加，而不需考虑币种不同时，问题就会凸现。更微妙的问题是舍入取整。货币计算通常要根据最小的货币单位进行舍入取整。但这样做很容易由于舍入误差而丢失一些很小的金额（或者使你无法收支平衡）。

面向对象的程序设计使你可以通过创建一个处理货币的货币类来解决这类问题。令人感到奇怪的是，居然没有任何主流的类库提供这个类。

### 18.7.1 运行机制

基本的思路是创建一个货币类，在其中保存金额和币种。可以以整型或定点小数的方式来保存金额。定点小数有助于某些货币操作，而整型则在其他一些操作时比较方便。你应当绝对避免使用任何类型的浮点数，因为它们会带来舍入问题，而这一问题正是货币模式要避免的。大多数时候人们希望金额数按最小货币单位取整，如美元中的分。但是，有时却还是需要小数部分的。弄清你所正处理的货币属于哪一种情况很重要，尤其是应用程序中两种情况都会出现时。这两种情况在运算时行为会有很大差异，因此可以视为两种不同的类型。

货币是一个值对象，因此应当对其判等操作和哈希操作根据金额和币种进行重载。

货币类需要提供算术操作，以便使货币对象可以像普通数字一样易用。但是，货币类的算术操作与以数字形式进行的货币运算有一些关键的区别。最显然的一点是任何加减都必须是币种相关的，这样你对不同币种的货币相加作出响应。最简单也是最常见的方法是将不同币种的相加视为一个错误。在一些较复杂的情况下，你可以使用Ward Cunningham的"钱包"方法。"钱包"是一个将多个币种的货币集中放在一起的对象。这一对象可以像任何一般的货币对象一样参与计算，也可以转成某种币种来衡量其价值。

乘法和除法也由于舍入取整问题而变得更得杂。对货币的乘法也就是乘以某个标量。如果你想在账单上增加5%的税，你会乘以0.05，所以货币乘法也是常规的算术运算。

复杂性来自于舍入取整，尤其是有多方参与的资金分配时。以下是Matt Foemmel提供的一个简单的问题。假定某条业务规则规定我必须将资金总额分配到两个账户：一个账户70%，另一账户30%。现在我要分配5分钱，算术运算的结果分别是3.5分和1.5分。无论哪种取整方式我都会陷入困境。如果四舍五入的话，1.5分就变成了2分，3.5分变成了4分，我最后会多出一分钱。如果向下取整则只有4分钱，向上取整变成了6分钱。因此，没有一种可以应用到两处账户之上的普通的取整方法，它既不会丢失又不会增加小笔的资金额。

我曾见过此问题的解决方案有如下几种：

- 最常见的方法可能是置之不理——毕竟只有一分钱的差额。但是这显然会使会计不知所措。
- 分配时，最后一笔钱为资金总额与已分配资金的差额。这避免了账面的不平衡，但是分配误差被累积到了最后分配的那笔资金中。
- 允许货币类的用户在调用方法时声明取整方式。这样就允许程序员对70%的那部分资金声明为向上取整，对30%的那部分资金声明为向下取整。当你在十个而非两个账户间分配资金时事情会变得复杂化，你仍然需要记住声明每个账户的取整方式。为确保人们能记住这一点，我见过一些货币类在乘法操作时强制性地要求一个取整方式参数。这样做不仅可以迫使程序员考虑其所需的取整方式，也可以提醒程序员去撰写相应的测试程序。但是，当你有大量的税额计算且它们都以同样的方式取整时，逐一指定就会使得程序变得凌乱不堪。
- 我最欣赏的方法是在货币类中添加一个分配器函数。该函数的参数是指明一组分配比例的数字（它的调用形式看起来可能像aMoney.allocate([7,3])）。分配器返回一组分配后的金额，并且保证没有一分钱的误差，所有误差都以伪随机的方式（从外界看起来是如此）分配到每笔资金中。分配器也有其缺点：你必须记得使用它，而且很难对其施加某种误差分配的精确规则。

此处的核心问题是：你使用乘法的目的是按比例计算费用（如税额）还是在多方参与时分配一笔资金。乘法适于前者，但对后者而言，分配器更佳。确定你为什么要对货币值进行乘法或除法运算是至关重要的。

你可能会希望使用类似于aMoney.convertTo(Currency.DOLLARS)的方法将一个币种换算成另一币种。最容易的实现途径是先查询汇率表，然后再乘以汇率。这一方法在大多数情况下可以正常工作，但某些情况例外——原因还是舍入取整问题。欧洲的各种币种之间的换算规则明确规定了取整方式，此时简单的乘法就无法获得正确结果。因此，明智的方法是使用一个转换器对象来封装换算的算法。

比较操作可以让你对多笔资金排序。与加法操作一样，比较操作也应当是币种相关的。你可以在所比较的币种不同时抛出异常，也可以在换算之后再比较。

货币类中可以封装显示金额的行为，这样可以更容易地在用户界面或报表上获得良好的显示。货币类还可以对输入字符串进行语法分析，以提供币种相关的输入机制，这对用户界面而言也是极有用的。可以调用你所使用平台的运行库来实现这些方法。越来越多的平台提供全球化支持，可以为特定的国家提供相应的数字格式。

将货币类存到数据库中通常会存在一些问题，因为数据库似乎并不能理解货币的特殊性（数据库的销售商却知道赢利的重要性）。一般的方法是使用嵌入值，这样会为每一笔资金保存一个币种域。但这种方法有时候会画蛇添足，例如当某一账户上每笔资金的币种都是英镑时。此时你可以将币种保存在账户中，并修改数据库映射机制以便你读取每一笔资金的同时可以得到该账户的币种。

## 18.7.2 使用时机

我在面向对象的环境下使用货币模式来处理几乎所有与货币有关的计算。主要的原因是货币类封装了舍入取整的处理行为，从而减少了取整误差所带来的问题。另一个原因是使用货币类时，涉及多币种的计算将更为容易。最常见的对货币模式的反对意见是其性能，但我几乎没有听说过使用该模式后出现明显性能差异的案例，而且封装通常使得性能微调更为容易。

### 18.7.3 例：货币类（Java）

——由Matt Foemmel和Martin Fowler撰写

首先要考虑金额采用哪种数据类型。如果有人不相信使用浮点数会带来麻烦，可以让他们运行一下以下的代码。

```
double val = 0.00;
for (int i = 0; i < 10; i++) val += 0.10;
System.out.println(val == 1.00);
```

浮点类型被排除以后，就只剩下定点小数和整数可供选择，在Java中有三种定点小数和整数的数据类型：`BigDecimal`、`BigInteger`和`long`。使用整数值可使得内部运算更为容易。如果选择`long`，我们就直接使用了基本类型，其数学表达式可读性较好。

```
class Money...

    private long amount;
    private Currency currency;
```

我在前面的程序中使用了一个整型的金额，即用最小货币单位衡量的金额，我称这一货币单位为"分"。如果金额过大，使用long就会导致溢出。如果你所给的金额为92 233 720 368 547 758.09美元，我们就只能为你写一个使用`BigInteger`类型的版本。

为实际生活中的不同数字形式提供不同的构造函数是有用的。

```
public Money(double amount, Currency currency) {
    this.currency = currency;
    this.amount = Math.round(amount * centFactor());
}
public Money(long amount, Currency currency) {
    this.currency = currency;
    this.amount = amount * centFactor();
}
private static final int[] cents = new int[] { 1, 10, 100, 1000 };
private int centFactor() {
    return cents[currency.getDefaultFractionDigits()];
}
```

不同的币种有不同的小数位数。Java 1.4的币种类可以告诉你该币种所对应的小数位数。我们也可以通过依次乘以十的办法来确定某个数的小数位数，但是在Java中这种办法代价巨大，还不如像前述代码中一样用数组保存来得容易（可能也更快捷）。但如果有人用了四位小数，前述代码就会无法处理。

虽然大多数情况下你会直接使用货币类的操作，但有些场合还是需要访问类底层的数据成员。

```
class Money...

    public BigDecimal amount() {
        return BigDecimal.valueOf(amount, currency.getDefaultFractionDigits());
```

```
    }
    public Currency currency() {
        return currency;
    }
```

应当经常分析你的存取器运用方式。几乎总会存在一条不会打破封装的更好途径。例外之一是数据库映射，如在嵌入值模式中。

如果你在表示精确金额时经常使用的是某一固定的币种，那么一个辅助构造函数是有用的。

class Money...

```
    public static Money dollars(double amount) {
        return new Money(amount, Currency.USD);
    }
```

货币对象是值对象，因此你需要定义equals方法。

class Money...

```
    public boolean equals(Object other) {
        return (other instanceof Money) && equals((Money)other);
    }
    public boolean equals(Money other) {
        return currency.equals(other.currency) && (amount == other.amount);
    }
```

有了equals方法，就必须有hashCode方法。

class Money...

```
    public int hashCode() {
        return (int) (amount ^ (amount >>> 32));
    }
```

以下是加减法的算术操作。

class Money...

```
    public Money add(Money other) {
        assertSameCurrencyAs(other);
        return newMoney(amount + other.amount);
    }
    private void assertSameCurrencyAs(Money arg) {
        Assert.equals("money math mismatch", currency, arg.currency);
    }
    private Money newMoney(long amount) {
        Money money = new Money();
        money.currency = this.currency;
        money.amount = amount;
        return money;
    }
```

注意：此处使用了一个私有的工厂方法，它并不做通常构造货币对象时需要做的货币单位的转换，即不将输入金额转换成基于分币的表示。我们在货币类代码内部将会使用若干次该方法。

加法操作被定义以后，减法也可以如法炮制。

class Money...

```
public Money subtract(Money other) {
    assertSameCurrencyAs(other);
    return newMoney(amount - other.amount);
}
```

比较操作的基本方法是 `compareTo`。

```
class Money...

    public int compareTo(Object other) {
        return compareTo((Money)other);
    }
    public int compareTo(Money other) {
        assertSameCurrencyAs(other);
        if (amount < other.amount) return -1;
        else if (amount == other.amount) return 0;
        else return 1;
    }
```

虽然目前大多数的Java类只提供这一比较操作，但我们发现提供如下一些额外的比较方法将会提高代码的可读性。

```
class Money...

    public boolean greaterThan(Money other) {
        return (compareTo(other) > 0);
    }
```

现在我们来看看乘法。我们提供了一种默认的取整模式，但你也可以自己设定。

```
class Money...

    public Money multiply(double amount) {
        return multiply(new BigDecimal(amount));
    }
    public Money multiply(BigDecimal amount) {
        return multiply(amount, BigDecimal.ROUND_HALF_EVEN);
    }
    public Money multiply(BigDecimal amount, int roundingMode) {
        return new Money(amount().multiply(amount), currency, roundingMode);
    }
```

如果你要在多个对象之间分配一笔资金而且不想丢失小额资金，你就需要一个专门方法来做到这一点。最简单的分配方法是在多个对象之间平分。

```
class Money...

    public Money[] allocate(int n) {
        Money lowResult = newMoney(amount / n);
        Money highResult = newMoney(lowResult.amount + 1);
        Money[] results = new Money[n];
        int remainder = (int) amount % n;
        for (int i = 0; i < remainder; i++) results[i] = highResult;
        for (int i = remainder; i < n; i++) results[i] = lowResult;
        return results;
    }
```

而复杂一些的分配算法则可以按任何比例进行分配。

```
class Money...
    public Money[] allocate(long[] ratios) {
        long total = 0;
        for (int i = 0; i < ratios.length; i++) total += ratios[i];
        long remainder = amount;
        Money[] results = new Money[ratios.length];
        for (int i = 0; i < results.length; i++) {
            results[i] = newMoney(amount * ratios[i] / total);
            remainder -= results[i].amount;
        }
        for (int i = 0; i < remainder; i++) {
            results[i].amount++;
        }
        return results;
    }
```

可以使用这一方法来解决前面Foemmel提出的问题。

```
class Money...
    public void testAllocate2() {
        long[] allocation = {3,7};
        Money[] result = Money.dollars(0.05).allocate(allocation);
        assertEquals(Money.dollars(0.02), result[0]);
        assertEquals(Money.dollars(0.03), result[1]);
    }
```

## 18.8 特殊情况（Special Case）

针对特殊情况提供特殊行为的子类。

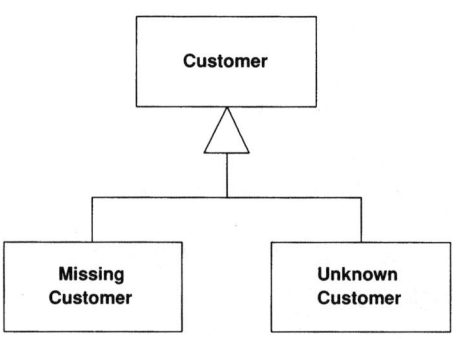

空值对于面向对象的程序来说难于处理，因为它会破坏多态性。通常可以在一个给定类型的引用变量之上自由调用诸如foo之类的方法，而不用担心该引用所指向的是否恰为给定类型还是它的一个子类。对于强类型的程序语言，你甚至可以让编译器来检查这一调用是否正确。但是，由于一个引用变量可能为空，因此你可能会因为调用空值对象的方法而产生运行时错误，这会引发一个异常并显示出错时的堆栈跟踪列表。

如果一个变量的值可能为空，就必须记得在使用它之前进行空值测试，这样你才能保证即使其值为空也可以正常运行。通常，正确的事在许多上下文中是相同的，因此你在程序中许多地方都书写相似的判空代码——这会造成大量的冗余代码。

空值问题只是这类问题的一个常见例子，还有许多这类问题。在数字系统中，你必须处理"无限"，它对加法等操作有其特殊的规则，与真实的数字所采用的规则并不相同。我在商业软件开发中最早经历的一个这类例子是一个公共事业服务公司的顾客，而我们并不完全了解他，因此就将他称为"居民"。所有这些特殊情况都意味着对类型的一般行为的变更。

返回一个"特殊情况"，它具有与调用者原来的预期相一致的接口，而非返回空值或某个奇怪的值。

### 18.8.1 运行机制

基本思想是创建一个处理特殊情况的子类。例如，如果你有一个顾客对象而且你想避免空值检测，你可以创建一个"空顾客"对象。在特殊情况子类中重载所有的顾客类的方法，提供一些无害的行为。然后，只要你有一个空值，你就使用一个空顾客对象来代替它。

通常没有理由来区分空顾客类实例之间的区别，因此你可以利用Flyweight模式［Gang of Four］来实现特殊情况。当然也不一定总能如此。对于一个公共事业服务公司，即使你由于"居民"资料不全而无法开账单，但你可以累积其欠费额，因此有必要将不同的"居民"区别对待。

"空"也可以有不同的含意。"空顾客"可能意指没有顾客，也可以意指有一个我们不认识的顾客。可以考虑使用不同的特殊情况子类来表示没有顾客或无法确定身份的顾客，而不是简单地使用一个空顾客类。

当在"特殊情况"子类中对方法进行覆盖时，一个常用的套路是返回另一个特殊情况对象。例如，如果你询问某一无法确定身份顾客的最后一份账单，可能会得到一个"未知账单"对象。

IEE754浮点运算中的正无穷、负无穷和非数（NaN）提供了一个应用特殊情况模式的好例子。如果你的除数为0，系统就会返回一个NaN，而不是一个你必须处理的异常。NaN可以像一般的浮点数一样参与算术运算。

### 18.8.2 使用时机

当你在系统中有多处地方需要在对某一特定类的实例进行条件检测，然后做相似的动作，或者在空值检测后做相同的动作，你就可以应用特殊情况模式。

### 18.8.3 进一步阅读

我尚未见过有书籍将特殊情况作为一个模式，但在［Woolf］中已经详述了**空对象**（Null Object）模式。如果不介意的话，可以将空对象视为特殊情况的一个特例。

### 18.8.4 例：一个简单的空对象（C#）

以下是一个通过空对象实现特殊情况模式的简单示例。

我们有一个常规的雇员类。

```
class Employee...
    public virtual String Name {
       get {return _name;}
       set {_name = value;}
    }
    private String _name;
    public virtual Decimal GrossToDate {
       get {return calculateGrossFromPeriod(0);}
    }
    public virtual Contract Contract {
       get {return _contract;}
    }
    private Contract _contract;
```

在"空雇员"类中重载了雇员类的方法。

```
class NullEmployee : Employee, INull...
    public override String Name {
       get {return "Null Employee";}
       set {}
    }
    public override Decimal GrossToDate {
       get {return 0m;}
    }
    public override Contract Contract {
       get {return Contract.NULL;}
```

注意当向一个空雇员询问其雇佣合同时，将会得到一个"空合同"。

此处的默认值避免了许多出现空值时的空值检测。重复出现的空值默认由空对象来处理。你也可以显式地测试一个对象是否为空对象，这可以通过为顾客类增加一个 isNull 方法或者通过检测一个标记接口的类型来实现。

## 18.9 插件（Plugin）

——由David Rice和Matt Foemmel撰写

在配置时而非编译时连接类。

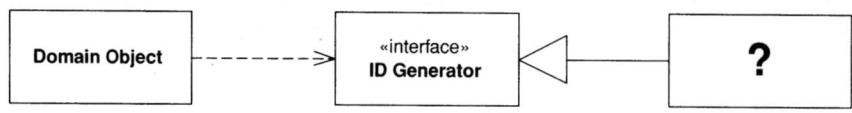

当应用程序代码需要在多个环境中运行，且每个环境下对特定行为需要不同的实现时，通常会使用分离接口模式。大多数开发人员通过编写一个工厂方法来在不同环境下生成相应的实现。假定通过分离接口来定义你的主键生成器，以便你可以使用一个简单的内存计数器来进行软件的单元测试，而在真实产品中使用由数据库管理的序列。你的工厂方法很可能包含一个条件判断语句，这一语句检查一个局部环境变量以确定系统是否处于测试模式，并返回正确的主键生成器。当你有数个工厂以后，你的手头就会变得一团糟。建立一个新的部署配置——如

"对内存中的数据库执行单元测试,并且不进行事务控制"或者"以产品模式在DB2数据库上运行,并且进行完整的事务控制"——需要在多个工厂中修改条件语句,然后重新编译和部署。配置工作不应当如此分散在整个应用程序之中,也不应当需要重新的编译和部署。插件模式通过提供集中化的、运行时配置的方法解决了这些问题。

### 18.9.1 运行机制

首先要做的是通过分离接口定义所有那些在不同运行环境下有不同实现的行为。除此之外,我们还使用基本的工厂模式,只对它增加了若干特殊的要求。插件工厂要求指明某一环境下,接口与哪一个实现连接的指令在一个单独的、代码之外的地方进行声明,以便配置具有可管理性。此外,与实现的连接必须是在运行时动态进行,而不是在编译时进行,这样才能在重配置后无需重新编译。

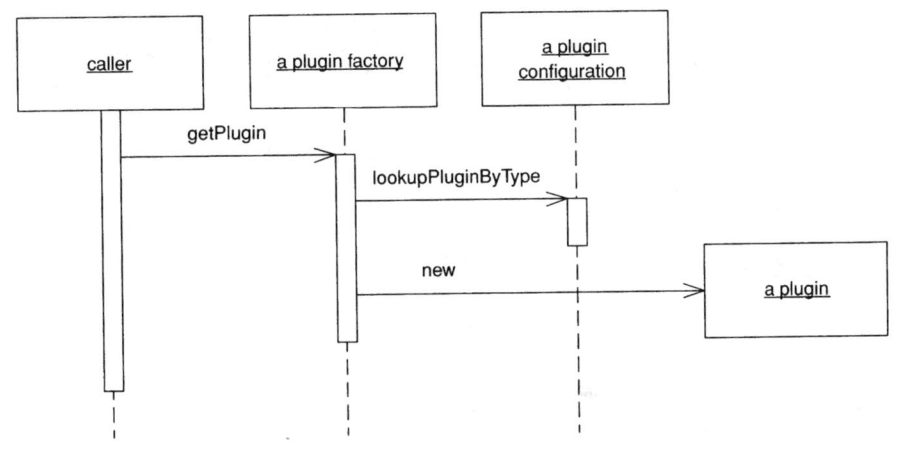

图18-2 调用者通过分离接口获得插件的实现

文本文件可以很好地描述连接规则。插件工厂只不过简单地读取文本文件,查找指定当前环境下所需接口对应哪一个实现的项,然后返回相应实现。

插件模式在具有反射机制的程序语言中可以充分发挥其优势,因为工厂可以动态构造实现对象,而无需在编译时就与实现类存在依赖关系。当使用反射机制时,配置文件必须包含从接口名到实现类名的映射。工厂可以独立置于框架包中,而且当在配置选项中增加新的实现类时无需改变工厂。

即使没有使用支持反射机制的程序语言,插件仍然有其存在的价值,它创建了一个中心配置点。仍然可以使用一个文本文件来设定连接规则,唯一的区别在于你的工厂将使用一个条件判断逻辑来将接口映射到实现。每一个实现类型在工厂中都要考虑到——实际中的实现类型的数量不会太多。一旦你在代码中增加了一个新的实现类,你所要做的只是在工厂的方法中增加一个新的选项。为了执行层间和包间依赖关系的编译检查,可以将工厂放到一个独立的包中以避免破坏编译过程。

### 18.9.2 使用时机

只要有行为在不同运行环境下要求不同的实现时，就应使用插件模式。

### 18.9.3 例：ID生成器（Java）

正如前面所述，键或者ID的生成是一个实现随部署环境变化而变化的任务（见图18-3）。

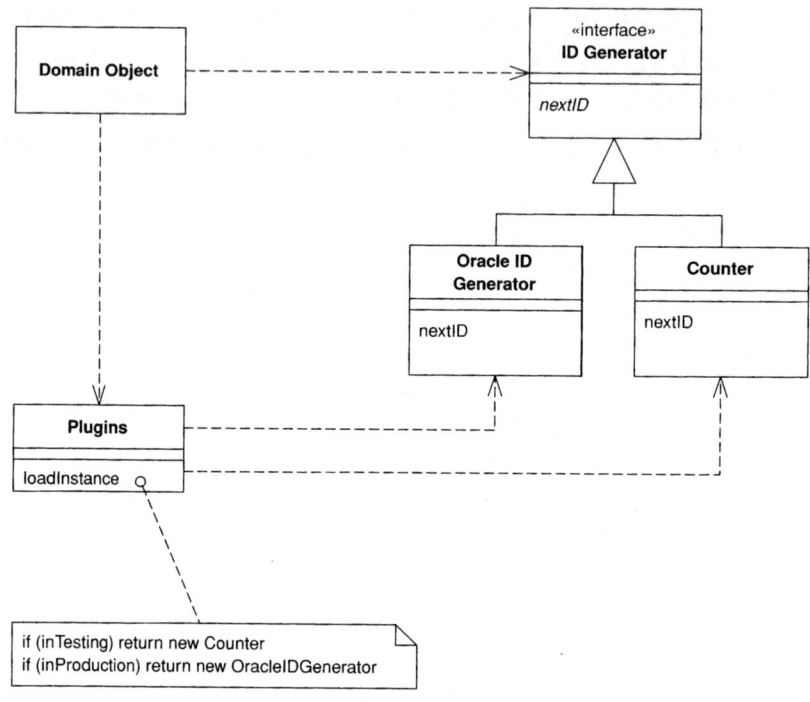

图18-3　多个ID生成器

首先我们写一个IdGenerator的分离接口以及所有必需的实现。

interface IdGenerator...

```
public Long nextId();
```

class OracleIdGenerator implements IdGenerator...

```
public OracleIdGenerator() {
    this.sequence = Environment.getProperty("id.sequence");
    this.datasource = Environment.getProperty("id.source");
}
```

在OracleIdGenerator类中，`nextId()`从所指定的数据源中指定的序列里选取下一可用的数字。

class Counter implements IdGenerator...

```
private long count = 0;
public synchronized Long nextId() {
    return new Long(count++);
}
```

现在我们需要构造某些东西：写一个插件工厂以实现当前接口到实现的映射。

```
class PluginFactory...
    private static Properties props = new Properties();
    static {
        try {
            String propsFile=System.getProperty("plugins");
            props.Load(new FileInputStream(propsFile));
        } catch (Exception ex) {
            throw new ExceptionInInitializerError(ex);
        }
    }
    public static Object getPlugin(Class iface) {
        String implName = props.getProperty(iface.getName());
        if (implName == null) {
            throw new RuntimeException("implementation not specified for " +
                                      iface.getName() + " in PluginFactory propeties.");
        }
        try {
            return Class.forName(implName).newInstance();
        } catch (Exception ex) {
            throw new RuntimeException("factory unable to construct instance of " +
                                      iface.getName());
        }
    }
```

注意：我们通过查询一个名为plugins的系统属性来载入配置文件，该属性定位了包含连接指令的文件。有许多可选的方法来定义和保存连接指令，但我们发现简单的属性文件是最容易的途径。为了在机器上任何地方更简单地指定一个新的配置文件，最好使用系统属性来定位文件，而不要在classpath中查找。当你在开发环境、测试环境和产品环境之间改动架构时，这样做会带来极大的方便。以下为两个不同的配置文件，一个是测试用的，一个是产品的：

```
config file test.properties...
    # test configuration
    IdGenerator=TestIdGenerator

config file prod.properties...
    # production configuration
    IdGenerator=OracleIdGenerator
```

我们重新回到IdGenerator接口，在其中增加一个静态的INSTANCE成员，该成员通过调用插件工厂来初始化。这样将插件模式和单子模式结合在一起，使得生成ID的代码极为简单且具有良好的可读性。

```
interface IdGenerator...
    public static final IdGenerator INSTANCE =
        (IdGenerator) PluginFactory.getPlugin(IdGenerator.class);
```

现在知道我们必定可以得到与环境对应的正确的ID，因此就可以进行相关的调用了。

```
class Customer extends DomainObject...
```

```
private Customer(String name, Long id) {
    super(id);
    this.name = name;
}
public Customer create(String name) {
    Long newObjId = IdGenerator.INSTANCE.nextId();
    Customer obj = new Customer(name, newObjId);
    obj.markNew();
    return obj;
}
```

## 18.10 服务桩（Service Stub）

——由David Rice撰写

在测试时移除对有问题服务的依赖。

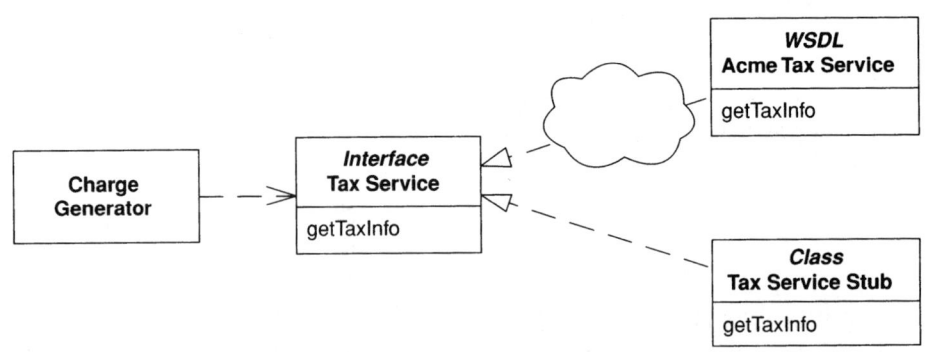

企业级系统通常要依赖于对第三方服务（例如信用评分、税率查询和价格引擎）的访问。有这类系统开发经验的开发人员都知道：如果依赖于完全不受自己控制的外部资源，通常会使软件项目受挫。第三方服务的特性是不可预知的，而且这些服务通常是远程的，因而软件性能和可靠性也会受到损害。

这一问题最起码减缓了开发进程。开发人员要么坐在计算机面前无所事事地等待服务结果通过线路返回，要么对代码进行大量的删改以使其兼容已发布的接口。更糟糕而又极可能发生的情况是，这种依赖关系可能会导致测试无法进行，从而使得开发周期成倍增长。当测试无法进行时，开发进程就无法向前推进。

在测试时，用运行在本地的、快速的、位于内存中的服务桩来代替服务将会改善你的开发经验。

### 18.10.1 运行机制

首先使用入口来定义一个服务的访问点。入口不应当是一个类，而应当是一个分离接口，这样就可以有一个调用实际服务的实现和至少一个服务桩的实现。所需的入口实现应当以插件的方式载入。编写服务桩的关键在于使之尽可能简单——复杂性只会令你无法实现你的目的。

我们来分析建立一个销售税服务的服务桩过程。该服务在给定一个地址、产品类型和销售总额时返回应缴的州销售税额和税率。创建一个服务桩的最简方法是仅编写几行代码,为所有的请求提供一个统一的税率。

当然,税收规则并非如此简单。在某些特定的州,某些指定的产品是免税的,所以我们必须依靠实际的税收服务来得知哪一个产品和州的组合是免税的。但是,我们应用程序的许多功能是由是否交税来决定的,因此需要在服务桩中模拟免税。将这一行为增加到桩中的最简单办法是通过一个条件判断语句,对某一特定的地址和产品的组合免税,并在所有相关的测试用例中都使用同样的数据。此时桩中的代码行数仍是寥寥可数。

更为动态的服务桩中维持一个免税的产品与州组合的列表,而且允许测试用例扩充该列表。即使这样,所需的代码也不过10行左右。只有保持了服务桩的简单性才可以实现我们的目的——加快开发进程。

动态服务桩带来了一个有趣的问题,这个问题与服务桩和测试用例之间的依赖有关。服务桩通过一个setup方法来增加在原始税收服务入口的接口中没有的免税品组合。为了使用插件来载入服务桩,这一方法必须被加到入口类中。这是个好办法,因为它不会给你的代码中增加太多干扰,并且是为了测试才这么做的。但你要确保当入口实现调用实际服务时,所有测试用的方法都会抛出断言失效。

### 18.10.2 使用时机

当你发现对某一特定服务的依赖妨碍你的开发和测试时,就应当使用服务桩。

许多极限编程的实践者使用术语**"模拟对象"**(Mock Object)来代替服务桩,但我们依旧沿用已经使用很长时间的术语"服务桩"。

### 18.10.3 例:销售税服务(Java)

我们的应用程序使用了一个被部署为Web service的税收服务。我们所关心的第一个问题是定义一个入口,以便我们的领域代码无需与奇妙难测的Web service直接打交道。入口被定义为一个分离接口,它能够很方便地加载我们所编写的任何服务桩。我们将使用插件来载入恰当的税收服务实现。

```
interface TaxService...

    public static final TaxService INSTANCE =
        (TaxService) PluginFactory.getPlugin(TaxService.class);
    public TaxInfo getSalesTaxInfo(String productCode, Address addr, Money saleAmount);
```

简单的统一税率的服务桩形式如下:

```
class FlatRateTaxService implements TaxService...

    private static final BigDecimal FLAT_RATE = new BigDecimal("0.0500");
    public TaxInfo getSalesTaxInfo(String productCode, Address addr, Money saleAmount) {
        return new TaxInfo(FLAT_RATE, saleAmount.multiply(FLAT_RATE));
    }
```

以下为一个对某个特定地址与产品组合免税的服务桩。

```
class ExemptProductTaxService implements TaxService...
    private static final BigDecimal EXEMPT_RATE = new BigDecimal("0.0000");
    private static final BigDecimal FLAT_RATE = new BigDecimal("0.0500");
    private static final String EXEMPT_STATE = "IL";
    private static final String EXEMPT_PRODUCT = "12300";
    public TaxInfo getSalesTaxInfo(String productCode, Address addr, Money saleAmount) {
        if (productCode.equals(EXEMPT_PRODUCT) && addr.getStateCode().equals(EXEMPT_STATE)) {
            return new TaxInfo(EXEMPT_RATE, saleAmount.multiply(EXEMPT_RATE));
        } else {
            return new TaxInfo(FLAT_RATE, saleAmount.multiply(FLAT_RATE));
        }
    }
```

以下为一个更动态的服务桩，它的方法允许测试用例扩充或重置免税组合列表。每次我们觉得有必要增加某一测试用的方法时，都必须回头在已有的入口实现中增加相应的方法，从前面的简单服务桩实现到调用实际税收Web service的实现。不使用的测试方法都应掷出断言失效。

```
class TestTaxService implements TaxService...
    private static Set exemptions = new HashSet();
    public TaxInfo getSalesTaxInfo(String productCode, Address addr, Money saleAmount) {
        BigDecimal rate = getRate(productCode, addr);
        return new TaxInfo(rate, saleAmount.multiply(rate));
    }
    public static void addExemption(String productCode, String stateCode) {
        exemptions.add(getExemptionKey(productCode, stateCode));
    }
    public static void reset() {
        exemptions.clear();
    }
    private static BigDecimal getRate(String productCode, Address addr) {
        if (exemptions.contains(getExemptionKey(productCode, addr.getStateCode()))) {
            return EXEMPT_RATE;
        } else {
            return FLAT_RATE;
        }
    }
```

我们并未给出调用Web service来获得实际税收数据的实现。虽然实际应用时我们的插件会将税收服务接口与之相连接，但测试用的插件配置只会连接到以上已实现的某一个合适的服务桩。

最后，任何税收服务的调用者都必须通过入口来访问该服务。以下为一个缴费生成器，它首先计算标准的费用，然后调用税收服务以得到相应的应缴税额。

```
class ChargeGenerator...
    public Charge[] calculateCharges(BillingSchedule schedule) {
        List charges = new ArrayList();
        Charge baseCharge = new Charge(schedule.getBillingAmount(), false);
        charges.add(baseCharge);
        TaxInfo info = TaxService.INSTANCE.getSalesTaxInfo(
            schedule.getProduct(), schedule.getAddress(), schedule.getBillingAmount());
        if (info.getStateRate().compareTo(new BigDecimal(0)) > 0) {
            Charge taxCharge = new Charge(info.getStateAmount(), true);
            charges.add(taxCharge);
```

```
        }
        return (Charge[]) charges.toArray(new Charge[charges.size()]);
    }
```

## 18.11 记录集（Record Set）

表格数据在内存中的表现方式。

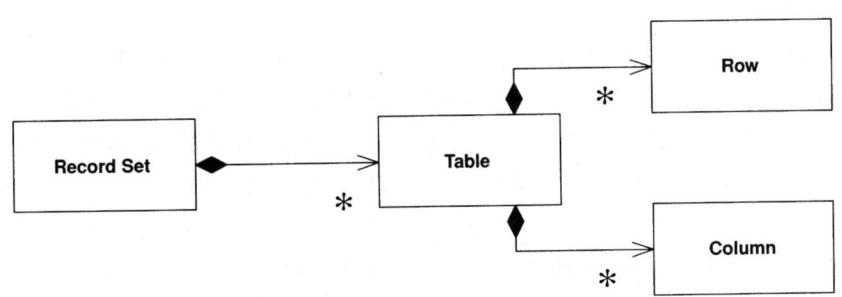

在过去20年中，在数据库中表示数据的主流方式是关系表格形式。在大大小小的数据库公司和比较标准的查询语言支持下，几乎我所见到的每一个新的软件项目都使用关系数据。

在此基础之上涌现了许多快速开发用户界面的工具。这些数据相关的用户界面框架均要求底层数据以关系形式组织，而且它们提供了各种用户界面部件，使得我们几乎不需要编程就可以浏览和操作数据。

这些工具的缺陷在于虽然它们使数据的显示和简单更新变得极为容易，但在其中并没有预留任何真正用来放置业务逻辑的部件。没有适合于放置比"该日期是否合法"稍复杂一些的校验、业务规则和业务计算的地方。要么将它们作为存储过程挤到数据库中，要么与界面代码混杂在一起。

记录集模式的思想是通过一个内存中的数据结构来提供解决这一问题的完整方案，该数据结构看起来与SQL查询的结果极为类似，但是它可以由系统中其他部件来生成和操控。

### 18.11.1 运行机制

记录集通常无需你亲自创建，而是由所用软件平台的销售商提供。ADO.NET中的data set和JDBC2.0中的row set都是记录集的例子。

记录集最根本的一点在于它看起来很像数据库查询的结果。这意味着你可以使用传统的两层结构，即发布一个查询并把数据直接传递给数据相关的用户界面，从而使得你可以充分利用所有已有的快速开发用户界面工具的便利性。其次，可以很容易自己创建一个或者从数据库查询中得到一个记录集，而且可以很容易利用领域逻辑代码操控它。

虽然软件平台通常提供了记录集，但你也可以自己创建一个。问题在于如果没有数据相关的界面工具，这样做的意义并不太大，因为你还得自己去创建一个界面工具。无论是自己创建还是由软件平台提供，都可以把记录集的结构想像成一个映射列表。映射列表在许多动态脚本语言中是很常见的。

能够断开记录集与其数据源连接的能力十分有价值。这允许你在网络范围内传送记录集而不用担心数据库连接。而且，如果你可以序列化记录集，那么它也可以作为应用程序中的数据传输对象。

中断连接引发了一个新的问题：当你对记录集进行更新时会发生什么？越来越多的平台把记录集当作工作单元的一种形式，从而使你可以修改记录集并把修改提交到数据源。数据源通常可使用乐观离线锁来检查是否存在冲突，如果没有则将修改写到数据库中。

**显式接口**

大多数记录集的实现使用了**隐式接口**（implicit interface），即，从记录集中获取信息时，你会调用一个通用方法，其参数指明你需要访问的数据域。例如，使用一个类似aReservation ["passenger"]的表达式来获得预订了航班的乘客信息。显式接口则需要一个定义了方法和属性的真实reservation类。有了显式的reservation类后，获取乘客信息的表达式就可能形如aReservation.passenger。

隐式的接口更为灵活，你可以对各种类型的数据使用一个通用的记录集，而无需每次定义一种新的记录集时写一个新的类。但是我发现一般来说隐式接口弊大于利。如果程序中要处理航班预订，我如何才能知道怎样获得乘客信息呢？是使用字符串"passenger"还是"guest"，或者"flyer"呢？唯一的办法是查看源码来找出航班预订的数据结构是在哪儿创建的，从而查出其用法。如果我有一个显式的接口，我就可以查看航班预订类的定义而获得到查询属性的方法。

这一问题在静态类型的语言中更为严重。如果想获得乘客姓名中的名字，我不得不使用形如 ((Person) aReservation ["passenger"]) .lastName的复杂表达式，但若编译器中缺乏所有的类型信息，我还不得不手工输入这些信息。显式接口则可以保存类型信息，因此我可以使用aReservation.passenger.lastName。

基于上述理由，我通常对隐式接口持反对意见。同样，我并不过分热衷于在记录集中使用隐式接口。但隐式接口在记录集模式中还是有些许优势的。记录集中通常保存数据库中的合法列的信息，而且在创建记录集的SQL语句中必会指明列名，因此当你要找到某一属性并不会太困难。

但是我还是推荐使用一个显式接口。ADO.NET中的显式接口是通过提供强类型数据集合（data set），提供显式和完全类型接口的记录集来实现的。由于一个ADO.NET的数据集可以包含多个表及表间的关系，因此强类型的数据集也提供了可以使用关系信息的属性。这些类是从XSD数据集的定义中生成的。

隐式接口更为常见，所以我在本书的示例中使用了无类型的数据集。但是，对于使用ADO.NET的产品来说，我还是建议在代码中使用强类型的数据集。在非ADO.NET环境下，我建议你使用自动代码生成来创建自已的显式记录集。

### 18.11.2 使用时机

我的看法是，当你有一个环境依赖于记录集结构并将之作为操控数据的通用方法时，记录集就有了其存在的价值。许多用户界面工具使用记录集，并且这也是你为什么要使用记录集的一个强有力的理由。如果有这样一个环境，你应当使用表模块（见9.3节）来组织你的领域逻辑：从数据库中读出一个记录集；将之传给一个表模块以计算派生属性；再传给用户界面以供显示和编辑；再传回给表模块进行校验；最后将更新提交到数据库。

从许多方面来说，正是因为关系数据库和SQL语言曾经十分流行，并且没有可以取代它们的数据库结构和查询语言，所以有大量基于关系数据库的工具来显示记录集的价值。当然，今天我们有了XML，它提供了一种广泛承认的标准化数据库结构，并在XML路径语言（XPath）中提供了查询语言。我认为很有可能出现基于层次结构的工具，它们类似于今天那些基于记录集的工具。记录集模式可能只是一种更为通用的模式的特例，那种更通用的模式可能被称为通用数据结构（Generic Data Structure）。但我想还是把对这一模式的详细讨论留待将来吧。

# 参考文献

**[Alexander et al.]**

Alexander, et al. *A Pattern Language*. Oxford, 1977.

模式运动中鼓舞许多人前进的力量。尽管我不像大多数人一样热衷于此书,但它的确值得一读,通过它可以理解为何一种方法吸引了这么多人。

**[Alpert et al.]**

Alpert, Brown and Woolf. *Design Patterns Smalltalk Companion*. Addison-Wesley, 1998.

Smalltalk社团之外并不知名的一本书,它对许多经典模式进行了扩展和解释。

**[Alur et al.]**

Alur, Crupi, and Malks. *Core J2EE Patterns: Best Practices and Design Strategies*. Prentice Hall, 2001.

新一轮模式书籍浪潮中的一本,它将形式赋予了新的生命。虽然这些模式是基于特定的J2EE平台方式的,但它们在其他地方也同样有意义。

**[Ambler]**

*http://www.ambysoft.com/mappingObjects.html*

一个有用的关于对象–关系映射的站点。

**[Beck XP 2000]**

Beck, *Extreme Programming Explained*. Addison-Wesley, 2000.

对极限编程的阐述。此书值得任何对软件过程感兴趣的人阅读。

**[Beck Patterns]**

Beck. *Smalltalk Best Practice Patterns*. Prentice Hall, 1997.

只因为它使用了Smalltalk语言,很多人错过了这本书。此书中有许多关于其他面向对象语言的好建议,甚至超过了大多数这一方面的专著。读过之后唯一令你遗憾的是,你可能会认为我们因没有使用Smalltalk语言而损失良多。

**[Beck TDD]**

Beck. *Test-Driven Development: By Example*. Addison-Wesley, 2003.

TDD是一本介绍如何通过测试和重构的紧密周期来不断改进设计的书。

**[Bernstein and Newcomer]**

Bernstein and Newcomer. *Principles of Transaction Processing*. Morgan Kaufmann, 1997.

一本优秀的有关那些令人头疼的事务处理问题的入门书籍。

[Brown et al.]

Brown et al. *Enterprise Java Programming with IBM Websphere.* Addison-Wesley, 2001.

虽然此书的2/3是软件使用手册，但剩下的1/3都是极好的设计建议，其意义甚至超出了大多数此方向的专著。

[Brown and Whitenack]

http://members.aol.com/kgb1001001/Chasms.htm

最早但也是最好的对象－关系映射的论文之一。

[Cockburn UC]

Cockburn. *Writing Effective Use Cases.* Addison-Wesley, 2001.

迄今为止最好的用例参考书。

[Cockburn PloP]

Cockburn, "Prioritizing Forces in Software Design," in [PLoPD 2].

讨论应用程序边界的有关问题。

[Coleman et al.]

Coleman, Arnold, and Bodoff. *Object-Oriented Development: The Fusion Method, Second Edition.* Prentice Hall, 2001.

虽然这本UML时代之前的书中有许多内容已经过时，但其针对接口模型的讨论对设计一个服务层还是很有帮助的。

[Evans and Fowler]

http://martinfowler.com/apsupp/spec.pdf

讨论规约模式。

[Evans]

Evans. *Domain Driven.* Addison Wesley, in preparation.

一本关于如何开发领域模型的书。虽然我一般不把尚未出版的书籍列入参考书目，但这本书的草稿展现出极大的吸引力，它对企业级应用开发中一个重要但又困难的方面进行了详细的讨论。

[Fowler Temporal Patterns]

http://martinfowler.com/ap2/timeNarrative.html

用来处理随时间变化的对象历史的模式。

[Fowler AP]

Fowler. *Analysis Patterns.* Addison-Wesley, 1997.

领域模型模式。

[Fowler Refactoring]

Fowler, *Refactoring.* Addison-Wesley, 1999.

一种在已有代码基础上改进设计的技术。

**[Fowler CI]**

*http://martinfowler.com/articles/continuousIntegration.html*

一篇解释如何在一天内实现若干次软件自动编译的文章。

**[Gang of Four]**

Gamma, Helm, Johnson, and Vlissides. *Design Patterns*. Addison-Wesley, 1995.

模式方面的经典书籍。

**[Hay]**

Hay. *Data Model Patterns*. Dorset House, 1995.

从关系数据库的角度来描述概念模型的模式。

**[Jacobson et al.]**

Jacobson et al. *Object-Oriented Software Engineering*. Addison-Wesley, 1992.

面向对象设计方面的一本早期著作；它在设计中引入了用例和接口－控制器－实体方法。

**[Keller and Coldewey]**

*http://www.objectarchitects.de/ObjectArchitects/orpatterns/index.htm*

一个优秀的关于对象－关系映射的资源。

**[Kirtland]**

Kirtland. *Designing Component-Based Applications*. Microsoft Press, 1998.

DNA架构的阐述。

**[Knight and Dai]**

Knight and Dai. "Objects and the Web." *IEEE Software*, March/April 2002.

一篇关于模型－视图－控制器的优秀论文，包括其演化历程以及在Web应用程序中的使用。

**[Larman]**

Larman. *Applying UML and Patterns, Second Edition*. Prentice Hall, 2001.

我目前首选的面向对象设计的入门书籍。

**[Lea]**

Lea. *Concurrent Programming in Java, Second Edition*. Addison-Wesley, 2000.

如果你希望用多线程来编程，你需要首先读懂这本书。

**[Marinescu]**

Marinescu. *EJB Design Patterns*. New York: John Wiley, 2002.

近期与Java中EJB有关的模式书籍。

**[Martin and Odell]**

Martin and Odell. *Object Oriented Methods: A Foundation (UML Edition)*. Prentice Hall, 1998.

从概念化的角度进行的对象建模，同时深入研究了有关建模的基本概念。

**[Nilsson]**

Nilsson. *.NET Enterprise Design with Visual Basic .NET and SQL Server 2000*. Sams, 2002.

一本言之有物的关于Microsoft平台架构的书。

**[Peckish]**

两百万 (参见本书5.7节)。

**[PLoPD 2]**

Vlissides, Coplien, and Kerth (eds.). *Pattern Languages of Program Design 2*. Addison-Wesley, 1996.

模式论文的摘要。

**[PLoPD 3]**

Martin, Buschmann, and Rielhe (eds.). *Pattern Languages of Program Design 3*. Addison-Wesley, 1998.

模式论文的摘要。

**[POSA]**

Buschmann et al. *Pattern-Oriented Software Architecture*. Wiley, 2000.

一本最好的讨论广义架构模式的书。

**[Riehle et al.]**

Riehle, Siberski, Baumer, Megert, and Zullighoven. "Serializer," in [PLoPD 3].

深入阐述对象结构的序列化，尤其是需要将之序列化为不同形式时。

**[Schmidt]**

Schmidt, Stal, Rohnert, and Buschmann. *Pattern-Oriented Software Architecture, Volume 2*. New York: John Wiley, 2000.

并发和分布式系统的模式。虽然它更多的是为设计应用服务器而非使用应用服务器的人所撰写，但使用时探究一些其中的原理也是有益无害的。

**[Snodgrass]**

Snodgrass. *Developing Time-Oriented Database Applications in SQL*. Morgan-Kaufmann, 1999.

如何在关系数据库中处理历史信息的跟踪。

**[Struts]**

*http://jakarta.apache.org/struts/*

基于Java的Web表现层框架，正越来越普及。

**[Waldo et al.]**

Waldo, Wyant, Wollrath, and Kendall. *A Note on Distributed Computing*. SMLI TR-94-29, http://research.sun.com/technical-reports/1994/smli_tr-94-29.pdf, Sun Microsystems, 1994.

一篇经典的论文，指出为何"透明的分布式对象"是一种危险的矛盾修饰法。

**[wiki]**

*http://c2.com/cgi/wiki*

原wiki网站，由Ward Cunningham开发。一个略显凌乱但极富魅力的开放性Web站点，各式各样的人们在此共享各式各样的思想。

**[Woolf]**
Woolf. "Null Object," in [PLoPD 3].
阐述空对象模式。

**[Yoder]**
*http://www.joeyoder.com/Research/objectmappings*
一个有关对象－关系映射的极佳资源。

# 推荐阅读

## 深度学习系列

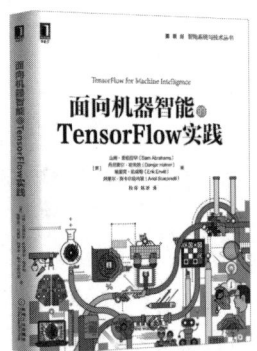